Research on Decision
Optimization Problems in Manufacturing
Operations Management

制造业运营管理
决策优化问题研究

镇　璐/著

科学出版社
北京

内 容 简 介

本书以制造业为背景，介绍了若干运营管理决策优化问题的数学建模、算法设计和实验分析。在系统阐述背景概念、研究动态和典型问题的基础上，本书从长期战略、中期战术、短期操作和前沿趋势等四个研究视角详细介绍了相关研究的最新成果。本书重点论述的运营管理决策问题包括：大型企业工作阶段分配、企业生产设施选址、供应链网络设计、采购自制与渠道决策、国产进口决策、任务分配与排序、服务型制造决策和制造绿色化决策等。针对以上问题，本书设计了拉格朗日松弛、粒子群优化、局部分支、交叉熵、动态规划等优化算法，提高了问题求解的效率和精度。最后，本书还介绍了该类优化决策问题的研究趋势。

本书可供从事制造业运营管理的管理人员参考，也可供高校和科研院所中从事管理科学与工程、供应链管理等相关专业研究的学者、研究生参考。

图书在版编目（CIP）数据

制造业运营管理决策优化问题研究 / 镇璐著. —北京：科学出版社，2018.7

　ISBN 978-7-03-057728-3

　Ⅰ．①制… Ⅱ．①镇… Ⅲ．①制造工业–工业企业管理–研究–中国 Ⅳ．①F426.4

中国版本图书馆 CIP 数据核字（2018）第 116451 号

责任编辑：魏如萍 / 责任校对：孙婷婷
责任印制：霍　兵 / 封面设计：无极书装

科 学 出 版 社 出版
北京东黄城根北街 16 号
邮政编码：100717
http://www.sciencep.com

中国科学院印刷厂 印刷
科学出版社发行　各地新华书店经销

*

2018 年 7 月第 一 版　开本：720 × 1000　1/16
2018 年 7 月第一次印刷　印张：18 1/2
字数：380 000

定价：150.00 元
（如有印装质量问题，我社负责调换）

作 者 简 介

镇璐，上海大学管理学院教授、博士生导师、副院长。教育部青年长江学者、国家优秀青年科学基金获得者、上海市青年拔尖人才、上海市东方学者特聘教授、上海市曙光学者。1981 年出生于湖北省宜都市，1999 年考入上海交通大学机械与动力工程学院试点班，2003 年 7 月本科毕业，获工学学士学位；之后本校直升，五年硕博连读，2008 年 9 月博士毕业于上海交通大学工业工程与管理系。2008 年 11 月至 2010 年 12 月在新加坡国立大学从事博士后研究；2011 年 3 月起在上海大学管理学院担任讲师，分别于 2011 年 10 月、2012 年 11 月破格晋升为副教授、

教授，2015 年 1 月担任管理学院副院长。主要研究领域集中于：港口与航运物流运作管理优化、智能物流与供应链管理等。近年来发表 SCI 或 SSCI 国际期刊论文 56 篇（第一作者或通讯作者），涵盖 *Transportation Science*、*Transportation Research Part B*、*Naval Research Logistics*、*IISE Transactions* 等国际著名期刊；先后主持包括三项国家级课题在内的 13 项各类研究项目。先后受邀担任四本 SCI/SSCI 国际期刊和两本 EI 国际期刊的副主编和编委。另外受邀担任上海市学位委员会第五届学科评议组成员（管理科学与工程）、上海市管理科学学会"物流与供应链"专业委员会秘书长、中国管理科学与工程学会理事、中国物流学会常务理事等。

序 | Preface

　　制造业是国民经济的脊梁，是推动社会发展的重要力量，也是振兴实体经济的主战场。然而，全球化浪潮曾经让"去工业化"一度很流行。许多西方发达国家的企业甚至政府部门纷纷"重虚轻实"，转移他们当时认为的夕阳产业——制造业到发展中国家，不少企业热衷于依托巨额资本炒作房地产、资本运作、上市"圈钱"，导致经济虚拟化愈演愈烈，最后引发了 2008 年的金融危机。此次教训让世界各国认识到实体经济才是立国之本，"去工业化"随即被扭转为"再工业化"、随后又出现了"工业 4.0""制造业回归""中国制造 2025"等。

　　发展以制造业为核心的实体经济，不是再去发展低端制造业，而是要提升制造业的发展水平以及产品和服务的质量，促进"中国制造"质变为"中国高端智造"。上述质变涉及多方面的支撑，如产品设计与制造工艺改进、产业结构调整与升级、新业态与商业模式创新以及运营管理效率提升与优化等。该书所研讨内容正是从运营管理效率提升的角度，研究如何优化制造型企业各个决策层面的运营管理活动，进而节约产品与服务的生产成本，提高制造与配送环节的运作效率，最终提升制造型企业的市场竞争力与运营水平。

　　我曾在教育部科学技术委员会负责"管理科学"领域的战略研究与学术交流工作。"管理科学"就是用一些运筹学、统计学、管理学、经济学、计算机科学等理论与技术解决企业与组织管理中一些决策优化问题。"管理科学"方法论为制造业运营管理效率提升提供了一种定量化的研究与实现平台。我很高兴地看到我曾工作过的上海大学管理学院的镇璐教授在此领域开展了系统性研究，并形成了现在这本系统阐述制造业运营管理决策优化问题的学术专著。该专著介绍了当今世界制造业发展的前沿和背景，分析了制造业运营管理定量化决策的一系列问题，着重阐述了针对这些问题如何建立数学模型、如何设计高效算法，进而得出对制造业各个环节效率提升的建议。这些问题既包含了长期战略层面的供应链网络优化问题，又包含了中期战术层面的渠道选择问题，还包含了短期操作层面的任务分配与排序问题等；另外，该书还结合制造业服务化、绿色化的发展趋势，研究了服务型制造和绿色制造业供应链优化决策问题。这些研究成果是"管理科学"方法论在制造业运营管理决策优化领域的系统性应用，书中提出的模型与算法可以为制造型企业的管理层提供一些有益的运营决策参考，为相关运营管理类咨询公司提供一些针对制造业企业效率提升的解决方案设计框架和核心优化模块的设计思路，同时可以为学术界对制造业运营管理领域的研究提供一些新的视角。

一个国家的制造业水平在很大程度上决定了这个国家的国际地位和影响力；制造业是立国之本、强国之基。党的十九大报告中指出，要加快建设制造强国，加快发展先进制造业，推动互联网、大数据、人工智能和实体经济深度融合。管理科学理论和方法为"制造业管理"与"智能决策技术"的融合提供了科学化的实现工具。希望镇璐教授以及国内管理科学领域的学者继续深入研究新时代先进制造业在工业互联网、大数据、人工智能等技术背景下运营效率提升路径与实现方法，为推动我国制造业由大变强，制造型企业管理向中高端水平迈进作出更大的贡献。

刘人怀

中国工程院院士

2018 年 5 月 20 日

目 录 | Contents

⚙ 第六篇 总结与展望

第一篇

绪　论

第1章 >>>

制造业运营管理中定量化决策问题概论

1.1 面向制造业的企业运营管理

1.1.1 新时代背景下制造业的新动态

制造业是一个国家国民经济的支柱型产业，是体现国家综合竞争力的关键指标。工业体系完备、生产要素齐全的制造业体系对于一个国家保持经济繁荣发展、推动社会持续创新具有不可替代的重要作用。整个 20 世纪，正是强大的制造业推动了美国、日本和德国等工业发达国家的经济高速发展与市场长期繁荣。20 世纪 50 年代初，全球增加值总和的 40% 来自美国制造业，"美国制造"的产品行销世界各地，在全球范围内建立了他国无法企及的优势地位。第二次世界大战结束后的几十年间，日本制造业形成了产品质量高、生产成本低、交货周期短等竞争优势，推动日本经济迅猛发展。德国是欧盟最大的制造业国，经济总量长期雄踞欧洲首位。德国拥有世界上最完备的工业体系，在机械装备、汽车制造、化工和制药等多个工业领域均处于世界前列。德国是全球少数几个制造业增加值占国民生产总值的比例达到 20% 的发达国家。

进入 21 世纪，全球市场环境呈现多样化的发展趋势，土地、劳动力等资源要素成本不断上升，传统制造业的要素优势正在逐步减弱，国与国之间新一轮的竞争将更加激烈。爆发于 2008 年的金融危机对传统工业强国的经济地位造成了严重冲击，最严重时欧盟制造业产出一度下滑约 20%。此外，快速崛起的新兴经济体以更低的成本优势迅速加入全球竞争中，世界经济增长多元化的格局正在逐渐显现。尤其是，随着亚洲地区消费市场的快速发展和区域内贸易的持续增长，原先欧美强、亚洲弱的不平衡局面正在向多元化、均衡化的方向演变。基于以上背景，美国、德国等传统工业强国率先提出"再工业化"和"制造业回归"等转型战略，通过重振制造业提升其经济实力，保持并进一步提升本国在全球各领域竞争中的优势地位。

2010年7月，德国政府通过并发布了由德国联邦教育及研究部（Bundesministerium für Bildung und Forschung，BMBF）主持编制的《思想·创新·增长——德国2020高技术战略》（2020 *High-Tech Strategy for German*：*Idea Innovation Growth*），该项战略规划涵盖了德国政府各职能部门的研究举措与创新政策。2013年4月，汉诺威国际工业博览会期间，德国正式向世界推出"工业4.0"概念。该项概念融合互联网技术和制造系统，实现两者智能化的互通互联，从而满足不断变化的市场需求。2012年2月22日，美国国家标准与技术研究院（National Institute of Standards and Technology，NIST）发布《国家先进制造战略规划》（*National Strategic Plan for Advanced Manufacturing*）。该项战略明晰了高端制造技术对于其巩固全球竞争优势地位的关键影响，分析了美国高端制造的主要形态、发展趋势以及所面临的挑战，并提出了5大战略目标。此后，美国接连颁布了《重振美国制造业框架》（*Framework for Revitalizing American Manufacturing*）、《先进制造业伙伴计划》（*Advanced Manufacturing Partnership*）、《美国制造业促进法案》（*Manufacturing Promotion Act*）和《美国制造业复兴计划》（*Revitalize American Manufacturing and Bring Jobs Back*）等一系列战略规划，全面布局本国的制造业及其相关产业，力求保持全球创新引领的优势地位。

作为世界制造中心，我国也需直面新形势下制造业的全球竞争，提升中国制造业的国际竞争新优势。2015年3月15日，《政府工作报告》中第一次提出"中国制造2025"战略。明确指出坚持创新驱动、智能转型、强化基础、绿色发展，加速我国从制造大国向制造强国的转变。2015年5月8日，国务院发布《国务院关于印发〈中国制造2025〉的通知（国发〔2015〕28号）》，文件系统阐述了推进制造强国战略的十年行动指南。2017年9月5日，中共中央、国务院印发《中共中央国务院关于开展质量提升行动的指导意见》，提出全面提升产品、服务和工程质量，全面提升实体经济的活力水平。2017年10月5日，国务院办公厅印发《国务院办公厅关于积极推进供应链创新与应用的指导意见（国办发〔2017〕84号）》，提出包括促进制造协同化、服务化、智能化等在内的六大主要任务，促进产业组织方式、商业模式和政府治理方式创新。

另外，其他传统工业强国也都提出了各自的制造业振兴计划，如英国"高价值制造业战略"、日本"产业复兴计划"和法国"新工业法国"等。这些战略规划的提出都有两个共同的出发点：一是推动先进制造、清洁能源、物联网和大数据等高新技术产业在本国的快速发展，升级优化产业结构；二是试图重振本国工业，实现经济可持续发展，在产业变革中保持竞争优势。

1.1.2　近现代运营管理的发展

通常意义上，制造型企业都设立三个基本管理职能：运营管理、销售管理与财务管理。其中，运营管理是制造型企业的关键管理职能。运营管理的基本定义是，一种将生产、服务及环境等相关要素的输入转化为产品、服务的输出过程。即企业通过获取和使用材料、人员、机器、土地等各类资源向社会提供产品和服务的过程。比起其他职能，运营管理所发生的变化最为显著，成为赢得企业核心竞争力的最关键因素。

表 1-1 给出了 20 世纪以来有关运营管理关注主题及典型概念的变化，简要回顾近现代运营管理相关理论的发展[1, 2]。

表 1-1　20 世纪以来运管管理相关主题一览表

序列	关注重点	产生时间	典型概念	典型企业
1	成本和效率	20 世纪初	流水线生产方式	福特
2	产品质量	20 世纪 70 年代	戴明循环、六西格玛	通用电气
3	柔性生产	20 世纪 70 年代	精益生产、自动化、计算机集成	丰田
4	用户个性	20 世纪 90 年代	模块化、渠道	戴尔
5	供应链	20 世纪 90 年代	价值链、经济全球化	波音
6	服务	2000 年以后	流程重组、商业智能	IBM

1. 关注成本和效率

现代运营管理理论起源于第一次工业革命。机器和动力装置的发明与运用，使得产品能够以更容易、更快速的方式进行加工制造。进入 20 世纪，拥有现代工业技术的国家大力推行技术革命，机械设备和工具的使用大大提高了产品生产效率，规模化的产品生产又极大地降低了企业运营成本。从此，"大批大量生产"的生产组织模式兴起，给制造业的运营管理带来了全新认识，推进了部分国家的工业化发展进程。这类生产方式的典型实例是福特公司的 T 型汽车项目。1903 年，福特公司首次采用大规模的流水线生产方式，提高了企业的生产效率，降低了汽车成品的总成本和市场售价，T 型汽车变为当时最受欢迎的汽车，公司也成为当时全世界最大的汽车公司。

2. 关注产品质量

第二次世界大战结束后，日本工业界接受爱德华·戴明和约瑟夫·朱兰两位管理大师的建议，通过产品质量的持续改进打开世界市场，快速恢复了国家经济。20 世纪 70 年代中期，日本汽车和电子产品凭借缺陷率低、可靠性高等特点，迅速占领美国市场。时任美国通用电气董事长和首席执行官的杰克·韦尔奇，分析和总结了全面质量管理的成功经验，将20世纪90年代发展起来的六西格玛管理提炼成企业流程管理和质量管理的有效方法，成为提高公司竞争力的优秀生产组织方式。至此，质量管理几乎被所有公司管理者视为增强企业实力的关键职能。20世纪50年代之后，日本政府、美国政府和欧洲委员会先后设立了"戴明质量奖"、"马尔科姆·鲍德里奇国家质量大奖"和"欧洲质量奖"，用于培养企业质量管理意识、提高质量管理水平。

3. 关注柔性生产

20世纪70年代，工业水平迅猛发展，制造业产品复杂度不断增大，产品更新周期越来越短，追求规模效应的生产方式受到了极大挑战。计算机集成技术、自动化技术和精益生产思想的出现，推动了制造业向柔性化发展，使得制造型企业的生产系统能适应多样化需求的竞争环境，在小批量的产品生产过程中实现较高的经济效益。柔性生产方式，提高了公司的应对市场变化的能力，产品生产周期极大缩短。日本丰田生产模式（lean production，精益生产模式），整合了大规模生产（mass production）与单件生产（single-piece production）的各自优点，实现了产品的柔性生产，满足了不同顾客多品种的需求。1990年，麻省理工学院国际汽车研究小组出版了《改变了世界的机器》（*The Machine that Changed the World*）一书，系统总结了日本制造业的运营模式，精益生产模式迅速在企业得到学习和效仿。

4. 关注用户个性

随着物质产品的日渐丰富，消费者对于小批量、多式样和多规格的个性化需求不断增加，导致制造业运营系统中的采购、制造等环节发生很大变化，新形势要求企业比竞争对手更好、更节约、更快地提供用户个性化产品，以此来赢得竞争优势。美国戴尔公司摒弃了企业与顾客之间的一切经销环节，采取模块化生产的模式，直接将产品销售给终端客户。公司从产品设计、生产、销售到配送的全过程都是以顾客需求为出发点。企业借助报纸、电视、电话等各类媒介与顾客保持沟通和互动，及时收集客户对产品、服务的建议和要求，迅速获知客户对产品的反映，做到为每个顾客量身定做相关产品。产品从公司到客户手中，周期只需7～10天，戴尔的商业模式在全球产生了极大影响。

5. 关注供应链

全球化的发展，使得制造型企业的国际生产协作变得普及，纵向集成度持续降低，协作的上下游企业构成了一个完整的供应链。如何根据不同产品特点协调企业之间的生产，成为制造业运营管理的焦点问题。在1980年出版的《竞争优势》（*Competitive Advantage*）一书中，迈克尔·波特第一次提出了"价值链"（value chain）的观点。此后，供应链管理（supply chain management）的思想和方法在美国得到发展，并逐步影响世界。在供应链全球化运营的实践领域，美国波音公司堪称成功标杆。20 世纪 80 年代之前，美国波音公司的飞机零部件还是以内部研发和制造为主，少有外部供应商提供。随后，企业努力寻求海外的协作伙伴，充分利用外部资源，快速响应复杂多变的市场需求。20 世纪 90 年代，波音 777 项目的海外供应商参与比例已提升至 30%。波音 787 项目采用完全意义上的"全球供应链"模式，成品中 90%零部件由供应商提供，有高达 70%比例的零部件由国外供应商生产。历经 30 多年的发展，波音公司逐渐发展成为制造型企业"全球供应链"模式的典范。

6. 关注服务

进入 21 世纪，服务与制造相互融合，围绕产品的一系列服务正在成为企业新的利润增长点，世界经济由传统工业型经济向服务型经济进行转变，服务型制造业已成为当前制造业发展的重点方向之一。长期以来，美国国际商业机器公司（International Business Machines Corporation，IBM）一直自我定位为"硬件制造商"。进入 20 世纪 90 年代，企业的发展受到了前所未有的挑战，公司濒临破产。在时任首席执行官郭士纳的率领下，IBM 大胆改革，成功地由传统制造型企业转型为信息技术和业务解决方案公司。IBM 分布在全球各地的企业咨询服务部多达 160 个，拥有一大批专业的咨询顾问团队，是世界上最大的企业及组织运营管理咨询服务公司。公司 2015 年年度报表的数据显示，公司全年收入达到 816 亿元。其中，制造业及硬件的收入只是全部业务收入的 9.27%，绝大部分的公司收入来自于服务和软件咨询等业务。

1.1.3　制造业运营管理研究所面临的挑战

新时代背景下，制造业运营管理的内容和形式也在不停地发生变革。如何进一步优化劳动力、资本、知识、信息等生产要素的配置，提升企业运营管理水平，面临着诸多挑战。

1. 系统规模日趋复杂

系统复杂度已经成为现代制造业系统的显著特征之一[3, 4]，内外部环境的变化要求企业重新思考升级业务流程、产品工艺和组织架构。系统规模的复杂化趋势，导致企业管理层面对的决策问题也日趋复杂，决策难度也随之增大。现代运营系统问题的非线性、所处环境的动态性、网络结构的多级性和模型约束的多维化，导致决策过程在结构、参数和特性等方面存在多种不确定性。复杂运营管理的决策问题，已经不能采用传统的定量、定性模型来获得较好的结果。运营系统在组成关系、系统行为、系统的子系统间以及系统与其环境之间交互关系的复杂性，给决策问题的建模和求解都带来极大的挑战。

2. 环境压力日益增大

伴随着工业化进程的加速，环境问题成为困扰制造业进一步发展的重要挑战。关于制造业运营管理的研究也已经从单纯的经营利润角度转向对环境承载、社会责任和企业效益等多属性的综合集成问题分析，绿色制造与绿色运营成为领域内的热点问题[5]。对于传统制造业的绿色化改造，是一项复杂的系统工程，具有目标众多、不确定性以及动态变化等特点。相关的研究，需要统筹考虑制造型企业在供应链中的层级地位、各资源要素的相互关系、生态环境承载和资源要素利用率等一系列复杂问题。如何使得整个制造业的运营管理过程对环境的负面影响最低、资源利用效率最高成为一大难点[6]。另外，如何设计绿色供应链管理的运作制度，保证供应商、需求方、物流提供商、政府和普通大众等成员的利益空间，促进绿色运营系统的有效运作，也是运营管理在新形势下面临的重大挑战。

3. 技术理念日新月异

进入 21 世纪，以服务型制造、工业物联网、大数据、人工智能、机器学习、无人操作等为代表的先进工业和科学技术迅猛发展。新技术的出现，使得企业的产品管理、生产管理、采购管理、职能管理、决策支持、电子商务、仓储配送等各类流程和系统需要重新调整。同时，新理念也催生了新零售、全渠道等消费新模式、新业态，传统的生产运营管理模式将无法适应快速多变的市场需求。制造业企业的生产方式不再一成不变，营销模式也随着产品、市场、渠道和顾客的不同而发生了巨大变化。如何寻找新技术、新理念与制造业的结合点，帮助企业更新运营管理观念，改善运营管理方法，从而主动顺应现代科技革命发展的潮流，迎合市场日益变化的需求，也是企业和学术需要共同思考的问题。

4. 转型升级日渐迫切

在系统规模复杂、环境压力严峻、技术更新快速等多种问题叠加的背景下，制造业运营管理研究将面临更深层次的挑战和探索——转型升级。

世界银行（World Bank）和联合国工业发展组织（United Nations Industrial Development Organization，UNIDO）的统计数据表明：2013 年，中国制造业增加值（manufacturing value added）占全球的比重达 19.8%，跃升至世界第一，并连续保持领先，中国已经成为制造业规模的全球第一。与此同时，也应清醒地意识到，我国制造业规模稳步提升的同时，与美国、德国、日本等工业发达国家在制造业综合实力方面仍有较大差距。钢铁、水泥等行业产能过剩，芯片等高端装备核心部件依赖进口，"大而不强"的问题依然相当突出。欧美发达国家，借助互联网、物联网、信息技术、大数据等新一轮产业革命的机遇，分别推出"工业 4.0""制造业回归"等战略规划，提前布局本国制造业的转型，力图稳固优势地位、抢占新一轮发展的先机。中国也适时颁布了"中国制造 2025"强国战略。但需要理性地认识到："工业 4.0"等发展理念并不完全适合中国目前的制造业转型升级，"中国制造 2025"所提出的战略规划也不是国外经验的照搬。我国制造业的转型与升级，以及对制造运营管理的深入研究，必须要有"中国方案"和"中国思路"。制造业转型迫在眉睫。

以上海为例，自中华人民共和国成立到 20 世纪 80 年代，上海一直是全国制造业的中心。然而，从 21 世纪初开始，尤其是 2008 年全球金融危机以来，上海制造业的国内生产总值（gross domestic product，GDP）占比持续下滑。《上海统计年鉴》数据显示，2000 年上海制造业比重为 46.3%、2010 年为 42%、2014 年为 34.7%、2015 年为 31.8%、2016 年已经接近 26%。目前，上海本地制造业以国有大型企业为主，上海制造业缺乏本地互联网等新兴产业的动力支撑，上海制造业与互联网的结合集中在设计、营销等流程，涉及生产加工流程不足，缺乏真正的互联网制造思维，部分上海本地互联网公司对制造领域产品创新的理解不到位，市场需求挖掘不充分。

世界范围内，信息技术与制造业已经开始深度融合，大规模个性化定制、网络化协同、云制造、服务型制造等新模式、新业态不断涌现。学术层面关于转型升级的研究，需要深入企业实际，深入企业内部，分析制造型企业在转型升级过程中的矛盾所在，挖掘深层次问题，通过先进技术方法探究企业运营管理中的问题，运用定量化的科学决策手段为提升制造型企业的运营效率提供指导。

1.2　基于文献统计的相关研究概况分析

1.2.1　文献计量学与数据来源

为了便于文献数据库的检索，本节对制造运营管理所涉及的范围作了限定，主要包括产品和服务设计、工艺选择、技术选择和管理、工作系统设计、选址规划、设施规划以及该组织产品和服务质量的改进[7]。在研究样本的选择上，本节选取了国外知名文献数据库 Web of Science 中的 Science Citation Index Expanded（即 SCI）数据库。文献的检索时间跨度从 2010 年 1 月到 2017 年 10 月。检索方法如下。

（1）选择检索范围为"主题"，在检索词中输入：

TS = (manufacturing facility layout) OR TS = (manufacturing job scheduling) OR TS = (manufacturing make-to-order) OR TS = (manufacturing lean production) OR TS = (manufacturing quality management) OR TS = (manufacturing inventory management) OR TS = (manufacturing supply chain management) OR TS = (manufacturing demand forecast) OR TS = (manufacturing Aggregate scheduling) OR TS = (manufacturing Process design) OR TS = (manufacturing Capacity plan) OR TS = (manufacturing "Project management")
AND
TS = (service manufacturing) OR TS = (production plan) OR TS = (component replenishment) OR TS = (production stage) OR TS = (location and scale) OR TS = (manufacturing task assignment) OR TS = (sequencing decision) OR TS = (green supply chain) OR TS = (manufacturing distribution center) OR TS = (facility location) OR TS = (manufacturing outsourcing) OR TS = (assemble- to-order)

（2）选择文献类型定为"Article"。这是因为已发表的"Article"类论文已经通过同行评议，从理论和方法论的角度比其他来源更适合作为文献计量的样本数据。会议论文和书籍等被排除在外，最后得到相关文献 11 896 篇。

1.2.2　时间序列上的分析

1. 文献总体时间序列分析

图 1-1 统计了 2010～2016 年有关制造业运营管理决策优化领域的期刊论文数量及其变化趋势。最初（2010 年）的发文数量为 1015 篇，到 2016 年时已达到 2154 篇。整体数量增加了 1 倍。从总体趋势来看，该领域一直保持着平稳上升的趋势。可以说，制造业运营管理决策领域是一个关注度持久的热门研究领域。由图 1-1 可以发现，关于制造业运营管理决策优化领域的研究在国际上一直处于稳定发展态势。自 18 世纪 60 年代工业革命开始，制造业从萌芽至今已经历经近 260 年历史。随着工业技术的不断变化升级，制造业运营管理领域产生着不同的管理理论，实践与研究热点也不断地发生着变化。随着德国"工业 4.0"和美国"制造业回归"等战略的提出，该领域的发文数量又迎来了一个明显的增长。

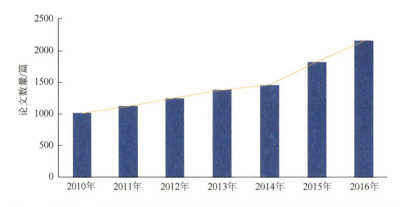

图 1-1　2010～2016 年发布的制造业运营管理决策优化领域的期刊论文数量

2. 国家/地区分类文献统计

表 1-2 是 Web of Science 数据库中制造业运营管理决策优化领域文献发表数量的地区分布排名前 50 的国家。从表中可以发现，美国在该领域占有绝对的优势，发表论文数量排名第一，达到 4951 篇；中国仅次于美国位居第二，英国、德国紧随其后；其他国家发文量均少于 1000 篇。不难发现，排名前 4 位的国家中，除中国外，其余均是制造领域的传统强国，经历过多次工业革命，在该领域优势极强。作为新兴国家，中国要保持在该领域的优势，必须紧紧抓住"工业 4.0""互联网＋"战略所带来的机遇。

表 1-2　**Web of Science** 数据库中集装箱港口运作管理领域文献数量地区分布表

国家	记录/篇	所占比例	国家	记录/篇	所占比例
美国	4951	20.74%	新加坡	189	0.79%
中国	3312	13.88%	波兰	185	0.78%
英国	1521	6.37%	墨西哥	176	0.74%
德国	1022	4.28%	奥地利	136	0.57%
印度	910	3.81%	泰国	135	0.57%
伊朗	891	3.73%	俄罗斯	132	0.55%
加拿大	863	3.62%	塞尔维亚	128	0.54%
西班牙	859	3.60%	爱尔兰	126	0.53%
意大利	823	3.45%	新西兰	114	0.48%
法国	734	3.08%	智利	103	0.43%
韩国	670	2.81%	挪威	97	0.41%
巴西	616	2.58%	以色列	95	0.40%
澳大利亚	553	2.32%	阿拉伯联合酋长国	83	0.35%
土耳其	491	2.06%	南非	82	0.34%
荷兰	434	1.82%	沙特阿拉伯	81	0.34%
瑞典	427	1.79%	斯洛文尼亚	73	0.31%
马来西亚	399	1.67%	哥伦比亚	72	0.30%
日本	396	1.66%	罗马尼亚	66	0.28%
葡萄牙	330	1.38%	匈牙利	58	0.24%
芬兰	273	1.14%	捷克	53	0.22%
丹麦	219	0.92%	巴基斯坦	52	0.22%
瑞士	208	0.87%	阿根廷	52	0.22%
比利时	203	0.85%	克罗地亚	48	0.20%
希腊	190	0.80%	印度尼西亚	44	0.18%

对论文发文量排名前 10 的国家/地区进行进一步统计分析，如表 1-3 所示，发达国家占 7 个，发展中国家占 3 个。值得注意的是，在发达国家中，作为曾经被冠以精细、严谨制造美誉的日本仅排在了第 18 位，而印度作为发展中国家，它的排名（第 5 位）也值得关注。这一现象与印度作为世界上较大的代工厂有紧密联系。印度工业的发展为印度学者在制造业运营管理与决策优化领域提供了丰富的研究对象和多样化的研究情景。而日本在将国内生产转移至其他国家代工厂的过程中，避免不了国内研究者对这一领域关注度的下降。鉴于 2017 年的数据还有增加，在本节仅绘制了 2010～2016 年排名前十的国家发表论文的趋势图，如图 1-2 所示，

各个国家的发文量基本呈现逐年递增趋势，且增速较为平稳，其中美国与中国的增长速度最为明显。中国与美国的差距不断拉近，且在近年有赶超趋势。2017年10月的截止数据显示，位居第一的国家已变成中国，排名第二位的是美国，但两者间差距不大，排在第三位的是英国，但论文数量不到中国、美国的1/2。

表1-3　制造运营管理领域文献按发达国家和发展中国家分布（排名前10）

国家		2010年	2011年	2012年	2013年	2014年	2015年	2016年	2017年	小计
发达国家	美国	502	545	584	543	602	832	732	611	4 951
	英国	107	103	141	177	180	259	276	278	1 521
	德国	87	104	119	106	132	153	168	153	1 022
	加拿大	74	81	89	113	132	160	128	86	863
	西班牙	84	93	103	86	108	121	146	118	859
	意大利	41	51	94	107	110	123	158	139	823
	法国	48	78	78	78	102	91	173	86	734
	小计	943	1 055	1 208	1 210	1 366	1 739	1 781	1 471	10 773
发展中国家	中国	169	213	266	331	422	565	718	628	3 312
	印度	41	38	63	87	83	158	268	172	910
	伊朗	33	74	81	140	147	137	145	134	891
	小计	243	325	410	558	652	860	1 131	934	5 113

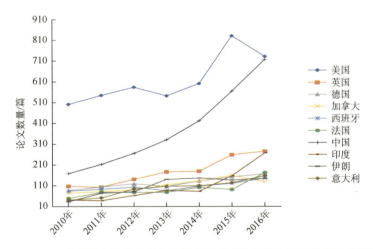

图1-2　2010～2016年制造业运营管理与决策优化领域排名前十的国家发文量变化趋势图

3. 期刊分类文献统计

文献计量学中另一定律——布拉德福德定律主要反映的是同一学科分类的专

业论文在相关的期刊信息源中的不平衡分布规律，将相关主题的大量文献按照作者创作数量降序排列，三个区域可以被标记出来，使得每个区域包括全部相关文献的 1/3。第一区域即核心区域，含有少量的高生产力期刊[8]。从期刊角度来分析，全部 11 896 篇文章发表在 1626 种期刊上，排名前 30 的期刊如表 1-4 所示，排名前 30 的期刊刊载的论文占 34.45%，具体期刊及论文数量见表 1-4。而依据布拉德福德定律，核心期刊区域应包括相关文献总量的 1/3，可以认为关于制造业运营管理与决策优化领域的这前 30 本期刊已形成相对成熟核心的国际期刊群。这为刚进入该研究领域的科研工作者选择适合的核心期刊、确立关注重点等带来了极大的便利。

表 1-4　刊载论文数量排名前 30 的期刊的统计表（2010～2017 年）

期刊	记录	所占百分比
International Journal of Production Research	528	4.44%
International Journal of Production Economics	442	3.72%
Journal of Cleaner Production	374	3.14%
European Journal of Operational Research	255	2.14%
International Journal of Advanced Manufacturing Technology	251	2.11%
Computers & Industrial Engineering	207	1.74%
International Journal of Operations & Production Management	158	1.33%
Production Planning & Control	145	1.22%
Computers & Operations Research	127	1.07%
Expert Systems with Applications	110	0.92%
Journal of Manufacturing Systems	106	0.89%
Sustainability	102	0.86%
International Journal of Computer Integrated Manufacturing	102	0.86%
Supply Chain Management-an International Journal	97	0.82%
Industrial Management & Data Systems	86	0.72%
Journal of Intelligent Manufacturing	83	0.70%
Transportation Research Part E-logistics and Transportation Review	83	0.70%
Annals of Operations Research	80	0.67%
Mathematical Problems in Engineering	74	0.62%
Total Quality Management & Business Excellence	71	0.60%
Production and Operations Management	70	0.59%
Applied Mathematical Modelling	69	0.58%
International Journal of Physical Distribution & Logistics Management	68	0.57%
Journal of Operations Management	65	0.55%

续表

期刊	记录	所占百分比
Industrial Marketing Management	63	0.53%
Journal of the Operational Research Society	62	0.52%
Omega-International Journal of Management Science	60	0.50%
Journal of Manufacturing Technology Management	56	0.47%
International Journal of Life Cycle Assessment	53	0.45%
Benchmarking-An International Journal	51	0.43%

对论文发表量在前 20 的期刊，又进行了时间序列上的统计，如图 1-3 所示。与国家-时间维度分布不同的是，期刊数量随时间的变化波动更大。排名第一、第二的期刊 *International Journal of Production Research* 和 *International Journal of Production Economics* 一直占据领先地位，其他 18 种期刊与它们差距较大，直至 2015 年才被 *Journal of Cleaner Production* 超越。*Journal of Cleaner Production* 也是值得注意的一种期刊。当前，环境污染正越来越多地影响着企业的运营，企业的运营重点逐渐变为处理与环境及可持续发展相关的领域。有着同样表现的还有 *Sustainability*，近五年增长趋势明显，有关制造业运营与决策优化领域的论文数量在 2016 年首次排入了前 10 名。由此可见，绿色生产、可持续生产极有可能将在今后成为新的研究重点与热点，建议刚进入该领域的青年学者可将自己的研究重点放在这一子领域。

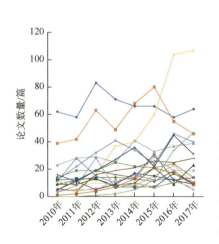

- ◆ *International Journal of Production Research*
- ■ *International Journal of Production Economics*
- ▲ *European Journal of Operational Research*
- ✕ *Journal of Cleaner Production*
- ✳ *International Journal of Advanced Manufacturing Technology*
- ● *International Journal of Operations & Production Management*
- ＋ *Computers & Industrial Engineering*
- — *Production Planning & Control*
- — *Computers & Operations Research*
- ◆ *Supply Chain Management-An International Journal*
- ■ *Industrial Management & Data Systems*
- ▲ *International Journal of Computer Integrated Manufacturing*
- ✕ *Expert Systems With Applications*
- ✳ *Annals of Operations Research*
- ● *Journal of Manufacturing Systems*
- *Total Quality Management & Business Excellence*
- *Journal of Intelligent Manufacturing*
- *Sustainability*
- *Transportation Research Part E-logistics and Transportation Review*
- ■ *Mathematical Problems in Engineering*

图 1-3　2010～2016 年排名前 20 的期刊刊载论文数量变化趋势图

4. 小结

在对文献进行时间序列上的分析过程中，发现关于制造业运营与决策管理领域的发文量呈现逐年增长趋势。值得注意的是，自德国提出"工业 4.0"计划以来，制造业迎来了新一轮增长，此后的论文发表量有了比较明显的变化。在国家维度上的分析，日本作为曾经的工业、制造业领域的佼佼者，发表论文的数量却远不如中国、印度等发展中国家，纵观日本近年来制造业的表现，东芝、松下、丰田、三菱等企业纷纷走下神坛，如此反差，值得广大研究者深思探索。论文数量在期刊维度上随时间的波动较为明显，这是由于制造业运营管理领域本身涵盖范围较广，研究重点不集中。但随着外部环境的变化，如全球变暖，更为严格的环境法规正在实施，制造业运营管理与决策优化领域有了新的研究重点，进而带来了部分期刊（如 *Journal of Cleaner Production* 和 *Sustainability*）论文数据的快速增长。

1.2.3　核心作者和研究机构分析

1. 核心作者分析

核心作者是对某一学科研究的发展具有较大学术贡献的科研人员，同时是期刊学术影响力、竞争力的重要贡献者[9]。文献计量学中的普赖斯定律（Price's Law）可用来确定一个研究领域内的核心作者[10]。2010～2017 年有关制造业运营管理领域研究的文献中，排名第一的作者发表文章数量多达 45 篇。普赖斯所提出的核心作者计算公式为

$$M = 0.749\sqrt{N_{\max}} \tag{1.1}$$

其中，$N_{\max}$ 为所有作者中发表论文最多的论文数量；M 为确定核心作者的最低发表论文篇数，即发表论文 M 篇以上的作者即为核心作者。本节搜索的文献样本中，同一作者发表论文最多的篇数为 62 篇，因此 $N_{\max} = 62$，根据普赖斯定律可求得 $M = 5.90$，因此发表论文 6 篇以上的作者即为制造运营管理领域的核心作者。按照发表论文数量排序，发文量大于（含）6 篇的多达 917 位，总计发文 9245 篇，已超过全部文献的 1/2，可以将这 917 位作者认定为该领域的核心作者群，其中排名前 20 的作者及其发文量和排名如表 1-5 所示。

表 1-5　发文数量降序排列前 20 作者统计表

作者	发文量/篇	排名	作者	影响因子得分	排名
Sarkis	62	1	Sarkis	28.55	1
Govindan	57	2	Ouyang	26.67	2
Drezner	46	3	Wang	25.73	3
Gunasekaran	45	4	Zhang	22.06	4

作者	发文量/篇	排名	作者	影响因子得分	排名
Tao	43	5	Gunasekaran	20.47	5
Zhang	42	6	Wang	20.22	6
Berman	40	7	Cheng	19.85	7
Chan	39	8	Drezner	19.43	8
Lai	38	9	Zhang	18.59	9
Huang	37	10	Wang	18.45	10
Tavakkoli-Moghaddam	36	11	Li	18.15	11
Cheng	36	11	Berman	18.06	12
Puerto	35	13	Sheu	17.24	13
Liu	33	14	Lai	16.41	14
Zhu	33	14	Zhao	16.37	15
Kumar	32	16	Yang	16.11	16
Wang	32	16	Chan	15.63	17
Xu	29	18	Tao	15.61	18
Nickel	29	18	Wang	15.27	19
Zhao	29	18	Kim	15.25	20

衡量一位科研人员的学术表现的重要指标除了发表论文的数量，还有其论文所带来的影响力。一般来说，那些发表在权威期刊上的论文应该有更大的影响力。因此，借用期刊的影响力来衡量一篇论文的影响力。学术界评价期刊影响使用率最高的是影响因子。影响因子的统计方式是按照过去两年的引用总数除以期刊上同期发表的论文总数计算的。本节采用科睿唯安发布的 *Journal Citation Reports* 来获取影响因子数据。对于一些期刊有个别年份没有影响因子的情况，本书采用其最新影响因子来替代其未被收录时的影响因子。2017 年的影响因子用 2016 年的数据代替。本节所用计算作者影响因子的公式如下：

$$\text{Score}_j = \sum_{y=2000}^{2017} \sum_{i}^{N} \frac{1}{I_j^i} \text{IM}_y^i \qquad (1.2)$$

其中，Score_j 为作者 j 的影响因子得分；N 为作者 j 发表的论文数量；I_j^i 为作者 j 的论文 i 的合作者个数；IM_y^i 为第 y 年论文 i 所在的期刊的影响因子。最终计算结果如表 1-5 所示。

对比作者发文量与影响因子得分，排名前 20 作者的排名发生了较大的变化。除了论文发表数量最多的 Sarkis 依旧保持了第一名的排名，其他作者都有了不同程度的变化。不难看出，在制造业运营管理及决策优化领域，除了有大量发文的作者，也有专而精的作者，尽管发文量少，但学术影响力大，更值得刚进入该领域的广大青年科研人员学习。

　　作者间的合作关系同样是文献计量学中的重要研究对象，本节通过 CiteSpace Ⅲ[①]绘制了作者网络关系图。样本中共计 18 194 篇文献，共出现 35 676 位作者，平均一篇文献有 2~3 个作者，不难推测，作者合作关系是复杂、紧密的网络图。如图 1-4 所示，制造业运营管理与决策优化领域的作者合作关系的确形成了一个比较紧密的网络，且主要的中心点均为核心作者。同时，本节也识别了作者间常见的合作模式，表 1-6 展示了排名前 10 的作者合作组合。排名前 10 的作者组合中，共有 18 位作者。值得注意的是，其中有 9 位属于该领域的核心作者（表 1-6），这说明该领域存在强强联合的发展趋势。但同时，不同核心作者间的合作数量均不及该核心作者本人总发文数量的 1/2。这个结果表明，大规模、长期的作者间合作是少见的。大部分研究人员间的合作状态不是静止的，他们更愿意与新伙伴合作以保证自己研究的多样性与新颖性。

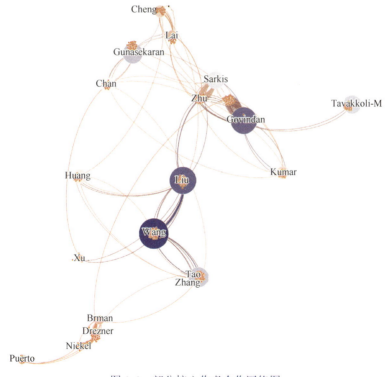

图 1-4　部分核心作者合作网络图

---

① http://cluster.cis.drexel.edu/~cchen/citespace/.

表 1-6　排名前 10 的作者组合

排名	作者组合	论文数/篇
1	Tao 和 Zhang	27
2	Zhu 和 Sarkis	24
3	Drezner T 和 Drezner Z	18
4	Boykin 和 Buser	17
5	Krass 和 Berman	17
6	Buser 和 Holt	17
7	Zhu 和 Lai	14
8	Du 和 Xu	14
9	Huang 和 Qu	12
10	Lai 和 Wong	11

2. 研究机构分析

本节对制造业运营管理与决策优化领域的高产出的科研机构合作关系进行统计，有助于把握制造业运营管理与决策优化领域的前沿研究机构。表 1-7 的结果表明，所有文献样本中发表论文最多的为香港理工大学，共发表 255 篇论文；其次是伊斯兰自由大学，发表 178 篇论文，第三位是德黑兰大学，共发表论文 153 篇。前 20 名的研究机构中，欧洲的机构有 2 所，美国的机构有 7 所，而亚洲的研究机构有 11 所，将近占了前 20 位机构的 60%。在中国方面，除香港理工大学外，如上海交通大学、清华大学、中国科学院大学在这一领域也处于领先地位。结果表明，尽管从国家维度上，美国依然处于"寡头"地位，但制造业运营管理与决策优化领域的高水平研究机构分布相对广泛，对于有志于此领域的青年研究者，这些研究机构也是很好的值得选择深造的地方。

表 1-7　排在前 20 位的研究机构及其合作机构统计表

机构	发文量	合作机构（合作超过 4 篇）	机构	发文量	合作机构（合作超过 4 篇）
香港理工大学	255	香港理工大学 大连理工大学 美国东北大学 克拉克大学 香港大学 西安交通大学 南洋理工大学 东英吉利亚大学	伊斯兰自由大学	178	伊斯兰自由大学 德黑兰大学 伊朗沙力夫理工大学 伊朗科技大学 阿米尔卡比尔理工大学 扎伊尔德大学 花剌子密大学

续表

机构	发文量	合作机构（合作超过 4 篇）	机构	发文量	合作机构（合作超过 4 篇）
德黑兰大学	153	德黑兰大学 伊朗自由大学 伊朗科技大学 阿米尔卡比尔理工大学 塔比阿特莫达勒斯大学	曼彻斯特大学	110	曼彻斯特大学
印度理工学院	142	印度理工学院 德里理工学院 坎普尔理工学院 南丹麦大学 印度理工学院鲁尔基分校 香港理工大学 拉夫堡大学	西安交通大学	110	西安交通大学 香港大学 浙江大学 西北工业大学 香港中文大学 香港理工大学 西安交通大学
伊利诺伊大学	134	伊利诺伊大学 密西西比州立大学 清华大学 美国 CSX 运输公司	密歇根州立大学	109	密歇根州立大学
新加坡国立大学	131	新加坡国立大学 新加坡科技研究局 上海交通大学 香港中文大学	米兰理工大学	106	米兰理工大学 贝加莫大学 意大利国家研究委员会 拉蒙鲁尔大学
上海交通大学	131	上海交通大学 欧道明大学 中国科学院 新加坡国立大学 佐治亚理工学院 中国科学技术大学	德克萨斯 A&M 大学	106	德克萨斯 A&M 大学 宾夕法尼亚州立大学 阿拉巴马大学
密歇根大学	129	密歇根大学 武汉理工大学 密歇根大学迪尔本分校 加州大学伯克利分校	普渡大学	102	普渡大学 印第安纳大学 加州大学伯克利分校 欧道明大学
亚利桑那州立大学	127	亚利桑那州立大学 莫纳什大学	台湾成功大学	100	台湾成功大学 高雄第一科技大学
清华大学	126	清华大学 南昌大学 北京大学	佐治亚理工学院	100	佐治亚理工学院 上海交通大学
中国科学院	123	中国科学院 中国科学院大学 中国科学技术大学 北京航空航天大学 欧道明大学 香港理工大学 上海交通大学	香港大学	98	香港大学 香港城市大学 香港中文大学 西安交通大学 香港理工大学 广东工业大学 深圳大学 南开大学 华南理工大学 新加坡国立大学 中国科学院 南京大学 中山大学 中国科学技术大学

表 1-7 的第 3 列和第 6 列统计了曾与此机构合作发表过论文的其他科研机构。因为篇幅有限，表 1-7 中只列举了合作超过 4 篇的机构的名称。从机构之间的合作关系可以看出，合作研究较为广泛的是排在第 20 位的香港大学，多达 143 家其他科研机构，而发文量最多的香港理工大学仅次于香港大学，有 142 家合作机构。基本上所有研究机构首先更热衷于校内研究者间的合作，其次是同城市或同国家间的合作，这可能是由于地理位置上的靠近，更有利作者间的讨论与研究工作的展开。

另外，在亚洲研究机构中，中国研究机构有 7 所，可见，中国作为发展中国家，在制造业运营管理与决策优化领域的研究上已成为国际上主要的研究群体，对推动该领域的创新及其应用起到了一定的积极作用并产生重要的国际影响。但中国的科研机构的合作规模和合作程度与国外一流机构之间尚有一定差距，它们更热衷于国内范围，如上海、香港的科研机构合作，因此跨地域的合作有待加强。

同时，统计结果也出现了像 ABB（ABB Global Ind. & Serv. Ltd.）、惠普（Hewlett Packard Global Soft Ltd.）等知名制造企业，这说明制造业运营管理与决策优化领域已逐步在向业界渗透和输送研究成果。图 1-5 展示了高水平领域研究机构的合作关系图。与作者间合作网络不同的是，研究机构间的合作存在明显的"小世界"特征，每一个小集合有着较为稳定并且长期的合作。同时根据表 1-7 的第 3 列和第 6 列，出现在排名前 20 的作者组合中的 76 家研究机构有 20 家属于该领域的核心研究机构，这说明该领域中的研究机构间的合作也存在聚集现象。

综合来看，在作者层面上，制造业运营管理与决策优化领域的研究成果大部分仍集中于较少范围的学者之间，大部分研究者仅发表了少数几篇文献。而作为一门历史悠久的研究领域，从事其研究的核心著者群的规模已趋向稳定。在研究机构层面上，高水平机构之间存在着密切的合作关系，不同研究背景的学者相互合作有利于产生高质量的科研成果，促进该领域的创新。同时企业的实践能带来独特的经验，我国拥有不少知名企业，我国制造业运营管理与决策优化领域的学者应积极与业界从业人员交流，了解业界动态，指导业界发展，避免重蹈日本工业界的覆辙。同时，也应与国际一流科研机构开展合作，加强科研资源共享和成果交流，这将有利于我国制造业运营管理与决策优化领域的理论创新水平的提高。

1.2.4　文献内容分析

1. 研究主题的提取

对论文的关键词进行分析能够反映出研究者对某一领域的研究兴趣所在，也

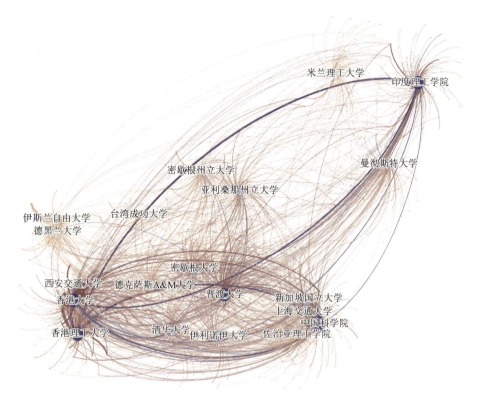

图 1-5　高水平领域研究机构的合作关系图

能够表现出研究的热度。本节将利用词频–逆向文件频率（term frequency-inverse document frequency，TF-IDF）技术从摘要中提取关键词，取代传统的关键词词频统计。TF-IDF 是一种用于资讯检索与资讯探究的常用加权技术，用以评估字词对于一个文件集或一个语料库中的重要程度。字词的重要性随着它在文件中的出现次数呈正比增加，但同时会随着它在语料库中出现的文档频率呈反比下降。TF 是某个关键词出现的频率，DF 是某个关键词在 N 篇文档中出现的次数。得到 DF 便可以通过公式计算 IDF。本节所采用的计算 IDF 的公式如下：

$$IDF = \lg \frac{M+1}{DF} \tag{1.3}$$

其中，M 为语料库中的文档总数；DF 为关键词的文档频率。它的主要思想是：如果包含词条 t 的文档越少，也就是 DF 越小，则 IDF 越大，则说明词条 N 具有很好的类别区分能力。主题词的特征包括词频、文档频数和逆向文件频率（IDF）。

为了对论文摘要进行数据清洗，去除摘要中高频但无意义的词，本节建立了关于这个语料库的停词表。首先利用 natural language toolkits 对所有文章进行分词，得到一个数量巨大的词项集合，之后进行统计词频，最后建立了两条规则来筛选关键词：①词频超过 6000 次、没有意义的词，这类词有 problem、time、Elsevier、reserved 等；②词频略低于 6000 次，但没有特殊意义的词，这类词有 example 等。最后将英文常见停词加入新构建的停词表。利用停词表对数据进行最后的清洗，得到 48 724 个词项。之后，根据 TF-IDF 关键词提取的原理，对语料库进行了处理，提取出这批语料中的关键词，并且根据 TF×IDF 的值按照降序排列出来，因为文章篇幅有限，选取了前 60 个主题词，结果如表 1-8 所示。

表 1-8　关键词提取前 60 个词统计表

序号	词	sum（TF×IDF）	序号	词	sum（TF×IDF）
1	supply	415.30	31	material	175.68
2	chain	402.36	32	resource	172.71
3	service	334.11	33	inventory	172.47
4	product	333.14	34	relationship	172.40
5	production	329.74	35	lean	168.93
6	facility	322.60	36	operation	166.62
7	firm	321.66	37	control	165.63
8	process	309.76	38	factor	165.26
9	management	292.00	39	framework	164.55
10	location	282.51	40	technology	164.01
11	cost	272.99	41	optimal	161.89
12	algorithm	268.82	42	sector	158.83
13	network	258.96	43	capacity	154.99
14	quality	252.31	44	application	151.88
15	environmental	244.86	45	market	150.55
16	company	234.21	46	optimization	147.30
17	industry	232.70	47	stage	146.55
18	supplier	225.95	48	set	145.23
19	practice	224.28	49	implementation	144.34
20	customer	217.17	50	logistics	143.81
21	strategy	212.40	51	risk	143.28
22	green	207.98	52	policy	142.47
23	planning	200.24	53	environment	141.77
24	data	192.37	54	manufacturer	141.40
25	business	185.53	55	tool	137.20
26	innovation	183.05	56	integration	136.95
27	impact	181.73	57	scheduling	135.62
28	level	179.04	58	component	135.57
29	distribution	177.15	59	plant	133.65
30	development	177.10	60	enterprise	132.52

表 1-8 显示，由 TF-IDF 提取的主题词包含许多类，制造业运营管理与决策优化领域是一个需要与工业界紧密结合的领域，它的研究对象从企业整体到工厂车间，有 enterprise、firm、company、industry 代表着企业整体的词，相对也有 plant、sector、facility 等关于资源配置利用的对应词；成本（cost）与风险控制（risk control）是永恒的话题，商业对象有供应商（supplier）、客户（customer）等；也有企业战略（strategy）、服务型（service）、绿色供应链（green supply chain）转型，环境（environment）、工厂选址（location）研究等；也有生产计划（planning）、车间调度（scheduling）等更细节的问题；而求解这类问题的方式有各类算法（algorithm），或者使用成型的工具（tool）等，因此可认为由 TF-IDF 算法提取出来的主题词能够代表制造运营管理领域的研究主题。下面，将从多个维度对研究主题进行分析。

2. 主题词变化趋势分析

表 1-9 展示了主题词随时间的变化趋势。首先从总体上看，2010～2015 年没有太多的新主题词出现，意味着制造业运营管理与决策优化领域的研究范围没有发生太大的变化，供应链（supply chain）相关研究一直占据重要的研究地位。但主题词重要度（TF-IDF 值）波动较大，关于方法论的研究，如模型算法等，在第一至第二时间区间略有上升，到第三时间区间内又降幅较大，是一个波动性较强的研究主题，它的重要度一直排在前 20 位，说明方法论的研究在业内的重视度和认可度都较强。战略（strategy）、供应商（supplier）等词分别在第二、三时间区间内首次出现在前 20 位，制造业在不断改革中发展近百年，这两个词的出现或许意味着这个时期又到了制造业改革的转折点，而德国推行"工业 4.0"，中国大力推动"中国制造 2025"也印证了这一点。与此同时，绿色（green）、环保（environmental）等的重要度迅速上升，并在第三时间区间位列 4，5 名，或许制造业的改革下一个出口在绿色、可持续发展领域。

表 1-9　主题词变化趋势表

排名	关键词	TF-IDF（2010～2011 年）	关键词	TF-IDF（2012～2013 年）	变化	关键词	TF-IDF（2014～2015 年）	变化
1	supply	29.60	facility	31.87	▲	supply	46.51	▲
2	chain	28.23	chain	28.18	—	chain	45.32	—
3	firm	25.51	supply	27.60	▼	service	33.81	▲
4	service	23.32	location	27.22	▲	environmental	33.76	▲
5	production	22.26	algorithm	24.96	▲	green	33.46	—
6	facility	21.23	production	24.92	▼	product	33.44	▲

排名	关键词	TF-IDF (2010～2011 年)	关键词	TF-IDF (2012～2013 年)	变化	关键词	TF-IDF (2014～2015 年)	变化
7	product	21.20	service	22.86	▼	firm	32.28	▲
8	process	19.34	product	22.78	▼	facility	30.52	▼
9	management	19.27	firm	22.17	▼	production	30.18	▼
10	algorithm	16.78	process	21.93	▼	process	29.52	—
11	company	16.54	network	21.88	▲	management	28.38	▲
12	location	15.95	cost	20.92	▲	network	27.90	▼
13	quality	15.85	management	19.07	▼	practice	26.89	▲
14	cost	15.27	environmental	18.74	▼	location	26.01	▼
15	industry	14.65	supplier	18.63	—	cost	25.15	▼
16	network	13.95	quality	16.87	▼	industry	25.05	▼
17	customer	13.90	distribution	15.87	▲	algorithm	24.90	▼
18	distribution	13.69	customer	15.84	▼	supplier	24.67	▼
19	lean	13.34	inventory	15.46	—	company	24.28	▼
20	practice	13.30	strategy	14.85	—	strategy	23.57	—

3. 共现矩阵分析

共现矩阵统计已经提取出的 60 个关键词的词串在文档中两两出现的频数，这样 60 个关键词在共词分析中，便构成了一个 60×60 的共词矩阵，如表 1-10 所示。

表 1-10　共词矩阵

关键词	supply	chain	service	product	production	facility	⋯
supply	2590	2269	411	868	705	270	⋯
chain	2269	2474	401	847	669	239	⋯
service	411	401	3172	726	561	258	⋯
product	868	847	726	2421	958	217	⋯
production	705	669	561	958	2704	258	⋯
facility	270	239	258	217	258	1425	⋯
⋮	⋮	⋮	⋮	⋮	⋮	⋮	⋮

由于主题词的共现仅仅计算频次，差距太大，在计算前，本节对数据进行标准化操作。数据标准化是统计学上常用的方法，是为了消除不同属性或样方间的不齐性，使同一样方内的不同属性间或同一属性在不同样方内的方差减小。对共词矩阵进行进一步的处理，将共词矩阵中两两出现的主题词的共现次数加 1，然后取其倒数，将这个值作为两个主题词之间的距离。而自身对自身的距离最远，设值为 1。

$$L = \frac{1}{s+1} \tag{1.4}$$

其中，L 为两个主题词之间的距离；s 为共词矩阵中两两出现的主题词的共现次数[9]。表1-11为处理后的共词矩阵，取处理后的 $L \geqslant 1.0075$ 为阈值，得到词共现图如图1-6所示。

表 1-11　处理后的共词矩阵

关键词	supply	chain	service	product	production	facility	⋯
supply	1.000 00	0.000 44	0.002 43	0.001 15	0.001 42	0.003 69	⋯
chain	0.000 44	1.000 00	0.002 49	0.001 18	0.001 49	0.004 17	⋯
service	0.002 43	0.002 49	1.000 00	0.001 38	0.001 78	0.003 86	⋯
product	0.001 15	0.001 18	0.001 38	1.000 00	0.001 04	0.004 59	⋯
production	0.001 42	0.001 49	0.001 78	0.001 04	1.000 00	0.003 86	⋯
facility	0.003 69	0.004 17	0.003 86	0.004 59	0.003 86	1.000 00	⋯
⋮	⋮	⋮	⋮	⋮	⋮	⋮	1.000 0

4. 研究主题期刊维度上的分析

研究主题的分析引入"期刊"维度。本小节主要讨论排在前 20 位的核心期刊的研究主题。将前面计算得到的各关键词的 TF-IDF 值，通过式（1.5）计算得到每个词在各个期刊上的 TF-IDF 值，最终以词云的形式展现，见图1-7。

$$\delta_k^j = \sum_{d=1}^{N} \overline{\delta}_k^d \tag{1.5}$$

其中，δ_k^j 为期刊 j 内主题词 k 的 TF-IDF 值；N 为期刊 j 收录的文献数目；$\overline{\delta}_k^d$ 为某篇文章 d 中主题词 k 的 TF-IDF 值。

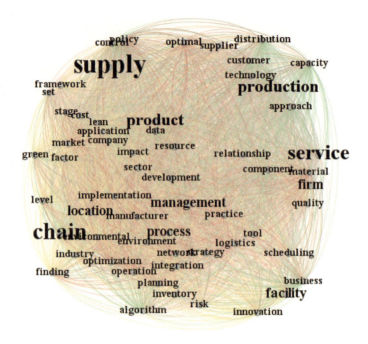

图 1-6　词共现图

　　每个期刊上主题词有相似也有不同之处，因此，可以计算期刊间的相似度，从而发现期刊之间的关系，关于相似性度量方法较多，最常使用余弦距离：

$$D(p,q) = \sum_{k=1}^{50} p_k \lg \frac{p_k}{q_k} \qquad (1.6)$$

其中，p 和 q 分别为两本期刊上的主题词；$D(p,q)$ 用来衡量 p 和 q 之间的差异；p_k 为期刊 p 中出现主题词 k 的 **TF-IDF** 值；q_k 为期刊 q 中出现主题词 k 的 **TF-IDF** 值。

　　在期刊相似度的结果基础上，再对期刊进行层次聚类，连接采用 average-link：

$$d_{\mathrm{avg}(a,b)} = \frac{1}{|A||B|} \sum_{a \in A} \sum_{b \in B} d(a,b) \qquad (1.7)$$

其中，$d_{\mathrm{avg}(a,b)}$ 为 a、b 两个簇之间的平均距离；$|A|$ 为 A 中对象的数目；$|B|$ 为 B 中对象的数目。

　　根据式（1.6）与式（1.7），可以计算得到期刊间相似度，并进行层次聚类，同时对主题进行了层次聚类，结果如图 1-7 所示。各期刊研究主题词的词云如图 1-8 所示。

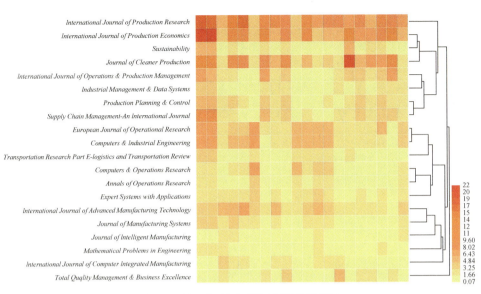

图 1-7　基于期刊-主题词热图的期刊相

图 1-8　20 种期刊研究主题词的词云

1.3　制造业运营管理中典型决策优化问题

管理决策是企业运营管理过程中的一项基本活动，对于人、财、物的配置是否合理直接影响企业的经济效益和生存发展。赫伯特·西蒙在其经典著作 *Administration Behavior* 中认为，决策是管理的核心内容。彼得·德鲁克在 *The Effective Executive* 一书中指出，管理者并不需要频繁做出决策，但每个决策却十分关键。由此可见，决策这一管理职能在企业有着举足轻重的地位。

现代管理学理论普遍认为，决策方法可以分为两种，即定性分析和定量分析。其中，定量决策方法运用数学建模方法、构建反映运营管理系统中各要素及要素关系的数学模型，并通过一定的数学、计算机工具对数学模型进行计算和求解，从而选择最佳的决策方案。对决策问题进行严谨的定量分析，可以极大缩短决策时间、提高决策精度。同时，运用定量化的方法进行决策也是运营管理研究科学化的重要标志[11]。

根据问题的不同，可以将制造业运营管理决策划分为战略、战术和操作三个层面。战略层面包括新产品研制、生产设施选址、工作阶段划分等；战术层面主要包括材料采购、人员招聘等；操作层面包括作业调度、生产计划等。1.1 节和 1.2 节从新理念、历史发展和文献统计等角度介绍了制造业运营管理的相关背景。本节根据文献计量分析的相关结果，按决策层次梳理了制造业运营管理过程中的几大典型决策优化问题，分类如图 1-9 所示，为本书的后续研究布局提供指导。

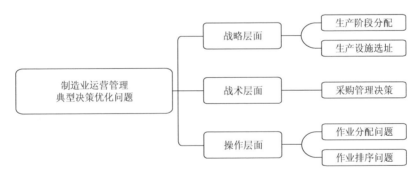

图 1-9　制造业运营管理中典型决策优化问题分类图

1.3.1　战略层面

1. 生产阶段分配

制造企业的产品生产往往涉及材料采购、零部件制造、成品装配和运输配送等多个复杂的生产阶段，生产流程以顺序或并行的方式连接在一起，构成了一个复杂的运营供应链网络。生产阶段流程多、对象多，要素之间的关系复杂度高，需要企业从运营战略层面的进行决策优化。

在制造型企业，产品生产是一种集成制造的过程，原材料被转换成最终产品，然后交付给客户。企业的生产阶段主要由两个基本的流程组成：①生产计划和库存控制过程；②物流和销售过程[12]。图 1-10 提供了原料转化和最终转化的基本框架。生产计划和库存控制流程包括制造和仓储子流程。

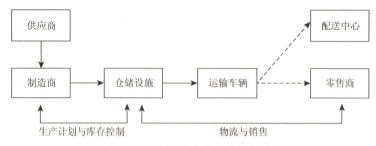

图 1-10　制造业典型供应链网络

生产计划阶段的决策，涵盖了产品设计和整个制造的管理过程（包括原材料需求采购、制造工艺设计和生产排程调度）。库存控制阶段的决策优化主要是原材料、在制品和最终产品的库存策略设计。销售和物流环节的决策，主要考虑最终产品如何快速低成本地从仓库运输到零售商。这些过程相互关联，构成了一个完整的制造业运营供应链，各环节的管理决策，也直接决定了组织的目标绩效。

2. 生产设施选址

选址决策是为了实现企业战略目标、综合各类因素来确定在何处建厂或布置生产服务设施的过程。通常情况下，制造型企业的产品生产，需要经历从原材料制成零件、组装成部件，经过成品包装，配送、零售，最后到达消费者的过程。在该过程中，企业需要综合分析地域、时间、能力等各种内外部因素，对生产、仓储、配送等单元进行选址问题决策优化。随着制造业全球化的发展，现在的选址问题已经呈现出多元化、复杂化和不确定等特征。

生产设施选址包含两个方面的决策：一个是选区域，选择国内还是国外、沿海还是内陆、城市还是郊区等；另一个是定地址，就是之前选定的区域范围内，根据企业实际需求和目标范围条件等因素来确定生产设施的具体位置。在现实情况中下，生产设施选址问题不仅要考虑市场需求覆盖，还要考虑设施的固定建设（土地、税收、机器等）成本以及生产运作（人力、制造、运输）成本等。

生产设施选址的决策问题可以被描述为：将 n 个设施（ $n=1,2,\cdots$ ）分配给 n 个位置，以使成本函数（式（1.8））最小化[13]：

$$C = \sum_{i=1}^{n} \sum_{j=i+1}^{n} f_{ij} d_{kl} \tag{1.8}$$

其中，f_{ij} 为实物流从设施 i 到设施 j 的成本权重；d_{kl} 为地点 k 到地点 l 之间的距离。

现有的相关研究大多是对建站费用无容量限制的设施选址问题（uncapacitated

fixed charge facility location problem，UFLP）和考虑建站费用有容量约束的设施选址问题（capacitated fixed charge facility location problem，CFLP）的基础上进行的拓展研究[14]。

1.3.2 战术层面

与制造运营管理相关的采购是指，公司根据产品生产的需求从外部购买产品或服务，使得内部制造顺利开展的管理过程。一般情况，制造业企业对于原材料、零部件的采购成本，往往要占企业运营总成本的 60%。因此，如何管控企业采购成本是制造型企业运营的核心问题[15]。

制造型公司的采购管理通用流程模型如图 1-11 所示。制造商根据产品生产计划，确定材料、零部件或服务的采购需求，进而通过供方选评、合同谈判、订单执行、运输入库和付款结算等环节，完成整个采购循环。在采购进行的过程中，可能还存在第三方服务和政府监督等相关活动。

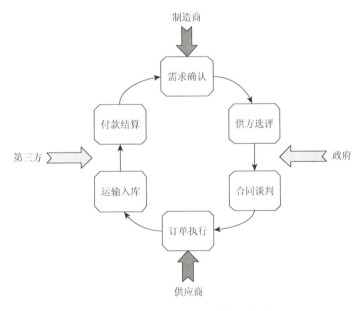

图 1-11 制造业典型采购管理模型

采购管理涉及的决策优化问题主要包括供应商管理（如供应商选择与评价）、开发和管理合同（如谈判策略、合同管理、冲突解决）、采购流程和行为（如需求评估、招投标策略）、采购渠道（如分类管理、制造或购买/外包策略、采购政策制定）、库存管理（如原材料最佳订货周期与订货量）和采购风险管理（如风险分析和控制）等[16]。

1.3.3 操作层面

1. 作业分配问题

作业分配问题又称为指派问题（assignment problem），是制造业生产管理微观操作层面的重要研究方向。作业分配问题属于一类特殊的 0-1 型整数规划（integer programming，IP），在组合优化问题属于 NP-Complete 问题。

作业分配问题可以描述为[17]：有 n 项任务需要处理，有 n 个人可完成这些工作。因为每一个人的能力不同，完成上述 n 项任务所需时间也不尽相同。假设，指定第 i 个人处理第 j 项任务所需要的时间为 p_{ij}，如表 1-12 所示，$p_{ij} > 0 (i, j = 1, 2, \cdots, n)$。这一问题需要确定一个可行的分配方案（即指定哪一个人去处理哪一项任务），使得处理完 n 项工作的总时长最短。这样的分配方案，称为最优分配方案。

表 1-12　任务分配表

时间		任务			
		1	2	…	n
人员	1	p_{11}	p_{12}	…	p_{1n}
	2	p_{21}	p_{22}	…	p_{2n}
	$\vdots$	$\vdots$	$\vdots$	$\vdots$	$\vdots$
	n	p_{n1}	p_{n2}	…	p_{nn}

引入 0-1 变量 x_{ij}，当分配第 i 个人完成第 j 项工作时，令 $x_{ij} = 1$，否则令 $x_{ij} = 0$。于是得到指派问题的数学模型[17]如下：

$$\text{Min } Z = \sum_{i=1}^{n} \sum_{j=1}^{n} p_{ij} x_{ij}$$

$$\text{s.t.} \begin{cases} \sum_{i=1}^{n} x_{ij} = 1, & j = 1, 2, \cdots, n \\ \sum_{j=1}^{n} x_{ij} = 1, & i = 1, 2, \cdots, n \\ x_{ij} = 0 \text{或} 1, & p_{ij} > 0 \end{cases}$$

经典决策理论中，作业分配问题的求解方法主要有两种。一种是精确求解，最常用的是匈牙利算法。但是，匈牙利算法无法求解大规模问题，该方法在处理一些特殊数据时无法收敛，不能求得最优解。另一种是启发式算法，近些年来出现的遗传算法（genetic algorithm）、蚁群优化（ant colony optimization）算法、DNA

算法和粒子群优化（particle swarm optimization）算法等智能算法成为求解指派问题的新途径。

2. 作业排序问题

作业排序问题（job schedule problem，JSP）是制造业生产管理与组合优化领域的另一个重要研究方向。在 JSP 中，通常将需要被处理的工作称为工件（job），把处理工件所要的资源称为机器（machine）。JSP 的目标是找到工件加工方案的一个可行排序（feasible schedule），从而使得预先构造的目标函数最优。在进行作业排序的相关调度研究中，需要满足某些给定的限制条件，如任务的开始时间、任务完成所需的工期、任务完工时间的期限等。通常情况下，目标是对任务完成的时间长短或任务成本的大小等概念的定量描述。

JSP 可以描述为[18,19]：一个车间内，有 m 台机器（用集合 $M = \{M_1, M_2, \cdots, M_m\}$ 表示），需要加工 n 个工件（用集合 $J = \{J_1, J_2, \cdots, J_n\}$ 表示）。X 表示分配给机器的所有工件的序列，如每一个工件都由每台特定的机器完成。元素 x（$x \in X$）代表一种排序方案，可以被写成一个 $n \times m$ 的矩阵。其中，列 i 为机器 M_i 需要完成的工件加工顺序。例如，矩阵可以写为

$$x = \begin{bmatrix} 1 & 2 \\ 2 & 3 \\ 3 & 1 \end{bmatrix}$$

这意味着：机器 M_1 需要按序加工工件 J_1, J_2, J_3；机器 M_2 需要按序加工工件 J_2, J_3, J_1。假设有成本函数 $C: X \to [0, +\infty)$。成本函数可以被解释为"总处理时间"，机器 M_i 处理工件 J_j 时间可以表示为 $C_{ij}: M \times J \to [0, +\infty]$。作业排序问题就是求解最佳的 $x \in X$，使得 $C(x)$ 最小。

JSP 往往涉及不同类型的数据，如任务的完成时间、任务的松弛时间等，这类数据为确定数值，此类排序称为确定性排序。但是，在实际的制造业运营管理问题中，常有一些不确定的因素存在，这类包含不确定变量的排序问题称为不确定性排序，或有随机变量在内的随机排序问题。

由于 JSP 是一个 NP-Hard 问题，其特点是没有一个有效的算法能在多项式时间内求出其最优解。基于生物学、人工智能、神经网络、计算机技术和仿真技术的迅速发展，局部搜索（local search）、禁忌（tabu search）算法、遗传算法、粒子群优化算法等方法为 JSP 的研究开辟了新的思路。

1.4　全书内容结构与简介

全书以制造业运营管理过程中的科学决策为出发点，总结了作者多年来相关

领域的科研成果，涉及面广，内容新颖，反映了当前制造业运营管理决策的理论研究水平。

全书共分为六篇 13 章，包括制造业运营管理中定量化决策问题概论、相关文献综述、长期战略层面决策问题、中期战术层面决策问题、短期操作层面决策问题、服务化、绿色化趋势与决策问题以及总结与展望等主要内容。详细内容涉及生产设施选址与规模决策优化问题、采购决策优化问题、任务分配与排序优化问题、服务型制造决策优化问题、绿色供应链决策优化问题等。

全书的内容结构如图 1-12 所示。

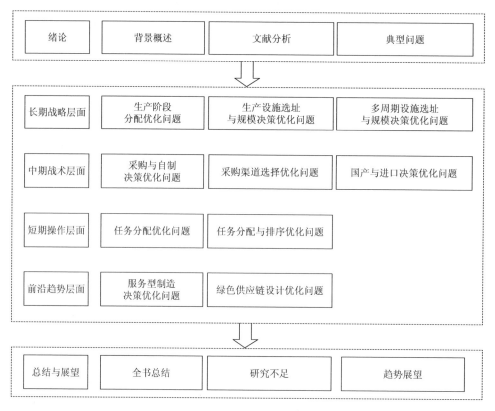

图 1-12　全书内容结构与简介

第 2 章 >>>

相关文献综述

2.1 生产与采购决策领域

生产决策指在生产领域中，对生产产品品种、数量以及方式等方面的问题所做出的决策，具体包括剩余生产能力如何运用、亏损产品如何处理、产品是否进一步加工和生产批量的确定等。采购决策是企业经营管理的一项重要内容，其关键问题为如何制订最佳的采购方案、确定合理的商品采购数量，以为企业创造最大的经济效益。本节将着重针对多产品生产计划问题、面向订单装配（assemble to order，ATO）系统的零部件补货问题进行文献回顾。

2.1.1 多产品生产计划问题

Mula 等[20]、Rodammer 和 White[21]、Sridharan 和 Berry[22]、Wagner[23]全面概述了生产计划中的问题。多产品问题领域涉及多个产品的生产计划，其中每个产品在不同的时间段内以不同的数量生产[24]。许多学者利用多种方法来分析多产品问题。例如，Zanjani 等[25, 26]提出了一个多阶段随机规划模型和一个鲁棒优化模型来研究不确定性下的生产规划。Christou 等[27]为该类型的问题设计了一种层次分解方法。Wang 和 Liang[28, 29]应用线性规划（liner programming，LP）方法和模糊多目标线性规划法来研究总体生产问题。对于类似的问题，Fung 等[30]考虑了经济约束，采用了模糊建模方法。Pechoucek 等[31]提出了一种基于代理的大规模生产问题的方法。Omar 和 Teo[32]开发了一种三级分层调度方法，用于批量生产环境下多产品生产计划的研究。高学鸿等[33]以产品与产品之间的内在关系为切入点，构建了基于粗集理论和熵权法的多产品组合生产目标贴近度研究模型，对企业多产品生产管理最优目标的实现具有重要参考意义。此外，众所周知的多产品报童问题也与该研究主题相关[34-37]。胡劲松和闫伟[38]研究了资金约束模糊报童问题。陈杰等[39]研究了具有多元马氏需求的多产品报童模型优化，该类问题可支持生产计划和库存控制的决策，但大多数研究为单期问题。

考虑到多产品问题的多周期因素，Bakir 和 Byrne[40]提出了一个两阶段随机线性规划模型。Noori 等[41]将问题转化为项目网络问题，开发了一个 LP 模型来最大化计划期间生产率。Byrne 和 Hossain[42]、Kim 等[43]进行了类似的研究，以确定每个产品在每个周期的最大可行生产率。考虑资源因素，Wang 和 Wu[44]提出了一个多周期、多产品和多资源生产调度（multi resource production scheduling，MPS）问题的框架，并提出了一个两阶段方法。在以上研究的基础上，Abdul-Kader 和 Gharbi[45]、Arruda 和 Val[46]还采用基于仿真的方法提高多产品柔性生产线的性能。

外包策略经常与生产计划问题结合在一起。Liu 等[47]研究了考虑到外包的动态产能生产规划问题，并提出了遗传算法进行求解。Liu 和 Tu[48]研究了单件生产的动态产能规划问题。Coman 和 Ronen[49]分析了外包的问题，以帮助企业管理人员决策需内部制造和外包的产品。Qi[50]提出了一个企业外包选择的生产调度新模型。

此外，最优控制法也用于生产计划问题的分析[51-54]。一些研究在构建数学模型时考虑了特殊因素。例如，Wu 和 Chen[55]考虑了市场价格和毛利率；Benjaafar 等[56]和 Benjaafar 等[57]分别考虑了客户无耐心、欠交订单和缺货损失；Feng 等[58]考虑了价格因素，对按订单装配系统进行了研究。

2.1.2　ATO 系统的零部件补货问题

有关 ATO 相关研究的综述中，可以阅读 Song 和 Zipkin[59]提供的文献综述。以下所列为与此密切相关的研究。Fu 等[60]提出了 ATO 系统中库存、生产和外包决策的利润最大化模型，并研究了最优解的一些结构性质。Hsu 等[61]假设了需求是不确定的、有多批装运并且最终产品的价格和零部件的成本取决于交货时间，并在该假设前提下，研究了如何确定 ATO 系统中零部件的库存量。不同于上述文献，Hsu 等[62]考虑到制造商需要在一次装运中交付全部订单数量的情况，其认为由于运输的规模经济，部分情况下整批装运方式是适合的，实验也研究了整批装运方式和多批装运方式的性能差异。Fu 等[63]考虑到在需求出现之前，零部件可以以正常价格提前订购的情况，或者出于加速订购的考虑，它们可以在之后以更高的价格补货。Xiao 等[64]在装配能力不确定的情况下，考虑了单一产品、单周期 ATO 系统的紧急补货。基于 Hsu 等[61]以及 Fu 等[63]的研究，Yao 等[65]研究了通过从单通道设置（即文献[61]的"常规"购买渠道，以及文献[63]的"加速"通道）到双通道设置，拓展了原有模型的零部件补货问题，还发现了一些最优解的结构特性，并用它们来求解问题。Karaarslan 等[66]在两种不同的政策下分析了一种产品和两种零部件的 ATO 系统，研究了最小化持有和退货成本的最优策略设计。李宇雨等[67]

基于顾客驱动型需求替代，构建了针对同一产品族的不同产品的 ATO 制造商产品定价及零部件补货模型，来获取最优定价和补货策略。李宇雨和黄波[68]考虑了 ATO 供应链中组装商拉式和推式两种补货方式，构建了基于供应链联盟的 ATO 供应链 Stackelberg 非合作博弈和讨价还价合作博弈模型，来寻找零部件生产及补货策略。

最近，ATO 系统的定价策略也引起了学术界的关注。Fang 等[69]开发了一个基于 Stackelberg 博弈的模型来确定制造商的供应商寄售库存的定价策略。Shao 和 Ji[70]在价格敏感需求下研究了分散式 ATO 系统的战略定价策略，并研究了采购结构对系统性能的影响。此外，作为研究对象的多产品 ATO 系统，近年来也有越来越多的学者进行研究。El Hafsi 等[71]研究了一种由多个不同零部件组成的多产品 ATO 系统，研究了零部件库存控制的最优策略。El Hafsi[72]进一步研究了 ATO 系统的最优生产和库存分配策略，对所提出的最优策略和先到先服务策略进行了比较实验，以验证其有效性。Ko 等[73]研究了一种基于基础库存策略的 ATO 系统，得出了一些近似平衡状态提前期分布的闭式公式。上述研究主要基于单层 ATO 系统。针对多层 ATO 系统，Hnaien 等[74]研究了不确定提前期下的最优库存控制决策问题，提出了两种基于多目标模型的遗传算法。

2.2　设施选址决策领域

设施选址属于战略决策问题，指如何运用科学手段，选择尽可能低成本并且能够有效达到企业经营目标的设施地点。其中供应链配送中心选址问题是近几十年来备受关注的问题，作为企业物流活动重要枢纽的配送中心，其正确选址影响着整个系统的有效性。

迄今为止，许多研究者提出了各种模型来求解下列经典的决策问题，包括供应商选择、库存管理、配送地点、配送路线等物流活动。对于简化的静态和确定性环境中配送中心选址问题的基本概述，读者可以参考文献[75]和[76]。近年来，Zaferanieh 等[77]试图使用大方块小方块（big square small square，BSSS）寻找单个新设施的位置，使得从现有设施到这一点的距离之和最小化，实际上该问题为一个非凸的优化问题。同样，Guastaroba 和 Speranza[78]研究了一个单源有限容量设施选址问题（single source capacitated facility location problem，SSCFLP），在其研究中，核搜索算法框架被扩展到通用 0-1 整数线性规划问题（binary integer linear programming，BILP），并将应用于 SSCFLP。Yang 等[79]采用基于切割-求解的精确算法来求解 SSCFLP。Levin 和 Ben-Israel[80]设计了一种启发式方法来求解大规模多设施位置问题，该方法类似于上述方法，即利用单设施选址方法作为一个并行子程序，通过使用基于最近中心再分配的启发式算法，将客户重新指派给设施。Qu 等[81]

研究了交通流中速度密度与车流密度之间的关系，可供交通运输决策研究参考。

上述研究主要属于单目标决策问题。在文献中，有相当一部分研究考虑了多目标物流网络问题。例如，Lim 等[82]提出了一个应用于污水管网中的多目标决策模型，以最小化总溢流和安装成本。Mizuno 等[83]提出了一种基于自适应多目标遗传算法的动态网络及其内链重构方法，可用于供应链网络设计。Harris 等[84]为有限容量选址模型（capacitated fixed location problem，CFLP）制定了一种有效的进化多目标优化算法。此外，Ashfari 等[85]考虑了最小化建设、运输和库存管理成本，从可持续的视角出发，有计划并最大限度地满足顾客的需求；并为此提出了一种求解多目标、多周期、多商品配送服务系统最优解的精确算法。Ashfari 等[85]、Ozkir 和 Basligil[86]都设计了一个随机混合整数线性规划（stochastic mixed integer linear programming，SMILP）。这两种模型的区别在于前者考虑了环境的不确定性。Zhen 等[87]提出了救护车基地设施网络设计决策模型。王道平等[88]针对配送中心选址和带时间窗的多中心车辆路径优化组合决策问题，利用双层规划法构建了多目标整数规划模型，并且采用了两阶段启发式算法求解。

Zhen[89]对于模型中存在的不确定性，采用随机规划和鲁棒优化的方法进行研究。为了描述供应链网络的不可靠的能力，Wu 等[90]提出了一种带迭代的离散时间模型。然而，在实践中，零售商通常面临更现实的因素，如多周期[91]、多渠道[92]。Nakayama[93]为满足不断增长的需求，提出了一个动态选址模型，该模型侧重于随时间推移的网络最佳扩展的问题。在现实决策环境中，决策者经常遇到实际供应链中的非线性规划模型。Wang 和 Meng[94]提出了一种混合整数非线性非凸规划模型，适用于班轮运输网络设计，并使用基于列生成的启发式算法来求解这个问题；Wang 和 Meng[95]进一步使用三种线性化技术将非线性模型转换为混合整数线性规划。此外，Hui 和 Zhang[96]利用离散时间随机线性理论来求解约束非线性优化问题，以达到平衡网络协调资源配置的目标。一些研究考虑了其他复杂的现实因素。例如，Yang 等[97]建立了一个考虑产品系列的供应链设计的 Stackelberg 博弈模型。Wu 等[98]考虑了网络范围内的系统中断，为评估全球供应链网络的关键绩效指标。Huang 等[99]提出了一种两阶段网络配送中心选址和空间确定的集成模型，该模型将货物从零件供应商运到装配车间，仓库中存放时间不确定。此外，他们还考虑了连续无界规模和离散规模情况。郭海湘等[100]针对不确定性客户需求，构建了基于模糊需求的单货源多设施 Weber 问题优化模型，并设计了一种结合改进重心法与两阶段优化算法的混合启发式算法求解。

为求解与配送中心选址决策相关的模型问题，大量的元启发式算法被提出。例如，Wang 和 Watada[101]采用了模糊随机变量的粒子群优化算法求解 0-1 整数规划。而 Awashi 等[102]应用模糊理论量化标准值，并使用模糊逼近理想解排序法（technique for order preference by similarity to an ideal solution，TOPSIS）来评估和选择最佳位置。Liu[103]采用了几种不同的方法如 Kuehn-Hamburger 模型、聚类算法、层次分析法和遗传算法的研究方法来优化选址决策。由于遗传算法为求解复杂问题提供了一个通用的框架，并且它不依赖于问题的具体领域。通过结合具体的模型问题，很多研究人员改进了遗传算法来获得求解方法。Lee 等[104]提出了一种智能遗传算法，来求解配送中心入站和出站调度问题的混合整数规划（mixed-integer programming，MIP）模型。Soleimani 和 Kannan[105]、Dai 和 Zheng[106]研究了闭环供应链网络的设计。不同之处在于，Soleimani 和 Kannan 设计了一种新的高级混合算法——遗传算法和粒子群优化混合算法；Dai 和 Zheng 则是提出了一个综合蒙特卡罗仿真和混合遗传算法的求解框架。

一些关于设施选址问题的研究已经考虑了关于设施规模决策。Zhang 和 Rushton[107]提出了一个多站点位置分配模型，用于优化竞争性多站点服务系统中设施的规模和位置；其模型被应用于银行分行的定位。Bellettini 和 Kempf[108]介绍了一个共同代理游说博弈，研究了在一个封闭和人口稠密的地区提供公共物品的，并对住户产生不同好处的公共设施选址和规模化问题。Ashfari 等[109]构建了一个随机混合整数规划模型，以优化不确定条件下正向和逆向流中设施与服务中心的位置和规模，并利用遗传算法在合理时间内求解模型。Holmberg 和 Ling[110]使用了拉格朗日松弛算法来求解一个有梯形生产成本函数的有限容量设施选址问题。Mazzola 和 Neebe[111]研究了一个多产品的有限容量设施选址问题，其中对产品的需求必须从一组设施点供应，并且每个点提供不同容量的设施类型的选择，并且设计了基于拉格朗日松弛的算法求解问题。Wu 等[112]研究了两阶段有限容量设施选址问题，可以根据客户的已知需求选择设施规模，并提出了求解该模型的拉格朗日松弛法。杨珺和卢巍[113]构建了基于碳排放的多容量等级配送中心选址模型。周愉峰等[114]考虑了设施的容量约束，基于非线性混合整数规划法，建立了一个有容量限制的可靠性固定费用选址问题优化模型，并设计了一种拉格朗日松弛算法进行求解。胡丹丹等[115]构建了拥塞型中转站选址和设计优化模型，针对容量为连续变量和离散变量两种不同情况，设计了两种拉格朗日松弛算法求解。

2.3　供应链网络优化决策领域

供应链网络设计是规划供应链中产品、信息等的流动结构，对节点布局、运输线路设计、容量配置等进行科学决策，从而优化网络的成本和性能的过程。在该过程中，需要它处理各种决策，如确定供应链中设施的数量、大小和位置等，并可能包括战术决策（如分销、运输和库存管理策略）以及运营决策（如满足顾客的需求）。配送中心选址以及规模决策、企业子公司的生产阶段分配问题，其实质都是供应链网络设计问题。

构建供应链网络模型已经引起了学者的极大关注。混合整数规划模型在这一领域得到了广泛的应用，用以供应链网络设计的优化决策。Klibi 等[116]对不确定性条件下供应链网络设计问题文献进行了综述。Santoso 等[117]针对不确定条件下供应链网络设计问题，提出了一种随机规划模型及求解算法。对于优化供应链网络设计决策，混合整数规划模型在这一领域得到了广泛的应用。例如，Georgiadis 等[118]提出了一种用于供应链网络设计的 MIP 模型，其中供应链网络包括生产资源共享的多产品生产设备、仓库、配送中心、客户区域以及时变的不确定需求，并使用标准的分支定界法求解模型。Sadjady 和 Davoudpour[119]研究了确定性、单周期、多商品背景下的两级供应链网络设计问题。设计了一个 MIP 模型，对制造厂和配送仓库进行选址和规模确定，将零售商的需求分配到仓库、仓库分配到工厂，运输方式选择也是如此。此外，非线性 MIP 建模的方法也被用于优化供应链网络决策。Özceylan 等[120]设计了一个非线性 MIP 模型，联合优化了闭环供应链中的战略和战术层面的决策；在模型中，最小化运输、采购、翻修和分区操作的总成本。Longinidis 和 Georgiadis[121]设计了非线性 MIP 模型，将战略层面的供应链网络设计和一些先进的财务管理方法进行整合，如销后回租；还设计了一种求解模型全局最优的求解方法。Longinidis 等[122]进一步考虑了供应链网络设计中汇率风险的因素，因为汇率对于全球供应链运营的重要度日益增大。Dong 等[123]分析了在全球竞争中操作灵活性对公司经济风险到货币波动的影响。Sarrafha 等[124]整合了多层供应链网络设计中的 flow-shop 调度决策，并且考虑到每个时期的缺货不足，构建了一个双目标 MIP 模型。除了基于数学规划的方法，基于仿真的优化技术也被 He 等[125]用于供应链网络设计。Manzini 等[126]提出了优化生产配送物流体系的概念框架，这能够为开发供应链系统中用于整合设计、管理、控制和优化的决策支持系统铺平道路。Manzini 和 Bindi[127]为多级供应链网络设计了一个包含混合整数线性规划、聚类分析、启发式算法和最优运输规则的优化框架。Faccio 等[128]考虑到各种成本（初始化、物流、处理、库存和生产）、设施决策（类型、位置、容量和成本）、随机需求，设计了多级和多产品供应链模型。Shen 等[129]和 Choi[130]探讨了对于风险规避供应商和风险敏感零售商的供应链系统协调。

不确性因素是供应链设计的一个不可忽视的问题。Mahnam 等[131]提出了装配供应链网络库存模型，其中包含考虑供应链管理中库存策略的单一产品模糊需求和外部供应商模糊可靠性。为了求解双目标模型，引入了多目标粒子群优化算法和仿真优化算法的混合算法。Klibi 和 Martel[132]提出了一种风险建模方法，以促进在随机、危险和不确定事件环境下，供应链网络的评估和设计。Asian 和 Nie[133]研究了买方从廉价但不可靠的主要供应商购买产品的问题，为了分担供需不确定性而与可靠的备用供应商签署期权合约，研究中构建了效率基准模型。Hasani 等[134]建立了各种现实假设下，与医疗器械供应链相关的综合优化模型，以便在不确定性下最大化闭环全球供应链的税后利润,并提出了一种有效的自适应邻域搜索算法。Yolmeh 和 Salehi[135]提出了一种混合整数非线性模型,用于需求不确定性下的供应链网络设计和装配线平衡的综合问题,并设计了一种外逼近算法来有效地求解该问题。

供应链网络设计的相关研究文献较多,是因为每项研究可能会考虑特定环境下一个或几个独特并与现有研究不同的现实因素。例如,Lu 等[136]考虑了规模经济和规模不经济对边际成本的影响,通常被认为是一个常数。当考虑一个大规模生产范围时,边际成本往往随着成交量的增加而逐渐减少,当超过一定的生产水平时,边际成本便开始增加。李晓超等[137]考虑了高质量零部件带来的高质量产成品和低召回返工成本这一实际因素,针对四级供应链构建了混合整数规划模型,以确定供应链中的供应商和配送中心等规模和数量,并设计了遗传算法求解模型。陈芳等[138]针对乳制品,基于 Fisher 供应链匹配理论,设计了相应的敏捷供应链网络。中断是供应链网络中一个至关重要的因素。例如,Wu 等[98]建立了离散时间模型来描述网络系统中断的特性,并评价装配供应链网络的性能。Hishamuddin 等[139]探讨了具有运输中断可能性的两阶段生产和库存系统的恢复模型;该研究考虑了恢复窗口中的最优订货量和生产量,建立了求解该模型的有效启发式算法,旨在最小化相关费用总额。Gong 等[140]研究了供应链网络与基础设施可能中断的逻辑依赖关系,设计了一个考虑基础设施的供应链恢复模型。吴忠和等[141]在信息不对称背景下,构建了供应链协调模型,研究了针对突发事件下的供应链最优应对。除了以上聚焦于经济绩效的研究外,Cruz 和 Wakolbinger[142]研究了多期时间框架内供应链网络中产品产出、交易、价格和企业社会责任(corporate social responsibility,CSR)活动的均衡模式。Cruz 和 Liu[143]提出了多期供应链网络的生产、交易、价格和社会关系水平的网络均衡模式,以调查多种决策者(子公司、制造商和零售商)间的相互作用。Devika 等[144]考虑到环境可持续性的三大支柱,提出了六级闭环供应链网络的多目标模型,并设计了三种混合元启发式方法。源于中国出口导向型税收政策的背景,Zhen[145]将税收因素纳入全球供应链设计问题。Jabbarzadeh 等[146]研究了灾害期间血液供应的紧急供血网络设计问题,获得并讨论了求解方法鲁棒性与模型鲁棒性之间权衡的些许见解。胡本勇和陈旭[147]在供需不确定的情况下,构建了基于期权的血液供应链决策模型,探求期权以及供需不确定对血液供应链的决策影响,发现了能够实现帕累托最优的供应链合作方案。Wang 等[148]以及 Wang 等[149]研究了航运公司的集装箱供应链网络设计问题。Wang 等[148]在网络设计考了了"弹性需求"因素,在其问题中,装运需求取决于运费。此外,Wang 等[149]提出了一种基于分段网络改造的新概念,作为促进供应网络优化的替代方法。吴义生等[150]针对网购背景下的低碳供应链网络,构建了两种供应链超网络优化模型,一种基于成员企业个体,另一种基于整体,并进行了应用比较分析。徐琪等[151]在合同订购与现货市场交易结合的背景下,研究了双渠道供应链优化决策问题。Liang[152]在集成多时期供应链设计问题上考虑了货币的时间价值，并提出模糊多目标（成本和交货期）线性规划模型。Liu 和 Papageorgiou[153]为全球供应链规划问题设计了一个多目标（成本、流动时间、失去销售）决策模型，采用 ε- 约束法和分层序列最小值法求解；另一个现实因素的供应链设计则是关于竞争。事实上，Nagurney 等[154]认为决策者不能只处理单一的供应链，而忽视现有的竞争者和未来的竞争者。供应链竞争成为近年来越来越引人关注的研究课题，这方面有丰富的文献。Farahani 等[155]对聚焦竞争环境影响供应链设计的文献进行了综述；并提出了竞争性供应链网络设计问题建模的一般框架，以及未来研究的一些潜在领域（表 2-1）。

表 2-1　文献综述列表

研究相关点		文献
混合整数线性规划		文献[118]～[121]、[124]、[125]
不确定性		文献[126]、[132]～[135]
	中断	文献[98]、[139]、[140]
现实因素	经济绩效	文献[143]～[146]、[148]、[149]
	竞争	文献[154]、[155]

2.4　考虑关税的生产决策领域

中国出口导向的税收和关税政策对跨国制造企业的最终利润与经营管理决策有影响，如外包渠道采用、国内外市场的生产计划等；使学者研究中国出口导向的税收政策下如何优化外包和生产决策。

全球有非常丰富的关于生产和供应链决策的文献。参考最近的调查报告，例如，文献[156]～[159]总结了用于求解全球供应链决策问题的研究方法。

有关生产、外包和供应链决策的研究通常采用数学规划等定量方法来探讨各种决策问题。Pan 和 Nagi[160]提出了一种在敏捷制造中用于供应网络设计的数学规划模型，并设计了拉格朗日启发式算法求解工业级问题实例。Li 和 Womer[161]建立了基于数学规划和约束规划的新模型，以便同时优化订单式生产供应链中的采购和规划决策。供应链管理领域的大量相关研究包含集成优化模型。例如，Ben-Daya 等[162]研究了三层供应链中生产和库存补货决策的整合问题。Qi[163]为两阶段供应链设计了外包和生产调度的集成模型。部分学者建立了供应链决策的多目标模型。例如，Zhang 等[164]为中国离散型制造业提出的供应链设计模型,研究了成本与提前期之间的权衡如何影响设施定位决策；Liu 和 Papageorgiou[153]为全球供应链中的生产、分销和能力规划决策制定了三目标模型，并以 ε- 约束法生成一组帕累托最优解。

外包和供应商选择的决策问题在供应链管理领域受广泛关注。Lee 和 Choi[165] 研究了外包期权的两阶段生产调度问题，以最小化最大完工时间和外包总成本的加权和为目标。李琳[166] 针对两阶段流水车间（自产车间和外包车间），构建混合整数非线性规划模型，以最小化总工期与总成本为目标，并设计了基于规则的启发式算法求解法。张汉江等[167] 将 Cournot 博弈嵌套到 Stackelberg 博弈中，建立该产业组织的复合博弈模型，获得不同结构下的不同均衡，以供企业在零部件外包或自制决策时参考。Zhen[168] 研究生产计划问题时考虑到外包决策，其工作还延伸到了 Zhen[169] 的多产品决策问题研究中。Feng 等[170] 建立了供应商选择决策的多目标模型，为求解该问题，提出了一种基于禁忌搜索的多目标算法。供应链包含很多不同的因素，许多学者在其模型中考虑了其中的一些因素。例如，Balachandran 等[171] 探讨了内部能力如何影响承包商的供应链决策。Liu 和 Nagurney[172] 考虑到离岸外包活动涉及的外汇风险的影响。Nickel 等[173] 在多阶段随机供应网络设计模型中考虑了随机利率和需求。Qiang 等[174] 在其模型中考虑了供应商竞争、分销渠道投资和不确定等各种因素。Su 和 Geunes[175] 调查了价格促销如何影响远期购买并增加品牌转换者的消费。Palsule-Desai[176] 考虑了电影行业供应链协同的收入分配。Zhang 和 Huang[177] 为供应链配置决策设计了一个既考虑成本问题又考虑交货时间因素的双目标整数规划模型，其研究表明中国沿海地区对于订单交货时间短的产品来说仍具吸引力。Zhang 等[178] 提出了一个混合整数规划模型来探讨一些经济变化对中国珠三角地区竞争优势的影响。Huang 等[179] 重新评估了在中国的全球制造设施选址决策；研究结果表明，人民币升值给留在中国进行生产的企业带来了高风险，而香港由于其优惠的税收政策仍然处于贸易行业中十分稳健的位置。

近年来，一些研究分析了产品配置因素对供应链决策的影响。Nepal 等[180] 分析了产品结构策略对重型装备和汽车工业供应链设计的影响。Marsillac 和 Roh[181] 研究了产品设计对供应链活动的直接和间接影响，以及这些变化如何影响全球供应链行为和能力。

税收对供应链决策也有重要影响。该项令人关注的课题已经引起了学术界和实践者的目光。Munson 和 Rosenblatt[182]、Wilhelm 等[183] 做出了这一领域的两项开拓性研究。Li 等[184] 考虑了关税对全球供应链采购和生产决策的影响，并建立了确定性优化模型。Feng 和 Wu[185] 研究了如何确定新兴全球制造业网络中全球制造商的节税点和制造流程，并提出了一个混合整数规划模型。Hsu 和 Zhu[186] 研究了退税政策和关税规则对那些在中国生产产品并在中国境内外销售产品的公司优化供应链设计和运营的影响。Chung 等[187] 调查了排污税对供应链网络设计决策的影响。岳万勇和赵正佳[188] 引入了汇率和关税因素，研究了不确定需求下跨国供应链数量折扣问题。赵正佳等[189] 考虑了关税和全球供应链的汇率等因素，针对不依赖于价格的不确定需求，构建了全球供应链数量折扣与退货组合契约模型，对全球供应链的协调和决策有重要参考价值。

2.5　任务分配决策领域

任务分配问题即指派问题，将需要完成的任务分配给 n 个人，每个人完成每项任务的成本不同，指派哪个人去完成哪项任务，完成任务的总成本最小。

2.5.1　广义指派问题

虽然"指派问题"第一次出现在了 1952 年 Votaw 和 Orden[190]的文章中，但Kuhn[191]关于匈牙利解法的文章，通常被认为是经典指派问题实用解法的起源。学者提出了大量的算法，例如，Cattrysse 和 van Wassenhove[192]、Narciso 和 Lorena[193]、Haddadi 和 Ouzia[194]、Woodcock 和 Wilson[195]将寻找最小成本的任务指派给代理的广义指派问题，使每个任务分配一次，且代理不超载。学者还提出了更多的算法来求解实际的任务问题。Lequy 等[196]研究了具有任务时间窗和优先关系的多活动和任务指派问题，他们提出了一个混合整数规划和一个两阶段启发法，涉及四种不同的策略来处理大规模的实例。Tuncel 和 Topaloglu[197]研究了电子制造商的现实装配线平衡问题；并提出了一种 0-1 整数规划模型，同时包含执行任务的多工件位，平行工作站和任务指派限制。Güler 等[198]以混合整数数学规划形式研究了教学助理任务指派问题并构建了一个任务指派的强约束目标规划模型，其中将负荷的公平分配作为软约束。Xie 等[199]研究了一些业务流程中的任务指派优化问题，以期最小化周期时间，并提出了基于排队论、个人工作表模型和随机论的动态任务指派方法。

2.5.2　不确定性指派问题

指派问题在实际情况中存在着许多的不确定性，如随机性、模糊性和粗糙性，因此也成为广大学者的研究热点。崔春生[200]将 Vague 指派问题的求解转化为经典指派问题，利用"马太效应"函数、特征值向量和帕累托曲线三种方法进行求解。张源凯等[201]综合考虑多车型车辆指派及车辆路径问题，构建了多车型多车舱的车辆优化调度模型，设计了基于节约算法（Clarke-Wright algorithm）的车辆装载策略，并利用 Relocate 和 Exchange 算子进行并行邻域搜索改进。程德通等[202]以大规模定制模式为研究背景，考虑到其生产指派面临的模糊不确定性，运用三角直觉模糊数构建了生产指派模型。

针对随机指派问题，Krokhmal 和 Pardalos[203]概述了概率指派问题的最新成果和发展，包括线性和多维指派问题、二次指派问题等，排队系统的方法也被用于处理问题背景中随机性指派模型。Zhang 和 Daigle[204]针对工作批量到达并且需要分配到不同节点的问题建模，并提出了一些阈值类型的路径策略。Albareda-Sambola 等[205]提出了另一种类型的随机指派问题，其中仅需要实际处理给定的一组任务的随机子集；并构造了目标函数的凸逼近，设计了基于分支定界法、最优割集和特殊目标下限的三个版本精确算法。Cheung 等[206]研究了指派驾驶员完成带服务时间窗和不确定任务工期的任务问题，提出了一种包含各种实际约束和工作规则的自适应标号求解方法。Lin 和 Yeh[207]研究了计算机网络的随机指派问题，设计了一种结合遗传算法的求解方法。Yan 和 Tang[208]提出了一个启发式算法，在不确定航班延误情况下，将其嵌入为随机机门指派设计的框架中；研究基于实际数据的实验结果与传统方法相比较，验证了所提方法的优越性。Zhen[209]针对不确定条件下的任务指派问题，提出了两种模型（随机规划和鲁棒优化）。

Gabrel 等[210]认为鲁棒优化法被广泛应用于各种应用领域，以保护决策者免受参数模糊和随机不确定性的影响；鲁棒优化法可以根据参数的凸不确定集对最坏情况进行优化，从而限制了参数与正常值之间的允许偏差。Ben-Tal 和 Nemirovski[211]、Bertsimas 等[212]认为鲁棒优化模型能够提供最优解和约束违反的概率保证。由于对偶对于鲁棒优化的易处理性很重要[213, 214]，部分研究探讨了对偶性和鲁棒性优化是如何联系的[215, 216]。鲁棒优化方法也可用于多个决策阶段。Assavapokee 等[217]在鲁棒两阶段问题中开发了易处理的算法，在基于区间不确定性情况下，最小化最坏情况下的遗憾值。Minoux[218]提供了具有右侧不确定性的两阶段鲁棒线性问题的复杂性结果。Chen 等[219]针对一类多阶段机会约束线性规划问题，提出了一种易处理的近似方法，将原公式转化为二阶锥规划问题。Shapiro[220]使用动态规划进行可调多级鲁棒优化，并将其应用于库存管理中。

学者针对不同类型的指派问题进行了大量的鲁棒优化研究。Carello 和 Lanzarone[221]利用鲁棒优化方法建立了基数受限的鲁棒护士−患者指派模型，该模型不需要生成场景；基于在意大利运营的家庭护理提供者的实际情况，数值实验表明，若考虑到鲁棒性，则结果可以得到改善。Ben-Tal 等[222]通过使用鲁棒优化方法研究了不确定需求下的交通指派问题，并进行仿真实验以验证其优于基于采样的随机规划解。Ouorou[223]在电信容量分配问题领域利用鲁棒优化方法，其中需求不确定但属于多面体集；通过数值实验，提出了四种易处理近似模型并进行了比较。Ng 等[224]为半导体供应链环境下批量指派问题，构建了鲁棒混合整数优化模型，并设计了基于 Benders 分支定界算法和分解算法的求解方法。Kanyalkar 和 Adil[225]构建了一种考虑模型鲁棒性和求解方法鲁棒性的鲁棒优化模型，用于多站点采购生产指派系统的集成规划。Wu[226]提出了三种为全球供应链设计的鲁棒优化模型，分别考虑了求解方法的鲁棒性，模型鲁棒性以及求解方法鲁棒性与模型鲁棒性之间的权衡；通过与随机规划法的比较实验，验证了所提求解方法优越性。Ang 等[227]提出了在多期不确定需求下的单位仓库存储分配的鲁棒优化模型。

Kirkizlar 等[228]研究了服务指派决策问题中策略的鲁棒性。

2.5.3 并行设备调度问题

众所周知的并行设备调度问题也属于任务分配决策领域，近期对该问题的研究如下。Shams 等[229]研究了具有优先权的并行设备调度问题。设计了一种精确解法来求解其所提出线性规划模型。Lee 和 Kim[230]设计了一种考虑设备可用性的同一并行设备调度问题的分支定界算法。Lalla-Ruiz 和 Voß[231]研究了一类具有逐步恶化作业的并行设备排序问题；在已知集合划分问题的基础上，提出了两种最小化完工时间的模型。针对无关的并行设备调度问题，Sels 等[232]分别提出了基于遗传算法、禁忌搜索法、分支定界法的三种启发式方法。对于这类问题，Gara-Ali 等[233]考虑了恶化的加工时间取决于它在序列中的位置，同时维护干预也被考虑在内。Gedik 等[234]利用约束规划方法建立了一个考虑序列相关设置时间的不相关并行设备调度问题模型，并设计了一种基于逻辑的 Benders 算法对模型进行求解。Fanjul-Peyro 等[235]的研究涉及并行设备调度问题中的资源可用性。Liu 和 Tsai[236]研究了一种多目标并行设备调度问题，其中工件加工时间可控；提出了一种分成序列加权切比雪夫法来求解问题。史烨和李凯[237]针对目标是最小化最大完成时间的并行机调度问题，设计了一个包含局部优化的模拟退火算法进行求解。王建军等[238]为了减小随机机器故障造成的成本损失，针对工件加工时间可控的并行机环境，提出内外两层嵌套式的鲁棒调度策略，其中内层为非线性 0-1 混合整数规划模型，外层是基于工件柔性和机器不可用概率的排序算法。

2.6 服务型制造领域

服务型制造是一种新的制造模式，它是基于制造的服务和面向服务的制造，融合了生产的产品经济和基于消费的服务经济，是制造与服务的融合产业形态。

传统制造模式的研究包括精益制造[239]、柔性制造[240]、计算机集成制造[241]、准时生产制造[242]、敏捷制造[243]、绿色制造[244]、大规模定制[245]、虚拟企业[246]、制造-营销一体化（manufacturing and marketing integration，MMI）[247]、再制造[248]等其他传统制造模式。总体而言，上述所有制造模式或概念都有如下一些特点：价值主要是通过制造有形货物来创造的，强调分布式制造资源的整合，忽视了生产性服务与服务协同的协同。制造业和服务业的合并与互动引发了服务型制造（service-oriented manufacturing，SOM）战略的出现，是一种新的先进制造模式。

SOM 可以追溯到 Greenfield[249]提出的"生产性服务"概念的兴起，于 1996 年在研究服务业及其分类时被提出。在后来的研究中，很多学者研究了"生产性服务"业发展对国民经济的积极影响，以及"生产性服务"与传统制造业之间的相互作用，可参考文献[250]～[253]。在发达国家服务业逐步兴起的背景下，"服务增强"的概念被 Berger 和 Lester[254]、Pappas 和 Sheehan[255]提出。部分研究探索了生产性服务业在经营管理中的微观机制，如文献[256]、[257]。吴贵生和蔺雷[258]介绍了"服务"增强制造企业的竞争力已成为全球化竞争，同时是我国制造企业的重要战略选择一些研究。"生产性服务"的概念侧重于如何根据其他供应商的外包服务制造产品，但不涉及服务的目标。Grönroos[259]指出打造竞争力的关键是通过感知顾客需求创造价值，并为其提供一套有形产品和定制化服务。Schmenner[260]认为客户参与制造和服务提供的整个过程是 SOM 的关键特性之一。Gebauer 和 Fischer[261]探索了在中国企业文化背景下五种不同的服务需求集群。梁琦和陆剑宝[262]探索了制造业集群的生产性服务的需求。

Reed 和 Storrud-Barnes[263]认为制造业开发的管理理论可能不适用于服务操作。Frohlich 和 Westbrook[264]研究了互联网供应链整合战略中制造业和服务业的不同表现。汪应洛[265]阐述了区域装备制造业与生产性服务业的现状，并提出了制造业与生产性服务业互动融合发展的创新模式——服务型制造。Crosby 等[266]提出与制造商相比，成功的服务公司必须更加重视直接与客户合作的员工的选择、发展和管理；因此，服务的总成本主要是人力资源成本。提供给个人服务的单位服务成本受到企业提供服务的客户数量（规模）的影响，具体参考文献[267]。

在 SOM 的文献中各种方法被使用。Gao 等[268]从商业模式、行业洞察力和技术实力等方面研究了 SOM 战略。Nylund 和 Andersson[269]利用仿真技术来研究 SOM 策略。Popescu 和 Lastra[270]采用增量 Petri 网方法对 SOM 系统中的资源流和服务流进行建模。罗建强等[271]利用 TRIZ（teoriva resheniva izobreatatel-skikh zadatch）分析和研究了 SOM 策略。彭本红等[272]基于社会网络分析（social network analysis，SNA）方法研究了 SOM 策略。Zhang 和 Jiang[273]提出了 SOM 执行系统的概念框架和层次结构模型。Franco 等[274]设计了 SOM 平台的体系结构样式。为了支持 SOM，Zhao 等[275]研究了基于产品生命周期和六西格玛的服务设计开发流程。

2.7　绿色供应链领域

绿色供应链涉及供应商、生产商、零售商和用户，使得产品从物料获取、加工、包装、仓储、运输、使用到报废处理的整个过程中，对环境的负向作用最小，资源效率最高。绿色供应链要求在整个供应链中要综合考虑环境影响和资源效率。

近几十年来已经有越来越多关于绿色供应链管理（green supply chain management，GSCM）的文献，出现了数个有助于分析 GSCM 的定义。其中一些主要指的是考虑环境因素的产品活动，具体可参考文献[276]～[280]。Tsoulfas 和 Pappis[281]确定了生态效率和环境友好供应链设计及运营的环境原则。Handfield 等[282]将 GSCM

定义为将环境管理原则应用于包括设计、采购、制造和组装、包装、物流和分销的整套活动。

从产品活动的内容来看，关于 GSCM 的文献可以分为绿色设计和绿色运营两大类。在绿色设计方面，Liu[283]以客户需求为重点，以可持续海运供应链为导向，指导航运企业的设计。Wang 等[284]提出了在战略供应网络规划阶段考虑环境投资决策的多目标优化模型。Zhu 等[285]通过博弈论的方法，在一个竞争的简单供应链中研究了产品的"绿色"问题。周永圣等[286]将银行绿色信贷引入政府促进企业实施绿色供应链中，通过建立政府与银行之间的进化博弈模型，分析了两方参与主体的进化稳定策略。此外，Srivastava[287]提出绿色运营主要专注于产品再制造、处理、逆向物流和废弃物管理。Chen 等[288]提出了一个两阶段随机供应链设计模型，明确表示新产品和再制造产品的客户估值差异。Mallidis 等[289]评估了联合优化战略网络设计和战术库存计划的影响，研究结果显示更长时间的优化补货周期可以减少节点的运输成本和二氧化碳排放量，但会增加库存成本。此外，Sazvar 等[290]在绿色二级集中供应链中为变质性物品提供了一种新的随机规划模型；该模型能够确定最佳库存政策和运输工具。吴坚和曹清玮[291]通过建立属性权重计算方法探索了不确定决策环境下绿色供应商选择。楼高翔等[292]在考虑了随机市场需求的前提下，构建了绿色再制造综合生产计划决策模型，并设计了相应模型求解方法。Samanlioglu[293]为工业危险废物管理研究开发了一种新的多目标定位路由模型，并在土耳其马尔马拉地区加以实施。

大多数关于 GSCM 的文献与设计逆向物流和闭环供应链（closed loop supply chain，CLSC）有关。生产和销售等活动计划在正向网络中进行，而逆向物流网络则是对已使用或退回产品的收集、检查、回收和处置的配置，具体可参考文献[294]。Alumur 等[295]提出了多期逆向物流网络设计问题的利润最大化混合整数规划模型。Salem[296]指出闭环供应链由前向流和反向流组成。吴忠和等[297]研究了非对称信息下一个制造商和一个零售商组成的两级闭环供应链在回购契约下的协调问题。Paksoy 等[298]提出了明确关注运输活动的温室气体排放、各种成本以及产品回收的多产品闭环供应链。Zhalechia 等[299]开发了考虑到混合不确定性下的路由和库存决策的可持续 CLSC 模型，并应用一种新的混合元启发式算法来有效地求解大规模实例。Ameknassi 等[300]研究得到一种更为现实的整合 CLSC 内的物流外包决策的规划模型，并基于 ε-约束法求解了随机双向目标问题，最大限度地减少预计的总物流成本和相应的温室气体排放。

环境质量的改善需要付出代价，并且会改变供应链的最佳配置[301]。因此，GSCM 中最重要的问题之一是如何为平衡环境和经济问题确定首选求解方案[302]。Faccio 等[303]从"传统公司"和"社会责任公司"两个角度进行了参数研究来分析供应链的经济可持续性，对供应链设计的影响和所提模型的适用性进行了深入的调查。李美苓等[304]研究了在互联网背景下食品供应链企业的社会责任问题。Bojarski 等[305]使用生命周期评估（life cycle assessment，LCA）法研究供应链建模中的环境因素，以优化设施位置、加工技术选择和生产-分销计划。Tognetti 等[306]也使用 LCA 法来呈现排放量与供应链成本之间的相互作用；结果表明，通过优化能源结构，供应链的二氧化碳排放量可以在几乎零可变成本增加的情况下减少 30%。Benjaafar 等[307]关注到供应链碳足迹在采购、生产和库存管理方面的业务决策之间的密切联系，使用相对简单并广泛普及的模型来说明如何将碳排放问题纳入经营决策。Chaabane 等[308]研究了碳排放、物流成本、供应商和分包商选择、技术获取和运输模式选择等可持续供应链设计问题。许建和田宇[309]以可持续发展、供应链管理与企业社会责任理论基础，提出了可持续供应链下企业社会责任风险的评价指标。Peng 等[310]进行了环境问题以及 GSCM 的多期规划研究，提出了由工厂和销售点组成的一级供应链分销网络设计问题，旨在最大限度地减少总供应链成本和温室气体排放。

2.8　本章小结

本章主要对制造业运营管理决策的文献综述进行了总结。在生产与采购决策领域，着重针对多产品生产计划问题、ATO 系统的零部件补货问题进行文献回顾。其中许多文献通过建模对多产品问题进行了分析，另外与之相关的多产品报童问题也受到了不少学者的关注，但这些研究大多是单期问题。所以部分文献在此基础上，研究了多周期的多产品问题。此外，外包策略也经常与生产计划问题结合在一起研究。而有关 ATO 系统的相关研究，多通过构建补货模型，来寻求库存持有最低、利润最大化的补货策略。另外，ATO 系统的定价策略和多产品 ATO 系统也是近年学术界关注的焦点。

在设施选址领域，早期多集中于简化的静态和确定性环境中的配送中心选址问题，近年来单源有限容量设施选址问题（single source capacity facility location problem，SSCFLP），以及多目标、多设备、多商品优化决策问题被学者广泛研究，部分文献中设计了新的算法来求解选址问题。在文献中，有相当一部分研究考虑了多目标物流网络问题，将选址问题和运输等其他问题组合，构建多目标决策模型。一些文献在研究选址问题时，将不确定因素（如配送中心的数量和客户的需求）和设施规模考虑在内。还有很多学者针对选址决策相关的模型问题，设计了大量的元启发式算法。

在供应链网络优化决策领域，文献大多集中于供应链网络模型构建，其中混合整数线性规划模型在这一领域得到了广泛的应用。考虑不确定性因素的供应链设计的文献也有很多，许多文献会考虑特定环境下一个或几个独特并与现有研究不同的现实因素，如中断、税收及竞争等。但是现有的供应链相关研究却没有考虑动态变化需求的特征。而且现有的大多数关于两个复杂网络（供应链网络和生产流程网络）之间相互作用的研究，通常假定的是一个简化的生产流程，只有少数几个顺序连接阶段。

在考虑关税的生产决策领域，文献主要是关于关税对供应链决策的影响研究，以及将关税因素纳入考虑进行供应链决策优化，整体而言相关文献较少。在任务分配决策领域，文献主要包括两大方面：一是指派问题算法的设计和优化；二是结合实际问题建模求解。许多文献研究指派问题时，将现实中存在的许多不确定性，如随机性、模糊性和粗糙性纳入考虑范畴。众多文献也针对不同类型的指派问题进行了大量的鲁棒优化研究。研究并行设备调度问题的相关文献，虽然包含任务分配和排序决策，但没有考虑诸如机器的不同、机器的可用时间不确定、机器超时工作的惩罚成本、任务的不同时间偏好等特征。在服务型制造领域，文献主要是建立概念框架或进行一些实证研究，定量研究相对较少，大多数文献认为SOM可以给企业带来好处，但是在竞争面前，企业能否从SOM战略中获益还不清楚。很少有文献研究采用SOM的条件，以及在不同情况下实行SOM的最佳范围。在绿色供应链领域，主要集中在绿色设计和绿色运营两大类，而且大多数与设计逆向物流和闭环供应链有关。

第二篇

长期战略层面决策问题

第3章 >>>

生产阶段分配优化问题

3.1 概述

大型制造企业生产的产品往往会有一些复杂的生产阶段。其制造零件、装配产品等生产流程以顺序或并行的方式连接在一起，构成了一个复杂的供应链网络。且对于大型制造企业，它们拥有许多遍布全国或全球的子公司（或工厂）。因此，怎样选择合适的制造商进行生产以使总生产成本最低是一个值得研究的问题。

这个问题是最近在与上海的一家汽车制造公司合作时提出的。近年来，中国汽车的年产量和销售量都是世界第一，2014 年的产量和销量分别为 2370 万辆及 2350 万辆，约 80%的销量是由 6 家中国汽车集团贡献的。其中，上海汽车工业集团销量最高，达 560 万辆。在中国，汽车市场的竞争非常激烈，汽车产品升级的速度也越来越频繁，大型汽车公司每年都要推出新车型以满足市场需求。然而，汽车的生产过程十分复杂，需要投入大量资金作为固定成本，汽车制造公司的各子公司（或工厂）能力、优势、状况以及各地的汽车需求也各不相同，由于产量大，规模经济效应/反规模经济效应将直接影响其单位生产成本及产量。因此，全面系统地考虑和有效地管理汽车生产和运输流程（如子公司之间的差异性、产品需求的随机性、经济和不同规模等）是很有必要的。在现实环境中，这一战略层面的决策通常是根据汽车公司高管的经验来进行决策，但公司逐渐意识到，生产阶段的分配需要一种科学有效的方法，从而实现可持续性、高营利性、高竞争力的发展，而非"常识性"的决策。因此，本章设计了一个决策模型，以确定其子公司的生产阶段的适当分配，以使得总成本最小，包括固定、生产和运输成本。当然，这是问题不仅体现在汽车行业，在诸多大型制造企业都是普遍存在的。

本章在需求量不确定的情况下，首先提出了一个随机规划模型用于优化多个生产阶段的制造商选择问题，主要考虑了建设生产链的固定成本、生产产品的变动成本和产品的运输成本，并引入了局部分支算法对模型进行优化求解。考虑规模经济效应/反规模经济效应，本章构建了第二个生产阶段分配的供应链网络模型，探索该模型最优解的上界和下界以研究完全信息、随机规划和考虑规模经济效应/反规模经济效应的价值，并引入局部分支算法和粒子群优化算法求解该模型。运用以上的模型和方法，结合上海大众汽车有限公司的案例进行数据实验。结果表明，本章构建的两个模型均能够降低产品的总生产成本，其中考虑规模经济效应/反规模经济效应的模型有着更好的节约成本的作用，且引入的算法适用于求解模型。

3.2 大型制造企业生产阶段分配决策优化问题背景

本章的主要内容是设计大型企业的供应链网络，具体而言是将企业中产品各个生产阶段的生产任务分配到不同的公司进行生产，每个公司只负责完成其中一个或多个生产阶段。由于很多大型企业有众多的子公司和合营公司，这些公司往往分布在不同地区甚至不同国家，而且同一产品的同一生产阶段或零部件在不同子公司或合营公司的生产成本不同，设计合适的供应链网络对产品的生产阶段进行分配有利于企业降低总生产成本。图 3-1 展示了一个大型企业的生产阶段分配案例，该企业的子公司分布在多个国家。

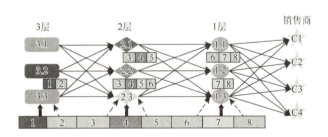

图 3-1   生产阶段分配的供应链网络示意图

在图 3-1 中，"层"定义为供应链网络中的一组潜在供应商。"1 层"是直接连接客户的供应商集；"2 层"是供应商在"1 层"连接的供应商集；"3 层"是供应商在"2 层"连接的供应商集。在图 3-1 的下部，分别用"粉红色"、"橙色"和"绿色"颜色标记的形状是"1 层"、"2 层"和"3 层"中使用的（被采用的）供应商，同时图 3-1 下部的形状对应于世界地图中具有相同颜色的形状。

如图 3-1 所示，该企业产品有 8 个生产阶段，且其在生产流程中是按一定顺序相连的，可将其分配在一个三层的供应链网络中。每个阶层有三个制造商，每个制造商可以完成该产品的一部分生产流程，图中第一个销售商所需的产品由三个不同的制造商合作完成，另外的三个销售商订购的产品也类似，在另一条生产链由三个制造商合作完成，最终产品从最后一个制造商处配送给销售商。图 3-1 只是一个简单的供应链网络案例，现实中的供应链网络可能更加复杂，例如，真实的供应链网络可能不能被清楚地分为几个层次；产品的生产流程可能是一个错综复杂的网络而不是一系列独立的生产阶段。本章的研究联系现实的因素，假设每个销售商所需产品的每个生产阶段可由多个制造商同时完成，每个制造商可以承担多个生产阶段的任务。另外，本章还考虑了怎样在不同的生产线上分配工作量的问题。图 3-2 显示了一个生产流程网络导向的供应链网络设计案例。

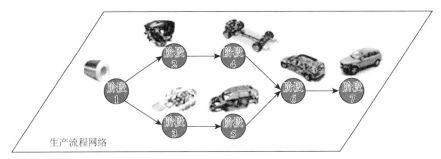

图 3-2　生产流程网络导向的供应链网络设计示意图

　　假设一个大型企业的某种产品（如汽车、手机等）在一个复杂的生产流程网络中进行生产，每个产生阶段可由多个制造商完成，且这些制造商分布在不同的地区；产成品将配送给多个销售商，这些销售商也分布在多个国家。销售商的订货量是随机的，本章假设这些需求的概率分布函数是已知的。对于同一个生产阶段，不同制造商生产的成本不同，制造商之间以及制造商和销售商之间的运输成本由被运输物品的单位运输成本和运输路线的距离决定。

　　本章旨在设计一个优化的供应链网络，将销售商订单的不同生产阶段合理地分配给制造商，以保证总的生产和运输成本最低。图 3-2 显示了面向生产流程的供应链网络设计的决策问题的配置。

　　上述决策问题所面临的挑战包含以下四个方面。

　　（1）生产流程中的每个阶段都可以由多个子公司执行。每个子公司也可以执行多个生产阶段。每个阶段和子公司之间的多对多映射关系以及子公司的产能限制给上述决策问题的模型制定带来了许多挑战。

　　（2）生产流程是一个复杂的网络，而不是简单的一个阶段。从每个客户的角度来看，生产流程中的每个阶段都可以由多个子公司同时执行，这意味着客户的成品可以通过多个子公司的不同链（流）进行。因此，如何在不同的生产链中分配工作任务也是一个决策问题。

（3）应考虑规模经济效应/反规模经济效应。在子公司在执行阶段的单位生产成本不是常量，因此一个子公司执行阶段的生产成本不是一个关于生产量的线性函数。当数量增加时，通过规模经济效应实现成本节约；当成交量超过一定水平时，会出现反规模经济效应，边际成本开始增加。因此，生产成本应该是一个反 S 形的成本函数，最初是凹的，然后是凸的，这进一步复杂化了模型的公式和它的求解方法。

（4）最后，客户的需求是随机的，而将生产阶段分配给子公司的决策是一个典型的战略层面的决策，在较长的时间内不易改变。因此，应采用随机规划方法来处理这一问题。

3.3　面向生产流程的随机规划模型构建

针对客户不确定的需求，本章提出了面向生产流程的供应链网络设计的随机规划模型。不确定的场景由一组有限的场景来表示，每个场景都由客户的随机需求组成，预期目标是在设想的情况下尽量减少预期的总成本。实际上，在历史数据的基础上利用概率分布函数对不确定性进行校正，然后生成一个有限的场景集，用于制定一个随机规划模型。

3.3.1　符号设置

本节主要构建了两个混合整数规划模型，指数、参数和变量的设置如下。

1. 指数和集合

i：生产阶段。

I：所有生产阶段的集合，$I = \{1, 2, \cdots, i, \cdots, |I|\}$。

$\mathbb{I}$：每对生产阶段的集合，每对阶段 (i, i') 包含两个紧接着的阶段。

I_i^A：一组紧接着 i 阶段的生产阶段集合，$I_i^A = \{i' \,|\, (i, i') \in \mathbb{I}\}$。

I_i^B：一组被 i 阶段紧接着的生产阶段集合，$I_i^B = \{i' \,|\, (i', i) \in \mathbb{I}\}$。

j：制造商。

J：所有制造商的集合，$J = \{1, 2, \cdots, j, \cdots, |J|\}$。

k：销售商。

K：所有销售商的集合，$K = \{1, 2, \cdots, k, \cdots, |K|\}$。

w：情景数。

W：所有情景数的集合，$W = \{1, 2, \cdots, w, \cdots, |W|\}$。

2. 参数

$d_{k,w}$：在情景 w 下销售商 k 的需求量。

$C_{i,j}(x)$：制造商 j 在 i 阶段生产 x 单位产品所需的总成本。

$p_{i,j}$：制造商 j 在 i 阶段生产产品的产能，$i \in I$，$j \in J$。

$e_{i,j}$：制造商 j 超过 i 阶段产能生产时产生的额外成本，$i \in I$，$j \in J$。

t_i：单位完工产品所需的阶段 i 零部件运输每千米的成本，$i \in I$。

$l_{j,m}$：从制造商 j 到制造商（或销售商）m 的距离，$j \in J$，$m \in J \bigcup K$。

$\mathbb{S}_j$：制造商 j 不能生产的产品阶段的集合，$j \in J$。

$f_{i,j}$：制造商 j 在阶段 i 的固定成本，$i \in I$，$j \in J$。

3. 变量

$\alpha_{i,j}$：二进制变量，当制造商 j 生产阶段 i 时为 1，否则为 0，$i \in I$，$j \in J$。

$\beta_{i,j,k}$：二进制变量，当提供给销售商 k 的产品阶段 i 由制造商 j 完成时为 1，$i \in I$，$j \in J$，$k \in K$，这里 $\alpha_{i,j} = 1$，若 $\exists k \in K$，则 $\beta_{i,j,k} = 1$。

$\gamma_{i,j,w}$：在情景 w 中，某产品的阶段 i 由制造商 j 生产的量，$i \in I$，$j \in J$，$w \in W$。

$\delta_{i,j,k,w}$：在情景 w 中，销售商 k 所需产品的阶段 i 由制造商 j 生产的量，$i \in I$，$j \in J$，$k \in K$，$w \in W$。

$\lambda_{i,i',j,j',k,w}$：在情景 w 中，销售商 k 所需的产品从制造商 j 运往制造商 j' 的数量，并且这两个制造商生产的阶段 i 和 i' 是相连接的：
$$(i,i') \in \mathbb{I}，j,j' \in J，k \in K，w \in W$$

3.3.2　模型构建

考虑规模经济效应/反规模经济效应的生产阶段分配供应链网络模型由两部分成本构成：第一部分是制造商构建生产线的固定成本，根据已定义的参数和变量，固定成本可表示为 $\sum_{\forall i,j} f_{i,j} \alpha_{i,j}$。第二部分是不确定需求下变动成本的期望价值，主要由三部分构成：①产品的生产成本，包括正常的生产成本 $\mathcal{C}_{i,j}(\gamma_{i,j,w})$ 和超过制造商产能进行生产的额外成本 $e_{i,j}(\gamma_{i,j,w} - p_{i,j})^+$；②制造商之间的运输成本 $\sum_{\forall k,i,i',j,j'} t_i l_{j,j'} \lambda_{i,i',j,j',k,w}$；③制造商和销售商之间的运输成本 $\sum_{\forall k,j} t_{|I|} l_{j,k} \delta_{|I|,j,k,w}$。模型构建如下：

$$[\mathcal{M}0] \text{minimize} \sum_{i \in I} \sum_{j \in J} f_{i,j} \alpha_{i,j}$$

$$+ \frac{1}{|W|} \sum_{w \in W} \left\{ \sum_{i \in I} \sum_{j \in J} [\mathcal{C}_{i,j}(\gamma_{i,j,w}) + e_{i,j}(\gamma_{i,j,w} - p_{i,j})^+] \right.$$

$$\left. + \sum_{k \in K} \sum_{i \in I} \sum_{i' \in I} \sum_{j \in J} \sum_{j' \in J} t_i l_{j,j'} \lambda_{i,i',j,j',k,w} + \sum_{k \in K} \sum_{j \in J} t_{|I|} l_{j,k} \delta_{|I|,j,k,w} \right\} \quad （3.1）$$

$$\text{s.t.} \quad \beta_{i,j,k} \leq \alpha_{i,j} \qquad \forall i \in I \text{，} \forall j \in J \text{，} \forall k \in K \tag{3.2}$$

$$\sum_{j \in J} \beta_{i,j,k} \geq 1 \qquad \forall k \in K \text{，} \forall i \in I \tag{3.3}$$

$$\sum_{k \in K} \sum_{i \in \mathbb{S}_j} \beta_{i,j,k} = 0 \qquad \forall j \in J \tag{3.4}$$

$$\delta_{i,j,k,w} \leq \beta_{i,j,k} d_{k,w} \qquad \forall i \in I \text{，} \forall j \in J \text{，} \forall k \in K \text{，} \forall w \in W \tag{3.5}$$

$$\sum_{j \in J} \delta_{i,j,k,w} = d_{k,w} \qquad \forall i \in I \text{，} \forall k \in K \text{，} \forall w \in W \tag{3.6}$$

$$\sum_{k \in K} \delta_{i,j,k,w} - \gamma_{i,j,w} = 0 \qquad \forall i \in I \text{，} \forall j \in J \text{，} \forall w \in W \tag{3.7}$$

$$\sum_{i \in I_{i'}^B} \sum_{j \in J} \lambda_{i,i',j,j',k,w} - \delta_{i',j',k,w} = 0 \qquad \forall i' \in I \text{，} \forall j' \in J \text{，} \forall k \in K \text{，} \forall w \in W \tag{3.8}$$

$$\sum_{i' \in I_i^A} \sum_{j' \in J} \lambda_{i,i',j,j',k,w} - \delta_{i,j,k,w} = 0 \qquad \forall i \in I \text{，} \forall j \in J \text{，} \forall k \in K \text{，} \forall w \in W \tag{3.9}$$

$$\alpha_{i,j} \in \{0,1\} \qquad \forall i \in I \text{，} \forall j \in J \tag{3.10}$$

$$\beta_{i,j,k} \in \{0,1\} \qquad \forall i \in I \text{，} \forall j \in J \text{，} \forall k \in K \tag{3.11}$$

$$\gamma_{i,j,w} \geq 0 \qquad \forall i \in I \text{，} \forall j \in J \text{，} \forall w \in W \tag{3.12}$$

$$\delta_{i,j,k,w} \geq 0 \qquad \forall i \in I \text{，} \forall j \in J \text{，} \forall k \in K \text{，} \forall w \in W \tag{3.13}$$

$$\lambda_{i,i',j,j',k,w} \geq 0 \qquad \forall (i,i') \in \mathbb{I} \text{，} \forall j, j' \in J \text{，} \forall k \in K \text{，} \forall w \in W \tag{3.14}$$

约束条件（3.2）建立了变量 $\alpha_{i,j}$ 和 $\beta_{i,j,k}$ 的关系。约束条件（3.3）确保同一销售商订单的每个生产阶段可以由多个制造商完成。约束条件（3.4）表明制造商只能接受其可生产的生产任务。约束条件（3.5）连接决策层的变量 $\beta_{i,j,k}$ 和操作层的变量 $\delta_{i,j,k,w}$。约束条件（3.6）表示同一销售商订单的每个生产阶段可分配给多个制造商同时完成。约束条件（3.7）连接变量 $\gamma_{i,j,w}$ 和 $\delta_{i,j,k,w}$，表明一个制造商可完成多个销售商订单中的同一个生产阶段。约束条件（3.8）和（3.9）与生产流程中产量的一致性有关，确保运往某个制造商的上个阶段总的半成品数量等于其完成并运送到下个阶段制造商总的产品数量。约束条件（3.10）～（3.14）定义了相关变量。

3.3.3 近似化和线性化

1. 反 S 形成本曲线近似化

由于考虑了规模经济效应/反规模经济效应，目标函数（3.1）中的成本函数 $C_{i,j}(x)$ 是一个反 S 形成本曲线，该成本曲线呈现先凸后凹的趋势，可近似化为一个分段的线性函数。图 3-3 显示了一个反 S 形成本曲线的例子[19]：$10^{-4}x^3 - 3 \times$

$10^{-4}vx^2 + 3\times10^{-4}v^2x$，$x\in[0,\ 200]$，$v$ 是凸函数部分和凹函数部分的临界点，设为 100。该曲线被分为 8 段，近似化为一个分段线性函数，每段的斜率可表示为 $r_{i,j}^{(n)}$，$n=1,2,\cdots,g$，g 表示分段的数量；$g+1$ 表示分段节点的数量，这些节点连接各分段部分，可表示为 $x_{i,j}^{(n)},n=1,2,\cdots,g+1$。

如图 3-3 所示，如果 $\gamma_{i,j,w}$ 的取值范围为 $[x_{i,j}^{(3)},x_{i,j}^{(4)}]$，则 $\mathcal{C}_{i,j}(\gamma_{i,j,w}) = r_{i,j}^{(1)}(\gamma_{i,j,w} - x_{i,j}^{(1)})^+ - (r_{i,j}^{(1)} - r_{i,j}^{(2)})(\gamma_{i,j,w} - x_{i,j}^{(2)})^+ - (r_{i,j}^{(2)} - r_{i,j}^{(3)})(\gamma_{i,j,w} - x_{i,j}^{(3)})^+$。同理，$\mathcal{C}_{i,j}(\gamma_{i,j,w})$ 可表示为

$$\mathcal{C}_{i,j}(\gamma_{i,j,w}) = \sum_{n=1}^{g}\left[(r_{i,j}^{(n)} - r_{i,j}^{(n-1)})(\gamma_{i,j,w} - x_{i,j}^{(n)+})\right]$$

其中

$$r_{i,j}^{(0)} = 0 \tag{3.15}$$

模型 $\mathcal{M}0$ 可近似化为如下模型：

$$[\mathcal{M}1]\ \min \sum_{i\in I}\sum_{j\in J}f_{i,j}\alpha_{i,j}$$

$$+ \frac{1}{|W|}\sum_{w\in W}\left\{\sum_{i\in I}\sum_{j\in J}\left[\sum_{n=1}^{g}[(r_{i,j}^{(n)} - r_{i,j}^{(n-1)})(\gamma_{i,j,w} - x_{i,j}^{(n)})^+] + e_{i,j}(\gamma_{i,j,w} - p_{i,j})^+\right]\right.$$

$$\left. + \sum_{k\in K}\sum_{i\in I}\sum_{i'\in I}\sum_{j\in J}\sum_{j'\in J}t_il_{j,j'}\lambda_{i,i',j,j',k,w} + \sum_{k\in K}\sum_{j\in J}t_{|I|}l_{j,k}\delta_{|I|,j,k,w}\right\} \tag{3.16}$$

s.t.　约束条件（3.2）～（3.14）

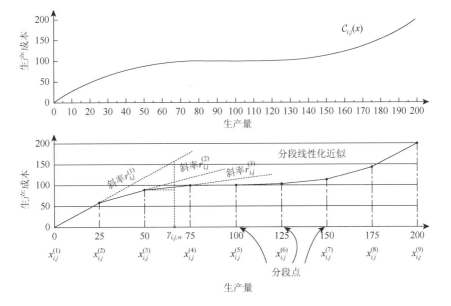

图 3-3　反 S 形生产成本函数及其线性化近似示例

2. 目标函数线性化

目标函数（3.16）中非线性的部分"$(\cdot)^+$"能够通过定义新的变量和约束进行线性化。由于系数"$(\gamma_{i,j,w}-x_{i,j}^{(n)})^+$"在分段函数的前面几段是负数，在后面几段会转为正数，这使得"$r_{i,j}^{(n)}-r_{i,j}^{(n-1)}$"的线性化过程较为复杂，如图3-3所示。如果参数是正数，目标函数中的非线性部分"$(\cdot)^+$"能够很容易被线性化；然而，对于系数为负数的部分，将非线性部分"$(\cdot)^+$"线性化的过程中需要定义另外的二进制变量，这会增加模型的复杂程度以及增加该模型的求解时间。

更确切地说，对于分为 g 段的分段函数，设 g' 为凸函数和凹函数的转折点，当 $n=g'+1,g'+2,\cdots,g$ 时，系数"$r_{i,j}^{(n)}-r_{i,j}^{(n-1)}$"为负数；当 $n=g'+1,g'+2,\cdots,g$ 时，系数"$r_{i,j}^{(n)}-r_{i,j}^{(n-1)}$"为正数。

（1）当系数"$r_{i,j}^{(n)}-r_{i,j}^{(n-1)}$"为正数时，可使用一个新定义的非负数变量 $\mu_{i,j,w,n}$ 代替"$(\gamma_{i,j,w}-x_{i,j}^{(n)})^+$"。另外，由于 $e_{i,j}$ 是一个正参数，目标函数（3.16）中的"$(\gamma_{i,j,w}-p_{i,j})^+$"部分也可由新定义的非负变量 $\eta_{i,j,w}$ 代替。

（2）当系数"$r_{i,j}^{(n)}-r_{i,j}^{(n-1)}$"为负数时，"$(r_{i,j}^{(n)}-r_{i,j}^{(n-1)})(\gamma_{i,j,w}-x_{i,j}^{(n)})^+$"可由新定义的变量 $\xi_{i,j,w,n}$ 代替。同时定义了另一个二进制变量 $\zeta_{i,j,w,n}$ 以确保"$(\cdot)^+$"形式的功能。

除了以上新定义的连续变量或二进制变量，还需要增加一些新的约束。模型 $\mathcal{M}1$ 构建如下：

$$[\mathcal{M}1]\ Z^{\mathcal{M}1}=\ \min\ \sum_{i\in I}\sum_{j\in J}f_{i,j}\alpha_{i,j}$$

$$+\frac{1}{|W|}\sum_{w\in W}\left(\sum_{i\in I}\sum_{j\in J}\left\{\sum_{n=1}^{g'}\xi_{i,j,w,n}+\sum_{n=g'+1}^{g}[(r_{i,j}^{(n)}-r_{i,j}^{(n-1)})\mu_{i,j,w,n}]+e_{i,j}\eta_{i,j,w}\right\}\right.$$

$$\left.+\sum_{k\in K}\sum_{i\in I}\sum_{i'\in I}\sum_{j\in J}\sum_{j'\in J}t_i l_{j,j'}\lambda_{i,i',j,j',k,w}+\sum_{k\in K}\sum_{j\in J}t_{|I|}l_{j,k}\delta_{|I|,j,k,w}\right) \quad (3.17)$$

s.t. 约束条件（3.2）~（3.14）

$$\mu_{i,j,w,n}\geqslant\gamma_{i,j,w}-x_{i,j}^{(n)} \qquad \forall i\in I,\ \forall j\in J,\ \forall w\in W,\ n=g'+1,\cdots,g \quad (3.18)$$

$$\eta_{i,j,w}\geqslant\gamma_{i,j,w}-p_{i,j} \qquad \forall i\in I,\ \forall j\in J,\ \forall w\in W \quad (3.19)$$

$$\gamma_{i,j,w}-x_{i,j}^{(n)}\geqslant-M\zeta_{i,j,w,n} \qquad \forall i\in I,\ \forall j\in J,\ \forall w\in W,\ n=1,2,\cdots,g' \quad (3.20)$$

$$\xi_{i,j,w,n}\geqslant(r_{i,j}^{(n)}-r_{i,j}^{(n-1)})(\gamma_{i,j,w}-x_{i,j}^{(n)})-M\zeta_{i,j,w,n}$$

$$\forall i\in I,\ \forall j\in J,\ \forall w\in W,\ n=1,2,\cdots,g' \quad (3.21)$$

$$\xi_{i,j,w,n}\geqslant M(\zeta_{i,j,w,n}-1) \qquad \forall i\in I,\ \forall j\in J,\ \forall w\in W,\ n=1,2,\cdots,g' \quad (3.22)$$

$$\mu_{i,j,w,n}\geqslant0 \qquad \forall i\in I,\ \forall j\in J,\ \forall w\in W,\ n=g'+1,\cdots,g \quad (3.23)$$

$$\eta_{i,j,w} \geqslant 0 \qquad\qquad \forall j \in J,\ \forall k \in K,\ \forall w \in W \qquad\qquad (3.24)$$

$$\zeta_{i,j,w,n} \in \{0,1\} \qquad\qquad \forall i \in I,\ \forall j \in J,\ \forall w \in W,\ n=1,2,\cdots,g' \qquad (3.25)$$

以上新增的约束条件（3.18）～（3.25）用于线性化目标函数（3.16）中非线性化的部分"$(\cdot)^+$"，从而将模型 $\mathcal{M}1$ 转化成一个正常形式的混合整数规划模型，该模型是 NP-Hard 问题。

命题 1：模型 $\mathcal{M}1$ 表示的优化问题是 NP-Hard 问题。

证明：本章通过简化 Garey 和 Johnson[311]提出的加权集合覆盖问题来证明提出的研究是一个 NP-Hard 问题。加权集合覆盖问题的描述如下：给定全集 U，这个集合 U 由一系列集合 $\mathcal{S}$ 组成，每个集合 $\mathcal{S}$ 中有 n 个集合，并且给每个集合分配一个成本。加权集合覆盖问题用于确定 $\mathcal{S}$ 的最低成本子集。证明过程中，给定一个加权集合覆盖问题的实例，对本章研究问题进行简化，并做如下定义。

（1）每个销售商的需求量为 1，即对于 $\forall k$，$d_k = 1$，制造商和销售商之间的运输成本被考虑在内，即对于 $\forall i$，$t_i = 0$。

（2）全集 U 中的元素是生产阶段-销售商构成的配对元素。对于本章研究的问题，U 包含了 $|I| \times |K|$ 个元素。

（3）$\mathcal{S}$ 包含了 n 个集合，每个集合包含了所有可能的生产阶段-销售商配对元素（即 i-k）对应的生产任务由一系列确定的制造商 j 完成。每个集合的成本是制造商完成相应生产阶段的成本 $c_{i,j}$。

上述问题是本章研究的一个具体的案例，接下来证明当且仅当加权集合覆盖问题有解时上述案例才能有使成本最低的可行解。

当加权集合覆盖问题有解时：假设有一个 $\mathcal{S}$ 的子集，这些子集的合集为 U，该子集的成本是最低的。可以在所有制造商中找出一个制造商来完成每个销售商所需产品的每个生产阶段，使得所有生产阶段所需成本是最低的。由于运输成本为 0，该安排将是上述案例的最优方案。

仅当加权集合覆盖问题有解时：给定使上述案例生产成本最低的一个可行解。该解的可行性表明每个销售商所需产品的生产流程中的每个阶段至少由一个制造商完成，这意味着全集 U 中的每个元素至少存在于一个 $\mathcal{S}$ 的子集中，使上述案例成本最低的可行解也是 $\mathcal{S}$ 中成本最低的子集。

综上所述，本章研究问题的简化部分是一个 NP-Hard 问题，那么本章考虑了运输成本和需求不确定性的研究问题也将是一个 NP-Hard 问题。∎

3.4　模型最优解上界和下界的分析

对于模型 $\mathcal{M}1$，在完全信息时可求出该模型最优解的下界，能够用于评估完全信息的价值,同时能够评估本章提出的模型在求解大规模案例问题时的适用性。此外,通过简化模型 $\mathcal{M}2$ 可求出该模型最优解的上界,可用于评估考虑相关因素后带来的优化成本的效果。

3.4.1 完全信息的价值

如果企业管理层能够预测所有销售商的需求量,那么就可以设计出最优的供应链网络,求出最低的生产和运输总成本,此时求出的总成本为模型 $\mathcal{M}1$ 可能求得的最低成本,也就是该模型目标函数值的下界($\mathrm{LB}^{\mathcal{M}1}$)。基于以上分析,本节提出了一个完全信息条件下的生产阶段分配供应链网络模型,由于销售商的需求量是已知的,在求解一系列的决策变量模型时,每次计算仅与一个特定的情景相关。具体而言,对于情景 w ,模型 $\mathcal{M}1(w)$ 如下:

$$[\mathcal{M}1(w)]Z_w^{\mathcal{M}1} = \min\sum_{i\in I}\sum_{j\in J}f_{i,j}\alpha_{i,j}$$

$$+ \sum_{i\in I}\sum_{j\in J}\left\{\sum_{n=1}^{g'}\xi_{i,j,w,n} + \sum_{n=g'+1}^{g}[(r_{i,j}^{(n)} - r_{i,j}^{(n-1)})\mu_{i,j,w,n}] + e_{i,j}\eta_{i,j,w}\right\} \quad (3.26)$$

$$+ \sum_{k\in K}\sum_{i\in I}\sum_{i'\in I}\sum_{j\in J}\sum_{j'\in J}t_i l_{j,j'}\lambda_{i,i',j,j',k,w} + \sum_{k\in K}\sum_{j\in J}t_{|I|}l_{j,k}\delta_{|I|,j,k,w}$$

s.t. 约束条件(3.2)~(3.14)和(3.18)~(3.25)

模型 $\mathcal{M}1(w)$ 的最优目标函数值表示为 $Z_w^{\mathcal{M}1}$ 。对于情景 $w=1,2,\cdots,W$,一系列情景是分开求解的,这些情景的最优函数值的均值就是模型 $\mathcal{M}1$ 的下界。

W 个 $\mathcal{M}1(w)$, $w=1,2,\cdots,W$,模型的目标函数值的期望值是模型 $\mathcal{M}1$ 的下界,即

$$\mathrm{LB}^{\mathcal{M}1} = \frac{1}{|W|}\sum_{w\in W}Z_w^{\mathcal{M}1} \quad (3.27)$$

$Z^{\mathcal{M}1}$ 和 $\mathrm{LB}^{\mathcal{M}1}$ 之间的差值能用于评估完全信息的价值,用 Val_Info 表示:

$$\mathrm{Val\_Info} = Z^{\mathcal{M}1} - \mathrm{LB}^{\mathcal{M}1} \quad (3.28)$$

根据式(3.28)可以求出 Val_Info,该值可用于评估企业管理层在做决策之前愿意投资的用于获得预测期间销售商需求量的最大资金[312]。

3.4.2 随机规划的价值

前面提出了一个考虑需求量不确定性的随机规划模型 $\mathcal{M}1$ 。随机规划模型得出的决策可与确定性模型得出的决策相对比,从而评价随机规划模型的价值,确定性模型用每个销售商需求的均值 $\left(\dfrac{1}{|W|}\sum_{w\in W}d_{k,w}\right)$ 进行求解。同时,一些和情景相关的决策变量需要重新定义。具体而言,模型 $\mathcal{M}1$ 中的变量 $\gamma_{i,j,w}$ 、 $\delta_{i,j,k,w}$ 、 $\lambda_{i,i',j,j',k,w}$ 需要各自重新定义为 $\gamma_{i,j}$ 、 $\delta_{i,j,k}$ 、 $\lambda_{i,i',j,j',k}$ 。不考虑销售商需求随机性的确定性模型 $\mathcal{M}2$ 定义如下:

$$[\mathcal{M}2]Z^{\mathcal{M}2} = \min \sum_{i \in I} \sum_{j \in J} f_{i,j} \alpha_{i,j}$$

$$+ \sum_{i \in I} \sum_{j \in J} \left\{ \sum_{n=1}^{g} [(r_{i,j}^{(n)} - r_{i,j}^{(n-1)})(\gamma_{i,j} - x_{i,j}^{(n)})^+] + e_{i,j}(\gamma_{i,j} - p_{i,j})^+ \right\}$$

$$+ \sum_{k \in K} \sum_{i \in I} \sum_{i' \in I} \sum_{j \in J} \sum_{j' \in J} t_i l_{j,j'} \lambda_{i,i',j,j',k} + \sum_{k \in K} \sum_{j \in J} t_{|I|} l_{j,k} \delta_{|I|,j,k} \qquad (3.29)$$

s.t.　约束条件（3.2）～（3.4）、（3.10）和（3.11）

$$\delta_{i,j,k} \leqslant \beta_{i,j,k} d_{k,w} \qquad \forall i \in I, \forall j \in J, \forall k \in K \qquad (3.30)$$

$$\sum_{j \in J} \delta_{i,j,k} = \frac{1}{|W|} \sum_{w \in W} d_{k,w} \qquad \forall i \in I, \forall k \in K \qquad (3.31)$$

$$\sum_{k \in K} \delta_{i,j,k} - \gamma_{i,j} = 0 \qquad \forall i \in I, \forall j \in J \qquad (3.32)$$

$$\sum_{i \in I_{i'}^B} \sum_{j \in J} \lambda_{i,i',j,j',k} - \delta_{i',j',k} = 0 \qquad \forall i' \in I, \forall j' \in J, \forall k \in K \qquad (3.33)$$

$$\sum_{i' \in I_i^A} \sum_{j' \in J} \lambda_{i,i',j,j',k} - \delta_{i,j,k} = 0 \qquad \forall i \in I, \forall j \in J, \forall k \in K \qquad (3.34)$$

$$\gamma_{i,j} \geqslant 0 \qquad \forall i \in I, \forall j \in J \qquad (3.35)$$

$$\delta_{i,j,k} \geqslant 0 \qquad \forall i \in I, \forall j \in J, \forall k \in K \qquad (3.36)$$

$$\lambda_{i,i',j,j',k} \geqslant 0 \qquad \forall (i,i') \in \mathbb{I}, \forall j, j' \in J, \forall k \in K \qquad (3.37)$$

根据以上分析，计算随机性决策方案价值的步骤如下。

第一步：求解模型 $\mathcal{M}2$。在决策方案中，变量 $\alpha_{i,j}$ 和 $\beta_{i,j,k}$ 的取值表示为 $\ddot{\alpha}_{i,j}^{\mathcal{M}2}$ 和 $\ddot{\beta}_{i,j,k}^{\mathcal{M}2}$。

第二步：用确定的变量值 $\alpha_{i,j} = \ddot{\alpha}_{i,j}^{\mathcal{M}2}$ 和 $\beta_{i,j,k} = \ddot{\beta}_{i,j,k}^{\mathcal{M}2}$ 求解模型 $\mathcal{M}1$，目标函数值用 $Z^{\mathcal{M}1}(\ddot{\alpha}^{\mathcal{M}2}, \ddot{\beta}^{\mathcal{M}2})$ 表示。

第三步：模型 $\mathcal{M}1$ 的最优目标函数值和 $Z^{\mathcal{M}1}(\ddot{\alpha}^{\mathcal{M}2}, \ddot{\beta}^{\mathcal{M}2})$ 之间的差值反映了随机决策方案的价值，用 Val_Stocha 表示：

$$\text{Val\_Stocha} = Z^{\mathcal{M}1}(\ddot{\alpha}^{\mathcal{M}2}, \ddot{\beta}^{\mathcal{M}2}) - Z^{\mathcal{M}1} \qquad (3.38)$$

由于 $\ddot{\alpha}^{\mathcal{M}2}$ 和 $\ddot{\beta}^{\mathcal{M}2}$ 是原始模型 $\mathcal{M}1$ 的可行解，$Z^{\mathcal{M}1}(\ddot{\alpha}^{\mathcal{M}2}, \ddot{\beta}^{\mathcal{M}2})$ 将会大于或等于模型 $\mathcal{M}1$ 的最优目标函数值 $Z^{\mathcal{M}1}$。因此，Val_Stocha 一定是一个非负数。

3.4.3　考虑规模效应的价值

考虑规模经济效应/反规模经济效应是本书所提模型的一个重要特征。如何评价规模效应的价值是一个值得研究的问题。相对于模型 $\mathcal{M}0$，模型 $\mathcal{M}1$ 考虑了规模经济效应/反规模经济效应。为了考察该模型的有效性，有必要评价考虑规模经济效应/反规模经济效应的价值。通过将产品的单位生产成本改为常量的方式松弛

模型 $\mathcal{M}1$，反 S 形函数 $C_{i,j}(\gamma_{i,j,w})$，将被线性函数 $c_{i,j}\gamma_{i,j,w}$ 替代，$c_{i,j}$ 能够通过 $c_{i,j} = C_{i,j}(p_{i,j})/p_{i,j}$ 进行估算，$p_{i,j}$ 是制造商 j 生产阶段 i 的产能。由于生产成本转化为线性函数，总的生产成本能够划分成单个销售商订单的生产成本进行计算。更确切地说，$c_{i,j}\sum_{k\in K}\delta_{i,j,k,w}$ 将代替 $c_{i,j}\gamma_{i,j,w}$，每个制造商在每个阶段的产能约束也能够得到进一步的松弛。由于上述的简化和松弛，决策变量 $\gamma_{i,j,w}$ 和约束条件（3.7）、（3.12）可以被删除。一个不考虑规模效应的模型 $\mathcal{M}3$ 构建如下：

$$[\mathcal{M}3]Z^{\mathcal{M}3} = \min\sum_{i\in I}\sum_{j\in J}f_{i,j}\alpha_{i,j} + \frac{1}{|W|}\sum_{w\in W}\sum_{k\in K}\mathcal{Q}_{w,k}(\beta_k,d_{k,w}) \tag{3.39}$$

s.t.　约束（3.2）～（3.4）、（3.10）和（3.11）

$\beta_k = \beta_{i,j,k\forall i\in I,\forall j\in J}$，子模型 $\mathcal{Q}_{w,k}(\beta_k,d_{k,w})$ 定义如下：

$$\mathcal{Q}_{w,k}(\beta_k,d_{k,w}) = \min c_{i,j}\delta_{i,j,k,w} + e_{i,j}(\delta_{i,j,k,w} - p_{i,j})^+$$
$$+ \sum_{i\in I}\sum_{i'\in I}\sum_{j\in J}\sum_{j'\in J}t_i l_{j,j'}\lambda_{i,i',j,j',k,w} + \sum_{j\in J}t_{|I|}l_{j,k}\delta_{|I|,j,k,w} \tag{3.40}$$

s.t.　$\delta_{i,j} \leqslant \beta_{i,j,k}d_{k,w}$　　　　$\forall i\in I,\forall j\in J$　　　（3.41）

$\displaystyle\sum_{j\in J}\delta_{i,j} = d_{k,w}$　　　　　$\forall i\in I$　　　　　　（3.42）

$\displaystyle\sum_{i\in I_i^B}\sum_{j\in J}\lambda_{i,i',j,j'} - \delta_{i',j'} = 0$　　$\forall i'\in I,\forall j'\in J$　　（3.43）

$\displaystyle\sum_{i'\in I_i^A}\sum_{j'\in J}\lambda_{i,i',j,j'} - \delta_{i,j} = 0$　　$\forall i\in I,\forall j\in J$　　（3.44）

$\delta_{i,j} \geqslant 0$　　　　　　　　$\forall i\in I,\forall j\in J$　　（3.45）

$\lambda_{i,i',j,j'} \geqslant 0$　　　　　$\forall(i,i')\in\mathbb{I},\forall j,j'\in J$　（3.46）

模型 $\mathcal{M}3$ 是一个两阶段问题，且第二阶段可分为 $|W|\times|K|$ 个子问题，这些子问题能够分开求解，所以该模型比模型 $\mathcal{M}1$ 更容易求解。这些子问题（$\mathcal{Q}_{w,k}(\beta_k,d_{k,w})$）是具有 $|I|^2\times|J|^2$ 个变量的线性规划模型，能够快速求解。因此，$\beta_{i,j,k}$ 是该模型的主要变量，一些广泛应用的元启发式算法（如模拟退火算法、遗传算法、粒子群优化算法等）能被用于搜索 $\beta_{i,j,k}$ 在解空间的优化方案，该解空间的范围为 $|J|^{|I|\times|K|}$。

考虑规模经济因素的价值能够用与 3.4.2 节相似的方法进行计算。

第一步：求解模型 $\mathcal{M}3$，在该模型获得最优解时，$\alpha_{i,j}$ 和 $\beta_{i,j,k}$ 用 $\ddot{\alpha}_{i,j}^{\mathcal{M}3}$ 和 $\ddot{\beta}_{i,j,k}^{\mathcal{M}3}$ 表示。

第二步：设定变量 $\alpha_{i,j} = \ddot{\alpha}_{i,j}^{\mathcal{M}3}$ 和 $\beta_{i,j,k} = \ddot{\beta}_{i,j,k}^{\mathcal{M}3}$ 用于求解模型 $\mathcal{M}1$，目标函数值表示为 $Z^{\mathcal{M}1}(\ddot{\alpha}^{\mathcal{M}3},\ddot{\beta}^{\mathcal{M}3})$。

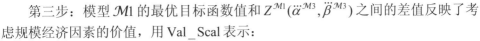

第三步：模型 $\mathcal{M}1$ 的最优目标函数值和 $Z^{\mathcal{M}1}(\ddot{\alpha}^{\mathcal{M}3}, \ddot{\beta}^{\mathcal{M}3})$ 之间的差值反映了考虑规模经济因素的价值，用 Val_Scal 表示：

$$\text{Val\_Scal} = Z^{\mathcal{M}1}(\ddot{\alpha}^{\mathcal{M}3}, \ddot{\beta}^{\mathcal{M}3}) - Z^{\mathcal{M}1} \tag{3.47}$$

由于 $\ddot{\alpha}^{\mathcal{M}3}$ 和 $\ddot{\beta}^{\mathcal{M}3}$ 是模型 $\mathcal{M}1$ 的可行解，$Z^{\mathcal{M}1}(\ddot{\alpha}^{\mathcal{M}3}, \ddot{\beta}^{\mathcal{M}3})$ 将会大于或等于模型 $\mathcal{M}1$ 的最优目标函数解 $Z^{\mathcal{M}1}$，可知 Val_Scal 是一个非负数。

3.4.4　不考虑规模效应的模型分析

不考虑规模效应的模型 $\mathcal{M}3$ 是原始问题的特例，本节对此模型进行了分析研究。

如图 3-2 所示，每个销售商都有一个生产流程网络来支持客户的生产和运输活动。生产流程中的每个阶段都可以由不同的子公司完成，因此销售商会有大量的生产流程网络。对于此类生产流程网络，更准确的描述应该是"每个子公司生产阶段的信息都是一个生产流程网络"。本书将这样的网络标记为"生产流程和子公司网络"（P&S 网络）。基于上述定义，在不考虑规模效应的情况下，可以将决策问题视为网络与销售商之间的分配问题。每个销售商分配至少一个 P&S 网络；每个 P&S 网络工作可以分配给零个、一个或多个销售商。因此，这是一个"多对多"的分配问题。

P&S 网络模型的参数是 3.3 节所定义的变量 $\{\alpha_{i,j}\}_{\forall i,j}$，且由大多数 $|J|^{[7]}$ 子公司完成。在这里使用"大多数"的原因在于一个生产阶段是由一些合格的（有能力的）子公司来完成，而不是所有的 $|J|$ 子公司。用 s 和 k 分别表示 P&S 网络和销售商。如果知道分配一个 P&S 网络 s 的位置以及分配给销售商 k 的需求量，就可以预先计算出向销售商分配一个 P&S 网络的成本。当销售商 k 的所有需求都由 P&S 网络 s 满足时，$A_{s,k}$ 就是成本。

命题 2：如果没有容量限制，选择销售商的最佳决策（如销售商 k）是将 P&S 网络 s^* 分配给销售商，这里 $s^* = \arg\min_{\forall s}\{A_{s,k}\}$。

证明：$A_{s,k}$ 是由 P&S 网络满足销售商 k 的所有需求的成本。在没有容量限制的情况下，成本 $A_{s,k}$ 包含两个部分：生产可变成本和运输的可变成本（用 $A_{s,k}^{\text{Var}}$ 表示）和 P&S 网络网络的固定成本（用 A_s^{Fix} 表示）。固定成本只与网络的配置有关，但不受生产和运输量的影响，这实际上取决于销售商的需求。因此 A_s^{Fix} 的下标只包含 s。因此可得

$$A_{s,k} = A_{s,k}^{\text{Var}} + A_s^{\text{Fix}} \tag{3.48}$$

如果这项研究的问题是在 P&S 网络和销售商之间的"多——一"分配问题，它意味着每个销售商只有一个 P&S 网络分配给它。很明显，P&S 网络的 s^* 应该分配给销售商 k，这里 $s^* = \arg\min_{\forall s}\{A_{s,k}\}$。但是，对于 P&S 网络和销售商之间的"多-

多"分配问题,需要证明:多个 P&S 网络的任何组合都将产生比 P&S 网络更大的成本。在不失去通用性的情况下,假定销售商 k 的需求是由两个 P&S 网络 s_1 和 s_2 的组合来满足的。更具体地说,s_1 满足了需求的百分比 h_1;而 s_2 满足了需求的百分比 h_2,这里的百分比总和等于 1。

$$h_1 + h_2 = 1 \qquad (3.49)$$

当销售商 k 的需求满足于两个 P&S 网络 s_1 和 s_2 的组合,成本 $A_{(s_1,s_2),k}$ 计算如下:

$$A_{(s_1,s_2),k} = h_1 A_{s_1,k}^{\text{Var}} + A_{s_1}^{\text{Fix}} + h_2 A_{s_2,k}^{\text{Var}} + A_{s_2}^{\text{Fix}} - \text{OLP}_{(s_1,s_2)}^{\text{Fix}} \qquad (3.50)$$

其中,$\text{OLP}_{(s_1,s_2)}^{\text{Fix}}$ 为两个 P&S 网络 s_1 和 s_2 在计算其固定成本的重叠。例如,如果在 s_1 和 s_2 的一个阶段(如第 i 阶段)由同一个子公司(如子公司 j)进行,则固定成本 $f_{i,j}$ 在 $A_{s_1}^{\text{Fix}}$ 和 $A_{s_2}^{\text{Fix}}$ 中计算两次。因而 $\text{OLP}_{(s_1,s_2)}^{\text{Fix}}$ 被定义避免这样双重计数固定的费用。

为了满足销售商 k 的需求,在 P&S 网络和两个 P&S 网络 s^* 的组合之间的成本不确定,则通过以下方法计算 s_2:

$$
\begin{aligned}
A_{s^*,k} - A_{(s_1,s_2),k} &= A_{s^*,k}^{\text{Var}} + A_{s^*}^{\text{Fix}} - h_1 A_{s_1,k}^{\text{Var}} - A_{s_1}^{\text{Fix}} - h_2 A_{s_2,k}^{\text{Var}} - A_{s_2}^{\text{Fix}} + \text{OLP}_{(s_1,s_2)}^{\text{Fix}} \\
&= h_1 (A_{s^*,k}^{\text{Var}} + A_{s^*}^{\text{Fix}} - A_{s_1,k}^{\text{Var}} - A_{s_1}^{\text{Fix}}) + h_2 (A_{s^*,k}^{\text{Var}} + A_{s^*}^{\text{Fix}} \\
&\quad - A_{s_2,k}^{\text{Var}} - A_{s_2}^{\text{Fix}}) - h_2 A_{s_1}^{\text{Fix}} - h_1 A_{s_2}^{\text{Fix}} + \text{OLP}_{(s_1,s_2)}^{\text{Fix}} \\
&= h_1 (A_{s^*,k} - A_{s_1,k}) + h_2 (A_{s^*,k} - A_{s_2,k}) \\
&\quad + \text{OLP}_{(s_1,s_2)}^{\text{Fix}} - h_2 A_{s_1}^{\text{Fix}} - h_1 A_{s_2}^{\text{Fix}}
\end{aligned} \qquad (3.51)
$$

如 $s^* = \arg\min_{\forall s}\{A_{s,k}\}$,它意味着 $A_{s^*,k} \leqslant A_{s_1,k}$ 和 $A_{s^*,k} \leqslant A_{s_2,k}$。因此可得

$$h_1 (A_{s^*,k} - A_{s_1,k}) + h_2 (A_{s^*,k} - A_{s_2,k}) \leqslant 0 \qquad (3.52)$$

此外,对于式(3.51)的后半部分 $\text{OLP}_{(s_1,s_2)}^{\text{Fix}} - h_2 A_{s_1}^{\text{Fix}} - h_1 A_{s_2}^{\text{Fix}}$,在 $h_1 + h_2 = 1$ 的偏好下,有如下不等式成立:

$$\text{OLP}_{(s_1,s_2)}^{\text{Fix}} - h_2 A_{s_1}^{\text{Fix}} - h_1 A_{s_2}^{\text{Fix}} < \text{OLP}_{(s_1,\bar{s}_2)}^{\text{Fix}}, \quad \text{Min}\{A_{s_1}^{\text{Fix}}, A_{s_2}^{\text{Fix}}\} \leqslant 0 \qquad (3.53)$$

因为两个集合的交集小于等于任意一个集合,所以很容易理解式(3.53)中的第二个不等式。

在式(3.51)~式(3.53)的基础上,可以证明 $A_{s^*,k} - A_{(s_1,s_2),k} < 0$。

因此,超过一个的 P&S 网络的组合将会比 P&S 网络 s^* 产生更大的成本。当容量限制足够大时(即不考虑容量限制),销售商 k 的最佳决策是将 P&S 网络 s^* 分配给销售商(其中,$s^* = \arg\min_{\forall s}\{A_{s,k}\}$)。■

如上所述,这是 P&S 网络和销售商之间的"多-多"分配问题。对于每个销售商,可能有一个或多个 P&S 网络分配给它。但是,上述命题指出,当销售商容量 $p_{i,j}$ 足够大时,每个销售商分配一个 P&S 网络是最佳决策,其成本 $A_{s,k}$ 最低。

命题 2 适用于所有子公司在生产阶段的没有容量限制的情况。另外，在考虑容量限制的情况下，也对此模型进行了进一步的研究，并提出了考虑容量限制的另一命题。

命题 3：对于销售商 k，s^* 是具有最低可变成本和固定成本的 P&S 网络，即 $s^* = \arg\min_{\forall s}\{A_{s,k}^{\mathrm{Var}} + A_s^{\mathrm{Fix}}\}$。如果所有生产阶段 s^* 不超出他们的容量极限，则最佳的决定是给销售商分配生产阶段 s^*。

证明：在考虑容量限制时，应将 P&S 网络分配给销售商的成本（3.53）重新定义为

$$A_{s,k} = A_{s,k}^{\mathrm{Var}} + A_{s,k}^{\mathrm{Cap}} + A_s^{\mathrm{Fix}} \tag{3.54}$$

当 P&S 网络的某些阶段的生产容量超出他们的正常容量时，将产生惩罚费用 $A_{s,k}^{\mathrm{Cap}}$。

如果这项研究的问题是在 P&S 网络和销售商之间的"多-一"分配问题，它意味着每个销售商只有一个 P&S 网络分配给它。由于 $s^* = \arg\min_{\forall s}\{A_{s,k}^{\mathrm{Var}} + A_s^{\mathrm{Fix}}\}$ 和 $A_{s^*,k}^{\mathrm{Cap}} = 0$，则有 $s^* = \arg\min_{\forall s}\{A_{s,k}\}$，很明显 P&S 网络应分配给销售商 k。然而，对于一个"多-多"的分配问题，需要证明：一个以上的 P&S 网络的任何组合将会比 P&S 网络 s^* 产生更大的成本。

与以前的证明相似，假设销售商 k 的需求是 s_1 和 s_2。更具体地说，s_1 和 s_2 将分别满足了需求的 h_1 和 h_2 的百分比，$h_1 + h_2 = 1$，然后有

$$\begin{aligned} A_{s^*,k} - A_{(s_1,s_2),k} = {}& A_{s^*,k}^{\mathrm{Var}} + A_{s^*,k}^{\mathrm{Cap}} + A_{s^*}^{\mathrm{Fix}} - h_1 A_{s_1,k}^{\mathrm{Var}} - A_{s_1,k}^{\mathrm{Cap}}(h_1) - A_{s_1}^{\mathrm{Fix}} \\ & - h_2 A_{s_2,k}^{\mathrm{Var}} - A_{s_1,k}^{\mathrm{Cap}}(h_2) - A_{s_2}^{\mathrm{Fix}} + \mathrm{OLP}_{(s_1,s_2)}^{\mathrm{Fix}} \end{aligned} \tag{3.55}$$

在 P&S 网络 s 中，百分比 h 的销售商 k 惩罚费用是 $A_{s,k}^{\mathrm{Cap}}(h)$。$A_{s,k}^{\mathrm{Cap}}(h) \neq h A_{s,k}^{\mathrm{Var}}$，$(h \cdot x - \mathrm{UB})^+ \neq h(x - \mathrm{UB})^+$。

当 $A_{s^*,k}^{\mathrm{Cap}} = 0$ 时，它在上述惯例将被忽略，式（3.55）改写为

$$\begin{aligned} A_{s^*,k} - A_{(s_1,s_2),k} = {}& h_1(A_{s^*,k}^{\mathrm{Var}} + A_{s^*}^{\mathrm{Fix}} - A_{s_1,k}^{\mathrm{Var}} - A_{s_1}^{\mathrm{Fix}}) \\ & + h_2(A_{s^*,k}^{\mathrm{Var}} + A_{s^*}^{\mathrm{Fix}} - A_{s_2,k}^{\mathrm{Var}} - A_{s_2}^{\mathrm{Fix}}) + \mathrm{OLP}_{(s_1,s_2)}^{\mathrm{Fix}} \\ & - h_2 A_{s_1}^{\mathrm{Fix}} - h_1 A_{s_2}^{\mathrm{Fix}} - A_{s_1,k}^{\mathrm{Cap}}(h_1) - A_{s_1,k}^{\mathrm{Cap}}(h_2) \end{aligned} \tag{3.56}$$

因为 $s^* = \arg\min_{\forall s}\{A_{s,k}^{\mathrm{Var}} + A_s^{\mathrm{Fix}}\}$，得 $h_1(A_{s^*,k}^{\mathrm{Var}} + A_{s^*}^{\mathrm{Fix}} - A_{s_1,k}^{\mathrm{Var}} - A_{s_1}^{\mathrm{Fix}}) + h_2(A_{s^*,k}^{\mathrm{Var}} + A_{s^*}^{\mathrm{Fix}} - A_{s_2,k}^{\mathrm{Var}} - A_{s_2}^{\mathrm{Fix}}) < 0$。此外，命题 2 的证明也表明 $+\mathrm{OLP}_{(s_1,s_2)}^{\mathrm{Fix}} - h_2 A_{s_1}^{\mathrm{Fix}} - h_1 A_{s_2}^{\mathrm{Fix}} < 0$。

因此可以得出

$$A_{s^*,k} - A_{(s_1,s_2),k} < 0 \tag{3.57}$$

因此，一个以上的 P&S 网络的任何组合将会比 P&S 网络 s^* 产生更大的成本。在考虑容量限制时，对于销售商 k，s^* 是具有最低可变成本和固定成本的 P&S 网

络，即 $s^* = \arg\min_{\forall s}\{A_{s,k}^{\mathrm{Var}} + A_s^{\mathrm{Fix}}\}$。如果所有的阶段在 s^* 不超出它们的容量极限（即 $A_{s^*,k}^{\mathrm{Cap}} = 0$），最佳的决定是分配 s^* 给销售商 k。∎

在上述命题中，s^* 是销售商最佳的决策条件，s^* 中的所有生产阶段都不能超过其容量限制。这种情况的约束是较为严格的，可以通过以下推论放宽一定程度。

推论 1：对于销售商，s^* 和 s' 分别是最低和第二低的成本（可变成本和固定成本）的 P&S 网络。如果 s^* 和 s' 之间的成本差距大于 s^* 在容量超过的情况下的惩罚成本，则 s^* 仍然是销售商的最佳分配决策。

证明：式（3.55）可改写如下：

$$
\begin{aligned}
A_{s^*,k} - A_{(s_1,s_2),k} &= A_{s^*,k}^{\mathrm{Var}} + A_{s^*,k}^{\mathrm{Cap}} + A_{s^*}^{\mathrm{Fix}} - h_1 A_{s_1,k}^{\mathrm{Var}} - A_{s_1,k}^{\mathrm{Cap}}(h_1) - A_{s_1}^{\mathrm{Fix}} \\
&\quad - h_2 A_{s_2,k}^{\mathrm{Var}} - A_{s_1,k}^{\mathrm{Cap}}(h_2) - A_{s_2}^{\mathrm{Fix}} + \mathrm{OLP}_{(s_1,s_2)}^{\mathrm{Fix}} \\
&= h_1(A_{s^*,k}^{\mathrm{Var}} + A_{s^*}^{\mathrm{Fix}} - A_{s_1,k}^{\mathrm{Var}} - A_{s_1}^{\mathrm{Fix}}) + h_2(A_{s^*,k}^{\mathrm{Var}} \\
&\quad + A_{s^*}^{\mathrm{Fix}} - A_{s_2,k}^{\mathrm{Var}} - A_{s_2}^{\mathrm{Fix}}) + A_{s^*,k}^{\mathrm{Cap}} + \mathrm{OLP}_{(s_1,s_2)}^{\mathrm{Fix}} \\
&\quad - h_2 A_{s_1}^{\mathrm{Fix}} - h_1 A_{s_2}^{\mathrm{Fix}} - A_{s_1,k}^{\mathrm{Cap}}(h_1) - A_{s_1,k}^{\mathrm{Cap}}(h_2)
\end{aligned}
\tag{3.58}
$$

其中

$$
\begin{aligned}
&h_1(A_{s^*,k}^{\mathrm{Var}} + A_{s^*}^{\mathrm{Fix}} - A_{s_1,k}^{\mathrm{Var}} - A_{s_1}^{\mathrm{Fix}}) + h_2(A_{s^*,k}^{\mathrm{Var}} + A_{s^*}^{\mathrm{Fix}} - A_{s_2,k}^{\mathrm{Var}} - A_{s_2}^{\mathrm{Fix}}) \\
&< A_{s^*,k}^{\mathrm{Var}} + A_{s^*}^{\mathrm{Fix}} - A_{s',k}^{\mathrm{Var}} - A_{s'}^{\mathrm{Fix}}
\end{aligned}
\tag{3.59}
$$

s^* 和 s' 分别为 P&S 网络的最低和第二最低成本（可变和固定成本），然后式（3.59）可转化为

$$
\begin{aligned}
A_{s^*,k} - A_{(s_1,s_2),k} &< A_{s^*,k}^{\mathrm{Var}} + A_{s^*}^{\mathrm{Fix}} - A_{s',k}^{\mathrm{Var}} - A_{s'}^{\mathrm{Fix}} + A_{s^*,k}^{\mathrm{Cap}} + \mathrm{OLP}_{(s_1,s_2)}^{\mathrm{Fix}} \\
&\quad - h_2 A_{s_1}^{\mathrm{Fix}} - h_1 A_{s_2}^{\mathrm{Fix}} - A_{s_1,k}^{\mathrm{Cap}}(h_1) - A_{s_1,k}^{\mathrm{Cap}}(h_2)
\end{aligned}
\tag{3.60}
$$

根据推论，s^* 和 s' 之间的成本差距大于 s^* 的容量违规的惩罚成本，则 $A_{s',k}^{\mathrm{Var}} + A_{s'}^{\mathrm{Fix}} - A_{s^*,k}^{\mathrm{Var}} - A_{s^*}^{\mathrm{Fix}} > A_{s^*,k}^{\mathrm{Cap}}$。式（3.60）可转化为

$$
A_{s^*,k} A_{(s_1,s_2),k} < \mathrm{OLP}_{(s_1,s_2)}^{\mathrm{Fix}} - h_2 A_{s_1}^{\mathrm{Fix}} - h_1 A_{s_2}^{\mathrm{Fix}} - A_{s_1,k}^{\mathrm{Cap}}(h_1) - A_{s_1,k}^{\mathrm{Cap}}(h_2)
\tag{3.61}
$$

在式（3.57）的基础上，如果 $\mathrm{OLP}_{(s_1,s_2)}^{\mathrm{Fix}} - h_2 A_{s_1}^{\mathrm{Fix}} - h_1 A_{s_2}^{\mathrm{Fix}} < 0$，因此可以获得

$$
A_{s^*,k} - A_{(s_1,s_2),k} < 0
\tag{3.62}
$$

这意味着：s^* 仍然是为销售商 k 提供的最佳决策方案。∎

上述的命题和推论可以为每一位销售商确定最佳分配决策。定义 s_k^* 表示销售商 k 的最佳 P&S 网络，s_k^* 可以通过以下模型获得。

$$[\mathcal{M}3(k)] \quad \min \sum_{i \in I} \sum_{j \in J} f_{i,j} \alpha_{i,j} + \frac{1}{|W|} \sum_{w \in W} \left\{ \sum_{i \in I} \sum_{j \in J} c_{i,j} \delta_{i,j,w} \right. \tag{3.63}$$

$$\left. + \sum_{i \in I} \sum_{i' \in I} \sum_{j \in J} \sum_{j' \in J} t_i l_{j,j'} \lambda_{i,i',j,j',w} + \sum_{j \in J} t_{|I|} l_{j,k} \delta_{|I|,j,w} \right\}$$

s.t.　约束条件（3.6）、（3.8）～（3.10）、（3.13）和（3.14）

$$\sum_{j \in J} \alpha_{i,j} = 1 \qquad \forall i \in I \tag{3.64}$$

$$\sum_{i \in \mathcal{S}_j} \alpha_{i,j} = 0 \qquad \forall j \in J \tag{3.65}$$

$$\delta_{i,j,w} \leqslant \alpha_{i,j} M \qquad \forall i \in I, \forall j \in J, \forall w \in W \tag{3.66}$$

上述模型求解部分明显减少，比以往的模型更容易求解，只有三组优化变量：$\alpha_{i,j}$、$\delta_{i,j,w}$、$\lambda_{i,i',j,j',w}$。由于该模型只与一个销售商有关，因此从变量和参数的下标中删除了销售商 k 的指数。变量 $\beta_{i,j,k}$ 也是不必要的，因为它们可以由 $\alpha_{i,j}$ 来表示。

根据上述模型为所有销售商依次求解后，所有的销售商 $|K|$ 则得到最佳的 P&S 网络 s_k^*。还应注意的是不考虑尺度效应的 $\mathcal{M}3$ 模型可能不是最佳的求解方案 $U_{\forall k}\{s_k^*\}$，但这些 P&S 网络 s_k^* 可以为本章的原模型 $\mathcal{M}1$ 构造一个较为良好的初始求解方案。

3.5　基于局部分支和粒子群优化的算法设计

对于一些小规模的案例，本章的模型 $\mathcal{M}1$ 能用 CPLEX 求解器求解，而对于一些大规模的案例，模型则难以用 CPLEX 直接求解。因此，本节设计了两种算法用于求解模型 $\mathcal{M}1$：一种是局部分支算法；另一种是粒子群优化算法。

3.5.1　局部分支算法

模型 $\mathcal{M}1$ 是一个混合整数规划模型和包含二进制变量，即 $\alpha_{i,j}, \beta_{i,j,k} \in \{0,1\}$。在模型 $\mathcal{M}1$ 中的其他变量是连续的，其中，变量 $\alpha_{i,j}$ 取决于变量 $\beta_{i,j,k}$。从模型的结构可知，变量 $\beta_{i,j,k}$ 对最优解的搜索以及可行解的空间有着重大的影响。因此，本节引入了局部分支算法来求解模型 $\mathcal{M}1$。局部分支算法的核心思想是确定一个可行的求解方案以及求解方案的搜索领域半径。

本节使用 CPLEX 求解器作为一个黑箱子"作战"工具，用于搜索过程中每一个领域的最优解，这个方法是由一个简单的外部分支框架在一个被定义为"战略"层面来控制的。局部分支算法的主要过程如图 3-4 所示。

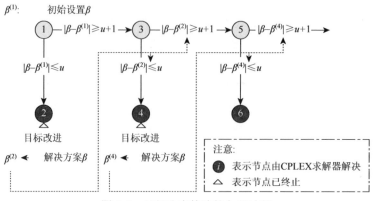

图 3-4　局部分支算法的主要过程

在图 3-4 中，节点 1 是局部分支过程的起始点。在节点 1，二进制变量 $\beta_{i,j,k}$ 可以根据 3.4 节末尾提出的方法初始化。该方法的重述如下：求解模型（3.63）、约束条件（3.6）、（3.8）～（3.10）、（3.13）、（3.14）和（3.64）～（3.66），对所有销售商 $k(\forall k \in K)$ 依次求解，所有的销售商 $|K|$ 则得到一系列解 $\{\alpha_{i,j}\}_k$，$\forall k \in K$。对于销售商 k 计算了所有的 i 和 j。如果 $\alpha_{i,j}$ 等于 1，则 $\beta_{i,j,k}$ 为 1，否则为 0。在确定所有变量 $\beta_{i,j,k}$ 后，根据定义变量 α 和 β 的关系来确定整个模型 $\mathcal{M}3$ 的 α 变量，即如果 $\exists k \in K$，则 $\alpha_{i,j} = 1$，$\beta_{i,j,k} = 1$；否则 $\alpha_{i,j} = 0$。

在图 3-4 中，变量 $\beta_{i,j,k}$ 的初始设为 $\beta^{(1)}$。$|\beta - \beta^{(1)}| \leqslant u$ 和 $|\beta - \beta^{(1)}| \geqslant u+1$ 分别表示模型 $\mathcal{M}1$ 从节点 1 到节点 2 和节点 3 被制约的量。$|\beta - \beta^{(1)}|$ 的反射半径 $\beta^{(1)}$ 是变量 β 的领域可行解空间。更具体地说，$|\beta - \beta^{(1)}|$ 计算公式为 $|\beta - \beta^{(1)}| = \sum_{\forall, i, j, k} |\beta_{i,j,k} - \beta_{ikp}^{(1)}|$。它的值反映了 $\beta_{i,j,k}$ 不同于其对应的固定值 $\beta_{ikp}^{(1)}$ 的变量数。在当前求解方案周围搜索求解方案时，参数 u 控制邻域大小。如果 u 很小，则在节点 2 的求解过程将很快；否则可能会耗费很多时间。

图 3-4 显示了局部分支过程的主要过程，其中所有由深色标记的节点将由 CPLEX 求解。整个求解方案的求解时间可能被某些节点的求解方案耗费过多时间，因此，对每个节点的求解时间增设一个时间上限，如果该节点的求解方案时间超过此限制，则 CPLEX 将停止在该节点上求解模型，并将返回到上一个未能被求解的方案，否则，证明该节点上的模型已由 CPLEX 优化求解。

案例 1：模型 $\mathcal{M}1$ 与一些与 β 相关的约束的目标值得到了提高，且没有达到 CPLEX 的求解时间限制。这意味着 CPLEX 优化了节点，求解方案比目前的最佳求解方案更好。

案例 2：达到了 CPLEX 的求解时间限制，但目标值却得到了提高。这意味着 CPLEX 获得一个并非最优的求解方案，但它也比目前的最佳求解方案更好。

案例 3：未达到 CPLEX 的求解时间限制，但目标值没有提高。这意味着 CPLEX 获得的最佳求解方案比目前的最佳求解方案还要糟糕。

案例 4：达到了 CPLEX 的求解时间限制，但目标值没有提高。这意味着 CPLEX 获得的并非最优的求解方案比目前的最佳求解方案还要糟糕。

图 3-5 所示为案例 1～案例 4 的处理策略。

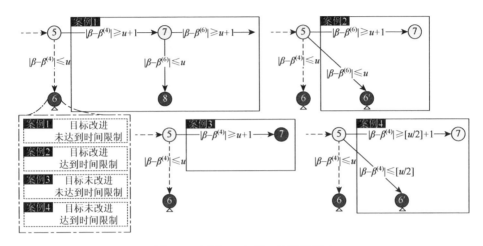

图 3-5　案例 1～案例 4 的处理策略

案例 1 是局部分支过程中最常见的情况。它表示标准的求解方案流程，如图 3-4 所示。

案例 2 是相关约束从 $|\beta - \beta^{(4)}| \leqslant u$ 更新到 $|\beta - \beta^{(6)}| \leqslant u$ 的邻域的结果，因为节点 6 的求解方案取代了节点 4，成为目前为止的最佳选择。

案例 3 意味着节点 6 被完全取代，因为在这个节点上最优化的求解方案比目前的最佳求解方案还要糟糕。因此，原模型的解等于节点 7 的解。

案例 4 意味着邻域大小需要减少，以便在节点上获得一个求解方案，或者获得比目前更好的一个求解方案。

上述四个案例涵盖了整个局部分支过程中所有可能情况，这与局部分支算法的结论是一致的。本章中，局部分支过程中使用的邻域通过定义某些线性不等式来实现二进制变量 $\beta_{i,j,k}$。在指定数量的连续迭代中如果没有改进现有的最佳目标值，则整个求解方案过程将终止。

3.5.2　粒子群优化算法

当求解模型 $\mathcal{M}1$ 的极大规模算例时，上述的局部分支算法求解时间过长，因此本节运用粒子群优化算法进行求解。粒子群优化算法在 1995 年首次由 Kennedy

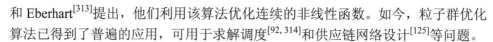

和 Eberhart[313] 提出，他们利用该算法优化连续的非线性函数。如今，粒子群优化算法已得到了普遍的应用，可用于求解调度[92, 314] 和供应链网络设计[125] 等问题。

1. 粒子更新机制

粒子群优化算法是一种广泛应用于优化连续性非线性函数的元启发式算法。在粒子群优化算法中，每个粒子可代表一个可行解，一个粒子的状态包括该粒子的位置和速度。粒子的位置显示了该粒子对应可行解方案的优劣程度，粒子的速度显示了其在下一次迭代中的飞行方向。

在提出的模型中，决策变量 $\alpha_{i,j}$ 和 $\beta_{i,j,k}$ 密切相关，只要知道变量 $\beta_{i,j,k}$ 的取值，那么变量 $\alpha_{i,j}$ 就能被确定。因此，粒子可根据变量 $\beta_{i,j,k}$ 进行定义。对于第 n 次迭代中的粒子 m，其位置可定义为 $P_m^n = \{p_{mijk}^n\}$，其速度可定义为 $V_m^n = \{v_{mijk}^n\}$，$\forall i \in I$，$\forall j \in J, \forall k \in K$。粒子的位置和速度的更新公式为

$$v_{mijk}^{n+1} = w^n v_{mijk}^n + c_1 r_1 (\text{PLBest}_{ijk}^n - p_{mijk}^n) + c_2 r_2 (\text{PGBest}_{ijk}^n - p_{mijk}^n) \quad (3.67)$$

$$p_{mijk}^{n+1} = p_{mijk}^n + v_{mijk}^{n+1} \quad (3.68)$$

在式（3.67）中，w、c_1 和 c_2 分别为惯性权重和两个加速常量。惯性权重表示粒子群优化算法过程中粒子朝着最优化方案聚集，两个加速常量促使这些粒子向局部最优解和全局最优解靠近。r_1 和 r_2 是在 $0\sim1$ 产生的随机变量；PLBest_{ijk}^n 是在第 n 次迭代中对于 i、j、k 三个维度的局部最优粒子位置；PGBest_{ijk}^n 是直到第 n 次迭代对于 i、j、k 三个维度的全局最优粒子位置。式（3.68）表示第 $n+1$ 次迭代中粒子的位置是根据相应粒子在第 n 次迭代的旧位置和在第 $n+1$ 次迭代的新速度产生的。

另外，本章设计了一个子程序用于避免粒子群优化算法陷入局部最优，并设置了一个 $0\sim1$ 的变异比率，每个粒子会在相同的范围内产生一个随机数。如果随机数小于变异比率，将随机产生一个新的粒子加入粒子群，并将原有的粒子排除。因为本章的决策变量是二进制变量，所以应将粒子位置 p_{mijk}^{n+1} 转换成决策变量 $\beta_{i,j,k}$，具体修改如下：

$$\beta_{i,j,k} = \begin{cases} 1, & p_{mijk}^{n+1} < 0.5 \\ 0, & p_{mijk}^{n+1} \geqslant 0.5 \end{cases} \quad (3.69)$$

2. 粒子群优化算法流程框架

粒子的位置和速度更新策略如 3.5.2 节所述，本小节将介绍粒子群优化算法的流程框架。

第一步：设置初始的迭代次数 $n=1$。初始化一个包含 M 个粒子的粒子群，这些粒子的位置分别决定其对应决策的优劣，粒子的位置和速度随机产生。

第二步：对于某些粒子，其决策变量可能不符合模型中的一些约束条件，本

章提出了另一个子程序 Adjust(m) 用于修改这些粒子的位置，使其符合模型中的所有约束。

第三步：对于所有的粒子，通过求解模型计算它们的适应度，其中，变量 α 和 β 是通过粒子固定的。由于该线性规划模型中的变量 α 和 β 被固定，该模型能够运用 CPLEX 快速求出目标函数值。

第四步：更新每次迭代的最优位置 $\{\text{PLBest}_{ijk}^{n}\}$ 和全局最优位置 $\{\text{PGBest}_{ijk}^{n}\}$。

第五步：根据式（3.67）和式（3.68）更新粒子的位置和速度。

第六步：如果迭代次数达到了设定的最大迭代次数或者全局最优值在设定的迭代次数内没有更新，停止迭代过程；否则，迭代次数加 $n \leftarrow n+1$ 并回到第二步继续迭代计算。

在第二步，子过程 Adjust(m) 是 PSO 求解方法中非常重要的部分。Adjust(m) 的目的在于，通过调整决策变量 $\beta_{i,j,k}$ 来满足模型的所有约束，使得不可行的粒子变成可行。Adjust(m) 的具体执行过程如下：

子程序 Adjust(m)：

根据粒子位置 p_{mijk}^{n} 初始化决策变量 $\beta_{i,j,k}$
　　For 所有的 $k, k \in K$
　　For 所有的 $i, i \in I$
　　　　For 所有的 $j, j \in J$
　　　　　　If　$s_{i,j}=0$ 则
　　　　　　　　$\beta_{i,j,k}=0$　　　　//根据约束条件（3.4）
　　　　　　End If
　　　　End For
　　　　累加所有子公司在 i 生产阶段为销售商 k 制造的产品数量，得总数是：Total J_{ik}
　　　　If　Total$J_{ik}=0$ 则
　　　　　Do
　　　　　　随机生成从0到供应商数量的随机数 j'
　　　　　　　If　$s_{i,j}=1$ 则
　　　　　　　　　　$\beta_{i,j',k}=1$
　　　　　　　End If
　　　　　　While ($\beta_{i,j,k}=0$)　　　　//根据约束条件（3.4）
　　　　End If
　　　　End For
　　End For
　For 所有的　$i, i \in I$
　　　For 所有的 $j, j \in J$
　　　　累加子公司 j 在 i 生产阶段为销售商 k 制造的产品数量，得总数是：Total K_{ij}
　　　　If Total $K_{ij}>0$ 则
　　　　　$\alpha_{i,j}=1$　　　　//根据约束条件（3.2）
　　　　End If
　　　End For
End For

3.6 关于优化算法的数值实验分析

本章将提出的模型和算法运用于求解中国一家大型企业的现实问题，进行了一些实验以检测所提出模型和算法的有效性。本章涉及的数值实验是在配置为 Intel Core i5、1.7GHz 和 8GB 内存的计算机上运行了 CPLEX12.5.1（Visual Studio 2008、C#）。

3.6.1 问题背景

本节研究基于中国著名的汽车企业上海大众汽车有限公司，该公司成立于 1984 年，是大众集团与上海汽车集团的合资企业。上海大众汽车有限公司的汽车销售量在 2014 年达到 173 万辆，其中"朗逸"轿车是中国近五年来最受欢迎的车型之一，年销售量在 2014 年约 37.2 万辆。本节以"朗逸"轿车为研究对象，并用"朗逸"实际的运营数据进行数值实验。"朗逸"轿车的生产流程如图 3-6 所示。

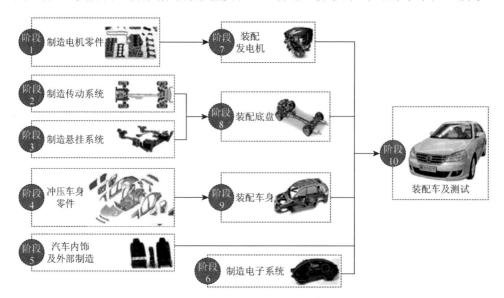

图 3-6　上海大众汽车制造"朗逸"轿车生产流程图

该公司总部设在上海，在上海、南京、宁波、仪征、长沙、新疆等六个地区设有子公司。全国大约分布有 760 个 4S（销售、备件、服务和调查）店。事实上，这些新车是通过几个配送中心从工厂运到这些 4S 店的。在本节的模型中，主要考虑六大区配送中心（DC）作为销售商。例如，华东地区的配送中心位于上海，东北地区的配送中心位于长春，华北地区的配送中心位于北京，华中地区的配送中心位于武汉，华南地区的配送中心位于广州，西南地区的配送中心位于成都。

3.6.2　不同情景下的收敛性分析

本章提出的随机规划模型 $\mathcal{M}1$ 是基于情景构建的，这些情景表示销售商在将来可能产生的需求量。情景数量越多，该基于情景构建的模型越接近原始的随机规划模型。在不同的情景数量设置下，随机规划模型实验的结果是不一样的。从理论的角度而言，当情景的数量增加时，相同数量案例的最优解的标准差应该减小。根据前面所述的问题实例（图 3-6）进行研究。本节设置了情景数量 10～200 的多组实验，用以评估合适的实验情景数量。对于一个给定的情景数量（即 10、20、50、80、100、150、200）将会随机产生 10 个不同的案例，这些案例将用模型 $\mathcal{M}1$ 进行求解。如表 3-1 所示，10 个案例的最大值、最小值和平均值等均被记录。

表 3-1　情景数量测试表

情景数量	最大值	最小值	极差	平均值	标准差	计算时间/s
10	$2.578\,8\times10^{10}$	$2.456\,7\times10^{10}$	1.221×10^{9}	$2.528\,0\times10^{10}$	3.48×10^{8}	15
20	$2.577\,6\times10^{10}$	$2.477\,0\times10^{10}$	1.006×10^{9}	$2.518\,7\times10^{10}$	2.70×10^{8}	146
50	$2.535\,4\times10^{10}$	$2.463\,3\times10^{10}$	7.21×10^{8}	$2.510\,8\times10^{10}$	2.14×10^{8}	357
80	$2.538\,6\times10^{10}$	$2.481\,7\times10^{10}$	5.69×10^{8}	$2.508\,4\times10^{10}$	1.55×10^{8}	1 601
100	$2.537\,5\times10^{10}$	$2.493\,0\times10^{10}$	4.45×10^{8}	$2.508\,3\times10^{10}$	1.22×10^{8}	2 245
150	$2.535\,4\times10^{10}$	$2.502\,8\times10^{10}$	3.26×10^{8}	$2.520\,6\times10^{10}$	1.07×10^{8}	2 948
200	$2.524\,0\times10^{10}$	$2.490\,2\times10^{10}$	3.38×10^{8}	$2.505\,3\times10^{10}$	1.06×10^{8}	4 523

从表 3-1 可以看出，当情景数小于 200 时，极差以及标准差之间的差异会随着情景数量的增加而减小。当情景数为 200 时，差异增加较小，差异和标准差减小的趋势明显，情景数量足够大时，模型 $\mathcal{M}1$ 的可行解将会收敛，该实验结果和常识经验相符。另外，表 3-1 显示该模型的计算时间随情景数量的增加而增加。

情景的大小（变量数、二进制变量、约束）如表 3-2 所示。

表 3-2　（十个阶段、六子公司和六销售商）中实例的大小

情景总数	变量总数	二进制变量总数	约束总数
10	333 240	10 440	20 826
20	665 040	19 440	41 226
50	1 660 440	46 440	102 426
80	2 655 840	73 440	163 626
100	3 319 440	91 440	204 426
150	4 978 440	136 440	306 426
200	6 637 440	181 440	408 426

Kleywegt 等[315]提出了所需样本大小的下限，其中所需的最小情景数是$[3\sigma_{max}^2 /$
$(\varepsilon-\delta)^2]\lg(|\mathcal{S}|/\alpha)$。其中，$|\mathcal{S}|$为可行解集的大小；$\delta$为对模型 SBAP$_{SAA}$ 求解的
解的最优间隙；ε 为原始模型 SBAP 的最佳空白值，出现的概率是$1-\alpha$；σ_{max}^2 为
不同情景下的最大方差。然而，Kleywegt 等[315]也指出，上述计算有两个缺点：
①约束 σ_{max}^2 和$|\mathcal{S}|$是不容易计算的；②约束可能过于保守，无法估计所需样本的
实际大小。例如，$\gamma_{i,j,w}$、$\delta_{i,j,k,w}$ 和$\lambda_{i,i',j,j',k,w}$ 都是模型中的连续变，很难计算出$|\mathcal{S}|$。
因此，我们需要用一些实际的方法来估计所需的样本大小。在本章中，情景数目
每次增加一个，直到平均目标值（Avg）的标准差低于给定的阈值（如 1%或 0.5%）。
对于这种情况，当情景数量超过 50 时，标准差的百分比低于 1%；当情景数量超
过 100 时，标准差的百分比低于 0.5%。实际上，所需的样本大小取决于决策者心
目中的设想。在下面的实验中，情景数量被设置为 100。

3.6.3 局部分支算法检测

本节先做几组小规模的实验对局部分支算法的有效性进行验证，模型的最优
解通过 CPLEX 获得。从表 3-3 可以看出，局部分支算法能够获得最优或者接近最
优的目标函数值，局部分支算法求得的目标值和最优解之间的平均距离仅为 0.012%。
在求解小规模案例时，局部分支算法所需的计算时间略小于 CPLEX 所需的时间，
随着案例规模的增大，局部分支算法和 CPLEX 所需的计算时间差值将不断增加。
由此可见，在求解较大规模的案例时，局部分支算法比 CPLEX 更为适用。当案
例的规模增大到一定程度时，CPLEX 所需的计算时间过长且对计算机配置的要求
很高，容易出现内存不足或无法求解的情况，而局部分支算法能在一般配置的计
算机上且在合理的时间内求解同样规模的案例。

表 3-3　局部分支算法有效性验证表

案例编号	由 CPLEX 求解		局部分支算法		目标值差值
	Z_{CPLEX}	T_{CPLEX}/s	Z_{LoBr}	T_{LoBr}/s	
4-3-2-7-1	2.4360×10^{10}	246	2.4360×10^{10}	118	0
4-3-2-7-2	2.4432×10^{10}	145	2.4432×10^{10}	120	0
4-3-2-7-3	2.4411×10^{10}	59	2.4411×10^{10}	44	0
4-3-2-7-4	2.4339×10^{10}	190	2.4339×10^{10}	101	0
4-3-2-7-5	2.4353×10^{10}	75	2.4353×10^{10}	65	0
5-3-2-7-1	2.5370×10^{10}	583	2.5370×10^{10}	147	0
5-3-2-7-2	2.5468×10^{10}	443	2.5468×10^{10}	118	0
5-3-2-7-3	2.5374×10^{10}	1095	2.5374×10^{10}	367	0
5-3-2-7-4	2.5053×10^{10}	469	2.5053×10^{10}	168	0

案例编号	由 CPLEX 求解		局部分支算法		目标值差值
	Z_{CPLEX}	T_{CPLEX}/s	Z_{LoBr}	T_{LoBr}/s	
5-3-2-7-5	2.5236×10^{10}	715	2.5236×10^{10}	209	0
5-4-3-7-1	2.5458×10^{10}	1296	2.5458×10^{10}	537	0
5-4-3-7-2	2.5341×10^{10}	1981	2.5343×10^{10}	852	0.008%
5-4-3-7-3	2.5342×10^{10}	2275	2.5342×10^{10}	685	0
5-4-3-7-4	2.5160×10^{10}	1083	2.5161×10^{10}	576	0.004%
5-4-3-7-5	2.5418×10^{10}	1170	2.5451×10^{10}	469	0.130%
平均值					0.012%

注：（1）在案例编号中，如"4-3-2-7-1"，其中 4 表示生产阶段的数量，3 表示制造商数量，2 表示销售商数量，7 表示反 S 形成本函数在近似化时的分段数量，1 表示该规模下的第一个情景；（2）"Z"表示模型 $\mathcal{M}2$ 的目标函数值，"T"表示计算时间，单位为 s；（3）目标值差值 $GAP_{OBJ} = (Z_{LoBr} - Z_{CPLEX})/Z_{CPLEX}$；

表 3-3 涉及的实际情景大小（变量数、二进制变量、约束）如表 3-4 所示。

表 3-4　不同规模的情景大小

案例编号	变量总数	二进制变量总数	约束总数
4-3-2-7	68 496	13 296	26 035
5-3-2-7	103 620	16 620	32 543
5-4-3-7	218 240	24 240	49 579
6-6-4-7	839 376	47 376	99 774
7-5-4-7	844 060	46 060	97 473
8-5-3-7	868 480	48 480	98 549
10-6-6-7	3 319 440	91 440	204 426
12-6-4-7	3 406 752	94 752	199 542
10-8-4-7	3 913 280	105 280	220 368
12-8-6-7	8 767 104	146 304	324 656

注：每个案例编号（如"4-3-2-7"）的数字表示生产阶段的数量（4 阶段）、子公司的数量（3 个子公司）、客户的数量（2 个客户）、分段函数中用于逼近反 S 型成本函数（7 段）。

3.6.4　完全信息、随机规划和考虑规模效应的价值

3.5 节提出了模型最优解的上界和下界的求解方法用于分析完全信息的价值（"Val_Info"见式（3.28）），随机规划的价值（"Val_Stocha"见式（3.38））和考虑规模经济因素的价值（"Val_Scal"见式（3.47））。

首先，完全信息的价值用于衡量企业管理层愿意为预测客户需求量投资的资金[312]。如表 3-5 所示，"Val_Stocha"相对于对应的目标函数值较小，目标函

表 3-5 完全信息、随机规划和考虑规模经济的价值

案例编号	模型		完全价值信息 Val_Info				随机规划价值 Val_Stocha				考虑规模经济价值 Val_Scal			
	Z^{M1}	T/s	LB^{M1}	$Z^{M1}-LB^{M1}$	差值	T/s	UB_1^{M1}	$UB_1^{M1}-Z^{M1}$	差值	T/s	UB_2^{M1}	$UB_2^{M1}-Z^{M1}$	差值	T/s
6-6-4-7-1	2.5304×10^{10}	1059	2.5276×10^{10}	2.8×10^{7}	0.11%	63	2.5431×10^{10}	1.27×10^{8}	0.50%	66	2.6767×10^{10}	1.46×10^{9}	5.78%	65
6-6-4-7-2	2.6098×10^{10}	1226	2.5960×10^{10}	1.4×10^{8}	0.53%	72	2.6340×10^{10}	2.42×10^{8}	0.93%	107	2.7224×10^{10}	1.13×10^{9}	4.31%	110
6-6-4-7-3	2.5156×10^{10}	1089	2.5130×10^{10}	2.6×10^{7}	0.10%	65	2.5330×10^{10}	1.74×10^{8}	0.69%	73	2.6336×10^{10}	1.18×10^{9}	4.69%	79
6-6-4-7-4	2.6245×10^{10}	1117	2.6033×10^{10}	2.1×10^{8}	0.81%	68	2.6458×10^{10}	2.13×10^{8}	0.81%	86	2.7251×10^{10}	1.01×10^{9}	3.83%	95
6-6-4-7-5	2.5176×10^{10}	1141	2.5158×10^{10}	1.8×10^{7}	0.07%	64	2.5344×10^{10}	1.68×10^{8}	0.67%	78	2.6229×10^{10}	1.05×10^{9}	4.18%	84
7-5-4-7-1	2.6172×10^{10}	1364	2.6143×10^{10}	2.9×10^{7}	0.11%	73	2.6424×10^{10}	2.52×10^{8}	0.96%	92	2.7301×10^{10}	1.13×10^{9}	4.31%	98
7-5-4-7-2	2.5510×10^{10}	1255	2.5467×10^{10}	4.3×10^{7}	0.17%	70	2.5733×10^{10}	2.23×10^{8}	0.87%	78	2.6478×10^{10}	9.68×10^{8}	3.79%	79
7-5-4-7-3	2.6600×10^{10}	1197	2.6537×10^{10}	6.3×10^{7}	0.24%	68	2.6876×10^{10}	2.76×10^{8}	1.04%	65	2.7580×10^{10}	9.80×10^{8}	3.68%	68
7-5-4-7-4	2.6585×10^{10}	1317	2.6544×10^{10}	4.1×10^{7}	0.15%	75	2.6806×10^{10}	2.21×10^{8}	0.83%	86	2.7408×10^{10}	8.23×10^{8}	3.10%	105
7-5-4-7-5	2.5873×10^{10}	1228	2.5853×10^{10}	2.0×10^{7}	0.08%	62	2.6011×10^{10}	1.38×10^{8}	0.53%	81	2.6696×10^{10}	8.23×10^{8}	3.18%	93
8-5-3-7-1	2.6121×10^{10}	1363	2.6095×10^{10}	2.6×10^{7}	0.10%	73	2.6300×10^{10}	1.79×10^{8}	0.69%	92	2.7231×10^{10}	1.11×10^{9}	4.25%	102
8-5-3-7-2	2.5635×10^{10}	1199	2.5582×10^{10}	5.3×10^{7}	0.21%	68	2.5736×10^{10}	1.01×10^{8}	0.39%	75	2.7122×10^{10}	1.49×10^{9}	5.80%	68
8-5-3-7-3	2.5600×10^{10}	1328	2.5573×10^{10}	2.7×10^{7}	0.11%	81	2.5701×10^{10}	1.01×10^{8}	0.39%	103	2.6592×10^{10}	9.92×10^{8}	3.88%	121
8-5-3-7-4	2.5177×10^{10}	1283	2.5127×10^{10}	5.0×10^{7}	0.20%	75	2.5433×10^{10}	2.56×10^{8}	1.02%	81	2.6291×10^{10}	1.11×10^{9}	4.42%	88
8-5-3-7-5	2.5878×10^{10}	1252	2.5845×10^{10}	3.3×10^{7}	0.13%	66	2.6128×10^{10}	2.50×10^{8}	0.97%	73	2.6769×10^{10}	8.91×10^{8}	3.44%	79
平均值					0.21%				0.75%				4.18%	

注：（1）Z^{M1} 表示所提出的模型 $M1$ 的目标值；（2）LB^{M1} 表示模型 $M1$ 的下界，有关下限的详细资料，已在 3.4 节描述；（3）UB_1^{M1} 和 UB_2^{M1} 是模型 $M1$ 的两个上界，已在 3.4 节详述；（4）实际情景的大小（变量数、二进制变量、约束）在表 3-4 中体现。

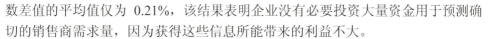

数差值的平均值仅为 0.21%，该结果表明企业没有必要投资大量资金用于预测确切的销售商需求量，因为获得这些信息所能带来的利益不大。

其次，随机规划价值表示通过对比随机规划模型和确定性模型得出的差值[312]。如表 3-5 所示，"Val_Stocha"相对于其对应的目标函数值而言较小，但大于"Val_Info"，因此，研究随机规划模型比投资资金预测销售商需求有更大的意义。

最后，本章最大的贡献在于考虑了规模经济效应/反规模经济效应。本章运用规模效应的价值来表示忽视规模经济效应/反规模经济效应的成本。在表 3-5 中，"Val_Scal"大于"Val_Stocha"和"Val_Info"，这一结果验证了在各阶段考虑单位生产成本的规模经济效应/反规模经济效应是十分必要的。一个较大的"Val_Scal"值意味着规模经济/反规模经效应在决策问题中起着十分重要的作用。因此，这种规模效应不应该被简化甚至忽略。

3.6.5　用于求解大规模案例的粒子群优化算法

本节尝试对一些大规模实例进行数值实验分析。实验选取了一个下界值，用于评价 PSO 方法求解大规模实例问题的相关性能。但这一下界值和 PSO 方法所求目标函数值的差异并不能反映 PSO 方法在最优化方面的表现。数值实验部分，本研究需要使用 CPLEX 对优化问题进行求解。因此，先行使用表 3-6 中的小规模算例进行数值分析，用以研究下界是如何偏离最优值的。表 3-6 的实验结果显示，提出的下界和目标函数值之间的平均差异为 0.18%，表明这是一个非常靠近模型 $\mathcal{M}1$ 最优解的下界，适合用于评估粒子群优化算法的精确度。

表 3-6　下界与最优目标值的差值

实例编号	下界（$LB^{\mathcal{M}1}$）	最有目标值（$Z^{\mathcal{M}1}$）	差值（$Z^{\mathcal{M}1} - LB^{\mathcal{M}1}$）	差值百分比 $(Z^{\mathcal{M}1} - LB^{\mathcal{M}1})/Z^{\mathcal{M}1}$
4-3-2-7-1	2.4317×10^{10}	2.4360×10^{10}	4.3×10^{7}	0.18%
4-3-2-7-2	2.4392×10^{10}	2.4432×10^{10}	4.0×10^{7}	0.16%
4-3-2-7-3	2.4360×10^{10}	2.4411×10^{10}	5.1×10^{7}	0.21%
4-3-2-7-4	2.4293×10^{10}	2.4339×10^{10}	4.6×10^{7}	0.19%
4-3-2-7-5	2.4308×10^{10}	2.4353×10^{10}	4.5×10^{7}	0.18%
5-3-2-7-1	2.5333×10^{10}	2.5370×10^{10}	3.7×10^{7}	0.15%
5-3-2-7-2	2.5434×10^{10}	2.5468×10^{10}	3.4×10^{7}	0.13%
5-3-2-7-3	2.5338×10^{10}	2.5374×10^{10}	3.6×10^{7}	0.14%
5-3-2-7-4	2.5004×10^{10}	2.5053×10^{10}	4.9×10^{7}	0.20%
5-3-2-7-5	2.5202×10^{10}	2.5236×10^{10}	3.4×10^{7}	0.13%
5-4-3-7-1	2.5323×10^{10}	2.5458×10^{10}	1.4×10^{8}	0.53%

续表

实例编号	下界（LB^{M1}）	最有目标值（Z^{M1}）	差值（$Z^{M1}-LB^{M1}$）	差值百分比 $(Z^{M1}-LB^{M1})/Z^{M1}$
5-4-3-7-2	2.5309×10^{10}	2.5341×10^{10}	3.2×10^{7}	0.13%
5-4-3-7-3	2.5309×10^{10}	2.5342×10^{10}	3.3×10^{7}	0.13%
5-4-3-7-4	2.5122×10^{10}	2.5160×10^{10}	3.8×10^{7}	0.15%
5-4-3-7-5	2.5378×10^{10}	2.5418×10^{10}	4.0×10^{7}	0.16%
平均值				0.18%

注：（1）每个实例编号（例如"4-3-2-7-1"）的数字表示生产阶段（4个阶段）的数量、子公司（3个子公司）的数量、销售商的数量（2个销售商）、分段函数中的段数（1段），用于逼近反 S 型成本函数（7段）分别为情景的指数；（2）有关下限的详细资料，已在 3.4 节详述。

如表 3-7 所示，粒子群优化算法求出的目标值和完全信息下求出的下界的平均差异率为 1.55%，由于完全信息下求出的下界低于模型的最优解，粒子群优化算法得出的目标值和最优解之间的平均差异率应该小于 1.55%。另外，对于这样一个战略层面的决策问题，计算时间也是可以接受的。研究表明，粒子群优化算法适用于本章提出的模型，能在较短的时间内求出该模型较为精确的解。

表 3-7　粒子群优化算法目标值和下界的差值对比表

实例编号	下界 LB^{M1}	粒子群优化算法		差值 OBJ
		Z_{PSO}	T_{PSO}/s	
10-6-6-7-1	2.5973×10^{10}	2.6355×10^{10}	1090	1.47%
10-6-6-7-2	2.6684×10^{10}	2.7052×10^{10}	1178	1.38%
10-6-6-7-3	2.5289×10^{10}	2.5667×10^{10}	1416	1.49%
10-6-6-7-4	2.7094×10^{10}	2.7480×10^{10}	1193	1.42%
10-6-6-7-5	2.7324×10^{10}	2.7710×10^{10}	1208	1.41%
12-6-4-7-1	2.6572×10^{10}	2.6858×10^{10}	1135	1.08%
12-6-4-7-2	2.6032×10^{10}	2.6305×10^{10}	1080	1.05%
12-6-4-7-3	2.6222×10^{10}	2.6506×10^{10}	1071	1.08%
12-6-4-7-4	2.6179×10^{10}	2.6442×10^{10}	1608	1.00%
12-6-4-7-5	2.6027×10^{10}	2.6298×10^{10}	1274	1.04%
10-8-4-7-1	2.6095×10^{10}	2.6575×10^{10}	1208	1.84%
10-8-4-7-2	2.6390×10^{10}	2.6871×10^{10}	1102	1.82%
10-8-4-7-3	2.5997×10^{10}	2.6476×10^{10}	1699	1.84%
10-8-4-7-4	2.5611×10^{10}	2.6086×10^{10}	1132	1.85%
10-8-4-7-5	2.5969×10^{10}	2.6430×10^{10}	1090	1.78%

续表

实例编号	下界 LB$^{\mathcal{M}1}$	粒子群优化算法		差值 $_{OBJ}$
		Z_{PSO}	T_{PSO}/s	
12-8-6-7-1	2.5902×10^{10}	2.6387×10^{10}	2109	1.87%
12-8-6-7-2	2.6319×10^{10}	2.6795×10^{10}	3602	1.81%
12-8-6-7-3	2.5717×10^{10}	2.6198×10^{10}	2118	1.87%
12-8-6-7-4	2.5913×10^{10}	2.6393×10^{10}	3440	1.85%
12-8-6-7-5	2.5562×10^{10}	2.6063×10^{10}	1962	1.96%
平均值				1.55%

注：实际情景的大小（变量数、二进制变量、约束）等在表 3-4 中体现。

3.6.6　上海大众汽车有限公司的利益

在现实的决策环境中，企业的执行人员往往以聚类的思想为基础，做出生产阶段分配的决策。这意味着某种车型的生产阶段由一个或多个子公司完成取决去该车型的主需求地区。本章以"朗逸"汽车为例，将十个生产阶段中的七个生产阶段分配给南京分公司，其余三个生产阶段（即阶段 1、6、7）由上海的子公司承担，这一方案的总费用约为 2.63×10^{10} 元。然而，根据表 3-1 所示的数据，采用优化模型的总成本约为 2.51×10^{10} 元。这意味着在本章研究中，通过公司生产一种类型的产品（即"朗逸"汽车）建立的模型可以节省约 1.2×10^9 元（4.6%）。上海大众汽车有限公司生产十种主流车型，即朗逸、帕萨特、途观、途安、波罗、桑塔纳、速派、明锐、晶锐、野帝。根据这十种车型的实际成本和销售数据，提出的优化模型所节省的总成本约为 5.7×10^9 元，约占 2014 年公司总收入的 2.5%（即 2.26×10^{11} 元）。对于一个大公司，2.5%的成本节约是一个巨大的数额，这进一步验证了本章提出数学模型的必要性。

3.7　考虑风险的模型拓展

若考虑风险因素，所提模型可以进行相关拓展，从而使得拓展后的模型对那些风险相关者有潜在的帮助。在原模型 $\mathcal{M}1$ 的第二阶段，风险度量被纳入公式中。本节将借用条件风险价值（conditional value at risk，CVaR）的概念对风险度量进行相关定义。

场景 w 中的可变成本（第二阶段成本）定义为 $\mathbb{C}_w$。场景 w 发生的概率定义为 $\mathrm{Prob}(w)$。根据式（3.16），$\mathbb{C}_w$ 的结构如下：

$$\mathscr{C}_w = \sum_{i \in I, j \in J} \left\{ \sum_{n=1}^{g} \left[(r_{i,j}^{(n)} - r_{i,j}^{(n-1)})(r_{i,j,w} - x_{i,j}^{(n)})^+ \right] + e_{i,j}(r_{i,j,w} - p_{i,j})^+ \right\} \\ + \sum_{k \in K, i \in I, i' \in I, j \in J, j' \in J} t_i l_{j,j'} \lambda_{i,i',j,j',k,w} + \sum_{k \in K, j \in J} t_{|I|} l_{j,k} \delta_{|I|,j,k,w} \tag{3.70}$$

定义 ρ 为概率函数（如 5%），定义 ρ - Var 为阈值。从而，ρ 为可变成本超出阈值的概率。在 3.3 节的问题情境下，ρ - Var 可以被计算为

$$\rho \text{ - Var} = \max \left\{ x \,\middle|\, \sum_{w \in W : \mathscr{C}_w > x} \text{Prob}(w) \geqslant 5\% \right\} \tag{3.71}$$

考虑风险后，原模型可拓展为

$$[\mathscr{M}4] \text{ Minimize} \sum_{i \in I, j \in J} f_{i,j} \alpha_{i,j} + \sum_{w \in W : \mathscr{C}_w > \rho \text{-Var}} \text{Prob}(w) \mathscr{C}_w \tag{3.72}$$

$$\text{s.t. 约束条件 (3.2)} \sim (3.14)$$

不同于先前提出的模型，上述模型 $\mathscr{M}4$ 是在实例最低的 ρ 的情况下最小化固定成本和预期可变成本。

结合模型 $\mathscr{M}4$，并借用表 3-7 中相同的问题实例，本节开展了一些数值实验。实验中，概率 ρ 设定为 5%，同样采用粒子群优化算法求解模型，结果如表 3-8 所示。从表 3-8 中可以看出，考虑了风险的模型 $\mathscr{M}4$ 的目标值大于原模型 $\mathscr{M}1$ 的目标值。然而，进一步分析可知，这两种模型所决策的第一阶段目标值是相同的。因为，在两个模型的两种求解方法中，由表 3-8 最后两列数据代表的固定成本部分是相同的。这一现象意味着，原模型 $\mathscr{M}1$ 仍然可以求解相关问题（第一阶段的决策），以规避供应链中这些实例的风险问题。

表 3-8　原模型 $\mathscr{M}1$ 与考虑风险的模型 $\mathscr{M}4$ 的比较

案例	目标值比较			固定成本/元	
	$Z_{\mathscr{M}1}$	$Z_{\mathscr{M}4}$	Gap	$F_{\mathscr{M}1}$	$F_{\mathscr{M}4}$
10-6-6-7-1	2.6355×10^{10}	2.9763×10^{10}	12.93%	5.0309×10^{8}	5.0309×10^{8}
10-6-6-7-2	2.7052×10^{10}	2.9337×10^{10}	8.45%	5.0517×10^{8}	5.0517×10^{8}
10-6-6-7-3	2.5667×10^{10}	2.8778×10^{10}	12.12%	5.0474×10^{8}	5.0474×10^{8}
10-6-6-7-4	2.7480×10^{10}	3.1201×10^{10}	13.54%	5.0485×10^{8}	5.0485×10^{8}
10-6-6-7-5	2.7710×10^{10}	3.2007×10^{10}	15.51%	5.0750×10^{8}	5.0750×10^{8}
12-8-6-7-1	2.6387×10^{10}	2.9234×10^{10}	10.79%	6.1406×10^{8}	6.1406×10^{8}
12-8-6-7-2	2.6795×10^{10}	2.8999×10^{10}	8.23%	6.1749×10^{8}	6.1749×10^{8}
12-8-6-7-3	2.6198×10^{10}	2.9223×10^{10}	11.55%	6.1560×10^{8}	6.1560×10^{8}
12-8-6-7-4	2.6393×10^{10}	2.9309×10^{10}	11.05%	6.1859×10^{8}	6.1859×10^{8}
12-8-6-7-5	2.6063×10^{10}	2.8694×10^{10}	10.09%	6.1543×10^{8}	6.1543×10^{8}

3.8　本章小结

近年来，供应链网络设计越来越受到企业的重视。本章首先提出了一个随机规划模型对复杂供应链网络环境下多个阶段的制造商进行选择和配置。为了求解这个问题，本章引入了局部分支算法，并运用数值实验验证了模型和算法的有效性。在第一个模型的基础上，本章结合规模经济效应/反规模经济效应以及对制造商超过产能生产的额外成本的考虑构建了第二个模型，探索了与该模型相关的完全信息价值、随机规划价值以及结合规模经济效应/反规模经济效应的价值，并进行了相关的数据实验，运用局部分支算法和粒子群优化算法求解该模型。这些实验的结果验证了模型的有效性和算法的适用性。本章的贡献主要有以下几个方面。

（1）大多数关于供应链的研究没有考虑制造商和生产阶段多对多的关系，本章的模型中，生产流程的每个阶段可以由多个制造商完成，每个制造商也可以承担多个阶段的生产，并且考虑了制造商的生产能力问题。此外，生产流程是一个复杂的网络，而不是几个简单的阶段。

（2）为求解非线性混合整数规划模型的大规模案例，本章采用了适当的线性化方法将非线性模型转化为线性，找出了模型的上界和下界用于分析该模型，并运用局部分支算法和粒子群优化算法求解该模型，最后进行了大量的数据实验证实了提出模型和相关算法的有效性。

但是，当前模型存在一些限制。本章仅考虑了一种产品的生产规划，但是很多大型的企业通常会有多样的产品，不同的产品可能会分享共同的生产阶段或零配件，这将会使该问题变得更加复杂。企业的管理层在运用随机规划模型决策时可能会面临数据不足的问题，销售商的需求量数据有限或者无限时，管理层需要对销售商的需求量进行估计。因此，需要利用有限的信息构建一个合适的需求量概率分布函数用于产生不同情境下的需求量。所有这些限制将是未来的研究方向。

第4章 >>>

生产设施选址与规模决策优化问题

4.1 概述

在供应链中，配送中心是上游供应点和下游需求点间的桥梁，它在整个供应链运营方面发挥着极其重要的作用。通常情况下，建设配送中心将消耗巨大的资金投入，占用了大量的城市土地。一旦配送中心建设完成，它们的位置及容量规模都很难调整，短时期内很难搬迁，如果选址不当，将会对社会和企业物流有长远的影响。而对公司而言，错误的决策可能导致巨大的利润损失和降低满足客户需求的效率。因此，在选择配送中心的位置和规模时，大型企业通常需要考虑多个因素，如供应商和零售商的地理分布、供应商的生产能力和客户的需求量、运输条件等。所以，对配送中心问题的探讨是很有必要的。

配送中心选址问题的研究意义主要有以下几个方面。

（1）可以使企业在作出选址决策之前能够充分地认清配送中心在其运营发展中起到的重要作用，对配送中心的功能、分类性质等基本内涵有明确的认识。

（2）可以使企业对配送中心的选址、规模、用地等诸多方面进行综合分析，因为科学合理的选址决策能够避免上述的不利影响，对整个社会经济的发展具有重要的现实意义。

（3）随着市场环境的变化，顾客需求量可能会随时发生变化，整个物流配送计划也将会不断改变，从而造成一定的资源浪费。本章从顾客需求不确定性的角度研究问题，不仅可以确定配送中心的选址，还能选择合适的容量规模，以适应顾客随机变化的需求量，可以最大限度地避免资源浪费。这对于企业提高灵活性，具有重要的指导意义。

4.2　不确定条件下配送中心选址与规模决策优化问题背景

本章研究的问题来源于国美（GOME）的配送中心物流网络的设计。国美电器是中国企业 500 强之一，1987 年成立于北京，以家电及消费电子商品零售为主，拥有直营门店 1200 多家，拥有员工近 30 万人，年销售能力 1000 亿元以上。旗下拥有国美、永乐、大中、黑天鹅等全国性和区域性家电零售品牌。国美每年销售的大件商品中，空调约 300 万台，冰箱 200 多万台，洗衣机约 150 万台，彩电 220 万台左右。

从规模上看，国美的物流极大，其物流资源非常丰富，拥有北京、上海、广州、大连、香港等 25 个具备成熟物流运营经验的物流中心。其中，国美的库存管理分为大库和小库。小库是指各个门店的附属小仓库，大库主要是指位于大都市的分部，即配送中心。家电商品由厂家各地分公司直接运输这些配送中心，再由配送中心分送至与它对应的众多门店。因此，作为中国大型的家电连锁经营单位，有效的供应链管理直接关系到企业的核心竞争力打造。

如果商品直接从供应商运送到遍布全国的零售商，它不仅耗时，而且成本高。因此，最好的方式是家用电器从供应商运送到这些配送中心，然后通过优化分配运输到全国的零售商。当然除此之外，还可能有商品是从供应商直接运输到零售商。图 4-1 充分显示出了国美商品物流网络间的运输流。

在图 4-1 运输物流网络中，有三个供应商、两个配送中心和三个零售商。它们在实际中的地理位置与图 4-1 中的相对位置是一致的。位于青岛的供应商 1 主要生产两种商品，即电视机和冰箱；供应商 2 位于广州主要制造电脑和电风扇；位于重庆的供应商 3 生产洗衣机和电灯。两个配送中心分别位于北京和上海。从图 4-1 中可以看出，位于成都的零售商需要三种商品，即电视机、电脑和洗衣机。但是，这些商品不能同时由一个供应商提供运输，因而有必要从多个供应商来调度这些产品。在供应商 1 处，Q_{11} 台电视机被运送到配送中心 1。从配送中心 1 处，Q_{12} 台电视机和 Q_{13} 台电视机分别被运输到零售商 1 和零售商 2。这里，$Q_{11} = Q_{12} + Q_{13}$。冰箱从供应商 1，通过配送中心 2 运输到零售商 2（其中，$Q_{21} = Q_{22}$）。而供应商 2 直接将数量为 Q_{61} 的电风扇运输到零售商 2，并且数量为 Q_{31} 的电脑被运送到配送中心 2，以同时满足零售商 1 和零售商 3 的需求，即 $Q_{31} = Q_{32} + Q_{33}$。在供应商 3 处，数量为 Q_{41} 的洗衣机运输到零售商 1 和数量为 Q_{51} 的电灯运到零售商 3。而在现实生活中，由于供应商、配送中心、零售商的数量规模较大、运输商品种类的繁多、零售商需求量多变等实际因素，国美的物流网络设计比上面所描述的例子要复杂得多。因此，需要建立一个科学优化模型以适用于求解现实生活中出现的问题。

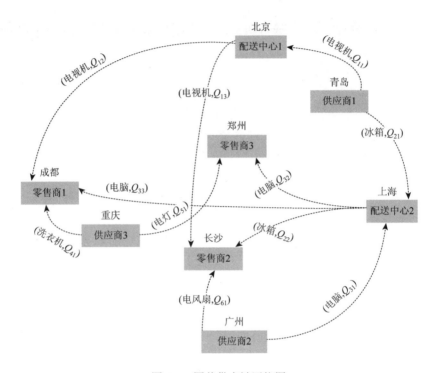

图 4-1　国美供应链网络图

在上述所描述的简单国美物流网络的基础上，本章提出了更贴近实际生活的物流系统问题的研究，具体描述如下：多种商品从多个供应商通过多个配送中心运输到多个零售商。在此问题中，决策变量主要涉及应建立配送中心的数量、位置及其容量规模。其中，用于建立配送中心的候选点的集合是已知的。问题目标是使得配送中心建设的固定成本和商品运输或库存持有的可变成本之和的期望值最小化。前者主要由配送中心的位置和容量规模决定。0-1 决策变量 x_{lc} 表示具有容量规模为 c 的配送中心是否在候选位置 l 建设，相应的建设成本由 f_{lc} 表示。因此，通过 $\sum_{l \in L, c \in C_l} f_{lc} x_{lc}$ 可以计算配送中心建设的固定成本。后者由商品的运输路线和运输量决定。O_{slp} 为商品 p 从供应商 s 运输到配送中心候选点 l 的数量；P_{lrp} 为商品 p 从配送中心候选点 l 运输到零售商 r 的数量；Q_{srp} 为商品 p 从供应商 s 运往零售商 r 的数量。单位商品 p 所占货车容量比率用 e_p 表示，这里假设所有货车容量是相同的。将一货车商品从供应商 s 运输到配送中心候选点 l，再从配送中心候选点 l 运输到零售商 r 或从供应商 s 直接运输到零售商 r 的成本分别由 a_{sl}、b_{lr}、c_{sr} 表示。基于上述定义，可变运输成本计算为

$$B_1 = \sum_{s \in S} \sum_{l \in L} a_{sl} \left(\sum_{p \in P} e_p O_{slp} \right) + \sum_{l \in L} \sum_{r \in R} b_{lr} \left(\sum_{p \in P} e_p P_{lrp} \right) + \sum_{s \in S} \sum_{r \in R} c_{sr} \left(\sum_{p \in P} e_p Q_{srp} \right)$$

同时，h_p 为单位商品在单位时间内的库存持有成本。t_{sd}^1、t_{dr}^2 和 t_{sr}^3 为商品在高速公路上的运输时间。则在此基础上，库存持有成本可以表示为

$$B_2 = \sum_{s \in S} \sum_{l \in L} t_{sl}^1 \left(\sum_{p \in P} h_p O_{slp} \right) + \sum_{l \in L} \sum_{r \in R} t_{lr}^2 \left(\sum_{p \in P} h_p P_{lrp} \right) + \sum_{s \in S} \sum_{r \in R} t_{sr}^3 \left(\sum_{p \in P} h_p Q_{srp} \right)$$

在这个决策问题中，国美需要最小化三种类型的成本的总和。因此，模型的目标公式为 $\sum_{l \in L, c \in C} f_{lc} x_{lc} + B$，其中，$B = B_1 + B_2$。

最后，本章提出的模型不仅可以应用于国美物流网络设计，而且可以用于 3 级供应链网络中的配送中心位置优化问题。

4.3　混合整数规划模型构建

本章建立一个随机混合整数规划模型来求解配送中心供应链调度问题。该模型主要包含两部分：一部分是考虑了建设一定容量规模配送中心的固定费用；另一部分考虑到计算商品运输过程中的变动的运输成本和库存成本。

该模型研究中，从零售商的角度，考虑到了零售商的不确定性需求。在现有的运营管理研究中，已经有多种方法来处理这种不确定性需求。例如，有些研究是基于随机需求的概率分布做出一些严谨分析，并得出了一定的分析结果。然而当考虑到一些现实因素时，这些方法就可能不适用于求解更复杂的问题。例如，本章在传统配送中心选址问题的基础上，考虑到配送中心容量规模相关的决策。因此，一些适用于传统配送中心选址问题的分析方法可能不能直接用来求解该类复杂问题。所以，使用基于情景的方法来模拟零售商需求的随机性。该基于情景的方法可以广泛适用于处理一些复杂随机规划模型的不确定因素。而该基于情景方法的实现是通过添加一个新的上角标来重新定义不确定参数，即情景的索引。对于不确定性的参数，它的不确定性的特征是通过一系列的数值来反映的，这些数值表示该不确定参数在一系列场景中实现的可能性。引入基于情景参数有时可能会给随机规划模型带来同样基于情景的决策变量。相似地，这些决策变量也是通过添加一个新的上角标来进行定义的。因此，基于情景的随机规划实际上是可以用来定义一个确定性模型，这种方法在处理现实生活中一些决策问题中不确定性特点，是最实用且也最常用的一种方法。作为随机规划模型方程在实际中的应用，通常是用情景来表示不确定性。更具体地说，零售商需求的不确定性（$n_{11}, \cdots,$ $n_{1p}, \cdots, n_{r1}, \cdots, n_{rp}$）是由有限情景集来表示的。每个情节（$\omega$ 表示）包含了零售商

不同需求的所有可能的集合（$n_{11}^{\omega},\cdots,n_{1p}^{\omega},\cdots,n_{r1}^{\omega},\cdots,n_{rp}^{\omega}$）。因此，上述变量 O_{slp}、P_{dlp} 和 Q_{srp} 可以变成基于情景的决策变量（O_{slp}^{ω}、P_{dlp}^{ω} 和 Q_{srp}^{ω}）。

4.3.1　指数和集合

s：供应商指数。

l：配送中心可以建设的候选点指数。

r：零售商指数。

p：商品种类指数。

c：容量规模选择指数。

ω：情景指数。

S：供应商集。

L：配送中心可以建设的候选点集。

R：零售商集。

P：商品种类集。

C_l：配送中心在候选点 l 的容量规模集。

Ω：不同情境集。

4.3.2　参数说明

a_{sl}：单位货车的商品从供应商 s 运输到候选点 l 的运输成本。

b_{lr}：单位货车的商品从候选点 l 运输到零售商 r 的运输成本。

c_{sr}：单位货车的商品从供应商 s 运输到零售商 r 的运输成本。

e_p：单位商品 p 所占货车的体积比例。

f_{lc}：配送中心在候选点 l 建设规模为 c 所需要的固定成本，$c \in C_l$。

g_p：单位商品 p 的体积。

k_{lc}：规模为 c 的配送中心，在候选点 l 的容量，$c \in C_l$。

r_{sp}：商品 p 在供应商 s 的供给量。

n_{rp}^{ω}：情境 ω 下，零售商 r 对商品 p 的需求量。

π^{ω}：情境 ω 出现的概率。

h_p：周期内单位商品 p 的库存持有成本。

t_{sd}^1：商品从供应商 s 运输到候选点 l 的时间。

t_{rd}^2：商品从候选点 l 运输到零售商 r 的时间。

t_{sr}^3：商品从供应商 s 运输到零售商 r 的时间。

4.3.3 决策变量

x_{lc}：0-1 变量，如果在候选址 l 建立规模为 $c(c \in C_l)$ 的配送中心，变量为 1，否则为 0。

O_{slp}^{ω}：情境 ω 下，商品 p 从供应商 s 运输到配送中心候选址 l 的数量。

P_{lrp}^{ω}：情境 ω 下，商品 p 从配送中心候选址 l 运输到零售商 r 的数量。

Q_{srp}^{ω}：情境 ω 下，商品 p 从供应商 s 运输到零售商 r 的数量。

4.3.4 模型建立

$$\text{Min} \sum_{l \in L, c \in C_l} f_{lc} x_{lc} + \sum_{\omega \in \Omega} \pi^{\omega} B(x, \omega) \tag{4.1}$$

$$\text{s.t.} \quad \sum_{c \in C_l} x_{lc} \leqslant 1 \qquad \forall l \in L \tag{4.2}$$

$$x_{lc} \in \{0,1\} \qquad \forall l \in L, \forall c \in C_l \tag{4.3}$$

$$B(x, \omega) = \text{Min} \sum_{s \in S} \sum_{l \in L} \left[a_{sl} \left(\sum_{p \in P} e_p O_{slp}^{\omega} \right) + t_{sl}^1 \left(\sum_{p \in P} h_p O_{slp}^{\omega} \right) \right]$$

$$+ \sum_{l \in L} \sum_{r \in R} \left[b_{lr} \left(\sum_{p \in P} e_p P_{lrp}^{\omega} \right) + t_{lr}^2 \left(\sum_{p \in P} h_p P_{lrp}^{\omega} \right) \right] \tag{4.4}$$

$$+ \sum_{s \in S} \sum_{r \in R} \left[c_{sr} \left(\sum_{p \in P} e_p Q_{srp}^{\omega} \right) + t_{sr}^3 \left(\sum_{p \in P} h_p Q_{srp}^{\omega} \right) \right]$$

$$\text{s.t.} \quad \sum_{l \in L} O_{slp}^{\omega} + \sum_{r \in R} Q_{srp}^{\omega} \leqslant r_{sp} \qquad \forall s \in S, \forall p \in P \tag{4.5}$$

$$\sum_{l \in L} P_{lrp}^{\omega} + \sum_{s \in S} Q_{srp}^{\omega} \geqslant n_{rp}^{\omega} \qquad \forall r \in R, \forall p \in P \tag{4.6}$$

$$\sum_{s \in S} O_{slp}^{\omega} = \sum_{r \in R} P_{lrp}^{\omega} \qquad \forall l \in L, \forall p \in P \tag{4.7}$$

$$\sum_{s \in S, p \in P} g_p O_{slp}^{\omega} \leqslant \sum_{c \in C} k_{lc} x_{lc} \qquad \forall l \in L \tag{4.8}$$

$$\sum_{s \in S} O_{slp}^{\omega} - M x_{lc} \leqslant 0 \qquad \forall l \in L, \forall p \in P \tag{4.9}$$

$$O_{slp}^{\omega} \geqslant 0 \qquad \forall s \in S, \forall l \in L, \forall p \in P \tag{4.10}$$

$$P_{lrp}^{\omega} \geqslant 0 \qquad \forall l \in L, \forall r \in R, \forall p \in P \tag{4.11}$$

$$Q_{srp}^{\omega} \geqslant 0 \qquad \forall s \in S, \forall r \in R, \forall p \in P \tag{4.12}$$

式（4.1）为该模型所求的最小目标成本函数，包含两部分，即配送中心选址的固定成本和可变成本。其中，可变成本函数由式（4.4）表示。约束条件（4.2）说明在每个候选点最多只能建设一个配送中心。约束条件（4.5）保证了从每个供应商运输每种商品的总量不能超过该供应商生产该类商品的生产总量。约束条件（4.2）确保每个情景下，运输到每个零售商的每种商品的总量不能少于该零售商的需求总量。约束条件（4.7）说明在每个情景下，每种商品在配送中心的输入总量等于输出总量。约束条件（4.8）强调了配送中心的规模容量限制。约束条件（4.9）确保了如果有商品从候选点运输，那么该候选点则必须建立配送中心。约束条件（4.3）、（4.10）～（4.12）定义了决策变量。

上述模型同样可以适用于一般的不确定性的模型，该类模型涉及零售商不确定性需求、配送中心容量规模的决策或者供应商季节性生产量的不确定性等。由于在零售商需求量已知的情况下，配送中心选址及其容量规模选择的决策属于 NP-Hard 问题[112]，因此，在需求量不确定的情况下，本章所讨论的配送中心选址问题当然也属于 NP-Hard 问题。

4.4 基于粒子群优化算法和拉格朗日算法的优化算法设计

针对本章所建配送中心选址优化模型的特点，本节主要介绍两种求解该模型常用的优化算法：粒子群优化算法和拉格朗日算法，并通过这两种优化算法来求解所提出的数学优化模型。

4.4.1 基本粒子群优化算法介绍

粒子群优化算法（PSO）是一种基于粒子群的随机智能运动的优化方法。它是由 Kennedy 和 Eberhart[313]通过模拟鸟群觅食的社会行为而开发的一种新的进化算法。在鸟群觅食的过程中，每只鸟都与同类分享信息。这种信息共享方法保持整体的一致性，以获得每个个体的最佳求解方案。在 PSO 中，每个粒子的位置表示在搜索空间中的一个可行的求解方案。每一个粒子都根据自身的飞行经验而改变它的位置和速度。采用 PSO 求解模型的原因在于，PSO 是广泛使用的以人群为基础的优化算法，已被用来求解一些经典的离散优化问题，如旅行商问题。通过比较 PSO 和被广泛使用的遗传算法（GA），发现 PSO 的性能优于 GA。因此，本节提出了一种改进的 PSO 求解方法。

1. 基本粒子群求解过程（BPSO）

在类似的研究中，很多学者使用 GA 来进行优化得出最优解。PSO 类似于 GA，都是基于迭代进行优化的。在每一次迭代中，它们都使用一些变化规则来搜索全局最优解。GA 的主要演化过程如图 4-2 所示，交叉变异过程中将种群中染色体按

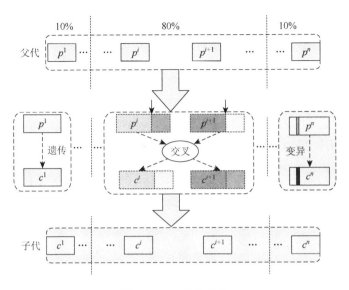

图 4-2　GA 遗传操作

适应度的大小排序，选择最好的 10% 染色体直接遗传到下一代；最差的 10% 的染色体进行变异操作；剩余的 80% 进行交差操作。

相对于 GA，PSO 没有交叉操作和变异操作。在每一代，粒子通过跟踪两个极值来更新自己移动方向和速率：一个极值是每个粒子，从第一代到当代的迭代时间内的局部最优位置；另一个极值是在整个搜索过程中所有粒子的全局最优位置。每次迭代中，粒子通过受到两个极值及当前位置和速率的综合影响，不断更新自己前进的轨迹，从而可以获得粒子群的全局最优解。

在 PSO 中，假设粒子群有 N 个粒子。$X_n^t (0 \leqslant n \leqslant N)$ 为在第 t 次迭代中，第 n 个粒子的位置；p_n^t 为第 t 次迭代中，第 n 个粒子的局部最优位置；g^t 为整个粒子群在第 t 迭代中的全局最优位置；p_n^t 和 g^t 可以通过和上一迭代过程中的适应度值进行比较获得；令 $f_n(X_n^t)$ 为第 n 个粒子，在第 t 次迭代中的适应度值；$f_g(g^t)$ 为全局最优粒子的适应值，也就是所有粒子适应值的最小值。在迭代过程中，对于第 n 个粒子，如果当前迭代中的适应值 $f_n(X_n^t)$ 小于前一迭代中的适应值 $f_n(X_n^{t-1})$，局部最优位置 p_n^t 将由 X_n^t 所替代，否则，p_n^t 不改变；全局最优值 g^t 以同样的方式来获取。具体的计算公式如下：

$$p_n^t = \begin{cases} X_n^0 \min\{f_n(X_n^0)\}, & t = 0 \\ X_n^t, \quad f_n(X_n^t) < f_n(p_n^{t-1}), & 0 < t < 1 \\ p_n^{t-1}, & t \geqslant 1 \end{cases} \tag{4.13}$$

$$f_g = \min(f_n) \tag{4.14}$$

$$g^t = \begin{cases} p_n^0, & t = 0 \\ g^t, & f_g(g^t) < f_g(g^{t-1}), \quad 0 \leqslant t < 1 \\ g^{t-1}, & t \geqslant 1 \end{cases} \qquad (4.15)$$

这里需要注意的是，初始粒子群（即 $t=0$）的位置是随机生成的。p_n^0 和 g^0 都是初始种群中适应度值最小的粒子的位置 X_n^0。每个粒子都是一个矢量，并且它的移动轨迹是由粒子的起始位置（X_n^t）和前进速度矢量（V_n^t）共同决定的。每个粒子更新其位置和速度的公式如下：

$$V_n^{t+1} = wV_n^t + c_1 r_1(p_n^t - X_i^t) + c_2 r_2(g^t - X_i^t) \qquad (4.16)$$

$$X_n^{t+1} = X_n^t + V_n^{t+1} \qquad (4.17)$$

其中，c_1 和 c_2 为学习因子（也称加速常数）；r_1 和 r_2 为服从 $[0,1]$ 均匀分布的随机数；w 为惯性权重系数，本章中，设置 c_1 和 c_2 均为 1。式（4.16）右边包含三部分，第一部分为"惯性"部分，反映了粒子的运动"习惯"，代表粒子有维持自己先前速度的趋势；第二部分为"认知"部分，反映了粒子对自身历史经验的记忆，代表粒子有向自身历史最佳位子逼近的趋势；第三部分为"社会"部分，反映了粒子间协同合作与知识共享的群体历史经验，代表粒子有向群体或邻域历史最佳位置逼近的趋势。

2. 改进粒子群优化算法（IPSO）

与 GA 相比，BPSO 可以使用较少的参数，保留和共享当前迭代中最优解的信息。大多数情况下，在 PSO 中的所有粒子会比 GA 中遗传个体更快地收敛到全局最优解。但是，像其他的进化算法一样，BPSO 也有一些缺点。考虑到这些缺点的特性后，重新设计了 BPSO。

（1）求解过程中，需将离散变量转换为连续变量。由于 4.2 节中，国美配送中心选址优化模型中的变量是离散型，也就是说，决策变量 X_n^t 是 0-1 离散变量，而 BPSO 中的粒子搜索轨迹为连续型。为了克服这个缺点，本节所采取的措施是，将变量 X_n^t 转化为取值范围为 $0\sim1$ 的连续变量。当新的位置变量 X_n^{t+1} 的值小于 0.5 时，设置 x_{lc} 等于 0，否则等于 1。

（2）在初期阶段，BPSO 收敛相对较快，而后其收敛性可能会受到随机振荡，而收敛速度变慢。收敛速度过慢可能会导致搜索陷入局部最优，使得收敛早熟。通过一些现有研究发现，在迭代过程中，当惯性权重 w 动态变化（如递减）时，该方法将会比固定惯性权重 w 表现出更好的性能。因此，可以动态地改变 w 来控制达到更好的收敛速率。

在早期迭代过程中，较大惯性权重系数 w 可以提高全局搜索能力；而在后期迭代过程中，较小的惯性权重系数 w 可以增强局部探索能力。因此，为了能找到一个最优的求解方案，有必要在开始搜索时，选取较大的 w，进行粗略的全局搜索，而后逐渐减小 w，进行局部精确搜索，得到最优解。因此，在本节中，定义在惯性权重系数 w 如下：

$$w = e^{-\alpha}, \quad \alpha = \frac{f_{\min}}{f_{\text{avg}}} \tag{4.18}$$

其中，f_{avg} 为适应度函数的平均值；$f_{\min}$ 为适应度函数的最小值。在迭代的初始阶段，粒子间的差异是显而易见的，即 α 值相对较小，而导致了较大的惯性权重。因此，在早期，全局搜索能力较好。随着迭代的进行，粒子间的差异逐渐变小，即 α 的值相应地逐渐增大，惯性权重逐渐变小，从而增强粒子的局部搜索能力。

基于上述描述，IPSO 的详细处理过程如下。

第一步：初始化 20 粒子群。其中，$N = 20$，每个粒子是一个浮动数组，其中每个数组表示建立一个配送中心的可能性。

第二步：使用 CPLEX 评估每个粒子的适用性值。更具体地说，由粒子群为代表，用 CPLEX 来求解原始模型与变量 x_{lc} 的价值。

第三步：计算初始重量，并找出 p_n^0 和 g^0。

第四步：当迭代索引 t 不超过 120 时，根据式（4.16）～式（4.18）计算第 n 粒子的新的位置向量 X_n^{t+1} 和新的速度矢量 V_n^{t+1}，并更新粒子位置；评估每个粒子的适用性值，并获得 w_{t+1} 的值；使用式（4.13）～式（4.15）更新 p_n^t 和 g^t；如果全局最优解连续 10 次迭代都没有改进，则跳出 While 循环。

第五步：输出全局最优粒子的位置。

这里需要解释的是当迭代代数 $t > 120$ 时，粒子收敛到最优解的速度会很慢。为了证明上述算法的有效性，将在 4.5 节执行一些详细的数值实验。

4.4.2　基于拉格朗日松弛的算法

由于前面所建立的数学优化模型中，目标函数相对于决策变量具有可分性，且约束条件（4.7）相对于其他约束条件属于较难约束。因此，通过对约束条件（4.7）松弛来引入拉格朗日乘子 $\beta_{lp}^{\omega}(\forall l \in L, \forall p \in P)$。则拉格朗日松弛问题 $\text{LR}(\beta)$ 变为

$$\text{Min} \sum_{l \in L, c \in C_l,} f_{lc} x_{lc} + \sum_{\omega \in \Omega} \pi^{\omega} B(x, \omega) \tag{4.19}$$

$$\text{s.t.} \sum_{c \in C_l} x_{lc} \leqslant 1 \qquad \forall l \in L \tag{4.20}$$

$$x_{lc} \in \{0,1\} \qquad \forall l \in L, \forall c \in C_l \tag{4.21}$$

其中

$$B(x,\omega) = \text{Min} \sum_{s \in S} \sum_{l \in L} \left[a_{sl} \left(\sum_{p \in P} e_p O_{slp}^{\omega} \right) + t_{sl}^1 \left(\sum_{p \in P} h_p O_{slp}^{\omega} \right) \right] - \sum_{l \in L} \sum_{p \in P} \beta_{lp}^{\omega} \sum_{s \in S} O_{slp}^{\omega}$$

$$+ \sum_{l \in L} \sum_{r \in R} \left[b_{lr} \left(\sum_{p \in P} e_p P_{lrp}^{\omega} \right) + t_{lr}^2 \left(\sum_{p \in P} h_p P_{lrp}^{\omega} \right) \right] + \sum_{l \in L} \sum_{p \in P} \beta_{lp}^{\omega} \sum_{r \in R} P_{lrp}^{\omega} \qquad (4.22)$$

$$+ \sum_{s \in S} \sum_{r \in R} \left[c_{sr} \left(\sum_{p \in P} e_p Q_{srp}^{\omega} \right) + t_{sr}^3 \left(\sum_{p \in P} h_p Q_{srp}^{\omega} \right) \right]$$

约束条件（4.5）、（4.6）、（4.8）～（4.12）成立。

由于上述拉格朗日松弛问题 $\text{LR}(\beta)$ 的目标函数值要小于原模型的目标函数值，为了获得原模型最佳的拉格朗日松弛下界，将采用次梯度方法来近似求解以下拉格朗日对偶问题：

$$\text{LD} : \text{max} \quad \text{LR}(\beta) \qquad (4.23)$$

该次梯度方法是求解拉格朗日问题而不断迭代的一个过程。通过利用当前次梯度信息来更新下一代的拉格朗日乘子。如果迭代次数达到给定最大值，或者下界不再连续改进，则迭代过程终止。

让（$O_{slp}^{\omega(i)}$，$P_{lrp}^{\omega(i)}$）表示为在迭代到第 $i(i \geq 0)$ 代时，拉格朗日松弛问题 $\text{LR}(\beta_{lp}^{\omega(i)})$ 的最优解，定义

$$\gamma_{lp}^{\omega(i)} = \sum_{s \in S} O_{slp}^{\omega(i)} - \sum_{r \in R} P_{lrp}^{\omega(i)}, \quad \forall l \in L, \quad \forall p \in P \qquad (4.24)$$

则下一代 $i+1$ 的拉格朗日乘子更新公式为

$$\beta_{lp}^{\omega(i+1)} = \beta_{lp}^{\omega(i)} + \theta^{(i)} \gamma_{lp}^{\omega(i)}, \quad \forall l \in L, \quad \forall p \in P \qquad (4.25)$$

其中

$$\theta^{(i)} = \frac{\lambda(\text{BUB} - \text{LR}(\beta_{lp}^{\omega(i)}))}{\sum_{l \in L, p \in P} (\sum_{s \in S} O_{slp}^{\omega} - \sum_{r \in R} P_{lrp}^{\omega})^2} \qquad (4.26)$$

在次梯度优化过程中，BUB 和 BLB（即 $\text{LR}(\beta_{lp}^{\omega(i)})$）分别表示为原模型最优解的最佳上限和最佳下限。在使用 CPLEX 求解上述迭代过程时，当"偏差"列的值等于或小于 1%，"目标值"列的值设置为 BUB。λ 是在区间 $(0,2]$ 内的一个参数，若最佳下限值在给定代数内，连续迭代过程中没有改进，则 λ 值将减半。

基于上述描述，该次梯度优化算法的详细处理过程如下。

次梯度优化算法伪代码：

初始参数设置：$BLB := -\infty$，$I := 120$，$i := 0$，$\lambda := 2$，$\varepsilon := 0.1$，$count\_N := 0$，$N := 20$，$\beta_{lp}^{\omega(0)} := 0 (\forall l \in L, \forall p \in P)$

//*迭代循环*//

While（$i < I \,\&\, \lambda > \varepsilon$）do

    调用 CPLEX 软件包，求解上述拉格朗日松弛问题 $LR(\beta_{lp}^{\omega(i)})$

    得出目标函数最优解 $Obj(LR(\beta_{lp}^{\omega(i)}))$，变量 $O_{slp}^{\omega(i)}$ 和 $P_{lrp}^{\omega(i)}$ 的值

    If $(Obj(LR(\beta_{lp}^{\omega(i)})) > BLB)$ then

        Set $BLB = Obj(LR(\beta_{lp}^{\omega(i)}))$

    Else

        Set $count\_N = count\_N + 1$

        While（$count\_N == N$）do

            $\lambda := \lambda / 2$

            $count\_N = 0$

        End While

    End If

    Set $i := i + 1$

    根据式（4.24）～式（4.26），更新变量 $\beta_{lp}^{\omega(i+1)}(\forall l \in L, \forall p \in P)$ 的值

    //*终止条件*//

    If（$i \geq I$ or $\lambda \leq \varepsilon$）then

        跳出 While 循环

    End If

End While

4.5　不同优化算法模型效率的数值实验分析

在本节中，将采用上述优化算法及优化模型来求解国美配送中心建设和商品运输调度的问题。其中，由于参数 n_{rp}^{ω} 是基于情景的，即在不同的情景下零售商的需求量可能会不同，为了更好地解释该模型有更广泛的适用性，本章设置了随机需求变量 n_{rp}^{ω} 服从均值为 2000、方差为 8500 的正态随机分布（即 $n_{rp}^{\omega} \sim N(8500, 2000)$）。在生成的每个案例中，运输成本参数 a_{sl} 为每辆货车单位距离运输成本与运输距离的乘积，计算公式为 $a_{sl} = \text{uf} \times \text{distance}_{sl}$。其中，uf 为单位距离的运输成本，$\text{uf} = 1.5$ 元/公里；distance_{sl} 为供应商 s 到候选点 l 之间的运输距离，设 distance_{sl} 服从随机均匀分布，即 $\text{dis}_{sl} \sim U(0, 1000)$。同样，设置成本参数 $b_{lr} = \text{uf} \times \text{dis}_{lr}$，$\text{dis}_{lr} \sim U(0, 1000)$；$c_{sr} = \text{uf} \times \text{dis}_{sr}$，$\text{dis}_{sr} \sim U(500, 2000)$。类似地，运输时间参数 t_{sd}^1、t_{rd}^2 和 t_{sr}^3 也以相同的方式生成。位于候选点 l 容量规模为 c 的配送中心的固定成本 f_{lc}，设值为 $6 \times 10^5 c$。位于候选点 l 容量规模为 c 的配送中心的容量 k_{lc} 设值为 $4.4 \times 10^9 c$。f_{lc}、k_{lc} 与容量规模 c 成正比。每个周期单位商品的库存 h_p 持有成本在 [900, 2000] 范围内。供应商商品 p 的生产量 r_{sp} 在 [6000, 9000] 范围内取值。

假定该模型的规模确定，也就是供应商、候选配送中心和零售商的数量分别是 10 个、10 个和 8 个（即 10-10-8）。为了研究不同规模下国美的物流网络设计的性能，因此本节还考虑了其他两个规模（即 10-10-15、15-10-8）。另外，由于零售商的需求是随机的，在每组相同的规模下，执行三个实验来说明该模型能更好地适应零售商变化需求。设计一些数值试验来验证算法的有效性。数学模型以及求解算法由计算机（处理器：i5，1.7GHz；内存：8GB；）上的 CPLEX12.5.1（Visual Studio 2008 中，C#）实现。

4.5.1　确定最佳情景数

由于配送中心选址问题是一个随机规划模型，考虑了零售商需求量的不同情景，因此，情景数量的大小对实验有显著的影响。若情景数量太少，不足以说明该优化模型适用的广泛性，而情景数量过多，则会导致实验运行时间过长，造成冗余。因此有必要在进行后续实验之前，确定最佳情景数量。在优化模型规模为 10-10-8 的情况下，取七组不同情景数，即 10、20、50、100、200、500 和 800，每组随机生成 10 个不同案例。在实验中，情景的概率假定是相同的。例如，如果情景数为 $|\Omega|$，则每个情景的概率为 $\dfrac{1}{|\Omega|}$。具体实验如表 4-1 所示。

表 4-1　测试模型在不同情景数下运行情况

情景数	最大值	最小值	差距	平均值	标准方差	CPU 平均运行时间/s
10	4.47×10^8	3.47×10^8	1.00×10^8	3.89×10^8	3.50×10^7	4
20	4.57×10^8	3.52×10^8	1.05×10^8	3.78×10^8	3.15×10^7	9
50	4.33×10^8	3.32×10^8	1.00×10^8	3.74×10^8	3.11×10^7	16
100	4.47×10^8	3.47×10^8	9.94×10^7	3.86×10^8	3.05×10^7	47
200	4.44×10^8	3.47×10^8	9.77×10^7	3.81×10^8	2.98×10^7	121
500	4.51×10^8	3.54×10^8	9.66×10^7	3.94×10^8	2.97×10^7	306
800	4.26×10^8	3.29×10^8	9.63×10^7	3.71×10^8	2.97×10^7	1 286

在表 4-1 中，实验结果包括 10 个随机案例中目标函数值的最大值、最小值、平均值及标准方差。可以看到最大值与最小值间的差及标准方差会随着情景数量的增多而减小。同时发现，当情景数量超过 100 时，随着情景数量的增多，标准方差减小趋势越缓慢，但运行时间却呈现指数式增长。通常，在现实中客户的需求变化比较大，也就是说，可能会超过 100 个情景。因此，在下面的数值实验中，采用 100 个情景数。

4.5.2　PSO 实验

4.4 节提出了 IPSO，即通过变化的权重系数 w 可以控制粒子群的收敛速率。为了验证所提算法的性能，通过固定权重系数 w 进行比较。在表 4-2 中，BPSO表示基本 PSO，其中权重系数 w 是个常量，在此实验中设 $w=1$。可以对这两种PSO 的运行时间和运行结果精确度做一个比较，如表 4-2 所示。从实验结果中可以看出，权重系数变化的 IPSO 比权重系数固定的 BPSO 有更好的性能，在运行时间大致相同的情况下，IPSO 有更高的精确度。

表 4-2　两种 PSO 目标值和运行时间的比较

案例编号 S-DC-R	目标值 CPLEX	时间 CPLEX	目标值		时间/s		目标值偏差	
			IPSO	BPSO	IPSO	BPSO	IPSO	BPSO
10-10-8-1	3.94×10^8	57	3.94×10^8	3.97×10^8	360	346	0.12%	0.85%
10-10-8-2	4.23×10^8	63	4.24×10^8	4.28×10^8	420	353	0.12%	1.00%
10-10-8-3	4.29×10^8	48	4.29×10^8	4.31×10^8	392	336	0.08%	0.49%
10-10-15-1	6.46×10^8	143	6.48×10^8	6.49×10^8	600	550	0.33%	0.37%
10-10-15-2	8.19×10^8	151	8.20×10^8	8.20×10^8	689	938	0.07%	0.04%
10-10-15-3	6.69×10^8	177	6.70×10^8	6.71×10^8	779	719	0.09%	0.19%
15-10-8-1	3.39×10^8	207	3.40×10^8	3.41×10^8	727	770	0.34%	0.36%
15-10-8-2	3.28×10^8	186	3.28×10^8	3.29×10^8	484	611	0.12%	0.32%
15-10-8-3	3.10×10^8	213	3.11×10^8	3.11×10^8	716	784	0.15%	0.35%

注：（1）在'案例编号'列中，前三个数值分别表示供应商、配送中心和零售商的数量，第四个数值表示在相同规模（供应商、配送中心、零售商的数量相同）下，不同案例的索引。每组规模中三个案例的不同之处，主要在于零售商的随机需求；（2）目标值偏差(IPSO)＝（目标值 IPSO−目标值 CPLEX)/目标值 CPLEX；目标值偏差(BPSO)＝（目标值 BPSO−目标值 CPLEX)/目标值 CPLEX。

除此之外，用 IPSO 求解国美配送中心选址模型，可以获得建设配送中心的位置和相应规模，如表 4-3 所示。在这项研究中，选择了十个城市（武汉、上海、西安、深圳、北京、天津、济南、重庆、沈阳和成都）作为建设配送中心的候选位置。同时，配送中心的规模有四种选择，即 24 000m³、8000m³、150 000m³、180 000m³。数字 0 表示该城市选址不建配送中心。

很显然，配送中心建设项目在不同城市决策不同。从表 4-3 中可以看出，在武汉、北京和上海城市倾向于建设大规模容量的配送中心；在天津、深圳和重庆选择建设中等规模容量的配送中心；在西安、沈阳和成都选择小规模容量的配送中心;而在济南可能不适合建设配送中心。出现这种情况的原因很可能在于零售商的需求量和城市的规模成正比,所以,在北京和上海这种一线大城市需建设大型配送中心才能够满足附近零售商的需求。该结果与国美电器在现实情况中的物流网络规划相吻合。

表 4-3　配送中心在不同城市建设的容量规模　　　　　　单位:1000m³

案例编号 S-DC-R	武汉	上海	西安	深圳	北京	天津	济南	重庆	沈阳	成都
10-10-8-1	180	150	24	80	150	80	0	80	24	80
10-10-8-2	80	150	24	80	150	80	0	24	24	80
10-10-8-3	80	80	24	24	150	80	0	24	0	24
10-10-15-1	150	80	0	24	150	80	0	80	24	24
10-10-15-2	150	150	0	80	180	24	0	80	0	0
10-10-15-3	150	24	0	0	150	80	0	150	80	24
15-10-8-1	150	24	0	80	180	0	0	80	80	24
15-10-8-2	150	150	0	180	0	0	0	80	0	24
15-10-8-3	80	24	24	0	150	24	0	80	0	24

注:在'案例编号'列中,前三个数值分别表示供应商、配送中心和零售商的数量,第四个数值表示在相同规模(供应商、配送中心、零售商的数量相同)下,不同案例的索引。每组规模中三个案例的不同之处,主要在于零售商的随机需求。

4.5.3　GA 和 PSO 的比较

由于 GA 和 IPSO 都是迭代优化算法,因此,在配送中心选址问题的研究中,许多研究人员使用 GA 来求解。本节将对这两种算法做一个比较,其中所用到的模型参数数值相同。GA 中的具体遗传操作如 4.4 节所描述。

从表 4-4 的结果可以得出,IPSO 相对于 GA,具有更短的运行时间和更高的精确度。因此,在求解此类模型问题上,IPSO 优于 GA。

为了更好地说明 IPSO 有较好的性能,将所提到的三种算法 GA、BPSO、IPSO 在模型规模为 10-10-8(供应商,配送中心和零售商的数量分别为 10、10 和 8)下进行比较,如图 4-3 所示。在图 4-3 中,当迭代次数超过 100 时,由 IPSO 和 GA 求解的适应度值的收敛趋势相对比较稳定。同时,IPSO 收敛的速度比其他两种算法更快。结合上述数值实验,可以得出结论,PSO 一般比 GA 收敛较快,BPSO 相对不稳定,而 IPSO 是比较稳定的。

表 4-4　GA 和 IPSO 的比较

案例编号 S-DC-R	目标值 CPLEX	时间/s CPLEX	目标值		时间/s		目标值偏差	
			IPSO	GA	IPSO	GA	IPSO	GA
10-10-8-1	3.94×108	57	3.94×108	3.96×108	360	600	0.12%	0.52%
10-10-8-2	4.23×108	63	4.24×108	4.25×108	420	590	0.12%	1.06%
10-10-8-3	4.29×108	48	4.29×108	4.30×108	392	614	0.08%	0.18%
10-10-15-1	6.46×108	143	6.48×108	6.50×108	600	859	0.33%	0.50%
10-10-15-2	8.19×108	151	8.20×108	8.26×108	689	1 142	0.07%	0.76%
10-10-15-3	6.69×108	177	6.70×108	6.70×108	779	934	0.09%	0.17%
15-10-8-1	3.39×108	207	3.40×108	3.41×108	727	809	0.34%	0.41%
15-10-8-2	3.28×108	186	3.28×108	3.30×108	484	637	0.12%	0.71%
15-10-8-3	3.10×108	213	3.11×108	3.16×108	716	1 363	0.15%	0.71%

注：目标值偏差$_{(IPSO)}$ =（目标值$_{IPSO}$-目标值$_{CPLEX}$）/目标值$_{CPLEX}$；目标值偏差$_{(GA)}$ =（目标值$_{GA}$-目标值$_{CPLEX}$）/目标值$_{CPLEX}$。

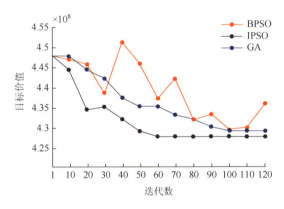

图 4-3　三种优化算法的比较

4.5.4　所建优化模型和基于距离的决策规则间的比较

在实际生活当中，很多供应商都倾向于选择最短距离路线的决策方式进行商品的调配，即基于距离的决策规则。具体规则如下：商品 $\tilde{P}$ 从供应商 $\tilde{S}$ 运输到距离最近的候选配送中心 $\widetilde{DC}$，再从该配送中心 $\widetilde{DC}$ 运输至距离最近的零售商 $\tilde{R}$（即 $\tilde{S} \xrightarrow{\tilde{P}} \widetilde{DC} \xrightarrow{\tilde{P}} \tilde{R}$）或商品 $\tilde{P}$ 从供应商 $\tilde{S}$ 直接运输到距离最近的零售 $\tilde{R}$（即 $\tilde{S} \xrightarrow{\tilde{P}} \tilde{R}$）。按照此方法，若供应商 $\tilde{R}$ 的需求量得到了满足，该路线就确定；若该零售商 $\tilde{R}$ 的需求未得到满足，则剩余的需求量将交由距离第二最短的路线（即 $\tilde{S} \xrightarrow{\tilde{P}} \widetilde{DC} \xrightarrow{\tilde{P}} \tilde{R}$ 或

$\hat{S} \xrightarrow{\tilde{P}} \tilde{R}$)。以此类推，直到零售商 $\tilde{R}$ 的需求量得到满足。因此，该实验的设计主要是为了证明 4.4 节所建优化模型的有效性。

从表 4-5 中可以看到，基于距离的决策规则所花费的总成本比所建优化模型的成本要大很多。它们之间的平均差值大约在 39%，充分显示了所建优化模型的绝对优势。因此，表 4-5 的实验结果验证了所建优化模型的有效性。

表 4-5　所建模型和基于距离模型间的比较

案例编号	目标值 Model	目标值 Rule	目标值偏差
10-10-8-1	3.94×10^{8}	5.13×10^{8}	30.35%
10-10-8-2	4.23×10^{8}	6.70×10^{8}	58.29%
10-10-8-3	4.29×10^{8}	6.85×10^{8}	59.63%
10-10-15-1	6.46×10^{8}	1.02×10^{9}	56.77%
10-10-15-2	8.19×10^{8}	1.14×10^{9}	39.13%
10-10-15-3	6.69×10^{8}	9.75×10^{8}	45.47%
15-10-8-1	3.39×10^{8}	3.81×10^{8}	11.82%
15-10-8-2	3.28×10^{8}	4.31×10^{8}	31.27%
15-10-8-3	3.10×10^{8}	3.79×10^{8}	21.99%

注：目标值偏差 =（目标值 Rule−目标值 Model）/目标值 Model。

在实际生活中，国美电器的供应链网络可能会更庞大，也就是说，所建模型中供应商、配送中心、零售商的数量会比较多。为了说明该模型在大规模的情况下也具有良好的适应性，将数值实验扩展到一些规模较大、更具一般性的三级供应链网络中，尤其在配送中心距离供应商相对较近，或者配送中心与零售商相对较近的情况下。针对上述描述，一些数值实验的比较结果列于表 4-6 中，该表所示实验的模型规模大于前面实验的模型规模。

表 4-6　在大规模的三级供应链网络中两种模型间的比较

案例编号 S-DC-R	案例特征	目标值 Model	目标值 Rule	目标值偏差
18-12-18-1		1.38×10^{9}	1.84×10^{9}	33.21%
18-12-18-2	供应商-DC 案例	1.46×10^{9}	1.62×10^{9}	11.42%
18-12-18-3		1.44×10^{9}	1.90×10^{9}	31.85%
18-12-18-4		1.39×10^{9}	1.68×10^{9}	20.48%
18-12-18-5	DC-零售商案例	1.44×10^{9}	1.71×10^{9}	18.96%
18-12-18-6		1.44×10^{9}	1.82×10^{9}	26.33%

续表

案例编号 S-DC-R	案例特征	目标值 $_{Model}$	目标值 $_{Rule}$	目标值偏差
20-15-20-1		1.59×10^9	1.91×10^9	19.79%
20-12-20-2	供应商-DC 案例	1.59×10^9	2.26×10^9	41.66%
20-12-20-3		1.60×10^9	1.84×10^9	15.62%
20-15-20-4		1.60×10^9	1.84×10^9	15.34%
20-15-20-5	DC-零售商案例	1.59×10^9	2.31×10^9	45.29%
20-15-20-6		1.58×10^9	1.78×10^9	12.19%

注：目标值偏差 =（目标值 $_{Rule}$-目标值 $_{Model}$）/目标值 $_{Model}$。

在表 4-6 中，"供应商-DC"意味着这些案例中配送中心的位置相对于零售商来说，更靠近于供应商；与此相反，"DC-零售商"是表达配送中心的位置距离零售商更近，而离供应商较远。更具体地说，案例"18-12-18-1"和案例"18-12-18-4"是在模型规模相同，供应商到零售商总距离一定的前提下，配送中心距离供应商近或距零售商近的两种不同情况。在两种情况下，供应商和零售商相关输入数据是相同的，而配送中心的位置是不同的，即案例"18-12-18-1"是配送中心接近供应商，而案例"18-12-18-4"配送中心接近零售商。类似地，"18-12-18-2"和"18-12-18-5"是相对应的一对案例，"18-12-18-3"和"18-12-18-6"是相对应的一对案例。

从表 4-6 可以看出，所建优化模型中，案例"供应商-DC"的性能效果比案例"DC-零售商"的更显著。在这种情况下，不确定性主要源自零售商。如果决策对象（配送中心）距离不确定源（零售商）相对较远，所建随机规划模型的必要性将变得更为重要。

在现实生活中，对配送中心选址和容量选择问题的决策通常是依据一些规则来制定的。根据表 4-6 中的"目标值 $_{Rule}$"，案例"18-12-18-4"的值比案例"18-12-18-1"的值小得多，其他对案例也相似。这意味着处理零售商的不确定需求的一个好方法是使得配送中心的位置离零售商的位置相对较近。这一现象和实际生活相一致。

对于表 4-6 中的"目标值 $_{Model}$"，案例"18-12-18-4"的值与案例"18-12-18-1"的值相差不大，其他对案例也是相同情况。这说明，无论配送中心是距离上游供应商相对较近，还是离下游零售商相对较近，所建随机规划模型都可以很好地求解配送中心选址及容量选择的问题。该实验从考虑零售商随机需求的角度验证了所建优化模型的有效性。

4.5.5　PSO 和拉格朗日松弛算法的比较

在研究设施选址问题的一些文献中，发现有很多相关研究是使用了基于拉格朗日松弛算法来求解他们提出的模型，如文献[110]～[112]。与之前的实验研究类似，本节使用一个基于拉格朗日松弛的方法来求解所提出的优化模型。在这里，进行了一些数值实验，比较了基于拉格朗日松弛算法和粒子群优化算法之间的情能。

从表 4-7 可以看出，拉格朗日松弛算法的平均差距（GAP）为 0.13%，而 IPSO 算法的平均差距约为 0.22%。拉格朗日松弛算法相较于 IPSO 能够获得准确性更高的解，但这两种方法计算的准确性相差不大。而从运行时间的角度看，IPSO 的运行时间比拉格朗日松弛算法的时间要较短。因此，相对于拉格朗日松弛算法，IPSO 可以在相对短的时间内求解出较准确的模型解。

表 4-7　拉格朗日松弛算法和 PSO 的比较

案例编号 S-DC-R	最优目标值 opt	目标值		运行时间/s		目标值偏差	
		LR	IPSO	LR	IPSO	GAP_{LR}	GAP_{IPSO}
18-12-18-7	1.0542×10^9	1.0528×10^9	1.0561×10^9	1283	979	0.12%	0.18%
18-12-18-8	1.2674×10^9	1.2643×10^9	1.2701×10^9	1174	860	0.24%	0.22%
18-12-18-9	1.0948×10^9	1.0941×10^9	1.0961×10^9	1691	910	0.06%	0.12%
18-12-18-10	1.1271×10^9	1.1258×10^9	1.1301×10^9	1289	978	0.11%	0.27%
18-12-18-11	1.1905×10^9	1.1891×10^9	1.1947×10^9	1330	923	0.12%	0.35%
20-15-20-7	1.4852×10^9	1.4838×10^9	1.4902×10^9	1869	1243	0.10%	0.33%
20-15-20-8	1.4472×10^9	1.4458×10^9	1.4497×10^9	2364	1521	0.10%	0.17%
20-15-20-9	1.4096×10^9	1.4077×10^9	1.4118×10^9	2045	1674	0.14%	0.15%
20-15-20-10	1.4984×10^9	1.4950×10^9	1.5021×10^9	1723	1331	0.22%	0.25%
20-15-20-11	1.4367×10^9	1.4355×10^9	1.4391×10^9	2274	1709	0.08%	0.16%
45-30-45-1		4.9747×10^{10}	5.4687×10^{10}	6673	4881	N.A.	N.A.
45-30-45-2	两小时内	5.0151×10^{10}	5.3198×10^{10}	6332	4783	N.A.	N.A.
45-30-45-3	CPLEX 不能	4.8057×10^{10}	5.2932×10^{10}	3665	3904	N.A.	N.A.
45-30-45-4	直接求解	4.8222×10^{10}	5.3756×10^{10}	6131	3396	N.A.	N.A.
45-30-45-5		4.8323×10^{10}	5.2147×10^{10}	4662	3343	N.A.	N.A.
平均值						0.13%	0.22%

注：（1）LR 表示拉格朗日松弛算法；（2）目标值偏差 LR =（目标值 LR−目标值 opt）/目标值 opt；目标值偏差 IPSO =（目标值 IPSO−目标值 opt）/目标值 opt；（3）N.A.表示该区域无法计算，不适用。

　　此外，还对 45 家供应商、12 个配送中心、45 家零售商进行了特大规模问题实例的一些实验。从表 4-7 可以看到，CPLEX 规划求解不能在两个小时内求解这些大规模的实际问题；然而，本章提出的基于拉格朗日松弛的求解方法和基于 PSO 的方法都可以求解这些实例。这些计算的时间是合理的且可被接受的，因为供应链网络设计是一个长期的战略性决策问题。实验结果也验证了提出的这些求解方法的必要性。

4.6　本章小结

　　本章主要研究的是配送中心选址及其容量规模选择的决策优化问题。其目的是在满足零售商随机需求的情况下，尽量降低配送中心的建设成本、商品的运输成本及库存持有成本的总和。为了能更好地求解此类决策优化问题，本章建立了一个 0-1 混合整数的随机规划数学模型，同时提出 IPSO 和拉格朗日松弛算法来对该优化模型进行求解。然后通过设计一系列数值实验，以验证所建模型的有效性及所提算法的高效性。最终，通过执行后的实验可以得出，该模型和算法可以很好地求解此类问题。此外，与一些直观的决策规则进行比较时，该模型的优点是显而易见的。

　　虽然，本章对配送中心选址及容量规模选址问题的模型和算法都进行了详细的研究，但研究内容仍然有一定的局限性。例如，本章中有考虑到运输过程中的库存持有成本，但在现实生活中，客户的网站上没有涉及库存持有成本这一项内容。而考虑该项成本，可能会导致模型分母中会出现一些决策变量，进而使得原始模型进一步的复杂化。此外，目前求解该类问题的方法仍然耗时较多。上述所有问题都是未来可以研究的方向。

第 5 章 >>>
多周期设施选址与规模决策优化问题

5.1 概述

在供应链管理中，决策者经常需要考虑许多因素，如设施选址、容量、运输、库存成本等。从传统意义上说，配送中心（DC）担任着库存存储和转运的双重角色。因此，在不确定的市场环境下优化配送中心的位置和规模（容量）是供应链管理中最重要的决策问题之一。然而，需求的不确定以及市场波动普遍存在。例如，一些汽车物流公司在不同时期有不同的要求。本章考虑了中国最大的汽车物流公司，它的子公司遍布在 13 个城市，且周围分布了大约 50 个仓库或配送中心，每年运输 500 多万辆汽车。为了提高研究效率，本章收集了该公司的一些关键数据，包括 5 种产品、7 位供应商，13 个配送中心和 8 位零售商。另外，考虑五年的规划周期，一年作为一个时间段。各个零售商的需求将在不同的时间段发生变化，这些不确定性因素为建模和求解上述决策问题带来了很多挑战。

首先，一个公司通常会为配送中心的建立做一个前期决策，以便在不确定需求的情况下获得最大化预期的收益。前期决策包括需要建立多少个配送中心，它们各自的位置，以及在选择好了位置后每个配送中心该建设多大的规模。为了处理需求不确定性，假设零售商的随机需求的概率分布是已知的或者可以根据历史数据获得。其次，市场波动意味着对每个零售商来说，他们的需求概率分布在长远的规划周期内不会保持不变，因此需要将规划周期分成多个时间段，这些时间段的划分由公司决策者决定。对每个零售商来说，需求概率分布也随时间而变化。在这种情况下，配送中心网络应该根据这种趋势进行调整。

本章考虑了需要管理和运营供应链网络的决策者面临的上述新挑战，特别是一些需要优化其配送中心网络设计和运营的大型物流公司。此外，提出了一个多周期决策模型，考虑了在分布式零售商需求动态波动的市场下配送中心的选址与调整，同时考虑了直接运输、库存成本。还提出了模型的上、下限，用来分析完全信息、随机解以及配送中心调整的价值。最后，本章进行了大量的数值实验来验证所提出模型的有效性。

5.2　多周期条件下配送中心选址与规模决策优化问题背景

供应链网络中建立一系列不同规模的配送中心，是为了满足零售商对于供应商的不同产品的需求。产品从供应商直接或通过配送中心运输到零售商，如图 5-1 所示。本章研究的问题的另一个挑战在于零售商的需求随机性。它是针对大型物流公司所提出来的，其在中国最大的汽车物流公司中的应用将在实验部分详细阐述。对物流公司来说，这个问题的目标是最大限度地提高总利润，即运输产品的收益减去与配送中心相关的成本以及库存成本。

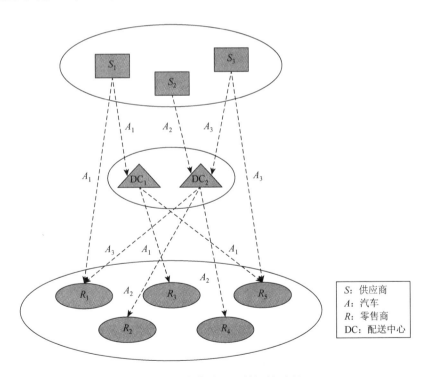

图 5-1　汽车物流公司的运输过程

在上述背景下，物流公司最重要的决定之一，是确定需要建立多少配送中心，设在何处，以及应采用哪种规模（大、中、小）分别建立这些配送中心。然后，最直接的研究是为这个问题设计一个数学模型，用于优化不确定情况下的配送中心选址和规模。然而，这个问题有一个潜在的假设，即配送中心的位置和规模在较长时间范围内不会改变。由于市场波动，需求不仅随机而且随时间动态变化。因此，物流公司不仅要考虑在规划周期开始时（第一阶段决策）确定配送中心的位置和规模，而且需要确定如何调整配送中心的规模以适应在规划周期中（第二阶段）零售商的动态变化需求。

本章中，需求动态变化的特征在建模中以离散的方式体现。更具体地说，将规划周期划分为多个时段。在每个时段，虽然每个零售商的需求不确定，但假定随机需求的概率分布是已知的。对每个零售商来说，不同时期随机需求的概率分布不相同。因此，每个时期的每个零售商都有不同的概率分布，并且不同时期的每个零售商的需求是动态的。本章研究了不确定性需求下多周期设施选址与规模决策问题，在多周期规划期间也考虑了配送中心的调整。

5.3 两阶段随机规划模型构建

本节针对研究问题制定了两阶段随机规划模型。在第一阶段，该模型决定了在规划周期开始时开放的配送中心的位置和规模。在第二阶段，根据零售商对所有产品的不确定需求，划分几个时间段，从而该模型确定了从供应商到零售商通过开放的配送中心运输产品的详细分配方案，并决定是否在预算范围内调整配送中心的规模，配送中心的规模也是不确定的，其动态变化与需求相似。

在实践中，不确定性通常由随机规划模型制定的情景[92]表示。更具体地说，产品需求的不确定性由第二阶段的一组有限情景表示。每个情景（由 ω 表示）由产品需求的一系列随机结果组成。那么关于详细分配方案的决策以及第二阶段的配送中心规模调整计划也成为与情景有关的决策变量。

5.3.1 相关定义

1. 下标与集合

t：时间段。

T：规划周期中时间段集合。

s：供应商。

S：供应商集合。

d：配送中心。

D：配送中心集合。

r：零售商。

R：零售商集合。

p：产品。

P_s：供应商 s 提供的产品集合。

P：所有产品集合，$P = \bigcup_{\forall s} P_s$。

c：一个配送中心的容量选择。

C_d：配送中心 d 可选择的容量集合。

ω：随机的未来情景。

Ω：未来情景集合。

2. 参数

a_{sd}^1：将一货车的产品从供应商 s 运输到配送中心 d 的利润。

a_{dr}^2：将一货车的产品从配送中心 d 运输到零售商 r 的利润。

e_p：一单位产品 p 需要的货车容量（以一卡车负载计）。

f_{dc}：在开始阶段，以 c（$c \in C_d$）类规模建造配送中心 d 的固定成本。

$u_{dcc'}$：将配送中心从 c 类规模调整到 c'（$c, c' \in C_d$）类规模的成本。

g_p：将产品 p 的一单位调整为配送中心容量的标准单位的因素。

k_{dc}：c（$c \in C_d$）类规模的配送中心 d 的容量。

m_{rpt}^ω：在情景 ω，时间段 t 期间，零售商 r 对产品 p 的需求量。

b_1：在规划周期开始阶段建造配送中心的预算。

b_t^ω：在情景 ω，时间段 t 开始时调整配送中心规模的预算。$t = \{2, \cdots, |T|\}$。

这里预算 b_t^ω 随着总需求的变化趋势而动态变化，即 $\sum_{p \in P, r \in R} m_{rpt}^\omega$，这是理性的，因为

预算受主要由销售（需求）决定的收入的影响。

π^ω：情景 ω 出现的概率。

h_p：单位时间内一单位产品 p 的库存持有成本。

n_{sd}^1：从供应商 s 到配送中心 d 的运输时间。

n_{dr}^2：从配送中心 d 到零售商 r 的运输时间。

n_d^3：在配送中心 d 从进入到离开所消耗的时间。

3. 决策变量

θ_{dc}：二进制变量，在整个规划周期开始阶段，如果配送中心 d 选择了 c（$c \in C_d$）类规模，则值为 1，否则为 0。

λ_{dct}^ω：二进制变量，在情景 ω，时间段 t 开始时，如果配送中心 d 选择了 c（$c \in C_d$）类规模，则值为 1，否则为 0。

$\delta_{dcc't}^\omega$：二进制变量，在情景 ω，时间段 t 开始时，如果配送中心 d 从 c 类规模调整到 c'（$c, c' \in C_d$）类规模，则值为 1，否则为 0。

γ^{ω}_{srdpt}：在情景 ω，时间段 t 期间，供应商 s 提供的产品 p，并通过配送中心 d 运输到零售商 r 的数量。

5.3.2 目标函数分析

此模型的目标函数是最大限度地提高供应链网络的利润，它等于运输产品所获得的收益减去选址/调整配送中心的成本以及库存成本。目标函数中包含如下四个项目。

（1）运输产品获得的收益包括把产品从供应商处运输到配送中心的收益，即 $\sum\limits_{t\in T,s\in S,d\in D} a^1_{sd} \sum\limits_{r\in R,p\in P_s} e_p \gamma^{\omega}_{srdpt}$，以及将产品从配送中心运输到零售商处的收益，即 $\sum\limits_{t\in T,d\in D,r\in R} a^2_{dr} \sum\limits_{s\in S,p\in P_s} e_p \gamma^{\omega}_{srdpt}$。

（2）配送中心选址的固定成本，计算公式为 $\sum\limits_{d\in D,c\in C_d} f_{dc} \theta_{dc}$。

（3）配送中心规模调整的成本，计算公式为 $\sum\limits_{t\in T/\{1\},d\in D,c\in C_d,c'\in C_d} u_{dcc'} \delta^{\omega}_{dcc't}$。

（4）由供应商 s 通过配送中心 d，将产品运输到零售商 r 的运输时间为 $n^1_{sd} + n^2_{dr} + n^3_d$，库存成本为 $\sum\limits_{t\in T,s\in S,d\in D,r\in R,p\in P_s} (n^1_{sd} + n^2_{dr} + n^3_d) h_p \gamma^{\omega}_{srdpt}$。

由于运输需求和配送中心规模调整预算不确定，并且它们属于基于情景的参数，该模型的目标函数考虑了所有情景下最终利润的期望值，并制定了两阶段随机规划模型。第一阶段考虑在规划周期开始建立配送中心的固定成本，而第二阶段主要考虑基于情景的决策。

5.3.3 模型

$$[\mathcal{M}0] \quad Z^{\mathcal{M}0} = \mathrm{Max} \sum_{\omega\in\Omega} \pi^{\omega} Q(\theta, m^{\omega}) - \sum_{d\in D,c\in C_d} f_{dc}\theta_{dc} \tag{5.1}$$

$$\mathrm{s.t.} \quad \sum_{c\in C_d} \theta_{dc} \leqslant 1 \qquad \forall d\in D \tag{5.2}$$

$$\sum_{d\in D,c\in C_d} f_{dc}\theta_{dc} \leqslant b_1 \tag{5.3}$$

$$\theta_{dc} \in \{0,1\} \qquad \forall d\in D, \forall c\in C_d \tag{5.4}$$

约束条件（5.2）说明了每个候选建造的配送中心要么在规划周期开始阶段对外开放，要么就不再开放。约束条件（5.3）限制了在规划周期开始阶段对于配送中心开放的总投资不得超过初始预算。约束条件（5.4）定义了第一阶段中的决策变量。

在目标函数（5.1）中，$Q(\theta,n^{\omega})$ 是第二阶段的一个子模型。其中 $\theta = \{\theta_{dc}\}_{\forall d\in D,c\in C}$，

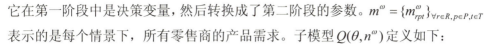

它在第一阶段中是决策变量，然后转换成了第二阶段的参数。$m^\omega = \{m^\omega_{rpt}\}_{\forall r \in R, p \in P, t \in T}$ 表示的是每个情景下，所有零售商的产品需求。子模型 $Q(\theta, n^\omega)$ 定义如下：

$$Q(\theta, m^\omega) = \text{Max} \sum_{t \in T, s \in S, d \in D} a^1_{sd} \sum_{r \in R, p \in P_s} e_p \gamma^\omega_{srdpt} + \sum_{t \in T, d \in D, r \in R} a^2_{dr} \sum_{s \in S, p \in P_s} e_p \gamma^\omega_{srdpt}$$
$$- \sum_{t \in T/\{1\}, d \in D, c \in C_d, c' \in C_d} u_{dcc'} \delta^\omega_{dcc't} - \sum_{t \in T, s \in S, d \in D, r \in R, p \in P_s} (n^1_{sd} + n^2_{dr} + n^3_d) h_p \gamma^\omega_{srdpt} \tag{5.5}$$

$$\text{s.t.} \quad \delta^\omega_{dcc't} \geqslant \lambda^\omega_{dc't} + \lambda^\omega_{dc(t-1)} - 1 \qquad \forall d \in D, \forall c, c' \in C_d, c \neq c', \forall t \in T/\{1\} \tag{5.6}$$

$$\lambda^\omega_{dc1} = \theta_{dc} \tag{5.7}$$

$$\sum_{d \in D, c \in C_d, c' \in C_d} u_{dcc'} \delta^\omega_{dcc't} \leqslant b^\omega_t \qquad \forall t \in T/\{1\} \tag{5.8}$$

$$\sum_{s \in S, d \in D} \gamma^\omega_{srdpt} \leqslant m^\omega_{rpt} \qquad \forall r \in R, \forall p \in P, \forall t \in T \tag{5.9}$$

$$\sum_{s \in S, r \in R, p \in P_s} g_p \gamma^\omega_{srdpt} \leqslant \sum_{c \in C_d} k_{dc} \lambda^\omega_{dct} \quad \forall d \in D, \forall t \in T/\{1\} \tag{5.10}$$

$$\lambda^\omega_{dct} \in \{0,1\} \qquad \forall d \in D, \forall c \in C_d, \forall t \in T \tag{5.11}$$

$$\gamma^\omega_{srdpt} \geqslant 0 \qquad \forall s \in S, \forall r \in R, \forall p \in P_s,$$
$$\forall d \in D, \forall t \in T \tag{5.12}$$

$$\delta^\omega_{dcc't} \in \{0,1\} \qquad \forall d \in D, \forall c, c' \in C_d, \forall t \in T \tag{5.13}$$

目标函数（5.5）为最小化情景下的第二阶段成本。约束条件（5.6）是关于反映两个连续时间段 t 和 $t-1$ 中的配送中心的规模变化的二进制变量 $\delta^\omega_{dcc't}$ 的计算公式。约束条件（5.6）确保如果二进制变量 $\lambda^\omega_{dc't}$ 和 $\lambda^\omega_{dc(t-1)}$ 同时等于 1，则二进制变量 $\delta^\omega_{dcc't}$ 也等于 1。约束条件（5.7）表示在第一个时间段（即 $t = 1$ 中），λ^ω_{dct} 的初始值等于 θ_{dc} 的值。约束条件（5.8）保证在一个时间段内调整配送中心规模的成本不超过这个时间段内的预算限制。约束条件（5.9）确保所有零售商处对所有产品在所有时间段内的需求不低于实际运输量。约束条件（5.10）规定，在每个时间段内经过配送中心的所有产品不得超过配送中心的容量。约束条件（5.11）~（5.13）给定了决策变量的取值范围。

5.3.4　考虑直接出货模式的扩展

实际生活中，存在从供应商到零售商的直接出货，本章也需要考虑这个问题，并可以定义 $|S|$ 虚拟配送中心。更具体地说，就是为供应商 s 虚拟一个配送中心 d^0_s。假设从供应商 s 到该配送中心的运输时间为零，即 $n^1_{sd^0_s} = 0$。从其他供应商到这个配送中心的运输时间是一个足够大的正数 M，即对于 $\forall s' \in S/\{s\}$，$n^1_{s'd^0_s} = M$。虚拟配送中心的运输成本也可做类似定义。那么，如果通过虚拟配送中心（如 d^0_s）满足零售商（或其一部分）的需求，则意味着产品从供应商（即供应商 s）直接

交付给零售商。根据上述参数的扩展，模型 $\mathcal{M}0$ 也可以应用于在没有模型修改的情况下考虑直接出货的情况。

5.4　关于两阶段随机规划模型的上下界分析

对模型 $\mathcal{M}0$ 来说，在完全信息情况下提出上限。它可以用来评估完全信息的价值。此外，通过简化模型 $\mathcal{M}0$ 得到了两个下限。它们可以用来评估针对决策问题所提出的模型的价值。

5.4.1　完全信息的价值

在完全信息的情况下提出了模型 $\mathcal{M}0$ 的上限（ $UB^{\mathcal{M}0}$ ），这意味着决策者可以提前预测零售商对产品的确切需求，然后做出决策。这样就求解了一系列确定性模型，每个模型与特定场景有关。更具体地说，对于情景 ω ，以如下方式求解模型 $\mathcal{M}0(\omega)$ ：

$$[\mathcal{M}0(\omega)] Z_\omega^{\mathcal{M}0} = \text{Max} Q(\theta, m^\omega) - \sum_{d \in D, c \in C_d} f_{dc} \theta_{dc}$$

s.t.　约束条件（5.2）～（5.13）

上述模型 $\mathcal{M}0(\omega)$ 的最优目标值由 $Z_\omega^{\mathcal{M}0}$ 表示。对于情景 $\omega \in \Omega$ ，会产生 $|\Omega|$ 个模型，并且每一个模型都是独立求解。它们的最优目标值可用于计算模型 $\mathcal{M}0$ 的上限。

命题 1： $|\Omega|$ 个模型 $\mathcal{M}0(\omega)(\omega \in \Omega)$ 的目标函数的期望值，是模型 $\mathcal{M}0$ 的上限，即

$$UB^{\mathcal{M}0} = \sum_{\omega \in \Omega} \pi^\omega Z_\omega^{\mathcal{M}0}$$

证明：模型 $\mathcal{M}0$ 的最优解表示为 $\{\theta^*, (\lambda^{1*}, \delta^{1*}, \gamma^{1*}), \cdots, (\lambda^{\omega*}, \delta^{\omega*}, \gamma^{\omega*}), \cdots, (\lambda^{|\Omega|*}, \delta^{|\Omega|*}, \gamma^{\Omega*})\}$ ， $\{\theta^*, \lambda^{\omega*}, \delta^{\omega*}, \gamma^{\omega*}\}$ 是模型 $\mathcal{M}0(\omega)$ 的可行解。因此， $\sum_{d \in D, c \in C_d} f\theta^* + Q(\theta^*, m^\omega)$ 比模型 $\mathcal{M}0$ 的目标值小。也就是说： $Z_\omega^{\mathcal{M}0} \geqslant \sum_{d \in D, c \in C_d} f\theta^* + Q(\theta^*, m^\omega)$ 。

对于 $\forall \omega \in \Omega$ ，有 $\sum_{\omega \in \Omega} \pi^\omega Z_\omega^{\mathcal{M}0} \geqslant \sum_{\omega \in \Omega} \pi^\omega \left\{ \sum_{d \in D, c \in C_d} f\theta^* + Q(\theta^*, m^\omega) \right\}$ 。

当 $\sum_{\omega \in \Omega} \pi^\omega = 1$ 时，上面不等式的右边部分变为

$$\sum_{\omega \in \Omega} \pi^{\omega} \left\{ \sum_{d \in D, c \in C_d} f \theta^* + Q(\theta^*, m^{\omega}) \right\} = \sum_{d \in D, c \in C_d} f \theta^* + \sum_{\omega \in \Omega} \pi^{\omega} Q(\theta^*, m^{\omega}) = Z^{\mathcal{M}0} \text{。其中,}$$

$Z^{\mathcal{M}0}$ 是模型 $\mathcal{M}0$ 的最优解, 上面的公式表明 $\sum_{\omega \in \Omega} \pi^{\omega} Z^{\mathcal{M}0}_{\omega}$ 是模型 $\mathcal{M}0$ 的上限。∎

$Z^{\mathcal{M}0}$ 和 $\mathrm{UB}^{\mathcal{M}0}$ 之间的偏差能够评估完全信息的价值, 它用 Val_Info 表示:

$$\mathrm{Val\_Info} = \mathrm{UB}^{\mathcal{M}0} - Z^{\mathcal{M}0} \tag{5.14}$$

它衡量的是决策者在做出决策之前愿意为随机需求的知识价值支付的最大金额[312]。Val_Info 的值大意味着随机性在这个决策问题中起着重要的作用, 从而不应忽视随机因素。

5.4.2　随机解的价值

本章在考虑零售商的随机需求的情况下提出了随机规划模型 $\mathcal{M}0$。可以通过与从确定性决策模型导出的解进行比较来评估随机解的价值, 该确定性决策模型基于每个零售商在每个时间段期间对每种产品的需求的期望值, 即 $\sum_{\omega \in \Omega} \pi^{\omega} m^{\omega}_{rpt}$。此外, 需要重新定义一些与情景相关的决策变量。更具体地说, 模型 $\mathcal{M}0$ 中的变量, 即 λ^{ω}_{dct}、$\delta^{\omega}_{dcc't}$、γ^{ω}_{srdpt} 分别被重新定义为 λ_{dct}、$\delta_{dcc't}$、γ_{srdpt}。不考虑零售商随机需求的确定性决策模型 (由 $\mathcal{M}1$ 表示) 定义如下:

$$[\mathcal{M}1]Z^{\mathcal{M}1} = \mathrm{Max}\, Q(\theta, \bar{m}) - \sum_{d \in D, c \in C_d} f_{dc} \theta_{dc} \tag{5.15}$$

$$\mathrm{s.t.}\quad 约束条件 (5.2) \sim (5.13)$$

其中, $\bar{m} = \left\{ \sum_{\omega \in \Omega} \pi^{\omega} m^{\omega}_{rpt} \right\}_{\forall r \in R, p \in P, t \in T}$。此外, 子模型 $Q(\theta, \bar{m})$ 中原来的约束条件 (5.8) 也被修改为 $\sum_{d \in D, c \in C_d, c' \in C_d} u_{dcc'} \delta^{\omega}_{dcc't} \leqslant \sum_{\omega \in \Omega} \pi^{\omega} b^{\omega}_t$, $\forall t \in T / \{1\}$。

基于上述定义的模型 $\mathcal{M}1$, 随机解的计算过程如下。

步骤 1: 求解模型 $\mathcal{M}1$。在求出来的解中, 变量 θ_{dc} 的值分别由 $\ddot{\theta}^{\mathcal{M}1}_{dc}$ 表示。

步骤 2: 使变量 $\theta_{dc} = \ddot{\theta}^{\mathcal{M}1}_{dc}$ 求解模型 $\mathcal{M}0$。得到的目标值由 $Z^{\mathcal{M}0}(\ddot{\theta}^{\mathcal{M}1})$ 表示。

步骤 3: 原始模型 $\mathcal{M}0$ 和上述 $Z^{\mathcal{M}0}(\ddot{\theta}^{\mathcal{M}1})$ 的最优目标值之间的偏差反映了随机解 (即 Val_Stocha) 的值:

$$\mathrm{Val\_Stocha} = Z^{\mathcal{M}0} - Z^{\mathcal{M}0}(\ddot{\theta}^{\mathcal{M}1}) \tag{5.16}$$

由于 $\ddot{\theta}^{\mathcal{M}1}$ 是原始模型 $\mathcal{M}0$ 的可行解, $Z^{\mathcal{M}0}(\ddot{\theta}^{\mathcal{M}1})$ 的值不大于 $Z^{\mathcal{M}0}$ 的值, $Z^{\mathcal{M}0}$ 即原始模型 $\mathcal{M}0$ 的最优目标值, 因此 Val_Stocha 肯定是一个非负数。

5.4.3　配送中心调整的价值

本章所提出模型的一个重要特征是可以根据时间维度调整配送中心的规模

和位置。如何评估配送中心调整的价值是一个有趣的问题。通过去除与配送中心调整相关的变量，即二进制变量 λ^ω_{dct}、$\delta^\omega_{dcc't}$ 和约束，即约束条件（5.6）～（5.8）来松弛模型 $\mathcal{M}0$。然后，一个不考虑配送中心调整价值的模型（由 $\mathcal{M}2$ 表示）如下。

$$[\mathcal{M}2]Z^{\mathcal{M}2} = \text{Max} \sum_{\omega \in \Omega, t \in T} \pi^\omega Q_t(\theta, m^\omega) - \sum_{d \in D, c \in C_d} f_{dc}\theta_{dc} \qquad (5.17)$$

s.t. 约束条件（5.2）～（5.4）

$$Q_t(\theta, m^\omega) = \text{Max} \sum_{d \in Ds \in S, r \in R, p \in P_s} \mathcal{U}_{srdp}\gamma^\omega_{srdp} \qquad (5.18)$$

s.t.

$$\sum_{s \in S, r \in R, p \in P_s} g_p\gamma^\omega_{srdp} \leqslant \sum_{c \in C_d} k_{dc}\theta_{dc} \qquad \forall d \in D \qquad (5.19)$$

$$\sum_{s \in S, d \in D} \gamma^\omega_{srdp} \leqslant m^\omega_{rpt} \qquad \forall r \in R, \forall p \in P \qquad (5.20)$$

$$\gamma^\omega_{srdp} \geqslant 0 \qquad \forall s \in S, \forall r \in R, \forall p \in P_s, \forall d \in D \qquad (5.21)$$

在目标函数（5.17）中，$\mathcal{U}_{srdp} = (a^1_{sd} + a^2_{dr})e_p - (n^1_{sd} + n^2_{dr} + n^3_d)h_p$。

模型 $\mathcal{M}2$ 比模型 $\mathcal{M}0$ 容易求解，因为 $\mathcal{M}2$ 的第二阶段可以分为 $|\Omega| \times |T|$ 个子模型 $Q_t(\theta, m^\omega)$，其变量和约束远少于先前的子模型 $Q(\theta, m^\omega)$。原先的变量 γ^ω_{srdpt} 中的下标"t"也在上述新的子模型中被移除。子模型 $Q_t(\theta, m^\omega)$ 是线性规划模型，可以很快地被求解。因此，θ_{dc} 是主要的决策变量。可以使用一些常用的元启发式算法（如模拟退火算法，遗传算法，粒子群优化算法等）在原问题的解空间中搜索 θ_{dc} 的满意解。用 $\ddot{\theta}^{\mathcal{M}1}_{dc}$ 表示 θ_{dc}。

那么，配送中心调整的价值可以按照 5.4.2 节的步骤计算。

（1）求解 $\mathcal{M}2$ 模型。在该解中，变量 θ_{dc} 的值由 $\ddot{\theta}^{\mathcal{M}2}_{dc}$ 表示。

（2）使变量 $\theta_{dc} = \ddot{\theta}^{\mathcal{M}2}_{dc}$ 求解模型 $\mathcal{M}0$。目标值用 $Z^{\mathcal{M}0}(\ddot{\theta}^{\mathcal{M}2})$ 表示。

（3）模型 $\mathcal{M}0$ 和上述 $Z^{\mathcal{M}0}(\ddot{\theta}^{\mathcal{M}2})$ 的最优目标值之间的偏差反映了配送中心调整的价值（即 Val_Adjust）。

$$\text{Val\_Adjust} = Z^{\mathcal{M}0} - Z^{\mathcal{M}0}(\ddot{\theta}^{\mathcal{M}2}) \qquad (5.22)$$

由于 $\ddot{\theta}^{\mathcal{M}2}$ 是模型 $\mathcal{M}0$ 的可行解，$Z^{\mathcal{M}0}(\ddot{\theta}^{\mathcal{M}2})$ 不大于 $Z^{\mathcal{M}0}$，$Z^{\mathcal{M}0}$ 是模型 $\mathcal{M}0$ 的最优目标值，所以 Val_Adjust 是一个非负数。

5.4.4 不考虑配送中心调整的模型分析

不考虑配送中心调整的 $\mathcal{M}2$ 模型是原始问题的特殊情况。本节对该模型进行了调查并得到了一些分析结果。

命题 2：假设配送中心是固定的，并且无容量限制。在最优解中，在任何情景下的任何时间段内，零售商 r 所在地对产品 p 的所有需求都由供应商 s' 满足，并通过配送中心 d' 转运。这里 $\{s', d'\} = \arg\max\limits_{s,d} \mathcal{U}_{srdp}$。

证明：由于配送中心的位置和规模都是确定的，原始模型 $\mathcal{M}2$ 被简化成了另一个模型 $\mathcal{M}2'$：

$$[\mathcal{M}2'] \quad \text{Max} \sum_{\omega \in \Omega, t \in T} \pi^{\omega} Q_t(\theta, m^{\omega}) \tag{5.23}$$

$$Q_t(\theta, m^{\omega}) = \text{Max} \sum_{d \in Ds \in S, r \in R, p \in P_s} \mathcal{U}_{srdp} \gamma^{\omega}_{srdp} \tag{5.24}$$

$$\text{s.t.} \quad \sum_{s \in S, d \in D} \gamma^{\omega}_{srdp} \leqslant m^{\omega}_{rpt} \qquad \forall r \in R, \forall p \in P \tag{5.25}$$

$$\gamma^{\omega}_{srdp} \geqslant 0 \qquad \forall s \in S, \forall r \in R, \forall p \in P_s, \forall d \in D \tag{5.26}$$

模型 $\mathcal{M}2'$ 可以划分成 $|\Omega| \times |T| \times |R| \times |P|$ 个子模型（定义为 $\mathcal{M}2'_{\omega trp}$），它对应于每个四元组（$\omega, t, r, p$），这里 $\omega \in \Omega$，$t \in T$，$r \in R$，$p \in P$。

$$[\mathcal{M}2'_{\omega trp}] \quad \text{Max} \sum_{s \in S, d \in D} \mathcal{U}_{srdp} \gamma_{sd} \tag{5.27}$$

$$\text{s.t.} \quad \sum_{s \in S, d \in D} \gamma_{sd} \leqslant m^{\omega}_{rpt} \tag{5.28}$$

$$\gamma_{sd} \geqslant 0 \quad \forall s \in S, \forall d \in D \tag{5.29}$$

很容易理解，上述模型的最优解是 $\gamma^*_{sd} = m^{\omega}_{rpt}$，$\gamma^*_{sd}$ 的下标用 s' 和 d' 表示；这里 $\{s', d'\} = \arg\max\limits_{s,d} \mathcal{U}_{srdp}$。这意味着对于 $\forall \omega \in \Omega$ 和 $\forall t \in T$，零售商 r 对产品 p 的所有需求（即 m^{ω}_{rpt}）都由供应商 s' 满足，并通过配送中心 d' 转运。∎

上述命题表明，如果配送中心已经建立并具有足够的容量，零售商所在地对某产品的所有要求将由同一位供应商支付，并通过同一个配送中心转运。

针对最初考虑配送中心的容量和选址问题，给出了如下一些建议。

命题 3：在模型 $\mathcal{M}2$ 的最优解中，在任何情景下的任何时间段内，由一个供应商提供零售商 r 对产品 p 的需求量并由配送中心 d 转运，这个即供应商 s^*_{rdp}。其中 $s^*_{rdp} = \arg\max\limits_{s} \mathcal{U}_{srdp}$。

证明：

第一步：证明零售商对通过配送中心转运的产品的需求，这些产品由任何情景下的任何时间段某位供应商提供。在最优解中，假设零售商 r 对产品 p 的需求通过配送中心 d 转运，这些产品由两个供应商 s_1 和 s_2 提供。由两个供应商 s_1 和 s_2 提供的产品的数量分别为 $\gamma_{s_1 d}$ 和 $\gamma_{s_2 d}$。一般来说，假设 $\mathcal{U}_{s_1 rdp} \geqslant \mathcal{U}_{s_2 rdp}$，如果供应商 s_2 最初提供的产品也由供应商 s_1 提供，则由于 $\mathcal{U}_{s_1 rdp}(\gamma_{s_1 d} + \gamma_{s_2 d}) \geqslant \mathcal{U}_{s_1 rdp} \gamma_{s_1 d} + \mathcal{U}_{s_2 rdp} \gamma_{s_2 d}$，成

本会降低。这与最优解相矛盾。因此，零售商对通过配送中心转运的产品的需求，肯定只由一个供应商提供。

第二步：证明提供产品的供应商是 $s_{rdp}^* = \arg\max_s \mathcal{U}_{srdp}$。本章通过反证法证明。在最优解中，假设零售商 r 通过配送中心 d 转运的产品 p 的需求由另一位供应商提供。考虑另一种求解方案，其中通过配送中心 d 转运的零售商 r 对产品 p 的需求由供应商 s_{rdp}^* 提供，其余运输计划与上述最优解相同。很容易看到，因为 $s_{rdp}^* = \arg\max_s \mathcal{U}_{srdp}$，所以 $\mathcal{U}_{s_{rdp}^* rdp} \gamma_{s_{rdp}^* rdp}^\omega \geq \mathcal{U}_{s'rdp} \gamma_{s'rdp}^\omega$ 这与最优解相矛盾。因此，通过配送中心 d 转运的零售商 r 对产品 p 的需求由供应商 s_{rdp}^* 提供。∎

命题 3 表明，通过特定的配送中心发送给零售商的产品由同一个供应商提供。该命题可以帮助决策者为模型 $\mathcal{M}2$ 构建近似最优解，并将所求得的近似最优解作为一些启发式算法（如遗传算法、模拟退火算法）求解大规模问题实例情况下的初始解。

5.5 改进型拉格朗日松弛算法设计

在关于设施选址问题的文献中，发现大量相关研究都使用拉格朗日松弛算法来求解他们提出的模型[110-112]。相关文献显示，拉格朗日松弛算法是求解供应链网络问题的有效方法。这种特殊的方法可以快速求解模型，并获得很精确的解。与前面的研究相似，本章也用拉格朗日松弛算法来求解提出的模型。

通过引入乘数 β_t^ω ($\forall t \in T, \forall \omega \in \Omega$) 来松弛约束条件（5.8）。拉格朗日松弛问题 $\text{LR}(\beta)$ 变为如下：

$$\text{LR}(\beta) = \text{Max} \sum_{\omega \in \Omega} \pi^\omega Q(\theta, m^\omega) - \sum_{d \in D, c \in C_d} f_{dc} \theta_{dc} \tag{5.30}$$

$$\text{s.t.} \quad \sum_{c \in C_d} \theta_{dc} \leq 1 \qquad \forall d \in D \tag{5.31}$$

$$\sum_{d \in D, c \in C_d} f_{dc} \theta_{dc} \leq b_1 \tag{5.32}$$

$$\theta_{dc} \in \{0,1\} \qquad \forall d \in D, \forall c \in C_d \tag{5.33}$$

其中

$$
\begin{aligned}
Q(\theta, m^\omega) = \text{Max} &\sum_{t \in T, s \in S, d \in D} a_{sd}^1 \sum_{r \in R, p \in P_s} e_p \gamma_{srdpt}^\omega + \sum_{t \in T, d \in D, r \in R} a_{dr}^2 \sum_{s \in S, p \in P_s} e_p \gamma_{srdpt}^\omega \\
&- \sum_{t \in T/\{1\}, d \in D, c \in C_d, c' \in C_d} u_{dcc'} \delta_{dcc't}^\omega - \sum_{t \in T, s \in S, d \in D, r \in R, p \in P_s} (n_{sd}^1 + n_{dr}^2 + n_d^3) h_p \gamma_{srdpt}^\omega \\
&- \sum_{t \in T/\{1\}} \beta_t^\omega \sum_{d \in D, c \in C_d, c' \in C_d} u_{dcc'} \delta_{dcc't}^\omega + \sum_{t \in T/\{1\}} \beta_t^\omega b_t^\omega
\end{aligned} \tag{5.34}
$$

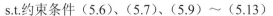

s.t.约束条件（5.6）、（5.7）、（5.9）～（5.13）

为了获得原模型最佳的拉格朗日松弛上限，采用次梯度方法大致求解以下双重拉格朗日问题：

$$\text{LD} : \text{Min LR}(\beta) \tag{5.35}$$

该次梯度方法是求解拉格朗日问题而不断迭代的一个过程。通过利用当前次梯度信息来更新下一代的拉格朗日乘子。如果迭代次数达到给定最大值，或者上限不再连续改进，则迭代过程终止。

定义 $\delta_{dcc't}^{\omega(i)}$ 为 $\text{LR}(\beta_t^{\omega(i)})$ 在第 $i(i \geqslant 0)$ 次迭代时的最优解，然后就可以定义

$$\gamma_t^{\omega(i)} = b_t^{\omega} - \sum_{d \in D, c \in C_d, c' \in C_d} u_{dcc'} \delta_{dcc't}^{\omega(i)}, \quad \forall t \in T / \{1\} \tag{5.36}$$

那么第 $i+1$ 次迭代时的拉格朗日乘子将更新为

$$\beta_t^{\omega(i+1)} = \beta_t^{\omega(i)} + \theta^{(i)} \gamma_t^{\omega(i)}, \quad \forall t \in T / \{1\} \tag{5.37}$$

其中

$$\theta^{(i)} = \frac{\lambda(Z^* - \text{LR}(\beta_t^{\omega(i)}))}{\sum_{t \in T} (\gamma_t^{\omega(i)})^2} \tag{5.38}$$

Z^* 是原始问题的最优值的估计上限。当 CPLEX 实现该过程，且"偏差"一栏的值等于或小于 1%时，"目标"一栏的值被设置为 Z^*。λ 是取值范围为（0，2）的一个参数，如果给定数量的连续迭代没有改进最佳下限，则该参数减半。I 是最大迭代次数；BUB 是在原来的 i 次迭代中找到的最佳上限；ε 是一个正的小标量。

最终，将本章所提的次梯度优化过程总结如下。

算法：次梯度优化过程

参数设置：

BUB $:= +\infty$，$I := 120$，$i := 0, \lambda := 2, \varepsilon := 0.1, N := 20, \beta_{lp}^{\omega(0)} := 0$，$\forall l \in L, \forall p \in P$。

While（$i < I$ & $\lambda > \varepsilon$）

{

　　步骤一：求解拉格朗日松弛问题 $\text{LR}(\beta_{lp}^{\omega(i)})$ 最优解，得到目标公式值 $\text{Obj}(\text{LR})$，同时得到变量 $\delta_{dcc't}^{\omega(i)}$ 的值。

　　步骤二：如果 $\text{Obj}(\text{LR}) < \text{BUB}$，就令 $\text{BUB} := \text{Obj}(\text{LR})$。如果在 N 次迭代后 BUB 的值都没有提高，就令 $\lambda := \lambda / 2$，否则停止整个程序。

　　步骤三：令 $i := i+1$，对于 $\forall t \in \dfrac{T}{\{1\}}$，根据式（5.14）～式（5.16）更新 $\beta_{lp}^{\omega(i)}$。

}

5.6 两阶段随机规划模型的应用与数值实验分析

本章提出的模型适用于中国大型汽车物流公司所面临的现实问题。通过一些数值实验，可以验证所提出的模型的有效性。数学模型和算法在计算机（配置为 Intel Core i5，1.7GHz；内存：8GB）上由 CPLEX12.5.1（Visual Studio 2008，C#）实现。

5.6.1 问题背景

该模型应用在中国最大的汽车物流公司，它拥有 10 家物流子公司，通过水路、铁路和公路运输汽车。运输车辆年吞吐量约 570 万辆，年收入约 20 亿美元。公司拥有约 50 个仓库和配送中心，总面积超过 440 万平方米。公司总部位于上海，子公司分布在北京、重庆、德阳、广州、宁波、青岛、上海、沈阳、天津、武汉、咸阳、义征和榆次等 13 个地区。

本节的实验主要集中在从原始运输汽车（即汽车公司的工厂）到目的地（即 4S 店出售汽车）的过程中，通过上述 13 个城市的配送中心转运。起初，这项研究考虑了 7 个城市，其中绝大多数的汽车都是组装的。另外，尽管全国有数以万计的分销 4S 店。为了简单起见，本章只考虑了 8 个城市（北京、上海、广州、深圳、天津、武汉、重庆、杭州）中的大多数 4S 店作为实验中的目的地。对产品运输来说，虽然有大量不同品牌的汽车，但是汽车物流的决策模型主要关注汽车的尺寸类型而不是品牌，因此实验中考虑了 5 种类型的汽车尺寸（即汽车的 A、B、C、D 类型和 SUV）。实验考虑了 5 年的规划周期。每个时间段是一年。以下实验将使用上述示例（5 个时间段，7 个供应商，13 个配送中心，8 个零售商，5 种产品）作为基本情况。

5.6.2 不同情景下的收敛分析

随机规划模型（即 $\mathcal{M}0$）是基于表示将来随机参数（即零售商的需求）的可能实现的情景来制定的。情景数量越多，基于情景制定的模型将能够更接近地反映原始随机规划模型。即使情景的数量对于这些集合是相同的，不同情景组下的随机规划模型的结果也会不一样。从理论的角度来看，不同结果的标准偏差应该随着场景数量的增加而减少。根据上述问题实例（7 家供应商，13 个配送中心，8 个零售商，5 种产品，"7-13-8-5"），通过将情景数量从 10 个设置到 250 个，进行实验来研究这种收敛现象。对于给定数量的情景（即 10、20、50、80、100、150、200 或 250），随机生成了 10 个不同的情况，并求解模型。记录 10 个算例的最大值、最小值和平均值，如表 5-1 所示。

表 5-1　不同情景数量下的实验

情景数	最大值	最小值	偏差（最大值-最小值）	平均值	标准偏差	平均计算时间/s
10	9.100×10^8	7.261×10^8	1.837×10^8	8.256×10^8	7.084×10^7	8
20	9.147×10^8	7.311×10^8	1.836×10^8	8.267×10^8	6.757×10^7	15
50	9.474×10^8	7.737×10^8	1.737×10^8	8.314×10^8	6.415×10^7	41
80	9.446×10^8	8.012×10^8	1.434×10^8	8.733×10^8	5.723×10^7	68
100	9.656×10^8	8.300×10^8	1.355×10^8	8.972×10^8	4.293×10^7	87
150	9.198×10^8	7.997×10^8	1.201×10^8	8.603×10^8	3.619×10^7	162
200	9.276×10^8	8.242×10^8	1.033×10^8	8.863×10^8	3.322×10^7	305
250	9.322×10^8	8.367×10^8	9.547×10^7	8.867×10^8	3.237×10^7	1 369

从表 5-1 可以看出，当情景数量增加时，最大值和最小值之间的偏差以及标准偏差明显下降，这表明模型 $\mathcal{M}0$ 随着场景数量的增加而收敛。这种现象符合常识。另外，结果还表明，随着场景数量的增加，平均计算时间明显增加。

Kleywegt 等[315]提出了所需样本量的下限，其中所需的最小情景数为 $[3\sigma_{max}^2/(\varepsilon-\delta)^2]\log(|\mathcal{S}|/\alpha)$。其中，$|\mathcal{S}|$ 是可行解集的大小；δ 是 SBAP$_{SAA}$ 模型得到的解的最佳偏差；ε 是概率至少为 $1-\alpha$ 的情况下，原始模型 SBAP 的最佳偏差；σ_{max}^2 是确定函数差的最大方差。然而，Kleywegt 等[315]还指出，上述公式对于计算目的有两个缺点：①计算出边界是不容易的，因为 σ_{max}^2 和 $|\mathcal{S}|$ 很难计算；②边界可能太保守而不能获得所需样本量的实际估计。例如，由于 γ_{srdpt}^{ω} 是模型中的连续变量，所以难以计算 $|\mathcal{S}|$ 的值。因此，本章需要通过一些实际的方式来估计所需的样本量。在本章研究中，场景的数量以 1 为单位一直增加到标准偏差为平均值的百分比低于给定阈值（如平均值的 5%或 1%）。对于上述情况，当情景数超过 100 时，标准偏差低于平均值的 5%。实际上，所需的样本量取决于决策者心目中的阈值。在以下实验中，情景数设置为 100。

5.6.3　完全信息、随机解和考虑配送中心调整的价值

5.4 节提出了分析完全信息价值的一些上限和下限（式（5.5）～式（5.14）中的"Val_Info"），随机解的价值（式（5.5）～式（5.16）中的"Val_Stocha"）以及考虑规模效应的价值（式（5.5）～式（5.20）中的"Val_Adjust"）。

首先，完全信息的价值衡量了决策者在做决定之前愿意为随机需求的知识价值支付的最大金额[312]。根据表 5-2 的结果，通过与模型的目标值比较，发现"Val_Info"值不是很显著，平均百分比约为 0.02%。这一结果意味着，并不需要

迫切（或必须）积极投资来预测零售商的不确定性需求。提前了解零售商的确切需求所得到的好处并不是非常显著的。

其次，随机解的价值反映了与确定性决策模型比较时随机规划模型带来的好处[312]。在表 5-2 中，"Val_Stocha"值也不是非常大，但大于"Val_Info"，这意味着相比于预测零售商的不确定性需求，提出随机规划模型对于决策者更为紧迫（或必要）。

最后，本章研究的主要贡献之一，是在规划周期内考虑配送中心的动态调整。本章使用配送中心调整价值来反映考虑（或忽略成本）配送中心调整的好处。根据表 5-2 的结果，"Val_Adjust"比"Val_Stocha"和"Val_Info"更大。该结果验证了在规划周期内考虑配送中心的动态调整的必要性。"Val_Adjust"相对较大的值意味着配送中心调整在这个决策问题中起着重要的作用，因此不应该简化甚至被忽略。

表 5-2　信息，随机解和配送中心调整的价值

算例序号	模型	完全信息价值			随机解价值			配送中心调整价值		
	$Z^{\mathcal{M}0}$	$UB^{\mathcal{M}0}$	Val_Info		$LB_1^{\mathcal{M}0}$	Val_Stocha		$LB_2^{\mathcal{M}0}$	Val_Adjust	
			$UB^{\mathcal{M}0}-Z^{\mathcal{M}0}$	百分比		$Z^{\mathcal{M}0}-LB_1^{\mathcal{M}0}$	百分比		$Z^{\mathcal{M}0}-LB_2^{\mathcal{M}0}$	百分比
5-5-5-5-1	3.435×10^8	3.438×10^8	310 740	0.09%	3.386×10^8	4.91×10^6	1.43%	3.345×10^8	8.94×10^6	2.60%
5-5-5-5-2	7.305×10^8	7.307×10^8	141 743	0.02%	7.153×10^8	1.52×10^7	2.08%	7.089×10^8	2.16×10^7	2.96%
5-5-5-5-3	4.171×10^8	4.173×10^8	163 844	0.04%	4.108×10^8	6.39×10^6	1.53%	4.055×10^8	1.17×10^7	2.79%
5-5-5-5-4	2.958×10^8	2.959×10^8	51 148	0.02%	2.906×10^8	5.18×10^6	1.75%	2.785×10^8	1.73×10^7	5.84%
5-5-5-5-5	5.256×10^8	5.257×10^8	137 887	0.03%	5.184×10^8	7.15×10^6	1.36%	5.107×10^8	1.49×10^7	2.83%
8-10-8-10-1	4.350×10^9	4.351×10^9	202 253	0.00%	4.300×10^9	5.06×10^7	1.16%	4.096×10^9	2.55×10^8	5.85%
8-10-8-10-2	3.321×10^9	3.321×10^9	276 322	0.01%	3.262×10^9	5.92×10^7	1.78%	3.234×10^9	8.66×10^7	2.61%
8-10-8-10-3	2.907×10^9	2.907×10^9	212 008	0.01%	2.873×10^9	3.34×10^7	1.15%	2.794×10^9	1.13×10^8	3.87%
8-10-8-10-4	2.977×10^9	2.977×10^9	245 323	0.01%	2.931×10^9	4.60×10^7	1.54%	2.908×10^9	6.93×10^7	2.33%
8-10-8-10-5	3.191×10^9	3.191×10^9	375 271	0.01%	3.121×10^9	6.97×10^7	2.18%	3.072×10^9	1.19×10^8	3.74%
8-13-8-15-1	4.866×10^9	4.866×10^9	636 644	0.01%	4.811×10^9	5.42×10^7	1.11%	4.660×10^9	2.06×10^8	4.23%
8-13-8-15-2	7.231×10^9	7.231×10^9	281 384	0.00%	7.151×10^9	7.98×10^7	1.10%	6.663×10^9	5.68×10^8	7.85%
8-13-8-15-3	5.252×10^9	5.253×10^9	368 719	0.01%	5.186×10^9	6.66×10^7	1.27%	4.916×10^9	3.36×10^8	6.41%
8-13-8-15-4	4.007×10^9	4.008×10^9	587 427	0.01%	3.959×10^9	4.82×10^7	1.20%	3.845×10^9	1.62×10^8	4.04%
8-13-8-15-5	3.693×10^9	3.693×10^9	333 891	0.01%	3.649×10^9	4.31×10^7	1.17%	3.458×10^9	2.35×10^8	6.35%
平均值				0.02%			1.45%			4.29%

注：（1）$Z^{\mathcal{M}0}$ 表示模型 $\mathcal{M}0$ 的目标值；（2）$UB^{\mathcal{M}0}$ 表示模型 $\mathcal{M}0$ 的上限，有关上限的细节详见 5.4.1 节；（3）$LB_1^{\mathcal{M}0}$ 和 $LB_2^{\mathcal{M}0}$ 表示模型 $\mathcal{M}0$ 的两个下限，分别在 5.4.2 节和 5.4.3 节中详细阐述。

5.7　本章小结

在供应链管理文献中，不确定性下的配送中心选址问题是一种经典的决策问题，本章提出了一种配送中心选址的随机规划模型，确定其适用的规模，以及调整配送中心规模，以便适应不同时期零售商的需求。通过与现有相关文献比较，本章的一些贡献列举如下。

（1）大多数配送中心选址问题相关研究通常都有单一时间段的基本假设。虽然很多文献中假设客户（零售商）的要求是随机的，但需求的动态变化的特征尚未在文献中被考虑到。然而，本章通过定义一个多时间段的决策模型，将这一因素考虑在模型表达中。

（2）为了以更加定量的方式验证模型的有效性，本章设计了一些模型的上、下限。还通过这些上限和下限来进行一些数值实验，以评估模型的性能。

（3）模型考虑了配送中心调整决策。供应商可以直接或通过配送中心将产品运输到零售商。因此，有更多的运输选择，从而更有利于降低成本。

本章的研究也存在局限性。例如，本章中考虑的供应链网络实际上是一个二级的供应链。然而，一些现实的供应链网络比这种情况更复杂。另外，本章考虑了运输流程中的库存成本（即库存成本），但客户场地的库存成本尚未考虑在内。如果将它考虑到这个问题中，将导致一些决策变量出现在分母中，这进一步使原始模型复杂化。所有这些问题将是未来可能的研究方向。

第三篇

中期战术层面决策问题

第6章 >>>

采购与自制决策优化问题

6.1 概述

在当代全球供应链网络中，各公司除自制产品的一些零部件外，也通常将其他部分外包。根据比较优势原则，公司偏好以最低机会成本进行生产。对于具有需求但不擅长制造的部件，公司倾向于外包而不是自制；因为供应商通常会以较高生产率生产所需零件，从而外包方式成本更低。然而，在一些情况下，由于额外增加的订单交易处理时间和从供应商到公司的配送时间，外包方式的交付周期可能长于自制方式。因此，若遇到客户的紧急订单或超出预期的高要求订单，公司必须诉诸其内部制造；该方式可能会造成较高成本，但交货时间相比于外包则更短。考虑到公司内部生产能力限制，如何在多产品多时期条件下，针对随机需求平衡外包和自制两种生产模式是一个复杂的问题。本章采用动态规划方法来分析该问题，并从分析研究所做数值实验得到，使用所提内部生产和外包决策模型可显著降低成本。

6.2 多产品生产与外包决策优化模型构建

6.2.1 问题背景

本章问题背景是针对不确定市场需求制造多种产品。制造商通常有两种可供选择的生产模式：一种是外包零件给供应商并组装；另一种则是内部制造并组装。每种模式都有其相对优点：外包模式的成本低于自制模式，但需要更长的交货时间。为平衡两种模式，本章利用分析方法在规划周期内的每个时期，研究上述两种模式对所有产品生产的最佳数量；规划目标为最小化生产成本和库存成本。需要说明的是，所有产品的内部制造能力在每个时期均有限制，若没有能力限制，则多产品问题将被简化为单一产品问题。

6.2.2 问题假设

在制定问题之前，做出如下假设：

（1）该问题规划范围内具有 N 个时间段，在第一时间段内，每个产品的初始库存已知。

（2）外包生产模式下，提前期为一期；内部制造生产模式，提前期为零。从而，对于第一种模式，制造订单始于 t 时期，成品可满足 $t+1$ 时期的需求；对于第二种模式，制造订单始于 t 时期，成品可满足同期 t 的需求。

（3）每个时期产品需求独立，且为相同分布的随机变量；不同的产品按不同的概率分布。

（4）不考虑外包生产的固定成本。

6.2.3 模型构建

1. 下标

p：产品下标，$p=1,2,\cdots,P$；P 为产品数量。

t：时期下标，$t=1,2,\cdots,N$；N 为规划周期内的时期数量。

2. 决策变量

$X_{p,t}$：在 t 时期（一个时期提前期）外包部件并组装的产品 p 数量。

$Y_{p,t}$：在 t 时期（无提前期）内部制造部件并组装的产品 p 数量。

3. 参数

o_p：外包部件并组装的产品 p 的单位成本。

m_p：内部制造部件并组装的产品 p 的单位成本。

r_p：由内部制造部件的产品 p 的单位相对成本，$r_p=m_p-o_p$，其中假设 $m_p>o_p$。

h_p：产品 p 的单位持有成本。

b_p：产品 p 的单位缺货成本。

$\omega_{p,t}$：产品 p 在时期 t 的需求，假设 $\omega_{p,t}\in[\omega_{\min},\omega_{\max}]$，其中，$\omega_{\min}$、$\omega_{\max}$ 分别为 $\omega_{p,t}$ 的上限和下限，若没有具体数据确定该范围，$\omega_{\min}$ 可设为 0，$\omega_{\max}$ 可设为一个足够大的正数。

$f_p(\omega)$：产品 p 的需求概率密度函数。

$F_p(\omega)$：产品 p 的需求累积分布函数，$F_p(\omega_{\min})=0,F_p(\omega_{\max})=1$。

$W_{p,t}$：t 时期初期产品 p 的库存，在前一时期 $t-1$ 时期接收由外包模式制造部件并组装。

e_p：由内部制造部件的单位产品 p 所需生产能力配置。

L_t：t 时期内部制造部件生产能力配置限制。

图 6-1 为沿着时间轴的事件流程图，说明了本章所述生产过程的情景。

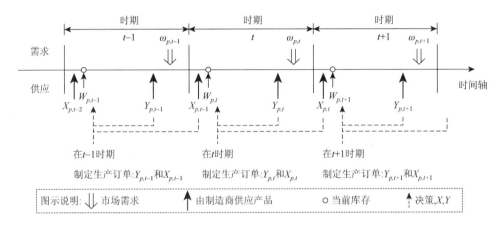

图 6-1　产品 p 时间轴事件流程图

如图 6-1 所示，在 t 时期开始时，由 $X_{p,t-1}$ 标记的黑色实心箭头表示由外包模式制造部件并组装的成品在前一时期 $t-1$ 被接收。$X_{p,t-1}$ 将被计入时期 t 的初始库存 $W_{p,t}$，其在图 6-1 中由圆圈标记以表示当前库存量。已知 t 时期的初始库存，规划者则可为该时期制定生产订单，包括两种模式下的生产量（$Y_{p,t}$ 和 $X_{p,t-1}$）。虚线反映了两种模式的生产过程，可以看到不同的生产模式具有不同的交付周期；例如，$X_{p,t}$ 在下一时期 $t+1$ 生产完成并可用，而 $Y_{p,t}$ 在时期 t 生产完成并可用。时间轴上方的空白箭头表示每个时期的需求。从图 6-1 中可以看到，在时期 t 内 "$W_{p,t}+Y_{p,t}$" 以满足需求 $\omega_{p,t}$。基于上述说明，可得两个相邻时期的库存关系：

$$W_{p,t+1}=W_{p,t}+Y_{p,t}-\omega_{p,t}+X_{p,t} \tag{6.1}$$

当 "$W_{p,t}+Y_{p,t}$" 在 t 时期满足需求 $\omega_{p,t}$ 时，该过程的成本由式 $\psi_p(W_{p,t}+Y_{p,t})$ 表示。函数 $\psi_p(x)$ 表示如下：

$$
\begin{aligned}
\psi_p(x) &= h_p \int_0^x (x-\omega)f_p(\omega)\mathrm{d}\omega + b_p \int_x^M (\omega-x)f_p(\omega)\mathrm{d}\omega \\
&= h_p \mathbb{E}(x-\omega)^+ + b_p \mathbb{E}(\omega-x)^+
\end{aligned}
\tag{6.2}
$$

其中，$\psi_p(x)$ 为一段时间内预期的库存成本和缺货成本，常用于生产规划模型。在式（6.2）中，M 为足够大的正数，表示需求的上限。

如参数符号所述，r_p 为由内部制造模式生产产品 p 的相对成本，$r_p = m_p - o_p$；其中假设 $m_p > o_p$，意味着外包模式的成本低于内部制造模式，但前者需要比后者更长的交付时间。显然，理想的方式是通过外包模式满足所有需求；但由于不可预测的需求，该情况在实际中不可行；有时工厂仍需采用自制模式。因此，$r_p Y_{p,t}$ 为使用内部制造模式的相对成本，应在成本函数中最小化。同时，外包生产的固定成本被忽略。结合上述两个方面，一个时期 t 的预期成本可表示为

$$\sum_{p=1}^{P} \{r_p Y_{p,t} + \psi_p(W_{p,t} + Y_{p,t})\} \tag{6.3}$$

目标为尽量减少规划周期内所有产品的总成本：

$$(\mathcal{M}0) \quad \min \sum_{t=1}^{N} \sum_{p=1}^{P} \{r_p Y_{p,t} + \psi_p(W_{p,t} + Y_{p,t})\} \tag{6.4}$$

$$\text{s.t.} \quad W_{p,t} + Y_{p,t} - \omega_{p,t} + X_{p,t} = W_{p,t+1} \quad t = 1, \cdots, N-1; p = 1, \cdots, P \tag{6.5}$$

$$\sum_{p=1}^{P} e_p Y_{p,t} \leqslant L_t \quad t = 1, \cdots, N; p = 1, \cdots, P \tag{6.6}$$

$$Y_{p,t} \geqslant 0 \quad t = 1, \cdots, N; p = 1, \cdots, P \tag{6.7}$$

$$X_{p,t} \geqslant 0 \quad t = 1, \cdots, N-1; p = 1, \cdots, P \tag{6.8}$$

在上述模型中，约束条件（6.5）反映了周期 t 和 $t+1$ 之间的联系。约束条件（6.6）为能力约束，所有产品的内部制造部件能力在每个时期都有限制。该模型难以通过数学规划直接分析和求解，具有如下难点：①非线性目标函数 ψ_p；②随机变量 $\omega_{p,t}$；③约束条件（6.5）中，不同时期关联而非独立；④约束条件（6.6）中，不同的产品非独立。

为求解提出的模型，首先松弛约束条件（6.6）。将在 6.3 节中分析单一产品生产受限规划问题，基于单一产品问题，将其扩展到 6.4 节中的多产品生产受限问题。

6.3 单一产品生产能力不受限规划问题

本节分析了单一产品生产规划问题，该部分为研究多产品生产受限规划问题的基础。通过松弛能力约束条件（6.6），原始模型 $\mathcal{M}0$ 变为 $\mathcal{M}1$：

$$(\mathcal{M}1) \quad \min \sum_{t=1}^{N} \{r Y_t + \psi(W_t + Y_t)\} \tag{6.9}$$

$$\text{s.t.} \quad W_t + Y_t - \omega_t + X_t = W_{t+1}, \quad t = 1, \cdots, N-1 \tag{6.10}$$

$$Y_t \geqslant 0, \quad t = 1, \cdots, N \tag{6.11}$$

$$X_t \geqslant 0, \quad t = 1, \cdots, N-1 \tag{6.12}$$

其中

$$\psi(x) = h \int_0^x (x - \omega) f(\omega) d\omega + b \int_x^M (\omega - x) f(\omega) d\omega \tag{6.13}$$

$$= h \mathbb{E}(x - \omega)^+ + b \mathbb{E}(\omega - x)^+$$

通过与 6.2 节中的符号定义进行比较，从上述模型 $\mathcal{M}1$ 中的参数、变量和函数的下标中删除 "p"。在本章中，采用动态规划方法分析该模型。需定义一个函数 $C_t(W_t, Y_t)$ 来表示时期 t 中的预期成本：

$$C_t(W_t, Y_t) = rY_t + \psi(W_t + Y_t) \tag{6.14}$$

由于使用动态规划方法，从 t 到 $N, Z_t(W_t)$ 的最小预期成本则被定义为

$$Z_t(W_t) = \min_{Y_t, X_t} \{ C_t(W_t, Y_t) + \mathbb{E}_{\omega_t} Z_{t+1}(W_{t+1}) \}, \quad t = 1, \cdots, N-1 \tag{6.15}$$

其中

$$W_{t+1} = W_t + Y_t - \omega_t + X_t \tag{6.16}$$

$$Z_N(W_N) = \min_{Y_N} \{ C_N(W_N, Y_N) \} \tag{6.17}$$

在式（6.15）中，"$\mathbb{E}_{\omega_t}$" 表示对随机变量 ω_t 的期望值 Z_{t+1} 的计算，计算基于 ω_t 的概率密度函数。

那么，$Z_1(W_1)$ 反映了整个规划周期（从时期 1 到 N）的最低成本。

以下公式是上述 $Z_t(W_t)$ 的替代形式，将在分析过程中使用。首先，定义一个新的变量 β_t 和函数 $T_t(\beta_t)$：

$$\beta_t = W_t + Y_t + X_t \tag{6.18}$$

$$T_t(\beta_t) = \mathbb{E}_{\omega_t} Z_{t+1}(\beta_t - \omega_t) \tag{6.19}$$

式（6.15）中包含两个决策变量：Y_t 和 X_t。根据式（6.18），Y_t 和 X_t 依旧作为决策变量。因此，式（6.15）变为

$$Z_t(W_t) = \min_{Y_t, \beta_t} \{ C_t(W_t, Y_t) + \mathbb{E}_{\omega_t} Z_{t+1}(\beta_t - \omega_t) \} \tag{6.20}$$

式（6.20）可等效为

$$Z_t(W_t) = \min_{Y_t} \{ C_t(W_t, Y_t) + \min_{\beta_t} \mathbb{E}_{\omega_t} Z_{t+1}(\beta_t - \omega_t) \} \tag{6.21}$$

上述定义的参数和式（6.18）～式（6.21）将用于以下分析。

由于使用动态规划方法，因此首先分析最后一个时期 N 的最优决策。

6.3.1　时期 N 的最优决策分析

如式（6.17）所述，最后一个时期 N 的成本制定如下。在规划周期的最后一个时期，只有一个决策变量 Y_N：

$$Z_N(W_N) = \min_{Y_N} \{ C_N(W_N, Y_N) \} = \min_{Y_N} \{ rY_N + \psi(W_N + Y_N) \} \tag{6.22}$$

为了分析上述公式的最小值和 Y_N 的最优解，计算其导数：

$$\frac{\partial C_N(W_N,Y_N)}{\partial Y_N} = r + \frac{\partial \psi(W_N+Y_N)}{\partial Y_N} = r + \frac{\partial[h\mathbb{E}(W_N+Y_N-\omega_N)^+ + b\mathbb{E}(\omega_N-W_N-Y_N)^+]}{\partial Y_N}$$

$$= r + h\mathbb{E}\delta(W_N+Y_N-\omega_N) - b\mathbb{E}\delta(\omega_N-W_N-Y_N)$$

其中，当 $x \geq 0$ 时，$\delta(x)=1$；否则，$\delta(x)=0$。

$$\mathbb{E}\delta(W_N+Y_N-\omega_N) = F(W_N+Y_N)$$

$$\mathbb{E}\delta(\omega_N-W_N-Y_N) = 1-F(W_N+Y_N)$$

可知，$F(x)$ 为需求累积分布函数，那么 $C_N(W_N,Y_N)$ 的上述导数变为

$$\frac{\partial C_N(W_N,Y_N)}{\partial Y_N} = r - b + (h+b)F(W_N+Y_N) \tag{6.23}$$

可计算 $C_N(W_N,Y_N)$ 的二阶导数：

$$\frac{\partial^2 C_N(W_N,Y_N)}{\partial Y_N^{\,2}} = (h+b)f(W_N+Y_N) \geq 0$$

由于二阶导数为凸函数，可以通过 $\dfrac{\partial C_N(W_N,Y_N)}{\partial Y_N} = 0$ 求解获得最优解 Y_N^*：

$$Y_N^* = \left[F^{-1}\left(\frac{b-r}{b+h}\right) - W_N \right]^+$$

在此，定义参数 a^*：

$$a^* = F^{-1}\left(\frac{b-r}{b+h}\right) \tag{6.24}$$

$$Y_N^* = (a^* - W_N)^+ \tag{6.25}$$

在上述结果中，a^* 可以直接从输入参数导出，所以 a^* 被认为是已知数据。W_N 是时期 N 的初始库存，最优解 Y_N^* 可根据式（6.25）求得。即若 $W_N < a^*$，则 $Y_N^* = a^* - W_N$；否则 $Y_N^* = 0$。

基于上述最优解式（6.25）和对 Z_N 的定义式（6.22），最小化时期 N 的成本 $Z_N(W_N)$，具体如下：

$$Z_N(W_N) = \begin{cases} r(a^*-W_N)+\psi(a^*), & W_N < a^* \\ \psi(W_N), & W_N \geq a^* \end{cases} \tag{6.26}$$

6.3.2 时期 $N-1$ 的最优决策分析

根据最后一时期 N 的结果，对倒数第二时期 $N-1$ 进行分析。根据式（6.15）计算时期 $N-1$ 中的目标值如下：

$$Z_{N-1}(W_{N-1}) = \min_{Y_{N-1},X_{N-1}} \{C_{N-1}(W_{N-1},Y_{N-1}) + \mathbb{E}_{\omega_{N-1}} Z_N(W_N)\} \tag{6.27}$$

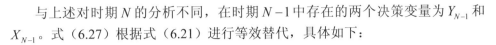

与上述对时期 N 的分析不同，在时期 $N-1$ 中存在的两个决策变量为 Y_{N-1} 和 X_{N-1}。式（6.27）根据式（6.21）进行等效替代，具体如下：

$$Z_{N-1}(W_{N-1}) = \min_{Y_{N-1}}\left\{ C_{N-1}(W_{N-1}, Y_{N-1}) + \min_{\beta_{N-1}} \mathbb{E}_{\omega_{N-1}} Z_N(\beta_{N-1} - \omega_{N-1}) \right\} \quad (6.28)$$

其中

$$\beta_{N-1} = W_{N-1} + Y_{N-1} + X_{N-1} \quad (6.29)$$

首先对式（6.28）中的第二部分进行研究，即 $\min\limits_{\beta_{N-1}} \mathbb{E}_{\omega_{N-1}} Z_N(\beta_{N-1} - \omega_{N-1})$。根据式（6.19）中的定义，函数 $T_{N-1}(\beta_{N-1})$ 定义如下：

$$T_{N-1}(\beta_{N-1}) = \mathbb{E}_{\omega_{N-1}} Z_N(\beta_{N-1} - \omega_{N-1}) \quad (6.30)$$

定理 1：存在一个最优解 β^* 使得 $T_{N-1}(\beta_{N-1})$ 最小化；β^* 可通过求解 $(h+b)\int_{\omega_{\min}}^{\beta-a^*} F(\beta-\omega)f(\omega)\mathrm{d}\omega = r + (b-r)F(\beta-a^*)$ 得到。

证明：根据式（6.30），$T_{N-1}(\beta_{N-1}) = \mathbb{E}_{\omega_{N-1}} Z_N(\beta_{N-1} - \omega_{N-1})$。

根据式（6.16）和式（6.18）的定义：

$$W_N = W_{N-1} + Y_{N-1} - \omega_{N-1} + X_{N-1}$$

$$\beta_{N-1} = W_{N-1} + Y_{N-1} + X_{N-1}$$

有

$$W_N = \beta_{N-1} - \omega_{N-1} \quad (6.31)$$

根据式（6.26）中对时期 N 的分析结论，时期 N 的目标值 Z_N 为

$$Z_N(W_N) = \begin{cases} r(a^* - W_N) + \psi(a^*), & W_N < a^* \\ \psi(W_N), & W_N \geqslant a^* \end{cases} \quad (6.32)$$

根据式（6.31）和式（6.32），Z_N 可转换如下：

$$Z_N(\beta_{N-1} - \omega_{N-1}) = \begin{cases} r(a^* - \beta_{N-1} + \omega_{N-1}) + \psi(a^*), & \beta_{N-1} - a^* < \omega_{N-1} \\ \psi(\beta_{N-1} - \omega_{N-1}), & \beta_{N-1} - a^* \geqslant \omega_{N-1} \end{cases} \quad (6.33)$$

那么，Z_N 的期望值为随机变量 ω_{N-1} 的积分：

$$T_{N-1}(\beta_{N-1}) = \mathbb{E}_{\omega_{N-1}} Z_N(\beta_{N-1} - \omega_{N-1}) = \int_{\omega_{\min}}^{\beta_{N-1}-a^*} \psi(\beta_{N-1} - \omega_{N-1}) f(\omega_{N-1})\mathrm{d}\omega_{N-1}$$

$$+ \int_{\beta_{N-1}-a^*}^{\omega_{\max}} \{r(a^* - \beta_{N-1} + \omega_{N-1}) + \psi(a^*)\} f(\omega_{N-1})\mathrm{d}\omega_{N-1}$$

T_{N-1} 的导数为

$$\frac{\partial T_{N-1}}{\partial \beta_{N-1}} = \int_{\omega_{\min}}^{\beta_{N-1}-a^*} \psi'(\beta_{N-1}-\omega_{N-1})f(\omega_{N-1})\mathrm{d}\omega_{N-1} - r\int_{\beta_{N-1}-a^*}^{\omega_{\max}} f(\omega_{N-1})\mathrm{d}\omega_{N-1} \quad (6.34)$$

从而，由式（6.34）可得：

当 $\beta_{N-1} = a^* + \omega_{\min}$ 时，$\dfrac{\partial T}{\partial \beta_{N-1}} < 0$。

当 $\beta_{N-1} = a^* + \omega_{\max}$ 时，$\dfrac{\partial T}{\partial \beta_{N-1}} > 0$。

因此，$\exists \beta_{N-1}^* \in (a^* + \omega_{\min}, a^* + \omega_{\max})$，$\dfrac{\partial T}{\partial \beta_{N-1}} = 0$。

此外，T_{N-1} 的二阶导数为非负：

$$\frac{\partial^2 T_{N-1}}{\partial \beta_{N-1}^2} = \int_{\omega_{\min}}^{\beta_{N-1}-a^*} \psi''(\beta_{N-1}-\omega_{N-1})f(\omega_{N-1})\mathrm{d}\omega_{N-1} + \psi'(a^*)f(\beta_{N-1}-a^*) + rf(\beta_{N-1}-a^*) \geqslant 0$$

因此，存在一个最优解 $\beta^* \in (a^* + \omega_{\min}, a^* + \omega_{\max})$ 使得 $T_{N-1}(\beta_{N-1})$ 最小化。

其中，β^* 可通过求解等式 $\dfrac{\partial T}{\partial \beta} = 0$ 得到，即

$$\int_{\omega_{\min}}^{\beta-a^*} \psi'(\beta-\omega_{N-1})f(\omega_{N-1})\mathrm{d}\omega_{N-1} - r\int_{\beta-a^*}^{\omega_{\max}} f(\omega_{N-1})\mathrm{d}\omega_{N-1} = 0 \quad (6.35)$$

根据式（6.13）对 $\psi(x)$ 的定义：

$$\psi'(\beta-\omega_{N-1}) = h\mathbb{E}_{\omega_N}\delta(\beta-\omega_{N-1}-\omega_N) - b\mathbb{E}_{\omega_N}\delta(\omega_N-\beta+\omega_{N-1})$$

其中，当 $x \geqslant 0$ 时，$\delta(x) = 1$；否则，$\delta(x) = 0$。因此：

$$\begin{aligned}
\psi'(\beta-\omega_{N-1}) &= h\int_{\omega_{\min}}^{\omega_{\max}} \delta(\beta-\omega_{N-1}-\omega_N)f(\omega_N)\mathrm{d}\omega_N \\
&\quad - b\int_{\omega_{\min}}^{\omega_{\max}} \delta(\omega_N-\beta+\omega_{N-1})f(\omega_N)\mathrm{d}\omega_N \\
&= h\int_{\omega_{\min}}^{\beta-\omega_{N-1}} f(\omega_N)\mathrm{d}\omega_N - b\int_{\beta-\omega_{N-1}}^{\omega_{\max}} f(\omega_N)\mathrm{d}\omega_N \\
&= (h+b)F(\beta-\omega_{N-1}) - b
\end{aligned}$$

其中，$F(x)$ 为需求累积分布函数。基于上述，式（6.35）可转化为

$$\int_{\omega_{\min}}^{\beta-a^*} [(h+b)F(\beta-\omega_{N-1})-b]f(\omega_{N-1})\mathrm{d}\omega_{N-1} = r[1-F(\beta-a^*)]$$

上述等式可简化为如下形式：

$$(h+b)\int_{\omega_{\min}}^{\beta-a^*} F(\beta-\omega)f(\omega)\mathrm{d}\omega = r+(b-r)F(\beta-a^*) \tag{6.36}$$

β^* 可通过求解式（6.36）得到。■

因此，式（6.28）转化为

$$Z_{N-1}(W_{N-1}) = \min_{Y_{N-1}}\{C_{N-1}(W_{N-1},Y_{N-1})+T_{N-1}(\beta^*)\} \tag{6.37}$$

为得到最小化上述 Z_{N-1} 后所得 Y_{N-1} 的最优值，下面计算其导数和二阶导数：

$$
\begin{aligned}
&\frac{\partial[C_{N-1}(W_{N-1},Y_{N-1})+T_{N-1}(\beta^*)]}{\partial Y_{N-1}} \\
&=\frac{\partial[rY_{N-1}+\psi(W_{N-1}+Y_{N-1})+T_{N-1}(\beta^*)]}{\partial Y_{N-1}} \\
&=r+\frac{\partial\psi(W_{N-1}+Y_{N-1})}{\partial Y_{N-1}}=r-b+(h+b)F(W_{N-1}+Y_{N-1}) \\
&\frac{\partial^2[C_{N-1}(W_{N-1},Y_{N-1})+T_{N-1}(\beta^*)]}{\partial Y_{N-1}^2}=(h+b)f(W_{N-1}+Y_{N-1})\geqslant 0
\end{aligned} \tag{6.38}
$$

从而，通过求解 $\dfrac{\partial[C_{N-1}(W_{N-1},Y_{N-1})+T_{N-1}(\beta^*)]}{\partial Y_{N-1}}=0$，即式（6.38），可得到 Y_{N-1} 的
最优解：

$$Y_{N-1}^* = (a^*-W_{N-1})^+ \tag{6.39}$$

此外，基于式（6.29）可得

$$X_{N-1}^* = \beta^*-W_{N-1}-Y_{N-1}^* \tag{6.40}$$

上述 X_{N-1}^* 和 Y_{N-1}^* 分别为时期 $N-1$ 两种生产模式的最优决策。a^* 由式（6.24）
计算求得，β^* 由定理 1 求得。

6.3.3　时期 t 的最优决策分析

根据上述对时期 $N-1$ 和 N 的分析，证明所得结果式（6.39）和式（6.40）也
适用于任何时期 t。首先，假设结果式（6.39）和式（6.40）适用于 $t+1$ 时期，即

$$Y_{t+1}^* = (a^*-W_{t+1})^+ \text{和} X_{t+1}^* = \beta^*-W_{t+1}-Y_{t+1}^* \tag{6.41}$$

（1）在 $t+1$ 时期，根据式（6.21），有

$$Z_{t+1}(W_{t+1}) = \min_{Y_{t+1}}\left\{C_{t+1}(W_{t+1},Y_{t+1}) + \min_{\beta_{t+1}}T_{t+1}(\beta_{t+1})\right\} \tag{6.42}$$

如式（6.41）所述，假设 $t+1$ 时期中的最优决策为 $Y_{t+1}^* = (a^* - W_{t+1})^+$ 和 $X_{t+1}^* = \beta^* - W_{t+1} - Y_{t+1}^*$。那么式（6.42）可以表示为

$$Z_{t+1}(W_{t+1}) = C_{t+1}(W_{t+1},Y_{t+1}^*) + T_{t+1}(\beta^*) \tag{6.43}$$

基于上述最优解式（6.41）和式（6.14）中对 C_{t+1} 的定义，式（6.43）可表示如下：

$$Z_{t+1}(W_{t+1}) = \begin{cases} r(a^* - W_{t+1}) + \psi(a^*) + T_{t+1}(\beta^*), & W_{t+1} < a^* \\ \psi(W_{t+1}) + T_{t+1}(\beta^*), & W_{t+1} \geqslant a^* \end{cases} \tag{6.44}$$

（2）基于上述对 $t+1$ 时期的分析，进一步对 t 时期分析：

$$Z_t(W_t) = \min_{Y_t}\left\{C_t(W_t,Y_t) + \min_{\beta_t}T_t(\beta_t)\right\} \tag{6.45}$$

其中

$$T_t(\beta_t) = \mathbb{E}_{\omega_t}Z_{t+1}(\beta_t - \omega_t) = \int_{\omega_{\min}}^{\omega_{\max}} Z_{t+1}(\beta_t - \omega_t)f(\omega_t)\mathrm{d}\omega_t \tag{6.46}$$

$$W_{t+1} = \beta_t - \omega_t \tag{6.47}$$

① 首先，分析式（6.45）中的第二部分，即 $\min\limits_{\beta_t}T_t(\beta_t)$。

根据式（6.44）和式（6.47），式（6.46）所示的计算 $T_t(\beta_t)$ 的积分公式如下：

$$\begin{aligned} T_t(\beta_t) = &\int_{\beta_t - a^*}^{\omega_{\max}}[r(a^* - \beta_t + \omega_t) + \psi(a^*) + T_{t+1}(\beta^*)]f(\omega_t)\mathrm{d}\omega_t \\ &+ \int_{\omega_{\min}}^{\beta_t - a^*}[\psi(\beta_t - \omega_t) + T_{t+1}(\beta^*)]f(\omega_t)\mathrm{d}\omega_t \end{aligned} \tag{6.48}$$

为求得使 $T_t(\beta_t)$ 最小化的 β_t 的最优值，计算其导数：

$$\frac{\partial T_t(\beta_t)}{\partial \beta_t} = -r\int_{\beta_t - a^*}^{\omega_{\max}} f(\omega_t)\mathrm{d}\omega_t + \int_{\omega_{\min}}^{\beta_t - a^*}\psi'(\beta_t - \omega_t)f(\omega_t)\mathrm{d}\omega_t \tag{6.49}$$

上述公式与公式（6.34）相同。式（6.43）中的 ω_t 和式（6.34）中的 ω_{N-1} 是服从相同概率分布函数的随机变量。因此，通过求解方程 $\dfrac{\partial T_t(\beta_t)}{\partial \beta_t} = 0$ 获得的 β_t 的值，与定理 1 中定义及通过求解式（6.6）的 β_t^* 的值相同。所以，若 $\beta_t = \beta^*$，则 $\dfrac{\partial T_t(\beta_t)}{\partial \beta_t} = 0$。

此外，二阶导数为非负数：

$$\frac{\partial^2 T_t(\beta_t)}{\partial \beta_t^2} = rf(\beta_t - a^*) + \int_{\omega_{\min}}^{\beta_t - a^*} \psi''(\beta_t - \omega_t) f(\omega_t) \mathrm{d}\omega_t + \psi'(a^*) f(\beta_t - a^*) \geqslant 0$$

因此，β^* 为 $\min_{\beta_t} T_t(\beta_t)$ 时 β_t 的最优值。

根据式（6.18）对 β_t 的定义，有

$$W_t + X_t + Y_t = \beta^* \tag{6.50}$$

② 基于上述结果，将式（6.45）转化为

$$Z_t(W_t) = \min_{Y_t} \{C_t(W_t, Y_t) + T_t(\beta^*)\} \tag{6.51}$$

下面求解最优 Y_t 的过程，与在 $N-1$ 时期中的上述求解过程相似，即式（6.37）～式（6.39）。

$$\frac{\partial [C_t(W_t, Y_t) + T_t(\beta^*)]}{\partial Y_t} = r - b + (h + b) F(W_t + Y_t) \tag{6.52}$$

因此，根据 $\dfrac{\partial [C_t(W_t, Y_t) + T_t(\beta^*)]}{\partial Y_t} = 0$，得到 $Y_t^* = (a^* - W_t)^+$。

总之，在任何时期 t，最优决策 Y_t^* 和 X_t^* 为

$$Y_t^* = (a^* - W_t)^+ \tag{6.53}$$

根据式（6.50），通过计算得到 X_t^*：

$$X_t^* = \beta^* - W_t - Y_t^* \tag{6.54}$$

进而，总结如下：

当 $W_t > \beta^*$ 时，$Y_t^* = 0$，$X_t^* = 0$； $\tag{6.55}$

当 $\beta^* \geqslant W_t > a^*$ 时，$Y_t^* = 0$，$X_t^* = \beta^* - W_t$； $\tag{6.56}$

当 $a^* \geqslant W_t$ 时，$Y_t^* = a^* - W_t$，$X_t^* = \beta^* - W_t - Y_t^*$。 $\tag{6.57}$

式（6.55）～式（6.57）表示时期 t 中的最优决策：根据式（6.24），即 $a^* = F^{-1}((b-r)/(b+h))$，如果缺货成本 b 低于 r，即内部制造的相对成本，a^* 可被认为为零。在该情况下，不需要采用内部制造模式。

本节中所有分析均针对单一产品问题。6.4 节将扩展到多产品生产能力受限规划问题的研究。

6.4 多产品生产能力受限规划问题

在多产品问题中，能力约束条件（6.6）限制了由内部制造部件和组装产生的产品数量 $Y_{p,t}$。使用 $\overline{Y}_{p,t}^*$ 表示通过单一产品生产能力未受限模型的求解方法而获得的 $Y_{p,t}$ 的最优解。而 $\overline{Y}_{p,t}^*$ 可能违反能力约束条件（6.6）。因此，本节将研究多产品生产能力有限模型，以获得具有能力约束的原始问题 $[\mathcal{M}0]$ 的最优解 $Y_{p,t}^*$。根据式（6.54）和所得 $Y_{p,t}^*$ 得到 $X_{p,t}^*$。多产品生产能力有限模型的关键问题是如何将 $\overline{Y}_{p,t}^*$ 转换为 $Y_{p,t}^*$。

在分析之前，需定义下列参数：

Φ_t：产品 p 的集合，$\Phi_t = \{p \mid \overline{Y}_{p,t}^* \neq 0, p=1,\cdots,P\}$。

Ω_t：产品 p 的集合，$\Omega_t = \{p \mid Y_{p,t}^* \neq 0, p=1,\cdots,P\}$。

$$\pi(Y_{p,t}) = \frac{\partial C_{p,t}(W_{p,t}, Y_{p,t})}{\partial Y_{p,t}} \Big/ \frac{\partial L_t}{\partial Y_{p,t}} = \frac{\partial [r_p Y_{p,t} + \psi_p(W_{p,t} + Y_{p,t})]}{\partial Y_{p,t}} \Big/ \frac{\partial L_t}{\partial Y_{p,t}}$$

$$= \frac{r_p - b_p + (h_p + b_p) F_p(W_{p,t} + Y_{p,t})}{e_p} \tag{6.58}$$

其中，$\partial C_{p,t} / \partial Y_{p,t}$ 为相对于 $Y_{p,t}$ 的边际成本；$\partial L_t / \partial Y_{p,t}$ 为相对于 $Y_{p,t}$ 的边际生产能力消耗；L_t 为常数，表示时期 t 中的可用生产能力限制；L 为生产能力消耗函数，与 L_t 不同。

$\pi(Y_{p,t})$ 为该多产品生产能力受限模型中的重要参数，反映了上述两个边际变量的比率，其属性将在下面使用。

属性 1：$\pi(\overline{Y}_{p,t}^*) = 0$。 $\tag{6.59}$

属性 1 基于等式 $r_p - b_p + (h_p + b_p) F_p(W_{p,t} + \overline{Y}_{p,t}^*) = 0$。

属性 2：对于 $Y_{p,t} \in [0, \overline{Y}_{p,t}^*)$，有 $\dfrac{r_p - b_p + (h_p + b_p) F_p(W_{p,t})}{e_p} \leqslant \pi(Y_{p,t}) < 0$。 $\tag{6.60}$

基于上述两个属性，引出多产品生产能力有限模型的核心，如定理 2 所示。

定理 2：当 $\sum\limits_{p=1}^{P} e_p \overline{Y}_{p,t}^* \leqslant L_t$ 时，$Y_{p,t}^* = \overline{Y}_{p,t}^*$；当 $\sum\limits_{p=1}^{P} e_p \overline{Y}_{p,t}^* > L_t$ 时：

（1）对任意 $p \in \Phi_t$，$Y_{p,t}^* < \overline{Y}_{p,t}^*$；

（2）$\sum\limits_{p=1}^{P} Y_{p,t}^* = L_t$；

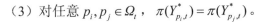

（3）对任意 $p_i, p_j \in \Omega_t$ ， $\pi(Y_{p_i,t}^*) = \pi(Y_{p_j,t}^*)$ 。

证明：对于"若 $\sum\limits_{p=1}^{P} e_p \overline{Y}_{p,t}^* \leqslant L_t$ ，则 $Y_{p,t}^* = \overline{Y}_{p,t}^*$ "，在此不再赘述。

对于定理 2 中的（1）、（2）、（3）三部分，使用"反证法"进行证明。

1. 证明 $Y_{p,t}^* < \overline{Y}_{p,t}^*$ 对任意 $p \in \Phi_t$

（1）首先，分析：当 $\sum\limits_{p=1}^{P} e_p \overline{Y}_{p,t}^* > L_t$ 且 $\sum\limits_{p=1}^{P} e_p Y_{p,t}^* \leqslant L_t$ 时（因为 $Y_{p,t}^*$ 是多产品问题的最优解，满足生产能力限制），存在至少一种产品 p_k ，满足 $Y_{p_k,t}^* < \overline{Y}_{p_k,t}^*$ 。

进而使用反证法。假设存在一种产品 p_1 ，满足 $Y_{p_1,t}^* > \overline{Y}_{p_1,t}^*$ 。 $(Y_{p_1,t}^*, \cdots, Y_{p_k,t}^*, \cdots, Y_{p_P,t}^*)$ 为多产品问题的最优解。并用 $(Y_{p_1,t}, \cdots, Y_{p_k,t}, \cdots, Y_{p_P,t})$ 表示另一组解，其中，$Y_{p_1,t} = \overline{Y}_{p_1,t}^*$ ，$Y_{p_k,t} = \min\{Y_{p_k,t}^* + (Y_{p_1,t}^* - \overline{Y}_{p_1,t}^*)(e_{p_1}/e_{p_k}), \overline{Y}_{p_k,t}^*\}$ ，且其他产品的值 $\{Y_{p,t}\}$ 仍保持为最优解 $\{Y_{p,t}^*\}$ 。显然，对于解 $(Y_{p_1,t}, \cdots, Y_{p_k,t}, \cdots, Y_{p_P,t})$ ，生产能力约束仍然成立。

p_1 的个体成本，$C_{p_1}(Y_{p_1,t}) < C_{p_1}(Y_{p_1,t}^*)$ ；当 $Y_{p_1,t} = \overline{Y}_{p_1,t}^*$ 时，单一产品问题得到最优解。

p_k 的个体成本，$C_{p_k}(Y_{p_k,t}) < C_{p_k}(Y_{p_k,t}^*)$ 。根据上述对 $Y_{p_k,t}$ 的定义，若 $Y_{p_k,t} = \overline{Y}_{p_k,t}^*$ ，则 $C_{p_k}(Y_{p_k,t}) < C_{p_k}(Y_{p_k,t}^*)$ ；若 $Y_{p_k,t} = Y_{p_k,t}^* + (Y_{p_1,t}^* - \overline{Y}_{p_1,t}^*)(e_{p_1}/e_{p_k})$ ，意味着 $Y_{p_k,t}^* < Y_{p_k,t} < \overline{Y}_{p_k,t}^*$ 。由于成本函数的凸性（最小值的最低点为 $\overline{Y}_{p_k,t}^*$ ），$C_{p_k}(Y_{p_k,t}) < C_{p_k}(Y_{p_k,t}^*)$ 。

对于其他产品，$C_p(Y_{p,t}) = C_p(Y_{p,t}^*)$ 。那么，$(Y_{p_1,t}^*, \cdots, Y_{p_k,t}^*, \cdots, Y_{p_P,t}^*)$ 的总成本低于 $(Y_{p_1,t}, \cdots, Y_{p_k,t}, \cdots, Y_{p_P,t})$ ，违反 $\{Y_{p,t}^*\}$ 的最优值。

因此，$Y_{p,t}^* \leqslant \overline{Y}_{p,t}^*$ ，对任意 $p = 1, 2, \cdots, P$ 。但仍不足以证明 $Y_{p,t}^* < \overline{Y}_{p,t}^*$ 。

（2）假设存在产品 $p_1 \in \Phi_t$ ，$Y_{p_1,t}^* = \overline{Y}_{p_1,t}^*$ 。根据式（6.59），$\pi(Y_{p_1,t}^*) = 0$ 。

因为 $\sum\limits_{p=1}^{P} e_p \overline{Y}_{p,t}^* > L_t$ 且 $\sum\limits_{p=1}^{P} e_p Y_{p,t}^* \leqslant L_t$ ，存在至少一种产品 $p_2 \in \Phi_t$ ，$Y_{p_2,t}^* < \overline{Y}_{p_2,t}^*$ 。从而，根据式（6.60），有 $\pi(Y_{p_2,t}^*) < 0$ 。

由于 $\pi(Y_{p_2,t}^*) < 0$ 且 $\pi(Y_{p_1,t}^*) = 0$ ，存在 $\varepsilon_1, \varepsilon_2 > 0$ 满足 $e_{p_1}\varepsilon_1 = e_{p_2}\varepsilon_2$ ，$\pi(Y_{p_2,t}^* + \varepsilon_2) < 0$ ，且 $\pi(Y_{p_2,t}^* + \varepsilon_2) < \pi(Y_{p_1,t}^* - \varepsilon_1)$ 。

那么，令 $Y_{p_1,t} = Y_{p_1,t}^* - \varepsilon_1$ ，$Y_{p_2,t} = Y_{p_2,t}^* + \varepsilon_2$ ；且任意其他产品 $p \in \Phi_t$ ，$Y_{p,t} = Y_{p,t}^*$ 。

根据式（6.60），$\pi(Y_{p,t})$ 为递增函数；$\pi(Y_{p,t}) = \dfrac{\partial \dfrac{C_p(Y_{p,t})}{e_p}}{\partial Y_{p,t}} < 0$ ，$Y_{p,t} \in \left[0, \overline{Y}_{p,t}^*\right]$ 。

因此，$\dfrac{C_p(Y_{p,t})}{e_p}$ 在区间 $\left[0, \bar{Y}_{p,t}^*\right)$ 内呈凸型且递减。

回顾 $Y_{p_1,t} < Y_{p_1,t}^* = \bar{Y}_{p_1,t}^*$ 和 $Y_{p_2,t}^* < Y_{p_2,t} < \bar{Y}_{p_2,t}^*$，得到

$$\frac{C_{p_1}(Y_{p_1,t})}{e_{p_1}} - \frac{C_{p_1}(Y_{p_1,t}^*)}{e_{p_1}} < -\pi(Y_{p_1,t})\varepsilon_1，\text{例如，} \quad C_{p_1}(Y_{p_1,t}) - C_{p_1}(Y_{p_1,t}^*) < -\pi(Y_{p_1,t})\varepsilon_1 e_{p_1}$$

$$\frac{C_{p_2}(Y_{p_2,t}^*)}{e_{p_2}} - \frac{C_{p_2}(Y_{p_2,t})}{e_{p_2}} > -\pi(Y_{p_2,t})\varepsilon_2，\text{例如，} \quad C_{p_2}(Y_{p_2,t}) - C_{p_2}(Y_{p_2,t}^*) < \pi(Y_{p_2,t})\varepsilon_2 e_{p_2}$$

由于 $e_{p_1}\varepsilon_1 = e_{p_2}\varepsilon_2$ 和 $\pi(Y_{p_2,t}) < \pi(Y_{p_1,t})$，则

$$C_{p_1}(Y_{p_1,t}) - C_{p_1}(Y_{p_1,t}^*) + C_{p_2}(Y_{p_2,t}) - C_{p_2}(Y_{p_2,t}^*) < 0$$

$C_{p_1}(Y_{p_1,t}) + C_{p_2}(Y_{p_2,t}) < C_{p_1}(Y_{p_1,t}^*) + C_{p_2}(Y_{p_2,t}^*)$，与 $\{Y_{p,t}^*\}$ 最优性矛盾。因此，$Y_{p,t}^* \neq \bar{Y}_{p,t}^*$，对任意 $p \in \Phi_t$。

对任意 $p \in \Phi_t$，上述（1）和（2）证明了 $Y_{p,t}^* < \bar{Y}_{p,t}^*$。

2. 证明 $\sum\limits_{p=1}^{P} Y_{p,t}^* = L_t$

假设 $\sum\limits_{p=1}^{P} e_p Y_{p,t}^* < L_t$，$L_t^{\varDelta} = L_t - \sum\limits_{p=1}^{P} e_p Y_{p,t}^*$。将差值 $L_t^{\varDelta}$ 分配给产品 p_1，其他产品保持在最优解 $Y_{p,t}^*$。

令 $Y_{p_1,t} = \min\{Y_{p_1,t}^* + L_t^{\varDelta} / e_{p_1}, \bar{Y}_{p_1,t}^*\}$；

（1）因为 $\bar{Y}_{p_1,t}^*$ 是单一产品问题的最优解，所以，若 $Y_{p_1,t} = \bar{Y}_{p_1,t}^*$，则 $C_{p_1}(Y_{p_1,t}) < C_{p_1}(Y_{p_1,t}^*)$；

（2）若 $Y_{p_1,t} = Y_{p_1,t}^* + L_t^{\varDelta} / e_{p_1}$，意味着 $Y_{p_1,t}^* < Y_{p_1,t} < \bar{Y}_{p_1,t}^*$。因为成本函数为凸函数（最小值的最低点为 $\bar{Y}_{p_k,t}^*$），所以 $C_{p_1}(Y_{p_1,t}) < C_{p_1}(Y_{p_1,t}^*)$。因此上述两种情况导致与最优值 $\{Y_{p,t}^*\}$ 的矛盾。因此，可以证明 $\sum\limits_{p=1}^{P} e_p Y_{p,t}^* = L_t$。

3. 证明 $\pi(Y_{p_i,t}^*) = \pi(Y_{p_j,t}^*)$，对任意 $p_i, p_j \in \Omega_t$

假设存在 $p_i, p_j \in \Omega_t$，使得 $\pi(Y_{p_i,t}^*) \neq \pi(Y_{p_j,t}^*)$。保证一般性，进而假设 $\pi(Y_{p_i,t}^*) < \pi(Y_{p_j,t}^*)$。存在 $\varepsilon_i > 0$，满足

$$\pi(Y_{p_i,t}^* + \varepsilon_i) < \pi(Y_{p_j,t}^* - \varepsilon_j)$$

$$e_{p_i}\varepsilon_i = e_{p_j}\varepsilon_j$$

令 $Y_{p_i,t} = Y^*_{p_i,t} + \varepsilon_i$， $Y_{p_j,t} = Y^*_{p_j,t} - \varepsilon_j$，且对其他任意商品 $p \in \Omega_t$，有 $Y_{p,t} = Y^*_{p,t}$。

与证明 2 中（2）的分析相似，得

$$C_{p_i}(Y_{p_i,t}) - C_{p_i}(Y^*_{p_i,t}) < \pi(Y_{p_i,t})\varepsilon_i e_{p_i}$$

$$C_{p_j}(Y_{p_j,t}) - C_{p_j}(Y^*_{p_j,t}) < -\pi(Y_{p_j,t})\varepsilon_j e_{p_j}$$

于是， $C_{p_i}(Y_{p_i,t}) + C_{p_j}(Y_{p_j,t}) - C_{p_i}(Y^*_{p_i,t}) - C_{p_j}(Y^*_{p_j,t}) < 0$，与最优值 $\{Y^*_{p,t}\}$ 矛盾。因此对任意 $p_i, p_j \in \Omega_t$， $\pi(Y^*_{p_i,t}) = \pi(Y^*_{p_j,t})$。∎

定理 2 说明了原始问题[$\mathcal{M}0$]的最优解 $Y^*_{p,t}$ 的属性。在本节中，基于定理 2 中提出的性质，开发了一种用于计算最优解 $Y^*_{p,t}$ 的算法。

首先，定义 $\pi(Y_{p,t})$ 的反函数。根据式（6.52）中对 $\pi(Y_{p,t})$ 的定义， $\pi(Y_{p,t}) = \dfrac{r_p - b_p + (h_p + b_p)F_p(W_{p,t} + Y_{p,t})}{e_p}$，所以其反函数 $Y_{p,t}(\pi)$ 为

$$Y_{p,t}(\pi) = F_p^{-1}\left(\frac{e_p\pi - r_p + b_p}{h_p + b_p}\right) - W_{p,t}$$

根据定理 2，若 $\sum_{p=1}^{P} \bar{Y}^*_{p,t} > L_t$，则 $Y^*_{p,t} < \bar{Y}^*_{p,t}$， $\sum_{p=1}^{P} Y^*_{p,t} = L_t$， $\pi(Y^*_{p_i,t}) = \pi(Y^*_{p_j,t})$；对任意 $p_i, p_j \in \Omega_t$。所以，求解算法的关键为：对任意 $p \in \Omega_t$，找到最优的 π^*_t， $\pi(Y^*_{p,t}) = \pi^*_t$。基于 π^*_t，最优解 $Y^*_{p,t}$ 可通过以下方式获得：

$$Y^*_{p_i,t} = \begin{cases} Y_{p,t}(\pi^*_t), & \dfrac{\pi^*_t e_p - r_p + b_p}{h_p + b_p} > F_p(W_{p,t}) \\ 0, & \text{其他} \end{cases}$$

就获得最优解 $Y^*_{p,t}$ 的求解算法而言， $\bar{Y}^*_{p,t}$ 被认为是已知的输入数据，可通过 6.3 节中提出的方法获得。

算法具体如下。

算法 6.1：获得最优解 $Y^*_{p,t}$

For 每个时期 t

    If $\sum_{p=1}^{P} e_p \bar{Y}^*_{p,t} \leqslant L_t$，

        For 每种产品 p

      $Y^*_{p,t} = \bar{Y}^*_{p,t}$

        End for

    Else

$$\pi_t^{\text{low}} = \min_{p \in \Phi_t} \left\{ \frac{r_p - b_p + (h_p + b_p)F_p(W_{p,t})}{e_p} \right\}, \quad \pi_t^{\text{up}} = 0$$

While（$\left| \pi_t^{\text{up}} - \pi_t^{\text{low}} \right| > \varepsilon$）   // ε 为预定义的较小值，如 $\varepsilon = 10^{-8}$

$\qquad \pi_t = (\pi_t^{\text{low}} + \pi_t^{\text{up}})/2$

$\qquad$ For 每种商品 $p \in \Phi_t$

$\qquad\qquad$ If $\dfrac{\pi_t e_p - r_p + b_p}{h_p + b_p} > F_p(W_{p,t})$，

$\qquad\qquad\qquad Y_{p,t} = Y_{p,t}(\pi_t)$

$\qquad\qquad$ Else

$\qquad\qquad\qquad Y_{p,t} = 0$

$\qquad$ End For

$\qquad$ If $\displaystyle\sum_{p=1}^{P} Y_{p,t} \leqslant L_t$，

$\qquad\qquad\qquad \pi_t^{\text{low}} = \pi_t$

$\qquad\qquad$ Else

$\qquad\qquad\qquad \pi_t^{\text{up}} = \pi_t$

End while

For 每种商品 $p \in \Phi_t$

$\qquad Y_{p,t}^* = Y_{p,t}$

End for

$\qquad$ For 每种商品 $p \in \overline{\Phi_t}$

$\qquad\qquad Y_{p,t}^* = 0$

$\qquad$ End for

$\qquad\qquad$ End if

$\qquad\qquad$ End for

在获得 $Y_{p,t}^*$ 之后，另一个决策变量 $X_{p,t}^*$ 可根据式（6.54）和 $Y_{p,t}^*$ 得到。$Y_{p,t}^*$ 和 $X_{p,t}^*$ 为每个时期 t 中对每个产品 p 的最优决策。

6.5 模型验证和数值实验分析

在 6.4 节中，使用分析方法来研究多产品生产能力有限规划问题的最优决策。就理论方面而言，解的最优性已在定理 1 和定理 2 中得到证明。本节，将进行一些数值研究，以实验的方式验证所提求解方法。本节包含三部分：第一部分使用提出的方法求解一个详细的案例；第二部分验证单一产品生产能力未受限模型的求解方案；第三部分验证多产品生产能力受限模型。

6.5.1 例证

本节使用一个案例来说明如何使用所提出方法的详细过程。假设某一制造商生产 5 种不同的产品 $(p_1, \cdots, p_5)$。规划周期包含 20 个时期。对于每种产品，单位持有成本 h_p、单位缺货成本 b_p、单位内部制造部件相对成本 r_p、单位生产能力配

置 e_p、第一时期初始库存 $W_{p,1}$、需求概率分布 ω_p 均作为本实验中的输入数据，列于表 6-1。需要说明的是，每种产品的需求均服从正态分布，生产资源配置约束上限为 L_t，在所有时期均相同，该值在本实验中设为 30。

已知上述输入数据，得到式（6.24）和式（6.36）中的两个重要参数 a^* 和 β^*，列于表 6-1。

表 6-1　产品基础参数

产品	输入数据						输出数据	
	h_p	b_p	r_p	e_p	$W_{p,1}$	$\omega_{p,t}\sim N(\mu,\sigma^2)$	a_p^*	β_p^*
p_1	25	53	12	0.8	100	$N(120,15^2)$	121	244
p_2	32	58	15	0.9	80	$N(100,25^2)$	99	205
p_3	23	47	16	1.2	220	$N(250,40^2)$	244	517
p_4	27	50	14	0.7	120	$N(150,20^2)$	148	305
p_5	26	55	13	0.6	150	$N(180,30^2)$	181	369

基于上述输入数据，下面详细说明一个生产规划案例过程。表 6-2 显示了规划周期内前两个时期的详细数据。给定初始库存 $W_{p,1}$，则可在第一时期做出决策。首先，根据式（6.53）计算 $\bar{Y}_{p,t}^*$。需要强调的是，$\bar{Y}_{p,t}^*$ 为不考虑内部制造能力约束的最优值。通过使用 6.4 节提出的算法 6.1，得到最优解 $Y_{p,1}^*$；再根据式（6.54）和 $Y_{p,1}^*$ 的值求得最优解 $X_{p,1}^*$。

由于每种产品的需求为随机变量，所以在第一时期通过遵从概率分布 $N(\mu,\sigma^2)$ 产生产品需求数量 $\omega_{p,1}$。给定制造产品的数量 $Y_{p,1}^*$、$X_{p,1}^*$ 和需求量 $\omega_{p,1}$，根据式（6.1）求得下一个时期的库存 $W_{p,2}$；第二时期生产决策如表 6-2 所示。在未来各个时期，仿真均以该方式进行，直到最后一个时期 N。

表 6-2　时期内生产计划数据

产品	时期 1					时期 2					时期 3	
	$W_{p,1}$	$\bar{Y}_{p,1}^*$	$Y_{p,1}^*$	$X_{p,1}^*$	$\omega_{p,1}$	$W_{p,2}$	$\bar{Y}_{p,2}^*$	$Y_{p,2}^*$	$X_{p,2}^*$	$\omega_{p,2}$	$W_{p,3}$	$\cdots$
p_1	100	21	11	133	97	147	0	0	97	119	125	$\cdots$
p_2	80	19	1	124	161	44	55	33	128	96	109	$\cdots$
p_3	220	24	0	297	256	261	0	0	256	178	339	$\cdots$
p_4	120	28	15	170	121	184	0	0	121	146	159	$\cdots$
p_5	150	31	16	203	183	186	0	0	183	146	223	$\cdots$

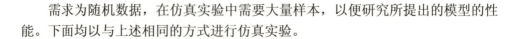

需求为随机数据，在仿真实验中需要大量样本，以便研究所提出的模型的性能。下面均以与上述相同的方式进行仿真实验。

6.5.2　单一产品模型验证

单一产品生产能力未受限模型是多产品生产能力受限模型的基础。因此，首先验证单一产品模式。单一产品模型的求解过程主要涉及两个重要参数 α^* 和 β^*。在 6.3 节中，使用了通过推导计算公式的分析方法来求得 α^* 和 β^*，并证明了最小目标值可以基于 α^* 和 β^* 来实现。在本节中，将采用实验方法来验证单一产品模型。由于每个时期的需求是随机的，所以利用蒙特卡罗仿真模拟来评估所获得的目标值。

对于每种产品，均构建一个大小为 M 的样本。在样本中，每一个项均用 ξ^s 表示（ $s = 1, \cdots, M$ ），按照产品的需求分配生成。样本中的每一项（ $\xi^s = \{\omega_1^s, \cdots, \omega_t^s, \cdots, \omega_N^s\}$ ）分别代表产品在规划周期内每个时期 t 的需求。通过所给随机需求数据的样本，基于所提出的方法对 X_t、Y_t 决策，进而计算出总成本 $\tilde{C}$ 的值。

$$\tilde{C} = \frac{1}{M} \sum_{s=1}^{M} \left\{ \sum_{t=1}^{N} [rY_t + h(W_t + Y_t - \omega_t^s)^+ + b(\omega_t^s - W_t - Y_t)^+] \right\}$$

上述成本 $\tilde{C}$ 根据式（6.2）和式（6.4）所示的对成本的原始定义来估算。

在本实验中，使用表 6-1 中产品 p_1 和 p_2 作为测试用例。以 7 个不同的样本（ $10^2 \sim 10^5$ ）进行实验，重复 10 次，并记录平均值、最小值和最大值。显然，样本的规模越大，则可获得更准确的成本。从表 6-3 可以看出，当样本量为 10^5 时，差值约为 0.1%。因此，表中结果可以被收敛到一定精度，足以在规划周期内测试生产过程的性能。利用该方式，可评估所提出的方法获得的决策。在以下实验中，样本大小将设置为 10^5。

表 6-3　不同样本规模下单一产品模型的仿真结果

样本规模	案例 1: 产品 p_1				案例 2: 产品 p_2			
	平均值	最大值	最小值	差值	平均值	最大值	最小值	差值
100	10 978.5	11 239	10 722	4.71%	21 879.0	22 533	21 323	5.53%
500	11 031.1	11 192	10 978	1.94%	22 041.5	22 319	21 844	2.16%
1 000	11 027.8	11 087	10 909	1.61%	22 001.4	22 283	21 778	2.30%
5 000	11 031.1	11 072	10 978	0.85%	22 041.5	22 119	21 944	0.79%
10 000	11 037.2	11 068	11 000	0.62%	22 027.3	22 084	21 969	0.52%
50 000	11 038.1	11 051	11 029	0.20%	22 027.7	22 066	22 002	0.29%
100 000	11 037.8	11 046	11 032	0.13%	22 028.3	22 036	22 005	0.14%

　　单一产品模型的验证主要涉及 α^* 和 β^*，其实际上决定了每个时期的决策 X_t 和 Y_t；α^* 和 β^* 需从确定性输入参数（如 r、b、h 和 $f(x)$）求得。对于产品 p_1，根据表 6-1 中列出的参数 $\alpha^* = 121$ 和 $\beta^* = 244$，通过仿真估计，成本为 11 037.8，如表 6-3 所示。

　　为了验证获得 α^* 和 β^* 的公式和方法，设置 α^* 和 β^* 的值偏离 121 和 244，通过大规模样本仿真估计成本。利用该方式，便可评估根据所提出的方法得出的 $\alpha^* = 121$ 和 $\beta^* = 244$ 是否可以获得生产规划过程中的最佳决策。图 6-2 的结果证实，当 $\alpha^* = 121$ 和 $\beta^* = 244$ 时，可求得最小成本。这样，便以数值实验的方式验证了所提出的 α^* 和 β^* 相关的公式和方法。

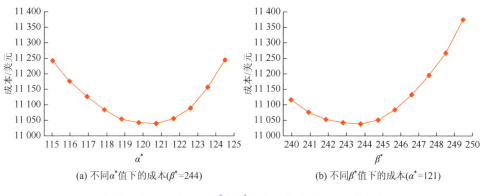

(a) 不同 α^* 值下的成本（$\beta^* = 244$）　　　　(b) 不同 β^* 值下的成本（$\alpha^* = 121$）

图 6-2　产品 p_1 在不同 α^* 和 β^* 下的成本（单一产品模型）

6.5.3　多产品模型验证

　　以单一产品模型为基础，多产品模型进一步考虑了生产能力约束。定理 2 和算法 6.1 提出了获得最优决策变量 $Y_{p,t}^*$ 的方法。为验证提出的方法，需与其替代方法进行比较。第一种直观方法为均等策略，将生产能力均等地分配给 Ω_t 中的所有产品，即 $\overline{Y}_{p,t}^*$ 不为零的产品集合。均等策略有两个选择：一个是相对于生产资源配置的均等分配，即对于所有 $p_i, p_j \in \Omega_t$，$e_{p_i} Y_{p_i,t} = e_{p_j} Y_{p_j,t}$；另一个是相对于产品的均等分配，即对所有 $p_i, p_j \in \Omega_t$，$Y_{p_i,t} = Y_{p_j,t}$。上述两种策略在图 6-3 中分别表示为"等于 $Y^* e$"和"等于 Y"。除了均等策略外，其他替代方法是有偏向的策略。例如，偏向于 r_p 的策略，意味着，根据内部制造的相对成本 r_p 将产能分配给产品；具有较小 r_p 的产品将具有较高的优先级。类似地，还有一些其他策略，倾向于 b_p 或者倾向于 h_p；b_p 越大，产品的优先级越高；但较低 h_p 会使得产品具有较高的优先级。上述三个策略在图 6-3 中分别表示为"偏重 r""偏重 b"和"偏差 h"。

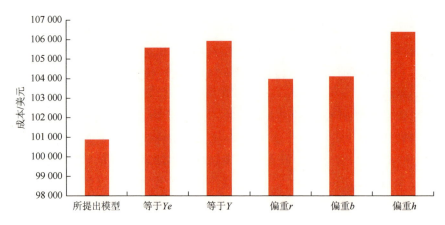

图 6-3　提出的多产品模型与其他方法的性能比较结果

从图 6-3 可以看出，通过使用提出的决策模型可以将成本显著降低。与其他替代策略相比，其优势是显而易见的。在多产品生产能力受限模型中，α^* 和 β^* 也是确定生产规划最佳决策的两个重要参数。如表 6-1 所示，所有 5 个产品的 α^* 和 β^* 均来自于所提出的公式，即 $\alpha^* = \{121，99，244，148，181\}$，$\beta^* = \{244，205，517，305，369\}$。那么，这些值是否可以使得整个规划周期在有限生产资源配置下的最低成本。对此，本节进行了一系列模拟，α^* 和 β^* 的偏差代表表 6-1 中的导出数据。

如图 6-4（a）所示，水平轴为 α^* 的偏差。"$x = 1$"表示用 $\{122，100，245，149，182\}$ 设置的 α^* 值与从所提出的公式得出的值都具有"1"正偏差。"$x = -1$"表示用 $\{120，98，243，147，180\}$ 设置的 α^* 值具有"-1"负偏差。进而，进行一系列模拟并绘制成本值。从图 6-4 中可以看出，当所提出的方法得出的值与 α^* 和 β^* 相等时，可以实现最小成本。

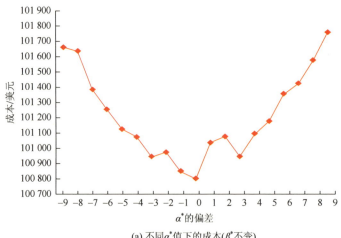

(a) 不同 α^* 值下的成本（β^* 不变）

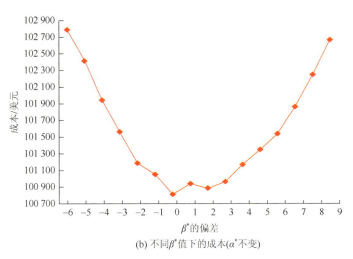

(b) 不同 β^* 值下的成本(α^* 不变)

图 6-4　不同 α^* 和 β^* 值下的成本（多产品生产能力受限模型）

6.6　本章小结

本章所面向问题背景为，制造商通过内部制造组装或从外部供应商外包制造的零件制造多种产品。首先，利用分析方法在每个规划周期研究上述两种生产模式的最佳决策，从理论上证明了求解方案的最优性。此外，进行数值研究从实验方面验证所提出的求解方法；数值实验表明，通过使用提出的决策模型可以显著降低生产成本。

本章研究仍然存在一些局限性，没有考虑如下问题。

（1）设置（转换）成本。对于该问题，可以将两个二进制变量（$x_{p,t}$，$y_{p,t}$）定义为：若 $X_{p,t} > 0$，$x_{p,t} = 1$，否则 $x_{p,t} = 0$；$y_{p,t}$ 和 $Y_{p,t}$ 与上述一致。通过使用 $x_{p,t}$ 和 $y_{p,t}$，可以在目标函数中考虑设置成本。然而，该考虑将会增加模型的复杂性，无法通过本章中的当前所提方法进行求解。

（2）最大和最小生产量。虽然在本章研究中考虑了生产资源配置约束 $\left(\sum_{p=1}^{P} e_p Y_{p,t} \leq L_t \right)$，但最大和最小生产量的考虑将是两种其他类型的约束。多种产品之间的限制将使原有的模式变得更加复杂。为了求解这个问题，如何扩展定理 2 成为今后研究的关键。

（3）生产溢出。意味着一些生产量可能会超过一个时期，这将是推广本章研究的最具挑战性的问题之一。目前使用的分析方法不适用于研究上述新问题；然而，如果像问题（2）一样设定一些能力约束条件，则在分析过程中可以忽略生产溢出。

（4）时间变量成本系数。持有成本和缺货成本在规划周期的所有时期都随时间而变化，当前模型需要扩展以用于更一般的问题背景。

第 7 章 >>>

采购渠道选择优化问题

7.1 概述

制造商通常需要在成本低和提前期短的情况下保持竞争力。为了实现这些目标，制造商希望尽早了解客户的需求信息。然而，客户公司通常会延迟他们对订单数量的确认时间，来缓解市场波动带来的影响。对制造商来说，他们还需要从供应商那里外包一些组件，外包组件的提前期较长将会影响他们及时交付产品的能力。因此，许多制造商通常在客户订单确认需求之前，会预先外包和保持一定的组件库存。这样，制造商可以通过及时响应交付产品来获得更高的利润。

根据上述背景，本章以一个合同制造商（ATO）为研究对象，对多品种多产品单周期随机需求下的组件补货决策问题进行研究。并提出了两阶段随机规划模型：第一阶段是在确认产品的订单需求之前，确定制造商需要预备所有类型组件的数量。第二阶段决策是在需求确认之后，在组装客户所需的产品时，如果一些预先进货的组件低于客户所需的数量，那么制造商就需要在所需组件中选择几个候选组件，确定外包组件和外包供应商的数量。此外，当外包组件交付时，如何将其分配给不同产品生产是第二阶段决定中的另一个问题。在这个决策问题的目标下，为了最大化制造商的预期利润，还考虑了产品价格相对于提前期的下降趋势。通过使用随机规划的方法，本章提出了一种具有非线性目标的决策模型，并通过外部近似的方法将其线性化。为了求解该模型，本章提出了一种基于局部分支的求解方法，并进行一些数值实验来研究所提出的求解方案的效率和提出的模型的有效性。

本章的其余部分安排如下：7.2 节阐述了问题背景；7.3 节给出了数学模型和关于模型的分析；7.4 节介绍了一个模型的求解方案；7.5 节列出数值实验结果。

7.2　多产品多渠道补货条件下的采购决策优化问题背景

假设有一个 ATO 制造商即将收到 n 种不同产品的订单，并假设多个最终产品可以共享多个组件。更具体地说，这 n 种不同的产品由 m 种不同组件中的部分组件装配而成。根据产品的 BOM（物料清单）信息，产品（如 A_i）和组件（如 B_j）之间的关系是确定性的，并由 $u_{i,j}$ 表示，其代表了在产品 A_i 中组件 B_j 的数量。图 7-1 显示了面向多产品的 ATO 系统中的 BOM 信息。

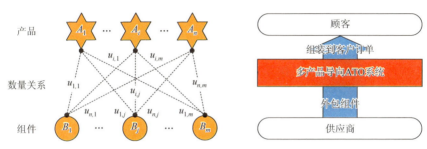

图 7-1　在多产品导向的 ATO 系统中的 BOM 信息

在 0 时刻，客户要求的每个产品的数量将在订单中得到确认。对于产品 A_i，它的单价由 $p_i(t)$ 表示，是交付时间 t 的递减函数。因此，合同制造商需要尽快装配和交付产品。制造商通常会提前外包一些组件，以便客户能够快速收到第一批产品，这些交付可能只是订单的部分交付。在这种情况下，第一批最终产品可以以高价出售。如果预先采购的组件不能满足已确认订单的需求，制造商就需要通过不同的供应商获得额外的组件，这些供应商提供不同的价格，以及不同的提前期保证。更具体地讲，对于每个组件 B_j，都有 s_j 个供应商可供选择。对于 s_j 个供应商的索引由 k_j 表示。如果 B_j 由供应商 k_j 提供外包，则单位采购价格由 c_{j,k_j} 表示，提前期为 l_{j,k_j}，这里 $k_j = 1, 2, \cdots, s_j$。为了避免任何供应商主宰另一个供应商，本章假设提前期较短的供应商将给出更高的价格，即假设 $l_{j,1} \geqslant \cdots \geqslant l_{j,k_j} \geqslant \cdots \geqslant l_{j,s_j}$，$c_{j,1} \leqslant \cdots \leqslant c_{j,k_j} \leqslant \cdots \leqslant c_{j,s_j}$。

考虑到过量的组件库存的残值，为了避免外包过多的组件和库存过剩情况的发生，本章假设组件 B_j 的残值为 v_j（$v_j < c_{j,1}$）。这里 $c_{j,1}$ 是组件 B_j 的最低价格，并且是最适合于预先采购组件的值。

制造商需要在库存不足而导致失去最高售价的损失，以及组件库存积压的成本之间进行权衡。这里的过剩成本反映在组件的残值与其采购价格之间的差值上，也就是 $c_{j,1} - v_j$。

在这个两阶段的决策问题中，0 时刻之前的第一个阶段，制造商决定预库存的组件的数量，即 $\beta_1, \cdots, \beta_j, \cdots, \beta_m$。在第二阶段，当对所有产品的需求已知时，如果预库存不能满足产品需求，制造商需要确定组件的数量、供应商、获得额外组件的时间、装配和交付最终产品的时间表来满足未满足的需求。在第二个阶段决策中，多个产品共享多个组件，将给定库存的组件分配到不同的产品，使得问题比单个产品的更加复杂。

图 7-2 阐明了多产品 ATO 过程。应该注意的是，组件的准备时间和成品的交付时间之间存在一些时间间隔。在图 7-2 中，从 0 时刻到步骤④以及从步骤⑤到步骤⑥都反映了这些时间间隔。当在 0 时刻确认产品需求时，根据预先存储的组件的不同批次产品不会同时交付给客户，如图 7-2 的步骤④所示。因为每个产品的装配时间取决于产品的装配量，当组件准备就绪时，将 $a_i(q)$ 定义为装配 q 个产品 A_i 的时间，且不同产品的组装时间函数 $a_i(\cdot)$ 都不同。因此，由预先存储的组件组装的成品的输送时间也彼此不同。

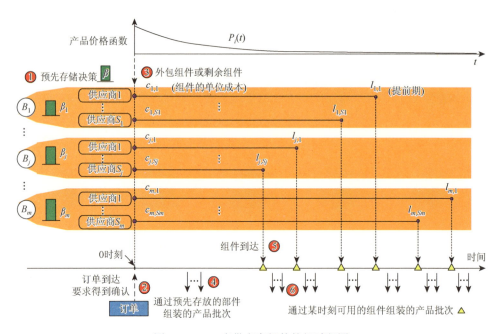

图 7-2　ATO 多供应商组件外部过程图

除了预先存储的组件可以在 0 时刻触发产品的装配过程，还有一些其他时间点可能会触发产品的装配过程。这些点在图 7-2 中在时间轴上由三角形标记，它们表示额外的外包组件从某个供应商到达制造商的时间，这些时间点至多有 $\sum_{j=1}^{m} s_j$ 个。

图 7-3 显示了问题中的决策变量。除了预先存储的组件 B_j 的数量 β_j，还有其他一些变量：①$\pi_{i,0}$，即由预先存储的组件组装的产品 A_i 的数量；②γ_{j,k_j}，即在产品需求确定之后从其第 k_j 个供应商外包的组件 B_j 的数量；如图 7-3 所示，在时间 l_{j,k_j} 时接收批量的外包组件 B_j；③π_{i,j,k_j}，即由在时间 l_{j,k_j} 准备好的组件组装产品 A_i 的数量。

图 7-3 还显示了产品的单价随提前期而不同。产品 A_i 的价格函数由 $p_i(t)$ 表示，它是关于配送时间 t 的递减函数。

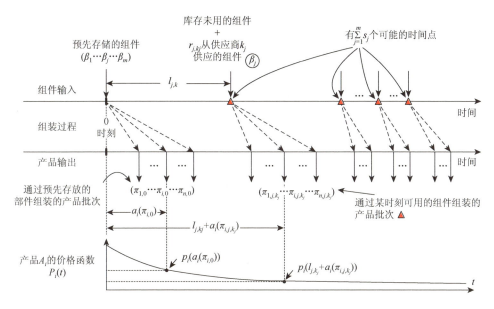

图 7-3　问题中的决策变量图（β_j、$\pi_{i,0}$、γ_{j,k_j}、π_{i,j,k_j}）

根据上述定义，销售所有 n 种产品的收入可以计算为

$$\sum_{i=1}^{n}\left[\pi_{i,0}p_i(a_i(\pi_{i,0}))+\sum_{j=1}^{m}\sum_{k_j=1}^{s_j}\pi_{i,j,k_j}p_i(l_{j,k_j}+a_i(\pi_{i,j,k_j}))\right]$$

组件可能会存在过量外包的情况。根据 $u_{i,j}$ 的定义，即组件与产品之间的数量关系如图 7-1 所示，组件 B_j 的总需求量为 $\sum_{i=1}^{n}d_iu_{i,j}$，那么过量组件的残值为 $\sum_{j=1}^{m}v_j$ $\left(\beta_j-\sum_{i=1}^{n}d_iu_{i,j}\right)^+$，其中产品的需求（即 $d_1,\cdots,d_i,\cdots,d_n$）是随机参数。

组件的成本从以下两个角度来计算：对于预先存储的组件，成本为 $\sum_{j=1}^{m}\beta_j c_{j,1}$，这里 $c_{j,1}$ 是组件 B_j 外包的最低单价，它也是提前采购最合适的采购方式；对于需求确定后的外包组件，成本为 $\sum_{j=1}^{m}\sum_{k_j=1}^{s_j}c_{j,k_j}\gamma_{j,k_j}$。

在这个决策问题中，制造商需要根据产品的随机需求即 $d_1,\cdots,d_i,\cdots,d_n$ 来最大化期望利润。因此，该模型的目标函数为

$$
\mathbb{E}_{\{d_1,\cdots,d_i,\cdots,d_n\}}\left\{\sum_{i=1}^{n}\left[\pi_{i,0}p_i(a_i(\pi_{i,0}))+\sum_{j=1}^{m}\sum_{k_j=1}^{s_j}\pi_{i,j,k_j}p_i(l_{j,k_j}+a_i(\pi_{i,j,k_j}))\right]\right.
$$
$$
\left.+\sum_{j=1}^{m}v_j\left(\beta_j-\sum_{i=1}^{n}d_i u_{i,j}\right)^{+}-\sum_{j=1}^{m}\beta_j c_{j,1}-\sum_{j=1}^{m}\sum_{k_j=1}^{s_j}c_{j,k_j}\gamma_{j,k_j}\right\}
$$

7.3 考虑近似非线性价格因素的两阶段随机规划模型构建

针对该问题本章制定了两阶段的随机规划模型。在第一阶段，该模型决定预先存储的组件的数量（即 $\beta_1,\cdots,\beta_j,\cdots,\beta_m$）。在第二阶段，确定对所有产品的需求后，确定在时刻 0 准备好的预先存储的组件组装的产品 A_i 的数量（即 $\pi_{i,0}$）。如果存在预存库存不能满足产品需求，则该模型将决定从第 k_j 个供应商外包的组件 B_j 的数量（即 γ_{j,k_j}）；在时间 l_{j,k_j} 处接收到组件 B_j。另外，该模型还需要确定在时刻 l_{j,k_j} 准备就绪的组件组装产品 A_i 的数量（即 π_{i,j,k_j}）。

随机规划模型的一般做法是，通常由场景表示不确定性。具体地说，产品需求的不确定性（即 $d_1,\cdots,d_i,\cdots,d_n$）由第二阶段的一组有限场景表示。每个场景（由 ω 表示）由产品需求的随机结果集合（即 $d_{1,\omega},\cdots,d_{i,\omega},\cdots,d_{n,\omega}$）组成。然后，第二阶段的 $\pi_{i,0}$、γ_{j,k_j} 和 π_{i,j,k_j} 变量成为与场景有关的决策变量（即 $\pi_{i,0,\omega}$、$\gamma_{j,k_j,\omega}$ 和 $\pi_{i,j,k_j,\omega}$）。

7.3.1 符号

1. 参数与索引

i：产品的索引，$i=1,2,\cdots,n$；A_i 代表第 i 个产品。

j：组件的索引，$j=1,2,\cdots,m$；B_j 代表第 j 个产品。

k_j：组件 B_j 供应商索引，$k_j=1,2,\cdots,s_j$。

ω：场景的索引，$\omega=1,2,\cdots,W$。

n：产品的数量。

m：组件的数量。

s_j：组件 B_j 的供应商的数量。

W：场景的数量。

$u_{i,j}$：产品 A_i 包含组件 B_j 的数量。

l_{j,k_j}：组件 B_j 在第 k_j 个供应商的交货期，$l_{j,1} \geqslant \cdots \geqslant l_{j,k_j} \geqslant \cdots \geqslant l_{j,s_j}$。

c_{j,k_j}：组件 B_j 在第 k_j 个供应商的单位成本，$c_{j,1} \leqslant \cdots \leqslant c_{j,k_j} \leqslant \cdots \leqslant c_{j,s_j}$。

v_j：组件 B_j 的残值，$v_j < c_{j,1}$。

$p_i(t)$：产品 A_i 的单价，取决于配送时间 t。

$a_i(q)$：当组件准备就绪时，组装 q 产品 A_i 的时间。

$d_{i,\omega}$：产品 A_i 在场景 ω 的需求量，$\omega = 1, 2, \cdots, W$。

2. 决策变量

β_j：在产品需求已知前，外包的组件 B_j 的数量；它们可以从最低价格 $c_{j,1}$ 的供应商那里外包出去。

$\pi_{i,0,\omega}$：在场景 ω 中，由 0 时刻准备的组件组装的产品 A_i 的数量；它们由预先外包的组件组装。

$\gamma_{j,k_j,\omega}$：在场景 ω 中，从其第 k_j 个供应商外包的组件 B_j 的数量；在时间 $l_{j,\cdot}$ 处接收一批组件 B_j。

$\pi_{i,j,k_j,\omega}$：场景 ω 中，在时间 l_{j,k_j} 准备好的组件组装的产品 A_i 的数量。

7.3.2　数学模型

通过遵循基于场景的不确定的产品需求和上述定义，将 7.2 节定义的目标重新定义为

$$
\mathbb{E}_{\{d_1,\cdots,d_i,\cdots,d_n\}} \left\{ \sum_{j=1}^{m} v_j \left(\beta_j - \sum_{i=1}^{n} d_i u_{i,j} \right)^+ \right.
$$

$$
\left. + \sum_{i=1}^{n} \left[\pi_{i,0} p_i(a_i(\pi_{i,0})) + \sum_{j=1}^{m} \sum_{k_j=1}^{s_j} \pi_{i,j,k_j} p_i(l_{j,k_j} + a_i(\pi_{i,j,k_j})) \right] - \sum_{j=1}^{m} \sum_{k_j=1}^{s_j} c_{j,k_j} \gamma_{j,k_j} - \sum_{j=1}^{m} \beta_j c_{j,1} \right\}
$$

$$
\approx \frac{1}{W} \sum_{\omega=1}^{W} \left\{ \sum_{j=1}^{m} v_j \left(\beta_j - \sum_{i=1}^{n} d_{i,\omega} u_{i,j} \right)^+ + \sum_{i=1}^{n} \left[\pi_{i,0} p_i(a_i(\pi_{i,0})) + \sum_{j=1}^{m} \sum_{k_j=1}^{s_j} \pi_{i,j,k_j} p_i(l_{j,k_j} + a_i(\pi_{i,j,k_j})) \right] \right.
$$

$$
\left. - \sum_{j=1}^{m} \sum_{k_j=1}^{s_j} c_{j,k_j} \gamma_{j,k_j,\omega} \right\} - \sum_{j=1}^{m} \beta_j c_{j,1}
$$

为了简单起见，上述变换假定了每个场景的概率是相同的，即 $1/W$。将上述基于场景的目标函数表达式最终定义为以下两阶段模型，去除原始模型公式中期望值（即 $\mathbb{E}_{\{d_1,\cdots,d_n\}}\{\}$）的形式，变换后的模型为混合整数规划模型。

$$[\mathcal{M}1]\ \max \frac{1}{W}\sum_{\omega=1}^{W}Q(\beta,D_\omega)-\sum_{j=1}^{m}\beta_j c_{j,1} \tag{7.1}$$

$$\text{s.t.}\quad \beta_j\geqslant 0,\quad j=1,2,\cdots,m \tag{7.2}$$

$$\beta=(\beta_1,\cdots,\beta_j,\cdots,\beta_m),\quad D_\omega=(d_{1,\omega},\cdots,d_{i,\omega},\cdots,d_{n,\omega})$$

$$Q(\beta,D_\omega)=\max\sum_{j=1}^{m}v_j\left(\beta_j-\sum_{i=1}^{n}d_{i,\omega}u_{i,j}\right)^{+}+\sum_{i=1}^{n}\pi_{i,0,\omega}p_i(a_i(\pi_{i,0,\omega}))$$

$$+\sum_{i=1}^{n}\sum_{j=1}^{m}\sum_{k_j=1}^{s_j}\pi_{i,j,k_j,\omega}p_i(l_{j,k_j}+a_i(\pi_{i,j,k_j,\omega}))-\sum_{j=1}^{m}\sum_{k_j=1}^{s_j}c_{j,k_j}\gamma_{j,k_j,\omega} \tag{7.3}$$

$$\text{s.t.}\quad \pi_{i,0,\omega}+\sum_{j=1}^{m}\sum_{k_j=1}^{s_j}\pi_{i,j,k_j,\omega}=d_{i,\omega},\quad i=1,2,\cdots,n \tag{7.4}$$

$$\sum_{i=1}^{n}\pi_{i,0,\omega}u_{i,j}\leqslant\beta_j,\quad j=1,2,\cdots,m \tag{7.5}$$

$$\sum_{i=1}^{n}\pi_{i,0,\omega}u_{i,j}+\sum_{j'=1}^{m}\sum_{k_{j'}:l_{j',k_{j'}}\leqslant l_{j',k_j}}\sum_{i=1}^{n}\pi_{i,j',k_{j'},\omega}u_{i,j}\leqslant\beta_j+\sum_{k_j:l_{j,k_j}\leqslant l_{j',k_j}}\gamma_{j,k_j,\omega} \tag{7.6}$$

$$j=1,2,\cdots,m;j'=1,2,\cdots,m;k_{j'}=1,2,\cdots,s_{j'}$$

$$\gamma_{j,k_j,\omega}\geqslant 0,\quad j=1,2,\cdots,m;k_j=1,2,\cdots,s_j \tag{7.7}$$

$$\pi_{i,0,\omega}\geqslant 0,\quad i=1,2,\cdots,n \tag{7.8}$$

$$\pi_{i,j,k_j,\omega}\geqslant 0,\quad i=1,2,\cdots,n;j=1,2,\cdots,m;k_j=1,2,\cdots,s_j \tag{7.9}$$

上述模型 $\mathcal{M}0$ 的目的是利用 n 个产品的随机需求 $d_1,\cdots,d_n$ 来实现最大化利润的期望值。利润等于在所有批次中交付 n 种产品的收益，加上过量组件的残值，减去所有批次的组件成本。约束条件（7.4）确保所有批次的可交付物等于每个产品的需求。最多有 $1+\sum_{j=1}^{m}s_j$ 个批次，其中一批是基于预先外包的组件（即在了解产品的确切需求之前的初始库存）和其他是在了解确切需求之后外包组件的 "$\sum_{j=1}^{m}s_j$" 个可能的批次。约束条件（7.5）规定了装配第一批产品组件的需求量不超过零件的初始库存。约束条件（7.6）保证在其他 $\sum_{j=1}^{m}s_j$ 批组装产品的组件的需求量不超过组件的可用库存。约束条件（7.2）、（7.7）～（7.9）是定义决策变量。

第二阶段模型的目标包含一个形式 $\left(\beta_j - \sum_{i=1}^{n} d_{i,\omega} u_{i,j}\right)^+$，可以通过定义新的连续变量 $\zeta_{j,\omega}$ 和二进制变量 $\xi_{j,\omega}$ 来转换到常规的混合整数规划模型。约束条件（7.11）～（7.15）用于消除目标函数中的"$(\cdot)^+$"形式。其中，在约束条件（7.12）和（7.13）中，M 是一个足够大的正数。则上面的模型 $Q(\beta, D_\omega)$ 变为

$$Q(\beta, D_\omega) = \max \quad \sum_{j=1}^{m} v_j \zeta_{j,\omega} + \sum_{i=1}^{n} \pi_{i,0,\omega} p_i(a_i(\pi_{i,0,\omega}))$$
$$+ \sum_{i=1}^{n} \sum_{j=1}^{m} \sum_{k_j=1}^{s_j} \pi_{i,j,k_j,\omega} p_i(l_{j,k_j} + a_i(\pi_{i,j,k_j,\omega})) - \sum_{j=1}^{m} \sum_{k_j=1}^{s_j} c_{j,k_j} \gamma_{j,k_j,\omega} \tag{7.10}$$

s.t.　约束条件（7.5）～（7.10）

$$\zeta_{j,\omega} \geqslant \beta_j - \sum_{i=1}^{n} d_{i,\omega} u_{i,j}, \quad j = 1, 2, \cdots, m \tag{7.11}$$

$$\zeta_{j,\omega} \leqslant \beta_j - \sum_{i=1}^{n} d_{i,\omega} u_{i,j} + M \xi_{j,\omega}, \quad j = 1, 2, \cdots, m \tag{7.12}$$

$$\zeta_{j,\omega} \leqslant M(1 - \xi_{j,\omega}), \quad j = 1, 2, \cdots, m \tag{7.13}$$

$$\zeta_{j,\omega} \geqslant 0, \quad j = 1, 2, \cdots, m \tag{7.14}$$

$$\xi_{j,\omega} \in \{0, 1\}, \quad j = 1, 2, \cdots, m \tag{7.15}$$

应该指出，上述转型可以显著提高求解过程的效率。通过使用 CPLEX 进行了一些实验，某些问题实例中，转换的模型的求解时间仅仅是没有转换的模型时间的 1/25。此外，CLEX 直接求解的问题规模也在增加。如果采用上述转换模型，CPLEX 可以求解具有 700 种场景的模型（7.5.6 节）；否则，至多只能求解 160 个场景就会出现"内存不足"的问题。

7.3.3　近似非线性价格函数

批次中的产品的价格 $p_i(t)$ 取决于批次的交付时间 t，其中包括会被批量的数量（即 π）影响的装配时间 $a_i(\pi)$。因此，产品的价格可能是以批量的数量作为参数的非线性函数。另外，在模型目标函数中，价格需要与批量的数量相乘，从而获得产品的收益，如 $\pi_{i,0,\omega} p_i(a_i(\pi_{i,0,\omega}))$ 和 $\pi_{i,j,k_j,\omega} p_i(l_{j,k_j} + a_i(\pi_{i,j,k_j,\omega}))$。因此，相对于 π 的相关决策变量，目标肯定包含一些复杂的高阶非线性形式。在通过一些近似法线性化之前，收入的两个函数定义如下：

（1）$\theta_i(x) = x p_i(a_i(x))$，$\theta_i(x)$ 表示使用在 0 时刻准备就绪的组件，组装的 x 个产品 A_i 的销售收入；

（2）$\mu_{i,j,k_j}(x) = xp_i(l_{j,k_j} + a_i(x))$，$\mu_{i,j,k_j}(x)$表示使用在$l_{j,k_j}$时刻准备好的组件，组装的$x$个产品$A_i$的销售收入。

根据上述两个函数的定义可以得到

$$\theta_i(\pi_{i,0,\omega}) = \pi_{i,0,\omega}p_i(a_i(\pi_{i,0,\omega})) \tag{7.16}$$

$$\mu_{i,j,k_j}(\pi_{i,j,k_j,\omega}) = \pi_{i,j,k_j,\omega}p_i(l_{j,k_j} + a_i(\pi_{i,j,k_j,\omega})) \tag{7.17}$$

将式（7.16）和式（7.17）代入模型$Q(\beta, D_\omega)$，其目标函数变为

$$Q(\beta, D_\omega) = \max \sum_{j=1}^{m} v_j \zeta_{j,\omega} + \sum_{i=1}^{n} \theta_i(\pi_{i,0,\omega}) + \sum_{i=1}^{n}\sum_{j=1}^{m}\sum_{k_j=1}^{s_j} \mu_{i,j,k_j}(\pi_{i,j,k_j,\omega}) - \sum_{j=1}^{m}\sum_{k_j=1}^{s_j} c_{j,k_j}\gamma_{j,k_j,\omega}$$

$$\tag{7.18}$$

对于非线性函数$\theta_i(x)$和$\mu_{i,j,k_j}(x)$，它们的线性化使用切线的外部近似方法。图7-4给出了用于近似函数$\mu_{2,3,1}(x)$的示例。图7-4中的函数$\mu_{2,3,1}(x)$表示当一批组件B_3从其第一供应商交付时，x个产品A_2的收入。假设B_3的第一个供应商的提前期是两天，即$l_{1,3} = 2$，A_2组装x产品的时间是$2x$，即$a_2(x) = 2x$；A_2的价格函数为$p_2(t) = 100 - 0.04t^2$；则收入函数为$\mu_{2,3,1}(x) = xp_2(l_{1,3} + a_2(x)) = -0.16x^3 - 0.32x^2 + 99.84x$。

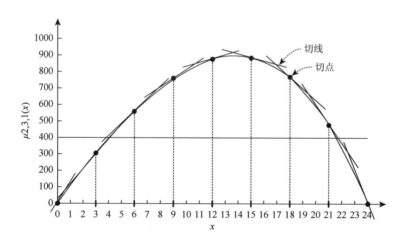

图7-4 用切线的外部近似图

为了简单起见，使用r条正切线来逼近$\theta_i(x)$和$\mu_{i,j,k_j}(x)$的所有函数。对于图7-4中的示例，$r = 9$。对于所有$\theta_i(x)$函数，切点由$x_i^{(1)}, x_i^{(2)}, \cdots, x_i^{(r)}$表示，对于所有$\mu_{i,j,k_j}(x)$函数，切点由$x_{i,j,k_j}^{(1)}, x_{i,j,k_j}^{(2)}, \cdots, x_{i,j,k_j}^{(r)}$表示，这些点均匀分布在对应的非

负函数值的域中。给定这些切点，可以得到相应的切线。以点 $x_i^{(1)}$ 为例，其切线为 $y = \theta_i'(x_i^{(1)})(x - x_i^{(1)}) + \theta_i(x_i^{(1)})$。通过使用切线近似 $Q(\beta, D_\omega)$ 的目标中的非线性函数，近似模型 $Q'(\beta, D_\omega)$ 表达如下：

$$Q'(\beta, D_\omega) = \max \sum_{j=1}^{m} v_j \zeta_{j,\omega} + \sum_{i=1}^{n} \lambda_{i,\omega} + \sum_{i=1}^{n}\sum_{j=1}^{m}\sum_{k_j=1}^{s_j} \eta_{i,j,k_j,\omega} - \sum_{j=1}^{m}\sum_{k_j=1}^{s_j} c_{j,k_j} \gamma_{k_j,\omega} \quad (7.19)$$

s.t.　约束条件（7.4）～（7.9）、（7.11）～（7.15）

$$\lambda_{i,\omega} \leqslant \theta_i'(x_i^{(g)})(\pi_{i,0,\omega} - x_i^{(g)}) + \theta_i(x_i^{(g)}), \quad i = 1,2,\cdots,n; g = 1,2,\cdots,r \quad (7.20)$$

$$\eta_{i,j,k_j,\omega} \leqslant \mu_{i,j,k_j}'(x_{i,j,k_j}^{(g)})(\pi_{i,j,k_j,\omega} - x_{i,j,k_j}^{(g)}) + \mu_i(x_{i,j,k_j}^{(g)})$$
$$i = 1,2,\cdots,n; j = 1,2,\cdots,m; k_j = 1,2,\cdots,s_j; g = 1,2,\cdots,r \quad (7.21)$$

$$\lambda_{i,\omega} \geqslant 0, \quad i = 1,2,\cdots,n \quad (7.22)$$

$$\eta_{i,j,k_j,\omega} \geqslant 0, \quad i = 1,2,\cdots,n; j = 1,2,\cdots,m; k_j = 1,2,\cdots,s_j \quad (7.23)$$

在上述线性化和外部近似之后，原始模型 [$\mathcal{M}$1] 可以由混合整数规划模型 [$\mathcal{M}$2] 近似如下：

[$\mathcal{M}$2] max

$$\frac{1}{W}\sum_{\omega=1}^{W}\left\{\sum_{j=1}^{m} v_j \zeta_{j,\omega} + \sum_{i=1}^{n} \lambda_{i,\omega} + \sum_{i=1}^{n}\sum_{j=1}^{m}\sum_{k_j=1}^{s_j} \eta_{i,j,k_j,\omega} - \sum_{j=1}^{m}\sum_{k_j=1}^{s_j} c_{j,k_j} \gamma_{k_j,\omega}\right\} - \sum_{j=1}^{m} \beta_j c_{j,1} \quad (7.24)$$

s.t.　约束条件（7.2）、（7.4）～（7.9）、（7.11）～（7.15）、（7.20）～（7.23）。

7.4　基于局部分支算法的模型求解方法

模型 $\mathcal{M}$2 是一个混合整数规划模型，但只包含一组整数变量，即 $\xi_{j,\omega} \in \{0,1\}$。除了 $\xi_{j,\omega}$，模型 $\mathcal{M}$2 中的所有其他变量都是连续的。因此，模型的求解速度主要受限于其巨大的解空间中二进制变量 $\xi_{j,\omega}$ 的分支过程。本章利用局部分支策略来求解模型，局部分支策略在本质上是精确的，尽管它是提高求解器的启发式行为。它替代了高层次的战略分支来定义解的邻域，并以低级战术分支来探索它们[316]。

本章中提出的求解方法是基于局部分支策略的，其核心思想是使用 CPLEX 作为一个黑盒"战术"工具，用于探索合适的求解方案子空间，其定义和控制在"战略"由一个简单的外部分支框架。本章的求解方法本身是利用局部搜索元启发式的理念，通过引入局部分支切割（线性不等式）来限定邻域。它可以认为是一种两级分支策略，旨在有利于在早期更新现有求解方案，从而在计算的早期阶段就产生改进的求解方案。

局部分支的主要过程如图 7-5 所示。

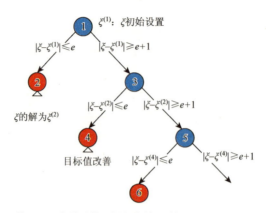

图 7-5　局部分支的主要流程图

在图 7-5 中，节点 1 是本地分支过程的起始点。在节点 1 处，二进制变量 $\xi_{j,\omega}$ 随机分配为 0 或 1。变量 $\xi_{j,\omega}$（$j=1,2,\cdots,m$，$\omega=1,2,\cdots,W$）的初始设置如图 7-5 中的 $\xi^{(1)}$ 所示。可以使用 CPLEX 在给定的时间内求解原始模型 $\mathcal{M}2$，所获得的解被用于 $\xi^{(1)}$ 的初始值。

节点 1 导出的节点 2 和节点 3，需要分别满足模型 $\mathcal{M}2$ 的另一个约束 $|\xi-\xi^{(1)}|\leq e$，$|\xi-\xi^{(1)}|\geq e+1$，其中 $|\xi-\xi^{(1)}|$ 反映了变量 ξ 的解空间中 $\xi^{(1)}$ 的邻域半径。具体地说，$|\xi-\xi^{(1)}|$ 由 $|\xi-\xi^{(1)}|=\sum_{j=1}^{m}\sum_{\omega=1}^{W}|\xi_{j,\omega}-\xi_{j,\omega}^{(1)}|$ 计算得到，其值反映了与其对应的固定值 $\xi_{j,\omega}^{(1)}$ 不同的变量 $\xi_{j,\omega}$ 的数量。若参数 e 设置较小，则节点 2 中的求解过程将很快，否则会比较耗时。

当节点 2 求解后，二进制变量 $\xi_{j,\omega}$ 由 $\xi^{(2)}$ 表示。然后节点 4 表示模型 $\mathcal{M}2$ 中的约束 $|\xi-\xi^{(2)}|\leq e$，$|\xi-\xi^{(1)}|\geq e+1$。因为邻域受约束 $|\xi-\xi^{(2)}|\leq e$ 的限制，所以节点 4 可以比没有对邻域限制的情况求解快得多。图 7-5 显示了分支过程的主要流程，其中所有由深色标记的节点将由 CPLEX 求解。整个求解过程可能被某些节点中耗时的求解过程所困扰（或延迟），因此，需要对每个节点的求解时间施加了上限。如果求解时间超过限制，则 CPLEX 将停止在节点处求解该模型，并返回一个解，这个解对于模型是可行的但不是最优的；否则，这意味着该节点处的模型已是 CPLEX 求解的最优解。

对于由深色标记的每个节点，CPLEX 求解的结果可以有以下四种情况。

情况 1：具有变量 ξ 相关约束的模型 $\mathcal{M}2$ 的目标值得到改善，并且没有达到 CPLEX 的求解时间限制。这意味着节点求得最优解，且到目前为止，该节点的求解方案优于现有的最佳求解方案。

情况 2：达到 CPLEX 的求解时间限制，但目标值得到改善。这意味着 CPLEX 获得了一个非最优解，但这个解比迄今为止最好的求解方案要好。

情况 3：未达到 CPLEX 求解时间限制，但目标值未得到改善。这意味着 CPLEX 获得了最佳求解方案，但这个解比现有的最佳求解方案更差。

情况 4：达到 CPLEX 的求解时间限制，且目标值不改善。这意味着 CPLEX 获得了一个非最优解，而且这个解比迄今为止最好的求解方案更差。

对于上述四种情况，处理策略如图 7-6 所示。

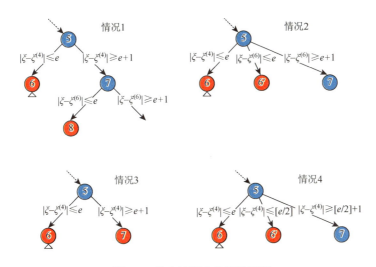

图 7-6　分支过程中的四种情况

情况 1：局部分支过程中的常见情况，它表示求解过程的标准流程，如图 7-5 所示。

情况 2：意味着需要更新邻域相关约束，其从 $|\xi-\xi^{(4)}|\leq e$ 变成 $|\xi-\xi^{(6)}|\leq e$，因为节点 6 上的解取代节点 4 的解，成为现在最好的节点。

情况 3：意味着节点 6 被完全切割，因为它在该节点处的最佳求解方案比现有的最佳求解方案更差，则原始模型的解等于节点 7 的解。

情况 4：意味着需要缩小邻域的范围，以便最佳地选取节点中的求解方案，或获得比目前更好的求解方案。

上述四种情况涵盖了整个程序中的所有可能的情况，这是基于局部搜索元启发式的思想。本章的局部分支过程，使用的邻域是通过对二进制变量（$\xi_{j,\omega}$）制定线性不等式（或分支切分）来实现的。如果在给定数量的连续迭代中，现有的最佳目标值没有得到改善，则整个求解过程终止。

　　本章提出的基于局部分支的求解方法不是精确的方法，它仍然是一种启发式方法，但它可以比一些广泛使用的启发式算法，如遗传算法、模拟退火算法等以更有效的方式获得满意的解。

7.5　关于两阶段随机规划模型和局部分支算法的数值实验

　　本章使用提出的模型和求解方案来求解多产品多渠道组件补货问题，并进行一些数值实验来研究提出的求解方案的效率，以及提出的模型的有效性，从这些实验中得出了一些管理方面的结论。

7.5.1　实验设置

　　本章使用的示例包含三个由七个不同组件装配的产品。为了简单起见，假设每个组件可以从三个渠道外包，假设产品的需求服从正态分布，实验设置如表 7-1 和表 7-2 所示。

表 7-1　实验中的产品配置（基线设置）

产品编号	1	2	3
需求 $N(\mu,\sigma)$	（700, 200）	（800, 200）	（900, 200）
组件	1，2，3，4	2，3，5	2，5，6，7
价格函数	$P(t) = 190-0.31t_2$	$P(t) = 170-0.27t_2$	$P(t) = 160-0.24t_2$
装配时间函数	$a(x) = 0.010x$	$a(x) = 0.009x$	$a(x) = 0.008x$

表 7-2　产品中的组件配置（基线设置）

组件编号		1	2	3	4	5	6	7
残值		7	5	36	12	18	13	16
渠道1	成本	16	11	55	22	28	23	26
	提前期	1.4d	1.3d	1.9d	1.5d	1.7d	1.6d	1.8d
渠道2	成本	15	10	50	20	25	20	25
	提前期	2.5d	2.3d	2.9d	2.4d	2.8d	2.6d	2.7d
渠道3	成本	13	9	45	17	24	19	22
	提前期	3.8d	4.1d	4.0d	3.6d	3.7d	3.5d	3.9d

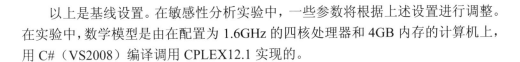

以上是基线设置。在敏感性分析实验中，一些参数将根据上述设置进行调整。在实验中，数学模型是由在配置为 1.6GHz 的四核处理器和 4GB 内存的计算机上，用 C#（VS2008）编译调用 CPLEX12.1 实现的。

7.5.2 模型性能研究

随机规划模型的结果受场景数量的影响。对于给定数量的场景（即 10、20、50、70、100、200、500 或 700），随机产生十个不同的情况，然后在所提出的随机规划模型中求解。在表 7-3 的每一行中记录并列出十种情况的最大值（Max）、最小值（Min）、平均值（Avg）和标准差（SD）。表 7-3 中的结果表明，在最大值和最小值之间，标准差随着场景数量的增加而减小，这意味着随着场景数量的增加，随机规划模型的解也随之收敛。

表 7-3 在不同的场景数下所提出的模型的实验

场景数	Avg	SD	Max	Min	极差 Max–Min	平均计算时间/s
10	87 404	72 507	176 032	36 650	139 382	2
20	132 346	39 372	182 513	102 376	80 137	5
50	162 164	16 184	187 843	153 872	33 971	14
70	174 633	57 69	189 076	167 652	21 424	23
100	176 834	3 215	187 163	170 235	16 928	53
200	177 073	2 646	187 377	173 453	13 924	147
500	178 146	1 462	186 391	174 979	11 411	456
700	178 278	1 334	185 822	175 287	10 535	638

一个发现是，当场景数超过 500 时，标准偏差不会明显下降，而且当场景数量大时，计算过程变得非常耗时。上述结果表明，具有 500 个场景的随机规划模型足以使该问题在合理的时间内获得收敛结果。因此，以下内容中的实验基于具有 500 个场景的数据集。

7.5.3 求解方案的数值实验

因为研究了与本章相似的问题的相关文献很少，无法将本章的方法与其他一些基准方法进行比较。因此，本章主要比较提出的求解方案与广泛使用的 CPLEX 的结果来评估本章提出的方法的性能。在进行比较实验之前，应该确定本章提出的方法中使用的参数。对于所提出的求解方法，e 是在分支过程中控制邻域大小以求解每个节点的重要参数。另外，由 CPLEX 求解每个节点的时间限制也是求解方法的重要设置。因此，需要进行一些实验来研究上述参数设置对解方法计算时间的影响，结果如表 7-4 所示。在本章中，如果现有的最优目标值在 100 次连续迭代中没有得到改善，则整个求解过程终止。在表 7-4 中，"CPU 时间"表示将结果收敛到稳定值并获得最终解的计算时间。

表 7-4　在不同参数设置下提出的方法的计算时间

参数 e	每个节点的时间限制/s	CPU 时间/s
750		895
1 500		597
3 000	40	463
6 000		687
12 000		1 257
	10	969
	20	636
3 000	40	463
	80	1 046
	160	2 768

从表 7-4 可以看出，计算时间和参数 e 与每个节点的时间限制没有确定的正负相关性。表 7-4 指出，e 为 3000 时，每个节点的时间限制为 40s，适用于此问题。因此，本节中的实验使用上述设置求解方法。

为了研究局部分支算法求解的质量，本章使用一些小规模的问题实例来将提出的方法的结果与 CPLEX 直接求解的最优结果进行比较。对于 CPLEX 可以直接求解问题实例，随机规划模型只考虑 200 个场景，结果列在表 7-5 中。从表 7-5 中可以看到，提出的求解方案在大多数情况下具有获得近似最优解的良好性能，并且计算时间也短于 CPLEX 直接求解模型的时间。

表 7-5　提出的求解方法的性能

实例编号	CPLEX 直接求解		提出的方法求解		OBJ 差值
	最优 OBJ	时间/s	OBJ	时间/s	
3-7-200-1	182 133	476	181 324	115	0.44%
3-7-200-2	179 792	398	176 862	179	1.63%
3-7-200-3	182 763	519	181 054	157	0.94%
3-7-200-4	179 187	413	176 317	176	1.60%
3-7-200-5	183 425	482	181 834	113	0.87%

7.5.4 多渠道和单渠道模式的比较

本章提出的模型认为，每个组件可以从多个渠道外包，这与其他一些关于单渠道问题的研究不同。因此，本章还进行了一些实验将多渠道组件补充模式与单渠道模式进行比较。为了公平，单渠道模式和多渠道模式都基于相同的问题实例。多渠道模式中每个组件有三个渠道可选。对于单渠道，实际上有两种不同的模式：一个是始终选择最低成本的渠道，另一个是始终以最短的提前期选择渠道。在表 7-6 和表 7-7 中，这两个单渠道模式分别以"成本优先"和"提前期优先"表示。

表 7-6 显示了不同需求方差下多渠道组件补充模式与单渠道模式之间的比较。这里的需求方差反映了产品需求的标准差，即需求分布 $N(\mu,\sigma)$ 中的参数 σ。更具体地说，如果三个产品需求的标准差是基准设置中的 σ_1、σ_2、σ_3，则通过乘以系数（0.1、0.4、0.7、1.3、1.7 或 2.0）来调整它们，系数越大，产品需求越大。表 7-6 不仅显示了多渠道模式与单渠道模式之间的比较，还反映出需求方差是否对多渠道模式的性能有影响。

表 7-6 不同需求差异下多渠道和单渠道组件补货模式的比较

需求 $N(\mu,\sigma)$ 的 σ	单渠道模式		多渠道模式 Z_M	改善率 $\dfrac{Z_M - \mathrm{Max}(Z_C,Z_T)}{\mathrm{Max}(Z_C,Z_T)}$
	成本优先 Z_C	提前期优先 Z_T		
0.1	180 996	178 897	198 913	9.90%
0.4	167 159	168 985	190 768	12.89%
0.7	160 384	158 275	182 921	14.05%
基线设置	147 728	150 245	178 146	18.57%
1.3	138 475	134 560	173 448	25.26%
1.7	124 467	126 357	168 453	33.32%
2.0	109 348	113 874	165 327	45.18%

注：如果三个产品需求的标准差在基线设置中为 σ_1、σ_2、σ_3，则"0.1"表示的标准差为 $0.1\times\sigma_1$，$0.1\times\sigma_2$，$0.1\times\sigma_3$。乘数越大，产品需求越大。

从表 7-6 可以看出，多渠道模式显著优于单渠道模式。多渠道模式的改善率为 10%～45%，验证了多渠道组件补充方式的有效性。此外，多渠道模式的表现也受到需求方差的影响。需求方差越大，多渠道模式就能显示出更显著的优势。这意味着对于具有高度不确定性的市场环境，多渠道组件补货模式尤为必要。

另一个发现是，"成本优先"单渠道模式并不总是比"提前期优先"模式更好。提前期短的成本较高，但可能会缩短最终产品的提前期，从而使价格和收入也可能更高。因此，即使对于单渠道模式，规划者也会在面临渠道模式选择的决策问题。

类似地，在多渠道模式和单渠道模式之间的一些比较实验在不同的渠道设置下执行。渠道设置主要是针对每个组件在三个渠道之间进行区分的方面进行调整。更具体地说，在基线设置中，通过三个渠道的组件 B_j 的成本是 $c_{j,1}$、$c_{j,2}$、$c_{j,3}$，提前期是 $l_{j,1}$、$l_{j,2}$、$l_{j,3}$，其中 $c_{j,1} \leqslant c_{j,2} \leqslant c_{j,3}$，$l_{j,1} \geqslant l_{j,2} \geqslant l_{j,3}$。本章使用差值" $\mathrm{Avg}_{\forall j}(c_{j,3} - c_{j,1})$ "和" $\mathrm{Avg}_{\forall j}(l_{j,1} - l_{j,3})$ "表示渠道差异程度。然后通过乘以系数（0.1、0.4、0.7、1.3、1.7 或 2.0）来调整实验中的这些差距。系数越大，渠道间的差异就越大，表 7-7 显示了渠道差异是否影响多渠道模式的性能。

表 7-7　在不同渠道设置下多渠道和单渠道组件补充模式之间的比较

成本和交货期的渠道差异	单渠道模式		多渠道模型 Z_M	改善率 $\dfrac{Z_M - \mathrm{Max}(Z_C, Z_T)}{\mathrm{Max}(Z_C, Z_T)}$
	成本优先 Z_C	提前期优先 Z_T		
0.1	146 838	147 647	172 247	16.66%
0.4	150 356	148 867	175 773	16.90%
0.7	151 297	149 298	177 830	17.54%
基线设置	147 728	150 245	178 146	18.57%
1.3	150 094	146 727	178 455	18.90%
1.7	141 238	144 843	173 297	19.64%
2.0	138 654	144 275	173 448	20.22%

注：如果渠道之间的成本差值和提前期间隔是 $\mathrm{Avg}_{\forall j}(c_{j,3} - c_{j,1})$ 和 $\mathrm{Avg}_{\forall j}(l_{j,1} - l_{j,3})$，"0.1"表示渠道间的成本差值和提前期差值变为 $0.1 \times \mathrm{Avg}_{\forall j}(c_{j,3} - c_{j,1})$ 和 $0.1 \times \mathrm{Avg}_{\forall j}(l_{j,1} - l_{j,3})$。乘数越大，渠道差异越大。

从表 7-7 可以看出，多渠道模式显著优于单渠道模式。多渠道模式的改善率为 16%～20%。多渠道模式的性能受到渠道差异的影响。渠道差异越大，多渠道模式就能显示出更显著的优势。这意味着多渠道组件补货模式对于，供应商在成本和提前期方面有明显差异的组件市场尤为必要。

7.5.5　多产品和单一产品的模型的比较

本章提出的模式面向多产品，这是与现有研究的主要区别之一。因此，应该研究多产品导向模型是否比单一产品导向模型更好。为了公平比较，多产品模型和单一产品模型都基于相同的问题实例。实际上有三种产品。因此，单一产品模型将被规划和求解 3 次，每个模型针对一个产品。将三个目标值的总和与多产品模型求得的结果进行比较。表 7-8 显示了不同需求差异下多产品模型与单一产品模型的比较。这里的需求差异用表 7-6 相似的方法考虑。因此，表 7-8 不仅反映了多产品模式与单一产品模式之间的比较，也反映了需求差异是否会对多产品模式的结果有所影响。

表 7-8　不同需求差异下多产品和单一产品导向模型的比较

需求 $N(\mu,\sigma)$ 的 σ	单一产品导向模型			多产品导向模型 Z_M	改善率 $\dfrac{Z_M-(Z_1+Z_2+Z_3)}{Z_1+Z_2+Z_3}$
	产品 1 Z_1	产品 2 Z_2	产品 3 Z_3		
0.1	61 698	66 539	59 126	198 913	6.16%
0.4	57 216	61 537	54 259	190 768	10.26%
0.7	51 438	58 368	50 387	182 921	14.19%
基线设置	50 365	53 679	48 925	178 146	16.46%
1.3	46 236	49 265	44 759	173 448	23.66%
1.7	43 218	46 426	41 215	168 453	28.73%
2.0	39 843	45 757	38 456	165 327	33.27%

从表 7-8 可以看出，多产品模型显著优于单一产品模型。多产品模型的改善率为 6%～33%，证明了多产品模型的有效性。此外，多产品模型的表现优于需求差异。需求差异越大，多产品模型的优势就越明显。这表明本章提出的多产品模型对于高度不确定性的市场环境尤为必要。

类似地，多产品模型和单一产品模型之间的一些比较实验在不同的设置下进行，用表 7-7 实验相似的方式进行定义和调整。

表 7-9 表明多产品模型显著优于单一产品模型。多产品模型的改善率为 15%～17%。与表 7-7 的实验数据不同，渠道差异化并不直接影响多产品模型的表现。然而，通过上述实验验证了多产品模型对单一产品模型的相对优势。

表 7-9　不同渠道设置下多产品和单一产品导向模型的比较

渠道差异化成本和提前期	单一产品导向模型			多产品导向模型 Z_M	改善率 $\dfrac{Z_M-(Z_1+Z_2+Z_3)}{Z_1+Z_2+Z_3}$
	产品 1 Z_1	产品 2 Z_2	产品 3 Z_3		
0.1	48 926	52 246	46 568	172 247	16.59%
0.4	50 064	53 198	47 765	175 773	16.39%
0.7	49 396	54 903	49 167	177 830	15.88%
基线设置	50 365	53 679	48 925	178 146	16.46%
1.3	51 045	53 665	47 985	178 455	16.87%
1.7	48 913	52 975	46 041	173 297	17.15%
2.0	49 076	53 947	46 693	173 448	15.85%

7.5.6 大规模问题实例的实验

上述实验基于包含 3 个产品和 7 个组件的实例。在实验中还使用了 6 个产品和 15 个组件的一些大规模问题实例来验证所提出的求解方案的效率,产品的配置详见表 7-10。

表 7-10 大规模实验中的产品配置

产品编号	需求 $N(\mu,\sigma)$	组件	价格函数	装配时间函数
1	(500, 200)	1,5,6,10,12,15	$P(t) = 220 - 0.38t_2$	$a(x) = 0.012x$
2	(600, 200)	2,4,6,8,11,13,14	$P(t) = 200 - 0.34t_2$	$a(x) = 0.011x$
3	(700, 200)	1,3,4,9,12,15	$P(t) = 190 - 0.31t_2$	$a(x) = 0.010x$
4	(800, 200)	3,4,6,7,10,13	$P(t) = 170 - 0.27t_2$	$a(x) = 0.009x$
5	(900, 200)	2,6,7,9,10,12,14	$P(t) = 160 - 0.24t_2$	$a(x) = 0.008x$
6	(1000, 200)	4,5,7,9,11,13,14	$P(t) = 150 - 0.21t_2$	$a(x) = 0.007x$

该数值实验基于 5 个大规模实例进行,每个实例包含 100 个场景,结果如表 7-11 所示。提出的方法和最优解的结果之间的偏差约为 2%,但所提方法的求解时间明显短于 CPLEX 求解时间。这说明所提方法也可以在合理的时间内求解大规模的实例得到近似最优解。

表 7-11 所提方法的结果

实例编号	CPLEX 直接求解		所提求解方法		目标值偏差
	优化目标值	时间/s	目标值	时间/s	
6-15-100-1	383 499	2871	378 184	558	1.39%
6-15-100-2	405 112	2 979	395 671	813	2.33%
6-15-100-3	377 683	3 275	374 187	905	0.93%
6-15-100-4	390 975	2 632	385 960	614	1.28%
6-15-100-5	421 367	3 086	414 035	573	1.74%

7.5.7 随机规划模型的评估

通常采用"随机解的值"和"完全信息的价值"来评估随机规划模型的有效性。为了计算上述两种方法,需要求解三种模型(或方法)。

第一个模型是所提的随机规划模型 $\mathcal{M}1$，其目标值用 Z_1 表示。对于每个实例，基于 100 个随机生成的场景来求解模型 $\mathcal{M}1$。

第二个模型是确定性模型，只考虑一个场景，可以将其视为 $\mathcal{M}1$ 型的特殊情况，其中需求数据是先前生成的 100 种场景中需求的平均值。用"平均"场景求解模型，并求解。然后使用模型 $\mathcal{M}1$ 的目标函数与 100 个场景来评估所求得的解。假设所获得的解的目标值用 Z_2 表示。很明显，Z_2 小于 Z_1，因为在一个"平均"场景下由模型获得的解可能不是原始模型的最优解。它们之间的偏差评估了随机解的价值，随机求解方法在作出决策时测量忽略不确定性的成本[312]。

第三种方法是求解一系列确定性模型，每个模型都基于之前生成的 100 个场景。求解 100 个确定性模型后，其目标值的平均值由 Z_3 表示。可以看出第三种方法在现实中不适用（或存在），因为它假设决策者可以提前预测实际需求。然而，Z_3 可以提供原始模型 $\mathcal{M}1$ 的上限。Z_3 大于 Z_1 的偏差反映了完全信息的价值（这里"完全"的意思是提前准确地预测产品的需求），衡量决策者在作出决定之前愿意为随机需求数据的知识价值支付的最大金额[312]。10 个实例的实验结果如表 7-12 所示。

表 7-12　随机解的价值和完全信息的价值分析

实例编号	Z_1	Z_2	Z_3	随机解的值 $Z_1 - Z_2$	完全信息的价值 $Z_3 - Z_1$
3-7-100-1	176 906	161 127	202 534	15 779	25 628
3-7-100-2	176 155	155 013	205 871	21 142	29 716
3-7-100-3	172 643	149 765	206 413	22 878	33 770
3-7-100-4	177 094	152 909	214 048	24 185	36 954
3-7-100-5	173 127	158 011	199 276	15 116	26 149
3-7-100-6	172 892	154 682	203 582	18 210	30 690
3-7-100-7	179 560	154 634	210 795	24 926	31 235
3-7-100-8	178 153	153 339	214 944	24 814	36 791
3-7-100-9	181 972	156 880	213 629	25 092	31 657
3-7-100-10	180 091	153 157	215 787	26 934	35 696

结果表明，通过比较 Z_1，$Z_1 - Z_2$ 的值是显而易见的，反映了随机解的值对于该研究问题是重要的。根据估计需求数据，得到的确定性模型获得的最佳方案可能不是不确定性的最佳方案。结果只是验证了所提出的随机规划模型的有效性。此外，$Z_3 - Z_1$ 的值也不是微不足道的，这验证了能够以更准确的方式来预测产品需求的重要性。

7.6 本章小结

本章研究了面向单周期随机需求的问题，这个问题是多产品导向 ATO 系统的多渠道组件补货问题。本章为这个两阶段决策问题制定了随机规划模型，并提出了一种局部分支求解方案来求解问题。最后，通过数值实验来验证提出的模型的有效性和提出的求解方案的效率。通过与相关文献比较，本章的贡献主要包括以下几个方面。

（1）本章提出的模型主要面向多产品 ATO 系统。多个产品由多个不同的组件组装而成，这些组件由不同的产品共享，而现有的组件补充研究大都面向单一产品 ATO 系统。

（2）现有的组件补充决策问题研究，主要考虑了对每个组件进行外包的双渠道设置。即一个为正常的渠道，另一个为加速渠道，但本章考虑了多渠道设置下的组件补充问题。

（3）本章考虑了更为现实的因素。例如，本章考虑了取决于组装产品的批量数的装配时间，装配时间会影响最终产品的提前期，进一步影响其价格。这种变化使得目标呈现非线性，因此，本章采用了一些近似法来处理非线性的目标函数。

（4）虽然某些现有的研究在好的求解方案基础上设计了很好的精确求解方法，但由于其模型的特殊结构，这些方法几乎不能延伸。而本章提出的随机规划模型和近似方法可以很容易地扩展，以便考虑更复杂的问题背景和更现实的因素。

本章研究也有一定的局限性，例如，随机规划模型是基于场景的建立的，需要决策者知道产品需求的概率分布，然后生成一组场景。未来将尝试使用鲁棒优化方法来构建模型，这样决策者只需要定义不确定的产品需求，而且在数据不足的校准随机规划模型的情况下，新模型也将适用。

第8章 >>>

国产与进口决策优化问题

8.1 概述

改革开放以来,中国逐渐成为全球供应链的重要组成部分。为鼓励企业出口商品和服务,中国政府制定了出口导向型的关税政策来鼓励出口,这些政策对跨国制造企业的最终利润和经营管理决策有重要的影响。当前,许多跨国制造业企业面临的重要管理决策问题。例如,海外和国内市场采用哪种外包渠道,如何为国内外的客户提供生产计划等,这些决策往往是相互交织的。在全球供应链和中国出口导向型税收政策的背景下,本章将供应链管理中的传统决策问题与现实商业实践中的退税和关税政策相结合,研究外包和生产决策的综合优化问题,针对综合优化问题提出了三阶段决策模型,同时开发出基于交叉熵的求解方法,并根据实际案例进行数值实验来验证模型的有效性和提出方法的效率,并从这些实验结果中得出一些管理启示。

8.2 考虑出口税收政策的外包决策优化问题背景

8.2.1 外包决策及其影响

在全球供应链的背景下,公司都需要从全球范围内选出外部供应商外包服务和产品。本章着眼于中国的一家制造产品 A 的公司,其制造的产品将在国内外市场上销售。假设产品 A 在国内市场和海外市场的需求量分别为 d^d 和 d^o。为了制造产品 A,公司需要在国内外市场外包 n 种类型的零部件给外部供应商。假设每种类型的零部件表示为 $T_i(i=1,2,\cdots,n)$,有两种供应商可供选择,一种在国内市场,另一种在海外市场。一般来说,利用海外市场外包的零部件越多,客户认为成品 A

的质量就越高；因此，可以为产品在国内外市场设定更高的价格。然而，海外外包部分比重过高也意味着高成本。此外，利用海外市场进行零部件外包也会影响中国出口导向型税收政策下的增值税和关税退税。因此，中国制造业公司的一个重要决策就是 n 种零部件中的每一种 T_i 是否应该通过海外还是国内市场外包。图 8-1 所示为外包、生产和销售过程的一个例子。

对于上述问题背景，本章对研究的一些假设进行澄清。首先，假设国外供应商的零部件成本比国内供应商的零部件成本高。原因是，对于中国的制造商，如果从泰国或越南采购的零部件比同质量的国内供应商采购的零部件便宜，成品将在国外市场上销售，那么制造商肯定会利用国外渠道将零部件进行外包，因为这不仅可以节省零部件成本，还可以在中国出口导向的税收政策下获得部分退税款。因此，对于外国供应商的零部件成本比国内供应商的零部件成本高的情况，在中国出口导向型税收政策背景下，对制造商而言，哪些零部件应该通过哪些渠道（国内或国外的供应商）进行外包成为一个决策问题。

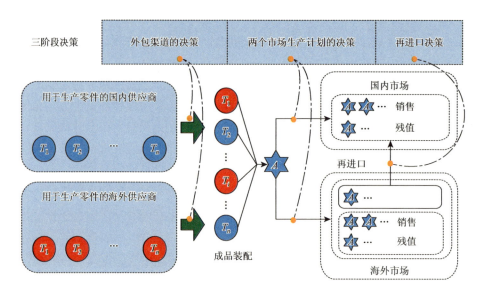

图 8-1　外包、生产和销售流程的一个例子

第二个假设是客户在做购买决策时会关心产品的配置。在实际情况中，从国外（如一些发达国家而不是越南）外包的昂贵零部件通常比来自国内供应商外包的零部件质量更高。因此，成品的价格可以设置为高于由国内供应商外包而制造出的成品。该研究假设制造商的客户主要是一些大型批发商，他们不仅关心产品的品牌，而且关心产品的配置（即每个零部件的原产地）。配置信息影响制造商和批发商之间的价格谈判进程。此外，随着网络购物的普及，越来越多的终端消费

者也倾向于通过互联网获取产品的配置信息（特别是关于产品中包含的一些核心零部件的原产地信息），然后做出购买决策。因此，提出的模型假设，价格受到产品零部件总数中外包给外国供应商的比例的影响。

本章定义二进制变量 $x_i(i=1,2,\cdots,n)$，如果零部件 T_i 是从海外市场进口的，则二进制变量 x_i 等于 1，如果 T_i 是从国内市场采购的，则二进制变量 x_i 等于 0。如果分别从国外市场和国内市场进口，则定义 c_i^o 和 c_i^d 为零部件 T_i 的单位成本。另外，组装所有外包零部件和内部制造零部件的成本由 a 表示。从海外市场进口零部件 T_i 的关税税率定义为 r_i^t。然后成品 A 的单位成本计算如下：

$$\sum_{\forall i}[(1-x_i)c_i^d + x_i c_i^o(1+r_i^t)] + a$$

在海外市场成品 A 的售价不同于国内市场的价格。这两个价格不是确定性的，而是取决于产品的配置，即成品中进口零部件所占的百分比。如上所述，当一个产品中包含更多的由海外外包生产的零部件时，可以向客户展示更高的品质形象。因此，在国内和海外市场可以设置更高的价格。这里，进口零部件的百分比（由 ω 表示）根据零部件的成本来衡量：

$$\omega = \sum_{\forall i}[x_i c_i^o] \Big/ \sum_{\forall i}[(1-x_i)c_i^d + x_i c_i^o]$$

为了确定海外和国内市场的价格，本章可以提前设定两个范围，分别是[p_{LB}^o, p_{UB}^o]和[p_{LB}^d, p_{UB}^d]。当所有零部件分别由海外或国内供应商供应时，上限和下限可以视为价格。通常情况下，上限和下限价格最初根据零部件成本（内部生产，从海外供应商或国内供应商采购）、其他成本（如组装成本、人工成本、设备成本、管理成本等）和合理利润所决定。这些价格可能会根据在海外或国内市场上出售相同或类似产品的竞争对手的价格进行调整。通过考虑一定程度的贴现率，以价格范围为基础确定残值的范围。

根据定义的百分比 ω，海外和国内市场的价格可以通过以下方式确定：

$$p^o = p_{LB}^o + (p_{UB}^o - p_{LB}^o)\omega$$
$$p^d = p_{LB}^d + (p_{UB}^d - p_{LB}^d)\omega$$

两个市场的残值（由 s^o 和 s^d 表示）可以采用类似的方法确定：

$$s^o = s_{LB}^o + (s_{UB}^o - s_{LB}^o)\omega$$
$$s^d = s_{LB}^d + (s_{UB}^d - s_{LB}^d)\omega$$

根据上述分析，部分外包渠道的决策不仅影响产品的成本也影响产品的价格。

应该提到的是，上述确定价格和残值的公式有点简单，可能并不适用于所有的现实情况。然而，本章提出的方法可以适用于具有更复杂定价函数的决策环境，这将在 8.6.3 节中进行说明。为了简单起见，以下构建的模型和解的特性分析仍然基于上述公式。但它们并不是本章所提核心方法的硬性假设。

8.2.2　两个市场的生产决策

关于外包渠道的第一阶段决策制定后，必须考虑第二阶段的决策。该阶段是生产计划阶段，涉及公司分别计划出售给海外和国内市场的产品数量（由 y^o 和 y^d 表示）。

由于中国有出口导向的税收政策，制造业企业通常面向海外市场进行生产的数量设置较大（即 y^o）。如果供应量明显超过海外市场的需求，那么产品从海外市场销售再进口到国内市场的再分配策略是中国跨国公司最常使用的。这是决策过程的第三阶段。如果 z^o 表示在海外市场最终销售或剩余的产品数量，z^r 则表示从海外市场再进口到国内市场的产品数量，然后有 $y^o = z^o + z^r$。

在出口导向的税收政策下，通常计划将更多的产品销往海外市场，因为退税和关税免除可以让企业获得更多的利润。因此，原先计划在海外销售的产品会有剩余，并将这些剩余产品再进口减去进口成本将会产生更多利润。相反，如果一些产品以前计划在国内市场销售，但最终这些产品转移到海外市场，那么出口导向型税收政策就不适用于这种情况。因此，再进口战略通常用于中国跨国制造商的实际业务实践中。那么，两个市场的产品销售收入和剩余产品收入可以计算为

$$p^d \min[(y^d + z^r), d^d] + s^d (y^d + z^r - d^d)^+ + p^o \min[z^o, d^o] + s^o (z^o - d^o)^+$$

其中，$(\cdot)^+$ 表示括号内零和数字之间的最大值。

图 8-2 说明了该问题的三阶段决策过程。

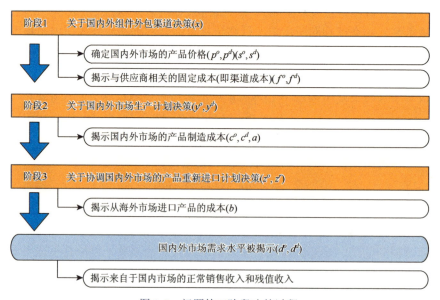

图 8-2　问题的三阶段决策过程

8.2.3　中国出口导向型税收政策

在 100 多个国家的税收制度中有各种形式的增值税,在产品增值过程的每个阶段征收税款。然后,终端客户承担整个产品或服务的增值税负担。对出口商来说,潜在影响是由于产品在国外销售而无法为已经支付的进项增值税申请全额抵免。为求解这一问题,中国实行增值税退税制度,有以下规定:

(1) 对于出口产品,无关税,无增值税;

(2) 如果为了出口产品而前期进口某一产品,则无关税并且不缴纳增值税;

(3) 公司可以收到为出口产品在国内投入部分的全额或部分进项增值税的退款,这不同于进口产品的退款率。

如果将在国内市场上销售产品的增值税率定义为 r^v (在中国通常为 17%),则 r_i^r 表示某出口产品因使用国产零部件 T_i 而支付进项增值税的退税率,以及 r_i^t 表示从海外市场进口零部件 T_i 的关税税率,退税额可以计算为 $y^o \sum_{\forall i} [(1-x_i)c_i^d r_i^r / (1+r^v)]$。

然后对出口产品中使用的进口零部件进行关税豁免: $y^o \sum_{\forall i}(x_i c_i^o r_i^t)$。

应该指出的是,由于中国把退税率作为有效的宏观经济政策来指导经济发展,所以退税率(即 r_i^r)也经常发生变化。在过去的 20 年里,对不同类别的出口产品, r_i^r 已经进行了十多次修订。不断变化的 r_i^r 可能影响到全球供应链环境下的外包和生产活动决策。

基于上述分析,本章提出了在全球供应链和中国出口导向型税收政策背景下对外包和生产决策进行综合优化的三阶段决策模型。8.3 节将详细介绍模型并对模型特性进行分析。

8.3　三阶段外包决策优化模型构建

8.3.1　符号

1. 参数

c_i^o:从海外市场进口零部件 T_i 的单位成本。

c_i^d:从国内市场采购零部件 T_i 的单位成本。

f_i^o:从海外市场渠道进口零部件 T_i 产生的固定成本。

f_i^d:从国内市场渠道采购零部件 T_i 产生的固定成本。

a:外包零部件和内部制造零部件的单位集成成本。

d^o:海外市场对成品 A 的需求,一个随机参数。

d^d：国内市场对成品 A 的需求，一个随机参数。

F_{d^o}：需求 d^o 的累积概率函数。

F_{d^d}：需求 d^d 的累积概率函数。

L：产量限制，即公司可以生产的最大产品数量。

r_i^t：从海外市场进口零部件 T_i 的关税税率。

r^v：在国内市场销售产品的增值税税率，在中国通常为 17%。

r_i^r：某出口产品因使用国产零部件 T_i 而支付进项增值税的退税率。

b：与再进口单位产品 A 相关的总成本（运输费、关税等）。

p_{UB}^o：成品 A 在海外市场的上限价格。

p_{LB}^o：成品 A 在海外市场的下限价格。

p_{UB}^d：成品 A 在国内市场的上限价格。

p_{LB}^d：成品 A 在国内市场的下限价格。

s_{UB}^o：成品 A 在海外市场的残值上界。

s_{LB}^o：成品 A 在海外市场的残值下界。

s_{UB}^d：成品 A 在国内市场的残值上界。

s_{LB}^d：成品 A 在国内市场的残值下界。

2. 决策变量

x_i：如果零部件 T_i 从海外市场进口，二进制变量为 1，如果 T_i 从国内市场采购，则为 0。

y^o：计划在海外市场销售成品 A 的数量。

y^d：计划在国内市场销售成品 A 的数量。

z^o：最终在海外市场上销售或剩余成品 A 的数量。

z^r：从海外再进口成品 A 到国内市场的数量。

3. 辅助变量

p^o：海外市场成品 A 的价格，取决于变量 x。

p^d：国内市场成品 A 的价格，取决于变量 x。

s^o：成品 A 在海外市场的残值，取决于变量 x。

s^d：成品 A 在国内市场的残值，取决于变量 x。

8.3.2　数学模型

根据 8.2 节描述的问题背景，结合定义的符号，构建数学模型如下。

$$[\mathcal{M}0]\max_{\{x_i\}}\left\{-\sum_{\forall i}[(1-x_i)f_i^d+x_if_i^o]+\max_{y^o,y^d}\left\{-(y^o+y^d)\left\{\sum_{\forall i}[(1-x_i)c_i^d+x_ic_i^o(1+r_i^t)]+a\right\}\right.\right.$$

$$+y^o\left\{\sum_{\forall i}(x_ic_i^or_i^t)+\sum_{\forall i}[(1-x_i)c_i^dr_i^r/(1+r^v)]\right\}+\max_{z^o,z^r:z^o+z^r=y^o}\mathbb{E}_{d^o,d^d}\{p^d\min[(y^d+z^r),d^d]$$

$$+s^d(y^d+z^r-d^d)^++p^o\min[z^o,d^o]+s^o(z^o-d^o)^+-z^rb\}\bigg\}\bigg\} \tag{8.1}$$

$$\text{s.t.}\quad y^o+y^d\leqslant L \tag{8.2}$$

$$p^o=p_{\text{LB}}^o+(p_{\text{UB}}^o-p_{\text{LB}}^o)\left\{\sum_{\forall i}(x_ic_i^o)/\sum_{\forall i}[(1-x_i)c_i^d+x_ic_i^o]\right\} \tag{8.3}$$

$$p^d=p_{\text{LB}}^d+(p_{\text{UB}}^d-p_{\text{LB}}^d)\left\{\sum_{\forall i}(x_ic_i^o)/\sum_{\forall i}[(1-x_i)c_i^d+x_ic_i^o]\right\} \tag{8.4}$$

$$s^o=s_{\text{LB}}^o+(s_{\text{UB}}^o-s_{\text{LB}}^o)\left\{\sum_{\forall i}(x_ic_i^o)/\sum_{\forall i}[(1-x_i)c_i^d+x_ic_i^o]\right\} \tag{8.5}$$

$$s^d=s_{\text{LB}}^d+(s_{\text{UB}}^d-s_{\text{LB}}^d)\left\{\sum_{\forall i}(x_ic_i^o)/\sum_{\forall i}[(1-x_i)c_i^d+x_ic_i^o]\right\} \tag{8.6}$$

$$x_i\in\{0,1\}\,,\quad y^o,y^d,z^o,z^r\geqslant 0 \tag{8.7}$$

在上述模型 $\mathcal{M}0$ 的目标（8.1）中，$\mathbb{E}$ 表示关于随机参数 d^o 和 d^d 的期望值。模型 $\mathcal{M}0$ 包含三个阶段的决策：① x_i，即外包渠道决策；② y^o、y^d，对国内外市场生产计划决策；③ z^o、z^r，即再进口以协调国内外市场销售的决策。约束条件（8.2）确保销往国内外市场的产品在公司的生产能力范围内。约束条件（8.3）~（8.6）表示海外和国内市场销售的产品价格和残值。价格和残值受产品进口零部件百分比的影响。约束条件（8.7）定义了模型中的决策变量。

目标（8.1）表示利润。如果产品数量少于需求量，部分市场（客户）将无声无息地消失。本章假设产品数量对公司的收入和成本没有负面影响。在一些经典报童模型的制定中也采用了这一假设。因此，本章假设如果产品数量少于需求量，不存在额外的损失。

8.3.3　第三阶段决策分析

在所提模型 $\mathcal{M}0$ 的求解中，第一步是研究最内在的子问题，即关于产品再进口的第三阶段决策，具体如下：

$$\max_{z^o,z^r}\mathbb{E}_{d^o,d^d}\{p^d\min[(y^d+z^r),d^d]+s^d(y^d+z^r-d^d)^++p^o\min[z^o,d^o]+s^o(z^o-d^o)^+-z^rb\}$$

$$\tag{8.8}$$

$$\text{s.t.} \quad z^o = y^o - z^r \tag{8.9}$$

$$z^r \geqslant 0, \quad z^o \geqslant 0 \tag{8.10}$$

对于上述模型，命题 1 描述了最优解 z^{r*} 的一些特性。

命题 1：从海外市场再进口产品到国内市场的最优数量（由 z^{r*} 表示）满足下列公式：

$$(p^o - s^o)F_{d^o}(y^o - z^{r*}) - (p^d - s^d)F_{d^d}(y^d + z^{r*}) = b + p^o - p^d \tag{8.11}$$

证明：将目标进行替换 $z^o = y^o - z^r$ 即 $\mathbb{E}_{d^o, d^d}\{p^d\min[(y^d + z^r), d^d] + s^d(y^d + z^r - d^d)^+ + p^o\min[z^o, d^o] + s^o(z^o - d^o)^+ - z^r b\}$，关于 z^r 的目标函数，由 $E(z^r)$ 表示：

$$
\begin{aligned}
E(z^r) &= \mathbb{E}_{d^o, d^d}\{p^d\min[(y^d + z^r), d^d] + s^d(y^d + z^r - d^d)^+ \\
&\quad + p^o\min[(y^o - z^r), d^o] + s^o(y^o - z^r - d^o)^+ - z^r b\} \\
&= p^d\mathbb{E}_{d^d}\min[(y^d + z^r), d^d] + s^d\mathbb{E}_{d^d}(y^d + z^r - d^d)^+ \\
&\quad + p^o\mathbb{E}_{d^o}\min[(y^o - z^r), d^o] + s^o\mathbb{E}_{d^o}(y^o - z^r - d^o)^+ - z^r b \\
&= p^d\mathbb{E}_{d^d}[d^d - (d^d - y^d - z^r)^+] + s^d\mathbb{E}_{d^d}(y^d - d^d + z^r)^+ \\
&\quad + p^o\mathbb{E}_{d^o}[d^o - (d^o - y^o + z^r)^+] + s^o\mathbb{E}_{d^o}(y^o - d^o - z^r)^+ - z^r b \\
&= p^d\mathbb{E}_{d^d}d^d - p^d\mathbb{E}_{d^d}(d^d - y^d - z^r)^+ + s^d\mathbb{E}_{d^d}(y^d - d^d + z^r)^+ \\
&\quad + p^o\mathbb{E}_{d^o}d^o - p^o\mathbb{E}_{d^o}(d^o - y^o + z^r)^+ + s^o\mathbb{E}_{d^o}(y^o - d^o - z^r)^+ - z^r b
\end{aligned}
\tag{8.12}
$$

定义两个参数 ξ^d 和 ξ^o，并且 ε 作为一个极小的正数。$\xi^d = s^d + \varepsilon$，$\xi^o = p^o - \varepsilon$。因为 $p^d > s^d$，且 $p^o > s^o$，然后有 $p^d > \xi^d > s^d$，$p^o > \xi^o > s^o$，当 $\varepsilon \to 0$ 时，$\xi^o - \xi^d = p^o - s^d$。

$$
\begin{aligned}
E(z^r) &= p^d\mathbb{E}_{d^d}d^d - p^d\mathbb{E}_{d^d}(d^d - y^d - z^r)^+ + s^d\mathbb{E}_{d^d}(y^d - d^d + z^r)^+ \\
&\quad - \xi^d z^r + p^o\mathbb{E}_{d^o}d^o - p^o\mathbb{E}_{d^o}(d^o - y^o + z^r)^+ \\
&\quad + s^o\mathbb{E}_{d^o}(y^o - d^o - z^r)^+ - \xi^o z^r + (\xi^d + \xi^o - b)z^r \\
&= (p^d - \xi^d)\mathbb{E}_{d^d}d^d + \xi^d y^d + (p^o - \xi^o)\mathbb{E}_{d^o}d^o + \xi^o y^o \\
&\quad - \{(p^d - \xi^d)\mathbb{E}_{d^d}(d^d - y^d - z^r)^+ + (\xi^d - s^d)\mathbb{E}_{d^d}(y^d - d^d + z^r)^+ \\
&\quad + (p^o - \xi^o)\mathbb{E}_{d^o}(d^o - y^o + z^r)^+ + (\xi^o - s^o)\mathbb{E}_{d^o}(y^o - d^o - z^r)^+ \\
&\quad + (b + \xi^o - \xi^d)z^r\}
\end{aligned}
\tag{8.13}
$$

定义 $G(z^r) = \{(p^d - \xi^d)\mathbb{E}_{d^d}(d^d - y^d - z^r)^+ + (\xi^d - s^d)\mathbb{E}_{d^d}(y^d - d^d + z^r)^+ + (p^o - \xi^o)\mathbb{E}_{d^o}(d^o - y^o + z^r)^+ + (\xi^o - s^o)\mathbb{E}_{d^o}(y^o - d^o - z^r)^+ + (b + \xi^o - \xi^d)z^r\}$，然后有

$$\max E(z^r) \equiv \min G(z^r)$$

前面提到，当 $\varepsilon \to 0$ 时，$\xi^o - \xi^d = p^o - s^d$；然后有 $b + \xi^o - \xi^d = b + p^o - s^d$。

在海外市场销售单位产品的价格（即 p^o）和从海外市场再进口单位产品的成本（即 b）的总和大于国内市场上单位产品的残值（即 s^d），这意味着 $b + \xi^o - \xi^d > 0$。

基于上述分析，得到 $G(z^r) > 0$。

为了找到 $\min G(z^r)$ 的最优解，计算其倒数 $G'(z^r)$ 为

$$p^d \text{Prob}_{d^d}(d^d - y^d - z^r > 0) + s^d \text{Prob}_{d^d}(y^d - d^d + z^r > 0)$$
$$-p^o \text{Prob}_{d^o}(d^o - y^o + z^r > 0) - s^o \text{Prob}_{d^o}(y^o - d^o - z^r > 0) - b$$

上式可以转化为

$$
\begin{aligned}
G'(z^r) &= p^d + s^d \text{Prob}_{d^d}(d^d < y^d + z^r) - p^o + (p^o - s^o)\text{Prob}_{d^o}(d^o < y^o - z^r) - b \\
&= p^d - (p^d - s^d)F_{d^d}(y^d + z^r) - p^o + (p^o - s^o)F_{d^o}(y^o - z^r) - b
\end{aligned}
\tag{8.14}
$$

其中，$F_{d^o}(\cdot)$ 和 $F_{d^d}(\cdot)$ 分别是随机需求 d^o 和 d^d 的概率累积函数。

将导数设置为 0（即 $G'(z^{r^*}) = 0$），得到

$$(p^o - s^o)F_{d^o}(y^o - z^{r^*}) - (p^d - s^d)F_{d^d}(y^d + z^{r^*}) = b + p^o - p^d \tag{8.15}$$

8.4　基于交叉熵的求解方法

由于模型 $\mathcal{M}0$ 的复杂性，很难直接使用商业求解工具，如 LINDO、CPLEX 等来求解该模型。模型的复杂性主要在于期望值形式 $\mathbb{E}_{d^o, d^d}\{\cdot\}$，它不能由求解工具直接处理。另外，还有很多非线性的形式，如 $\min\{a, b\}$、$(\cdot)^+$，求解方法的不同视角也增加了模型的复杂性。因此，本章提出了一种元启发式方法来获得该模型的一个近似最优解。元启发式方法基于交叉熵（CE）方法。

8.4.1　交叉熵方法

CE 方法是求解复杂优化问题，如旅行售货员问题、二次分配问题、最大割问题、背包问题和其他经典组合优化问题的简单、有效和通用的方法[317,318]。

CE 方法受到在复杂随机网络中估计罕见事件概率算法的启发[319]。基于此，Rubinstein 提出了一种通过将"确定性"优化问题转化为一个相关的"随机

性"优化问题的简化 CE 修正方法[320]。然后采用与 Rubinstein 类似的罕见事件模拟技术[319]。所提出的 CE 方法,不仅用于估计罕见事件的概率,而且用于解决复杂困难的组合优化问题。

CE 方法是一个迭代过程,其中每次迭代包含两个阶段:①根据规定的机制生成一组随机数据样本(轨迹、向量等);②更新基于数据随机机制的参数,以便在下一次迭代中产生更好的样本。

8.4.2 基于 CE 的求解方案框架

在本章中,CE 方法主要应用于第一阶段决策,求解二进制决策变量 x_i。在 CE 框架内,将第二阶段和第三阶段的决策问题嵌入在内部函数 $\pi(X)$ 中,$X = (x_1, x_2, \cdots, x_i, \cdots, x_n)$。

为了找到最优解 x^*,CE 方法重复生成二进制向量 $X = (x_1, x_2, \cdots, x_i, \cdots, x_n)$,使得 x_1,x_2,$\cdots$,x_i,$\cdots$,x_n 是具有成功概率为 ρ_1,ρ_2,$\cdots$,ρ_i,$\cdots$,ρ_n 的独立伯努利随机变量。表示成 $X \sim \text{Ber}(\rho)$,有 $\rho = (\rho_1, \rho_2, \cdots, \rho_i, \cdots, \rho_n)$。

CE 框架:

步骤 1:初始化 ρ,$\rho_0 \leftarrow (1/2, 1/2, \cdots, 1/2)$;$t \leftarrow 1$;$\lambda \leftarrow 0.1$。

步骤 2:样本生成:

步骤 2.1:生成一组伯努利向量样本 X_1,X_2,$\cdots$,X_M,其成功概率向量 ρ_{t-1}。

步骤 2.2:对所有的 m,计算目标函数值 $\pi(X_m)$,$m = 1, 2, \cdots, M$。

步骤 2.3:根据目标函数值递增的顺序 $\pi(X_m)$ 排序 X_m,使得顺序为 $X_{(1)} \leq X_{(2)} \leq \cdots \leq X_{(M)}$。

步骤 2.4:$\gamma_t \leftarrow X_{\lceil (1-\lambda)M \rceil}$,$\gamma_t$ 是 $(1-\lambda)$ 目标函数值的样本分位数。

步骤 3:使用相同的样本进行计算 $\rho_t = (\rho_{t,1}, \rho_{t,2}, \cdots, \rho_{t,i}, \cdots, \rho_{t,n})$ 根据:

$$\rho_{t,i} = \frac{\sum_{m=1}^{M} I(\pi(X_m) \geq \gamma_t) I(x_{m,i} = 1)}{\sum_{m=1}^{M} I(\pi(X_m) \geq \gamma_t)}$$

有 $i = 1, 2, \cdots, n$;$X_m = (x_{m,1}, x_{m,2}, \cdots, x_{m,i}, \cdots, x_{m,n})$

步骤 4:如果符合终止标准,则终止;否则,$t \leftarrow t+1$,并从步骤 2 开始执行。

在这项研究中,终止标准是 γ_t 经过 20 次连续迭代数值没有改变。在上述过程中,λ 是 CE 方法的参数,通常设置在 $0.01 \sim 0.1$;$I(\cdot)$ 是一个指标函数,如果其输入为真,输出值等于 1,否则等于 0。

在执行上述程序过程中,主要问题在于如何计算与第二、三阶段决策有关的函数 $\pi(X_m)$。其求解方法将在 8.4.3 节进行阐述。

8.4.3 对函数 $\pi(X)$ 进行分析

函数 $\pi(X)$ 实际上是一个两阶段决策模型。每个阶段都是最大值优化模型。

y^o、y^d 是 $\pi(X)$ 外部阶段的决策变量，而 z^r 是 $\pi(X)$ 内部阶段的决策变量。$\pi(X)$ 表示如下：

$$\pi(X) = \theta + \max_{y^o, y^d} \left\{ -(y^o + y^d)\beta_1 + y^o\beta_2 + \mathbb{E}_{d^o, d^d} \left\{ \max_{z^r} \Psi \right\} \right\} \tag{8.16}$$

s.t. $\quad \Psi = p^d\min\{(y^d + z^r), d^d\} + s^d(y^d + z^r - d^d)^+ + p^o\min\{(y^o - z^r), d^o\}$
$$+ s^o(y^o - z^r - d^o)^+ - z^r b \tag{8.17}$$

$$y^o + y^d \leqslant L \tag{8.18}$$

$$y^o, y^d, z^r \geqslant 0 \tag{8.19}$$

其中，θ、β_1、β_2 是确定值，并且可以根据 X 进行计算：

$$\theta = -\sum_{\forall i}[(1 - x_i)f_i^d + x_i f_i^o] \tag{8.20}$$

$$\beta_1 = \sum_{\forall i}[(1 - x_i)c_i^d + x_i c_i^o(1 + r_i^t)] + a \tag{8.21}$$

$$\beta_2 = \sum_{\forall i}(x_i c_i^o r_i^t) + \sum_{\forall i}[(1 - x_i)c_i^d r_i^r / (1 + r^v)] \tag{8.22}$$

在命题 1 的基础上，上述函数 $\pi(X)$ 可以简化成具有两个决策变量 y^o 和 y^d 的一阶段决策问题，因为根据式（8.11），最优变量 z^{r*} 取决于 y^o 和 y^d。

为方便处理带期望值形式，即目标（8.16）中的 $\mathbb{E}_{d^o, d^d}\{\cdot\}$，本章采用样本平均法。根据参数 d^o 和 d^d 的概率分布，本章生成 K 个场景。对于其中的任一场景 k，海外市场和国内市场满足的需求水平分别由 d_k^o 和 d_k^d 表示。

基于上述分析，函数 $\pi(X)$ 可以表示为

$$\pi(X) = \theta + \max_{y^o, y^d} \left\{ -(y^o + y^d)\beta_1 + y^o\beta_2 + \frac{1}{K}\sum_{k=1}^{K}\{p^d\min\{(y^d + z^{r*}), d_k^d\} \right.$$

$$\left. + s^d(y^d + z^{r*} - d_k^d)^+ + p^o\min\{(y^o - z^{r*}), d_k^o\} + s^o(y^o - z^{r*} - d_k^o)^+ - z^{r*}b \right\} \tag{8.23}$$

s.t. $\quad (p^o - s^o)F_{d^o}(y^o - z^{r*}) - (p^d - s^d)F_{d^d}(y^d + z^{r*}) = b + p^o - p^d \tag{8.24}$

$$y^o + y^d \leqslant L \tag{8.25}$$

$$y^o, y^d \geqslant 0 \tag{8.26}$$

模型中由于包含非线性函数 $F_{d^o}(\cdot)$ 和 $F_{d^d}(\cdot)$，函数 $\pi(X)$ 不能由商业工具直接求解。虽然 $\pi(X)$ 只包含两个决策变量，但使用启发式方法进行快速求解仍然不容易。由于 $\pi(X)$ 需要在 CE 程序的每次迭代中进行多次求解，所以 $\pi(X)$ 的求解时间必须很短，否则求解原始模型的整个过程可能会变得非常耗时。模型 $\pi(X)$ 经过一些变换之后，可以通过求解包含一个变量的模型来获得其解。此外，可以通过两种情况来分析其解。本章提出以下命题。

命题 2：（1）如果关税豁免和增值税退税的单位利益少于再进口的单位成本，则不需要再进口产品。（2）否则，所有产品应该为了出口而生产，并使用再进口产品满足国内的市场需求。

证明：根据公式 $\pi(X)$，即式（8.23）～式（8.26），定义以下两个辅助变量：

$$\mu = y^o - z^{r*} \tag{8.27}$$

$$\nu = y^d + z^{r*} \tag{8.28}$$

通过替换 μ 和 ν，式（8.27）和式（8.28）转化为

$$\pi(X) = \theta + \max_{\mu,\nu} \left\{ -(\mu+\nu)\beta_1 + (\mu+z^{r*})\beta_2 \right.$$
$$+ \frac{1}{K}\sum_{k=1}^{K}\{p^d \min[\nu, d_k^d] + s^d(\nu - d_k^d)^+ \tag{8.29}$$
$$\left. + p^o \min[\mu, d_k^o] + s^o(\mu - d_k^o)^+ - z^{r*}b\} \right\}$$

$$(p^o - s^o)F_{d^o}(\mu) - (p^d - s^d)F_{d^d}(\nu) = b + p^o - p^d \tag{8.30}$$

从上面的等式可以得到

$$\nu = F_{d^d}^{-1}\left(\frac{(p^o - s^o)F_{d^o}(\mu) - b - p^o + p^d}{p^d - s^d} \right) \tag{8.31}$$

将式（8.31）代入式（8.29）得到

$$\pi(X) = \theta + \max_{\mu,z^{r*}}\{Q(\mu) + (\beta_2 - b)z^{r*}\} \tag{8.32}$$

其中，

$$Q(\mu) = (\beta_2 - \beta_1)\mu - \beta_1 F_{d^d}^{-1}\left(\frac{(p^o - s^o)F_{d^o}(\mu) - b - p^o + p^d}{p^d - s^d} \right)$$
$$+ \frac{1}{K}\sum_{k=1}^{K}\left\{ p^d \min\left[F_{d^d}^{-1}\left(\frac{(p^o - s^o)F_{d^o}(\mu) - b - p^o + p^d}{p^d - s^d} \right), d_k^d \right] \right.$$
$$+ s^d\left[F_{d^d}^{-1}\left(\frac{(p^o - s^o)F_{d^o}(\mu) - b - p^o + p^d}{p^d - s^d} \right) - d_k^d \right]^+ \tag{8.33}$$
$$\left. + p^o \min[\mu, d_k^o] + s^o(\mu - d_k^o)^+ \right\}$$

由式（8.27）和式（8.28）可知，z^{r*} 的范围为

$$0 \leqslant z^{r*} \leqslant \nu \tag{8.34}$$

根据式（8.32）可以得到，若 $(\beta_2 - b) \leqslant 0$，则 $z^{r*} = 0$；否则，$z^{r*} = \nu$，这意味着根据式（8.32）可得到 $y^d = 0$。

根据式（8.22）对 β_2 的定义和 8.3.1 节对 b 的定义，上述中第一种情况意味着：如果关税豁免和增值税退税的单位利益小于再进口的单位成本（即 $\beta_2 \leqslant b$），则

不需再进口产品（即 $z^{r*}=0$）；否则，所有的产品应该为出口而制造（即 $y^d=0$），国内市场需求由再进口的产品满足。■

命题 3：对于上述两种情况，$\pi(X)$ 的最优决策计算如下：

（情况 1）如果 $\sum_{\forall i}(x_i c_i^o r_i^t)+\sum_{\forall i}[(1-x_i)c_i^d r_i^r/(1+r^v)]\leqslant b$，则

$$
\begin{aligned}
y^{o*}=\arg\max_{0\leqslant\mu\leqslant L}&\left\{(\beta_2-\beta_1)\mu-\beta_1 F_{d^d}^{-1}\left(\frac{(p^o-s^o)F_{d^o}(\mu)-b-p^o+p^d}{p^d-s^d}\right)\right.\\
&+\frac{1}{K}\sum_{k=1}^{K}\left\{p^d\min\left\{F_{d^d}^{-1}\left(\frac{(p^o-s^o)F_{d^o}(\mu)-b-p^o+p^d}{p^d-s^d}\right),d_k^d\right\}\right.\\
&\left.\left.+s^d\left\{F_{d^d}^{-1}\left(\frac{(p^o-s^o)F_{d^o}(\mu)-b-p^o+p^d}{p^d-s^d}\right)-d_k^d\right\}^+ + p^o\min(\mu,d_k^o)+s^o(\mu-d_k^o)^+\right\}\right\}
\end{aligned}
$$

$$（8.35）$$

$$
y^{d*}=F_{d^d}^{-1}\left(\frac{(p^o-s^o)F_{d^o}(y^{o*})-b-p^o+p^d}{p^d-s^d}\right)
\tag{8.36}
$$

$$
z^{r*}=0
\tag{8.37}
$$

（情况 2）如果 $\sum_{\forall i}(x_i c_i^o r_i^t)+\sum_{\forall i}[(1-x_i)c_i^d r_i^r/(1+r^v)]>b$，则

$$
\begin{aligned}
\mu^*=\arg\max_{0\leqslant\mu\leqslant L}&\left\{(\beta_2-\beta_1)\mu+(\beta_2-\beta_1-b)F_{d^d}^{-1}\left(\frac{(p^o-s^o)F_{d^o}(\mu)-b-p^o+p^d}{p^d-s^d}\right)\right.\\
&+\frac{1}{K}\sum_{k=1}^{K}\left\{p^d\min\left\{F_{d^d}^{-1}\left(\frac{(p^o-s^o)F_{d^o}(\mu)-b-p^o+p^d}{p^d-s^d}\right),d_k^d\right\}\right.\\
&\left.\left.+s^d\left\{F_{d^d}^{-1}\left(\frac{(p^o-s^o)F_{d^o}(\mu)-b-p^o+p^d}{p^d-s^d}\right)-d_k^d\right\}^+ + p^o\min[\mu,d_k^o]+s^o(\mu-d_k^o)^+\right\}\right\}
\end{aligned}
$$

$$（8.38）$$

$$
z^{r*}=F_{d^d}^{-1}\left(\frac{(p^o-s^o)F_{d^o}(\mu^*)-b-p^o+p^d}{p^d-s^d}\right)
\tag{8.39}
$$

$$
y^{o*}=\mu^*+z^{r*}
\tag{8.40}
$$

$$
y^{d*}=0
\tag{8.41}
$$

证明：根据命题 2 的结论，如果 $(\beta_2-b)\leqslant 0$，$z^{r*}=0$。基于式（8.32），函数 $\pi(X)$ 变为

$$\pi(X) = \theta + \max_{\mu} Q(\mu) \tag{8.42}$$

根据式（8.27），当 $z^{r*} = 0$ 时，$y^{o*} = \mu^{*}$，有 $\mu^{*} = \arg\max_{0 \leqslant \mu \leqslant L} Q(\mu)$。根据式（8.33）

定义的 $Q(\mu)$ 可知，当 $\sum_{\forall i}\left(x_i c_i^o r_i^t\right) + \sum_{\forall i}\left[(1-x_i)c_i^d r_i^r / (1+r^v)\right] \leqslant b$ 时，有

$$
\begin{aligned}
y^{o*} = \arg\max_{0 \leqslant \mu \leqslant L} \Bigg\{ &(\beta_2 - \beta_1)\mu - \beta_1 F_{d^d}^{-1}\left(\frac{(p^o - s^o)F_{d^o}(\mu) - b - p^o + p^d}{p^d - s^d}\right) \\
&+ \frac{1}{K}\sum_{k=1}^{K}\Bigg\{ p^d \min\left[F_{d^d}^{-1}\left(\frac{(p^o - s^o)F_{d^o}(\mu) - b - p^o + p^d}{p^d - s^d}\right), d_k^d \right] \\
&+ s^d \left[F_{d^d}^{-1}\left(\frac{(p^o - s^o)F_{d^o}(\mu) - b - p^o + p^d}{p^d - s^d}\right) - d_k^d \right]^{+} \\
&+ p^o \min[\mu, d_k^o] + s^o(\mu - d_k^o)^{+} \Bigg\}\Bigg\}
\end{aligned}
$$

$$\tag{8.43}$$

根据式（8.32），$y^{o*} = \mu^{*}$ 和 $y^{d*} = v^{*}$，可以得到

$$y^{d*} = F_{d^d}^{-1}\left(\frac{(p^o - s^o)F_{d^o}(y^{o*}) - b - p^o + p^d}{p^d - s^d}\right) \tag{8.44}$$

以上是命题 3 中情况 1 的结果。

对情况 2，即 $\beta_2 - b > 0$，它表示 $\sum_{\forall i}(x_i c_i^o r_i^t) + \sum_{\forall i}[(1-x_i)c_i^d r_i^r / (1+r^v)] > b$；$z^{r*} = v$。

根据式（8.32），函数 $\pi(X)$ 变为

$$\pi(X) = \theta + \max_{\mu}\{Q(\mu) + (\beta_2 - b)v\} \tag{8.45}$$

将式（8.31）和式（8.33）代入式（8.45），计算 μ^{*} 得到

$$
\begin{aligned}
\mu^{*} = \arg\max_{0 \leqslant \mu \leqslant L} \Bigg\{ &(\beta_2 - \beta_1)\mu + (\beta_2 - \beta_1 - b)F_{d^d}^{-1}\left(\frac{(p^o - s^o)F_{d^o}(\mu) - b - p^o + p^d}{p^d - s^d}\right) \\
&+ \frac{1}{K}\sum_{k=1}^{K}\Bigg\{ p^d \min\left[F_{d^d}^{-1}\left(\frac{(p^o - s^o)F_{d^o}(\mu) - b - p^o + p^d}{p^d - s^d}\right), d_k^d \right] \\
&+ s^d \left[F_{d^d}^{-1}\left(\frac{(p^o - s^o)F_{d^o}(\mu) - b - p^o + p^d}{p^d - s^d}\right) - d_k^d \right]^{+} \\
&+ p^o \min[\mu, d_k^o] + s^o(\mu - d_k^o)^{+} \Bigg\}\Bigg\}
\end{aligned}
$$

$$\tag{8.46}$$

根据式（8.28），$z^{r*} = v$ 意味着：

$$y^{d*} = 0 \tag{8.47}$$

除此之外，当 $z^{r*} = v$ 时，式（8.30）变为

$$(p^o - s^o)F_{d^o}(\mu^*) - (p^d - s^d)F_{d^d}(z^{r*}) = b + p^o - p^d \tag{8.48}$$

然后有

$$z^{r*} = F_{d^d}^{-1}\left(\frac{(p^o - s^o)F_{d^o}(\mu^*) - b - p^o + p^d}{p^d - s^d}\right) \tag{8.49}$$

根据式（8.27），y^{o*} 可以在上述 μ^* 和 z^{r*} 的基础上计算：

$$y^{o*} = \mu^* + z^{r*} \tag{8.50}$$

以上是命题 3 中情况 2 的结果。∎

基于命题 3，求解 $\pi(X)$ 的关键问题在于如何求解式（8.23）和式（8.26）。由于公式较复杂，难以获得确切的解。因此，需要采用近似估计的方法。对 $0 \leqslant \mu \leqslant L$，本章首先设置一个步长值 τ，然后枚举从 0 到 L 上是 τ 的整数，即 0，τ，2τ，$\cdots$，$\lfloor L/\tau \rfloor \tau$。根据式（8.23）或式（8.26），计算这些整数对应的目标值。然后，本章选择与 $\lceil \zeta L/(100\tau) \rceil$ 个最高目标值相对应的这些整数的百分比（如 ζ）。这些得到的整数用 μ_1，μ_2，$\cdots$，$\mu_{\lceil \zeta L/(100\tau) \rceil}$ 表示。然后，在先前获得整数的邻域范围内穷举整数 $[\mu_1 - \tau, \mu_1 + \tau]$，$[\mu_2 - \tau, \mu_2 + \tau]$；接着枚举步长变成前一阶段的 1/10，即 $\tau/10$。重复上述过程直到枚举步长小于 1。

8.5　关于三阶段外包决策优化模型的数值实验

8.5.1　背景

本章通过实验来研究所提模型的一些属性。实验数据来自生产电视机的制造公司。电视机制造商在中国非常普遍，它们贡献了近一半的世界电视机生产量。电视行业的竞争非常激烈。关键零部件的产品创新和重新设计非常频繁。在全球供应链环境下，该公司从全球范围中选择外部供应商外包一些零部件。

实验中研究的产品涉及 23 个零部件，其参数列于表 8-1 中。其他参数，如价格、残值、成本和需求如下：$a = 300$，$b = 210$，$r^v = 0.17$，$p_{UB}^o = 3000$，$p_{LB}^o = 2000$，

$p_{\text{UB}}^{d} = 2600$，$p_{\text{LB}}^{d} = 1600$，$s_{\text{UB}}^{o} = 900$，$s_{\text{LB}}^{o} = 600$，$s_{\text{UB}}^{d} = 780$，$s_{\text{LB}}^{d} = 480$，$L = 1\,000\,000$，$d^{o} \sim N(5.2 \times 10^{5},\ 2 \times 10^{4})$，$d^{d} \sim N(4.8 \times 10^{5},\ 1 \times 10^{4})$。

表 8-1　实验中零部件的参数

序号 T_i	零部件	c_i^o	c_i^d	f_i^o	f_i^d	r_i^f	r_i^r
1	主板	120	80	200 000	120 000	0.10	0.17
2	液晶显示器	260	200	280 000	160 000	0.18	0.17
3	外壳	150	110	200 000	120 000	0.20	0.17
4	屏幕	160	100	200 000	120 000	0.20	0.17
5	驱动板	100	40	150 000	80 000	0.20	0.17
6	点火线圈	36	40	150 000	80 000	0.14	0.17
7	电源组	130	90	200 000	120 000	0.15	0.17
8	集成电路	50	35	150 000	80 000	0.15	0.17
9	变压器	35	40	150 000	80 000	0.18	0.17
10	调谐器	40	50	150 000	80 000	0.20	0.17
11	射频头	50	30	150 000	80 000	0.20	0.17
12	偏转线圈	80	65	150 000	80 000	0.18	0.17
13	遥控控制器	10	8	100 000	50 000	0.10	0.17
14	电容器	10	6	100 000	50 000	0.12	0.17
15	插座	3	5	100 000	50 000	0.10	0.17
16	FD 电阻	2	1	100 000	50000	0.08	0.17
17	电子管	3	4	100 000	50 000	0.10	0.17
18	开关	3	5	100 000	50 000	0.12	0.17
19	三极管	1	2	100 000	50 000	0.10	0.17
20	电阻	1	1.5	100 000	50 000	0.10	0.17
21	可调线圈	1	2	100 000	50 000	0.10	0.17
22	扬声器	2	3	100 000	50 000	0.15	0.17
23	保险丝	0.3	0.1	100 000	50 000	0.10	0.17

　　根据案例公司的上述参数，求解三阶段决策模型的 CE 方法得到最优决策 $X^{*} = [1, 1, 1, 1, 1, 1, 1, 1, 1, 1, 1, 1, 0, 0, 1, 0, 1, 1, 1, 1, 1, 1, 0]$，这表明 19 个零部件应从海外市场进口，其他零部件从国内市场获得。决策利润 $\pi(X^{*}) = 1.1556 \times 10^{9}$。关于生产决策 $y^{o*} = 522\,020$，即制造出在海外市场上销售成品的数量。$y^{d*} = 474\,380$，即国内市场上的数量，$z^{o*} = 522\,020$ 和 $z^{r*} = 0$，这意味着没有产品从海外市场再进口到国内市场。

8.5.2　CE 方法与遗传算法的比较

在开展数值实验进行问题决策之前，首先应对方法的有效性进行评估。本章采用基于 CE 的方法来求解提出的模型。由于模型包含期望值形式 $\mathbb{E}_{d^o,d^d}\{\}$ 和一些非线性形式，如 $\min\{a,b\}$、$(\cdot)^+$。商业工具（如 LINDO、CPLEX 等）不能直接求解该模型。因此，无法将获得的求解结果与最佳结果进行对比。因为遗传算法（GA）是一种众所周知的元启发式，用于获得全局近似最优解，本章使用 GA 获得的结果来评估 CE 方法的有效性。

类似于 CE 求解方法的框架设计，使用 GA 来搜索二进制决策变量 x_i 的解空间，即第一阶段决策。第二阶段和第三阶段的决策问题嵌入到内部函数 $\pi(X)$ 中，在 GA 框架内 $X=(x_1,x_2,\cdots x_i,\cdots,x_n)$。更具体地说，染色体被定义为二进制变量 X；函数 $\pi(X)$ 实际上表示为染色体的适应度函数。该函数 $\pi(X)$ 与嵌入在基于 CE 方法中的函数相同，其细节在 8.5.3 节中说明。GA 是一种常见的元启发式，由于空间的限制，这里并不涉及染色体定义、交叉算子、变异算子等方面的细节。对于本实验中 GA 的设置，种群的大小为 30，交叉的概率为 80%，突变的概率为 10%。终止条件是对于 100 次连续迭代，最佳目标值没有得到改进。

表 8-2 显示进行 10 项实验，CE 方法与 GA 之间的对比结果。如上所述，在 8.6.1 节介绍的案例公司中有 23 个零部件。在实验中，其外包渠道被认为是决策变量（即 x_i）的零部件数量在这 10 种场景中是不同的。数字越大，问题的求解空间就越大。表 8-2 显示，所提出的方法可以获得与 GA 非常近似的结果，但求解时间明显短于 GA 的求解时间。

表 8-2　CE 方法与 GA 的比较

场景	被视为决策变量的零部件数	CE 方法		GA		偏差 $\dfrac{\mathrm{OBJ_{GA}}-\mathrm{OBJ_{CE}}}{\mathrm{OBJ_{GA}}}$
		$\mathrm{OBJ_{CE}}$	CPU 时间/s	$\mathrm{OBJ_{GA}}$	CPU 时间/s	
1	14	1.0414×10^9	491	1.0450×10^9	803	0.34%
2	15	1.0414×10^9	540	1.0482×10^9	936	0.65%
3	16	1.0733×10^9	569	1.0693×10^9	1292	−0.37%
4	17	1.0950×10^9	638	1.1003×10^9	1285	0.48%
5	18	1.1049×10^9	686	1.1062×10^9	1468	0.12%
6	19	1.1271×10^9	762	1.1271×10^9	1861	0
7	20	1.1276×10^9	773	1.1307×10^9	2357	0.27%
8	21	1.1483×10^9	827	1.1442×10^9	2730	−0.36%
9	22	1.1556×10^9	863	1.1556×10^9	2865	0
10	23	1.1556×10^9	938	1.1556×10^9	3013	0

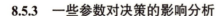
8.5.3　一些参数对决策的影响分析

1. 退税率和关税率对决策的影响

根据 8.5.1 节介绍的案例公司，本节调整每个零部件的退税率（即 r_i^r）或关税率（即 r_i^t），以确定是否存在一个临界值 r_i^r 或 r_i^t，以便高于此值的零部件应从海外进口，否则应从国内采购。

从实验中可以发现 12 个零部件的临界值为 r_i^r 和 r_i^t。结果显示在表 8-3 和表 8-4 中。此外，可以看出 c_i^d，即如果从国内市场采购零部件，T_i 的单位成本对临界值 r_i^r 有正面影响。如表 8-3 所示，单位成本 c_i^d 越大，退税率 r_i^r 的临界值越高。如表 8-4 所示，观察到 c_i^o，即从海外市场获得 T_i 的单位成本对实际关税税率（r_i^t）与临界值（r_i^t）之间的差异有负向影响，即 $r_i^t - r_i^t$。单位成本 c_i^o 越高，实际关税税率与关税税率临界值之间的差额就越小。

与12种零部件有所不同，有 4 种零部件（即 T_{13}、T_{14}、T_{16}、T_{23}），其临界值 r_i^r 和 r_i^t 为 0。这意味着，对于任一数值的退税率和关税税率，这 4 个零部件应始终从国内市场采购。对于剩余的 7 个零部件（即 T_{15}、T_{17}、T_{18}、T_{19}、T_{20}、T_{21}、T_{22}），r_i^r 和 r_i^t 的临界值为 1。这意味着，对于任一数值的退税率和关税税率，这 7 个零部件应始终从海外市场获得。

表 8-3　零部件退税率的临界值

零部件	从国内市场采购 T_i 的单位成本（c_i^d）	退税率的临界值（r_i^r）
T_2	200	0.15
T_3	110	0.09
T_4	100	0.08
T_7	90	0.07
T_1	80	0.06
T_{12}	65	0.05
T_{10}	50	0.04
T_5	40	0.03
T_6	40	0.03
T_9	40	0.03
T_8	35	0.02
T_{11}	30	0.02

表 8-4 零部件关税率的临界值

零部件	从海外市场采购 T_i 的单位成本 (c_i^o)	退税率的临界值 (r_i^t)	退税率的实际值 (r_i^r)	偏差 $(r_i^r - r_i^t)$
T_2	260	0.17	0.18	0.01
T_4	160	0.16	0.20	0.04
T_3	150	0.15	0.20	0.05
T_7	130	0.09	0.15	0.06
T_1	120	0.03	0.10	0.07
T_5	100	0.12	0.20	0.08
T_{12}	80	0.09	0.18	0.09
T_8	50	0.04	0.15	0.11
T_{11}	50	0.09	0.20	0.11
T_{10}	40	0.08	0.20	0.12
T_6	36	0.01	0.14	0.13
T_9	35	0.05	0.18	0.13

2. 海内外市场价格对决策的影响

通过改变海外市场和国内市场的产品价格范围进行一系列实验，以此来探讨有关零部件外包渠道的决策是否受到这种价格变动的影响。

表 8-5 和表 8-6 显示了价格范围在 $[p_{LB}^o, p_{UB}^o]$ 和 $[p_{LB}^d, p_{UB}^d]$ 变动对决策的影响。可以观察到，海外和国内市场的产品价格越高，从海外进口的零部件数量越多（表示为 X^*），应该计划在海外市场销售的产品数量越多，表示为 y^{o*}。

表 8-5 海外市场价格范围对决策的影响

$[p_{LB}^o, p_{UB}^o]$	X^*	y^{o*}	y^{d*}	z^{o*}	z^{r*}	$\pi(x^*)$
[1 600, 2 600]	X	518 150	480 210	518 150	0	$1.155\,1 \times 10^9$
[1 800, 2 800]	X	519 830	476 740	519 830	0	$1.155\,2 \times 10^9$
[2 000, 3 000]	X	522 020	474 380	522 020	0	$1.155\,6 \times 10^9$
[2 200, 3 200]	X'	997 950	0	526 640	471 310	$1.156\,2 \times 10^9$
[2 400, 3 400]	X''	1 000 000	0	532 110	467 850	$1.156\,7 \times 10^9$

注：$X = [1, 1, 1, 1, 1, 1, 1, 1, 1, 1, 1, 1, 0, 0, 1, 0, 1, 1, 1, 1, 1, 1, 0]$；$X' = [1, 1, 1, 1, 1, 1, 1, 1, 1, 1, 1, 1, 1, 1, 1, 1, 1, 1, 1, 1, 1, 1, 0]$；$X'' = [1, 1, 1, 1, 1, 1, 1, 1, 1, 1, 1, 1, 1, 1, 1, 1, 1, 1, 1, 1, 1, 1, 1]$。

表 8-6 国内市场价格范围对决策的影响

$[p_{LB}^d, p_{UB}^d]$	X^*	y^{o*}	y^{d*}	z^{o*}	z^{r*}	$\pi(x^*)$
[1 200, 2 200]	X	527 090	470 010	527 090	0	$1.154\,6 \times 10^9$
[1 400, 2 400]	X	524 380	472 160	524 380	0	$1.155\,1 \times 10^9$
[1 600, 2 600]	X	522 020	474 380	522 020	0	$1.155\,6 \times 10^9$
[1 800, 2 800]	X'	994 350	0	515 420	478 930	$1.156\,5 \times 10^9$
[2 000, 3 000]	X''	1 000 000	0	517 680	482 320	$1.156\,6 \times 10^9$

另一个有趣的发现是，当海外市场的价格范围大于 3000，或者国内市场的价格范围大于 2600 时，没有在国内市场上计划销售产品，将产品从海外再进口到国内市场（由 y^{d*}、z^{r*} 表示）以满足国内需求。

本节还探讨上限和下限价格（即 $p_{UB}^o - p_{LB}^o$、$p_{UB}^d - p_{LB}^d$）之间的差距对最终决策的影响。结果显示在表 8-7 和表 8-8 中。

表 8-7 海外市场上的价格差距 $p_{UB}^o - p_{LB}^o$ 对决策的影响

$[p_{LB}^o, p_{UB}^o]$	$p_{UB}^o - p_{LB}^o$	X^*	y^{o*}	y^{d*}	z^{o*}	z^{r*}	$\pi(x^*)$
[2 200, 2 800]	600	X	517 340	475 950	517 340	0	$1.155\,3 \times 10^9$
[2 100, 2 900]	800	X	519 770	473 530	519 770	0	$1.155\,4 \times 10^9$
[2 000, 3 000]	1 000	X	522 020	474 380	522 020	0	$1.155\,6 \times 10^9$
[1 900, 3 100]	1 200	X'	999 800	0	523 600	476 200	$1.155\,8 \times 10^9$
[1 800, 3 200]	1 400	X''	1 000 000	0	525 370	474 630	$1.156\,0 \times 10^9$

表 8-8 国内市场上的价格差距 $p_{UB}^d - p_{LB}^d$ 对决策的影响

$[p_{LB}^d, p_{UB}^d]$	$p_{UB}^d - p_{LB}^d$	X^*	y^{o*}	y^{d*}	z^{o*}	z^{r*}	$\pi(x^*)$
[1 800, 2 400]	600	X	524 110	467 070	524 110	0	$1.155\,2 \times 10^9$
[1 700, 2 500]	800	X	523 140	470 150	523 140	0	$1.155\,4 \times 10^9$
[1 600, 2 600]	1 000	X	522 020	474 380	522 020	0	$1.155\,6 \times 10^9$
[1 500, 2 700]	1 200	X'	997 840	0	520 630	477 210	$1.155\,8 \times 10^9$
[1 400, 2 800]	1 400	X''	1 000 000	0	519 970	481 030	$1.156\,4 \times 10^9$

大的差价（即 $p_{UB}^o - p_{LB}^o$ 或 $p_{UB}^d - p_{LB}^d$）表示进口零部件的百分比对产品在海外和国内市场的最终价格有很大的影响。差价反映了买家的质量意识，这意味着买

家关心多少零部件属于进口。表 8-7 和表 8-8 的结果表明，当买家质量意识较高时，应从海外进口更多的零部件（由 X^* 表示）。另外，当海外市场或国内市场的价格差距大于 1000 时，国内市场上没有计划出售产品，并且将通过把产品从海外再进口到国内来满足国内市场满足（由 y^{d*} 和 z^{r*} 表示）。另一个发现是，当市场（海外或国内）的价格差距增加时，市场上最终销售的产品数量将会增加，而其他市场的数量将会减少。随着任一市场上价格差距的增加，最终利润（即 π）总是会增长。

3. 国内外市场上需求水平对决策的影响

通过改变海外和国内市场上需求的标准差和平均值进行四个系列的实验，即 $\sigma(d^o)$、$\sigma(d^d)$、$\overline{d^o}$、$\overline{d^d}$。这里，假设每个需求服从这些参数的正态分布。基于实验结果，本节发现国内市场需求的标准差和平均值（即 $\sigma(d^d)$ 和 $\overline{d^d}$）对某些决策变量有影响。结果显示在表 8-9 和表 8-10 中。

表 8-9 国内需求标准差对决策的影响

$\sigma(d^d)$	y^{o*}	y^{d*}	z^{r*}	$\pi(x^*)$
10 000	522 020	474 380	0	$1.155\ 6 \times 10^9$
12 000	522 020	473 250	0	$1.154\ 7 \times 10^9$
14 000	522 020	472 130	0	$1.153\ 7 \times 10^9$
16 000	522 020	471 000	0	$1.152\ 7 \times 10^9$
18 000	522 020	469 880	0	$1.151\ 8 \times 10^9$
20 000	522 020	468 760	0	$1.150\ 8 \times 10^9$

表 8-10 国内需求平均值对决策的影响

$\overline{d^d}$	y^{o*}	y^{d*}	z^{r*}	$\pi(x^*)$
480 000	522 020	474 380	0	$1.155\ 6 \times 10^9$
482 000	522 020	476 380	0	$1.157\ 3 \times 10^9$
484 000	522 020	478 380	0	$1.158\ 9 \times 10^9$
486 000	519 620	480 380	0	$1.157\ 1 \times 10^9$
488 000	517 620	482 380	0	$1.155\ 9 \times 10^9$
490 000	515 620	484 380	0	$1.154\ 7 \times 10^9$

表 8-9 显示，国内需求的标准差越大，即 $\sigma(d^d)$ 越大，国内市场上计划销售的产品越少。然而 $\sigma(d^d)$ 对其他决策变量（y^o 和 z^r）没有影响。随着国内需求标

准差增加，利润 π 降低。同样，进行了一些实验改变了国内市场的平均需求，即 $\overline{d^d}$。表 8-10 显示，国内平均需求量越大，国内市场计划销售产品数量越多，即 y^{d*} 越大，并且海外市场销售产品数量越少，即 y^{o*} 越小。此外，表 8-10 显示了无论国内需求为多低，y^{o*} 都有上限的现象。

同样，进行了一些实验，其中改变了海外市场的标准差和平均需求，即 $\sigma(d^o)$ 和 $\overline{d^o}$。表 8-11 和表 8-12 中的结果表明标准差和平均需求对一些决策变量有影响。如表 8-11 所示，$\sigma(d^o)$ 对计划在海外市场上出售成品的数量（即 y^{o*}）不产生影响，但对计划在国内市场上出售成品的数量（即 y^{d*}）产生影响。表 8-12 显示，海外市场的平均需求对国内外市场的计划销售产品数量有影响，即 y^{d*} 和 y^{o*}。据观察，海外平均需求越大，海外市场的应计划销售的产品数量（即 y^{o*}）越多，并且国内市场应计划销售的产品数量越少，即 y^{d*}。此外，表 8-12 中的结果说明了无论海外需求量为多低，y^{d*} 总存在上限的现象。

表 8-11 　海外需求标准差对决策的影响

$\sigma(d^o)$	y^{o*}	y^{d*}	z^{r*}	$\pi(x^*)$
20 000	522 020	474 380	0	$1.155\ 6\times10^9$
22 000	522 020	474 250	0	$1.155\ 5\times10^9$
24 000	522 020	474 150	0	$1.155\ 4\times10^9$
26 000	522 020	474 060	0	$1.155\ 3\times10^9$
28 000	522 020	473 980	0	$1.155\ 2\times10^9$
30 000	522020	473 920	0	$1.155\ 1\times10^9$

表 8-12 　海外需求平均值对决策的影响

$\overline{d^o}$	y^{o*}	y^{d*}	z^{r*}	$\pi(x^*)$
520 000	522 020	474 380	0	$1.155\ 6\times10^9$
522 000	524 020	474 380	0	$1.158\ 1\times10^9$
524 000	526 020	473 980	0	$1.161\ 0\times10^9$
526 000	528 020	471 980	0	$1.162\ 3\times10^9$
528 000	530 020	469 980	0	$1.163\ 5\times10^9$
530 000	532 020	467 980	0	$1.164\ 7\times10^9$

4. 组装成本和再进口成本对决策的影响

进行两个系列的实验，其中分别改变组装成本（即 a）和每个单位再进口产品的相关成本（即 b）。从实验中，观察到组装成本对任何决策变量都没有影响。然而，再进口成本影响一些决策变量。结果如表 8-13 所示。

表 8-13　再进口成本对决策的影响

b	y^{o*}	y^{d*}	z^{o*}	z^{r*}	$\pi(x^*)$
110	993 310	0	520 000	473 310	$1.169\ 7 \times 10^9$
130	993 310	0	520 000	473 310	$1.160\ 7 \times 10^9$
150	993 310	0	520 000	473 310	$1.151\ 7 \times 10^9$
170	993 310	0	520 000	473 310	$1.142\ 6 \times 10^9$
190	993 310	0	520 000	473 310	$1.133\ 6 \times 10^9$
210	522 020	474 380	522 020	0	$1.124\ 6 \times 10^9$
230	522 020	474 380	522 020	0	$1.115\ 6 \times 10^9$
250	522 020	474 380	522 020	0	$1.106\ 5 \times 10^9$
270	522 020	474 380	522 020	0	$1.097\ 5 \times 10^9$
290	522 020	474 380	522 020	0	$1.088\ 5 \times 10^9$

表 8-13 的结果显示，再进口成本（b）有一个临界值 210。当 $b < 210$ 时，没有产品会预先计划在国内市场上销售；国内需求通过海外市场再进口产品得到满足。但是，当 $b \geqslant 210$ 时，有一定数量的产品计划在海外和国内市场上销售，不需要从海外市场再进口产品来满足国内需求。上述结果证实了命题 3 中提出的两种情况。

8.5.4　分析问题规模对模型求解时间的影响

问题规模主要受到零部件数量的影响，影响基于 CE 求解方案的求解时间。表 8-14 显示，随着零部件数量的增加，求解时间明显变长。另外，根据 8.5.2 节提出的基于 CE 求解方案框架，样本规模（M）也非常重要。表 8-15 显示随着样本规模的增大，该方法的 CPU 时间呈现指数增长。

表 8-14　零部件数量与 CPU 时间之间的关系

零部件数	1	5	9	11	15	19	23
CPU 时间/s	36	107	210	320	540	762	938

表 8-15　CE 方法样本规模与 CPU 时间之间的关系

样本规模（M）	10	30	50	100
CPU 时间/s	210	543	938	1625

8.6 外包决策优化模型讨论和管理启示

8.6.1 讨论模型和方法的有效性

8.5 节的一些结果符合业务现实。例如，表 8-3 表明，如果从国内市场获得零部件，其临界值与零部件的单位成本呈现正相关的关系。对现实中的决策者来说，国内市场的零部件单位成本越高，他们更有可能将零部件通过海外市场外包。

此外，表 8-4 显示，如果从海外市场获得零部件，零部件的实际关税税率与其临界值之间的差额与零部件的单位成本呈现负相关的关系，这也符合现实。海外市场零部件的单位成本越高，零部件的外包渠道从海外市场向国内市场转变的可能性就越大。

表 8-7 和表 8-8 表明，价格范围上下限之间的差距越大（即 $p_{UB}^o - p_{LB}^o$、$p_{UB}^d - p_{LB}^d$），更多的零部件应从海外进口。这里的价格范围差距反映了买家的质量意识，这意味着买家关心多少零部件是从海外进口。当买家质量意识较高时，应从海外进口更多的零部件，结果与现实情况一致。

表 8-10 和表 8-12 显示，市场（海外市场或国内市场）的平均需求对计划在市场上销售的产品数量产生积极影响，但对其他市场的销售数量产生负面影响。该结果与现实一致很容易理解。

表 8-13 显示，如果再进口的产品成本非常低，并且低于临界值，所有产品首先均计划在海外市场上销售；然后国内需求就要通过海外市场再进口产品来满足。当再进口成本高于临界值时，计划在海外和国内市场上销售一定数量的产品，并且不需要从海外市场再进口产品。这一结果也符合中国跨国制造商的现实商业实践。本章提供了确定临界值的公式（见命题 3）。

总而言之，上述数值结果与现实商业实践之间的一致性证明所提模型和方法的有效性。然后根据 8.5 节的实验提出一些管理启示。

8.6.2 管理启示

产品在海外市场（或国内市场）的价格范围越高，从海外进口的零部件越多，应该计划在海外市场销售产品也越多。当价格范围超过一定阈值时，国内市场上没有计划出售产品，通过将产品从海外再进口到国内来满足国内需求。这些现象背后的原因可能是，高价格区间将推动制造商生产包含更多进口零部件的商品，使产品以高价出售。当进口更多的零部件时，退税的好处变得更有吸引力。因此，海外市场应该计划出售更多的产品，这样可以根据中国的出口导向税收政策来获得退税。

需求（海外市场或国内市场）的标准差对国内市场计划销售的产品数量有负面影响，但对海外市场的数量没有影响。这意味着国内市场而不是海外市场更容易受到全球市场需求变化的影响。在中国出口导向的税收政策下，对中国的制造商而言，海外市场优先于国内市场。因此，由于生产能力的制约，制造商有时需要牺牲国内市场以满足海外市场。这一解释也得到了另一研究结论的验证。即最终利润受到海外需求的积极影响，但受到国内需求的负面影响。

另一个有趣的发现是，对于市场（海外市场或国内市场）上的买家，当他们的质量意识提高时，市场上最终销售的产品数量将会增加，并且其他市场的数量将会减少。这意味着当买家对产品的零部件配置和质量关注点变得更加敏感时，市场上的销售量不会受到负面影响，但最终销售量可能会增加。

最后一个发现是组装成本不是决策者的重要参数。所有产品的组装成本相同。此外，中国的出口导向型税收政策和外包、进口费用与装配成本没有关系。因此，组装成本对决策不产生影响。

8.6.3　考虑其他定价函数的扩展

所提模型和上述实验基于一个假设，即价格（即 p^o、p^d）和残值（即 s^o、s^d）取决于海外或国内市场的零部件比率，通过约束条件（8.3）～（8.6）反映。在一些实际场景中，价格（和残值）函数可能是一些比上述所提约束更复杂的公式。有时，价格会受到品牌，竞争对手等因素的影响。它们可能不会被一些封闭形式的公式所表述出来。根据这个问题中的决策变量 x_i 和（或）决策环境中的一些其他已知的输入参数，如果可以确定价格（和残值），本章提出的方法仍然可行。其原因具体如下。

（1）价格（即 p^o、p^d）和残值（即 s^o、s^d）是第二阶段和第三阶段子问题决策的已知数据。命题 1～命题 3 分析了第二阶段和第三阶段子问题决策中最优解的核心性质。从三个命题的证明结果可以发现它们与以前定义的参数没有关系（即 p^o_{UB}、p^o_{LB}、p^d_{UB}、p^d_{LB}、s^o_{UB}、s^o_{LB}、s^d_{UB}、s^d_{LB}）。这意味着分析第二阶段和第三阶段决策子问题的最优解的所提方法独立于该假设，即价格受到海外或国内市场零部件比例的影响。

（2）使用基于 CE 的元启发式方法来探讨变量 x_i 的第一阶段决策。启发式的性质使得求解方法可以处理任何形式的定价函数，即使函数是某种程序，并且不能用闭式数学公式表示。

因此，所提方法可以适用于具有更复杂定价函数的情况。例如，价格和残值取决于一些核心零部件（即 x_i）和其他参数（如品牌和竞争对手）的源产地。本章涉及的决策问题仅考虑三种类型的决策变量（即 x，y，z），因此其他参数

（如品牌和竞争者）被视为模型的已知输入参数。在基于 CE 框架的第一阶段决策中，给定变量 x 的解和已知参数（即品牌和竞争对手），根据某种程序或一些复杂的公式，可以确定价格（即 p^o、p^d）和残值（即 s^o、s^d）。然后基于 p^o、p^d、s^o、s^d 和 x，根据命题 1～命题 3 获得第二阶段和第三阶段决策变量（即 y 和 z）的最优解。CE 元启发式方法探讨了变量 x 不同设置，在其解空间中找到一个近似最优解。

本章研究还表明，如果价格取决于变量 y 和变量 z，则所提出的方法将无法适用。在这种情况下，三阶段决策是双向交织的。该问题比当前问题变得更具挑战性。这将可能是未来的研究方向之一。另外，如果价格在整个过程中动态变化，所提出的方法也不能奏效，因为这超出了本章决策问题所涉及的范围。

8.7 本章小结

作为世界工厂，中国有大批制造商在中国生产产品，并在中国境内外的市场销售。鉴于中国的特殊商业环境，中国的跨国公司对供应链如何做出有效的决策，不仅对从业者很重要，而且对学术界也有意义。通过跟随这一研究流程，本章研究了在全球供应链和中国出口导向型税收政策环境下外包和生产决策的综合优化问题。针对这一综合优化问题提出了三阶段决策模型。还提出基于交叉熵的方法来求解三阶段决策模型。进行数值实验来研究所提模型的有效性和求解方法的高效性。并从这些实验结果中得出一些管理见解。

本章也有一些不足之处。首先，本章提出的模型是一个单周期模型，实际上是假设成品市场的季节和生命周期都很短。该问题的多周期模型将会取得操作层面绩效的更多详情，如库存管理、服务水平等。其次，假设产品在国内外市场的价格与产品属性是明确的（线性或非线性）关系，例如，进口零部件的百分比或其他定量指标。然而，上述关系可能是隐形的或难以用封闭形式表达。最后，所提模型中假设每个零部件都是从海外市场进口或从国内市场获得。将这一假设放宽到更为普遍的情况，即在国内和通过进口都可以采购同一零部件，这显然会使目前的模型复杂化。所有这些不足都代表未来的研究方向。

第四篇

短期操作层面决策问题

第9章 >>>

任务分配优化问题

9.1 概述

团队中的任务分配是一个具有挑战性的组合优化问题。任务执行过程中的不确定性使分配决策进一步复杂。本章研究了典型指派问题的一个变种，问题中每项任务可分为两部分，一部分是确定性的，另一部分则是关于工作量的不确定性的。本章从随机的角度提出了随机规划模型和鲁棒优化模型。随机规划模型可以处理任务的任意概率分布下的随机工作量需求的情况，鲁棒优化模型适用于有限概率分布信息可用的情况。给出了其在软件项目管理中的一个应用实例。通过数值实验验证了所提出模型的有效性和这两种模型之间的关系。

9.2 不确定条件下任务分配问题背景

本章研究了一种不确定性下的任务分配问题。需要将 n 个任务分配给 m 个团队（或人员、资源）。每个任务都分配给一个团队。可以为每个团队分配 0 个或多个任务。在这项研究中，"n 个任务-m 个团队"的指派问题在某些方面与经典的"任务指派问题"不同。每个任务（如任务 i）被分成两部分：第一部分的工作量（$t_{i,j}$）是确定性的，其取决于该任务分配给哪个团队（如团队 j）；第二部分的工作量（d_i）在指派决策之前是不确定的。每个团队（如团队 j）具有工作能力（e_j），当任务 i 被分配到这个团队时，其不仅满足分配给团队 j 的任务的确定性工作量需求，而且包括用于处理不确定部分（d_i）的分配能力（φ_i）。一个团队的实际工作量可能超过其能力（e_j），因为分配给团队的某些任务的不确定性 d_i 可能超过任务的分配能力 φ_i，在这种情况下，需要额外的费用来追赶任务。对于分配任务的团队，将产生固定成本（f_j）。目标是最小化总成本，它包括所有使用团队的固定成本和追赶任务的额外成本。

这样的问题在许多应用中都会出现。例如，软件、咨询、工程服务等行业基于项目的工作。每个项目（即上述问题中定义的任务）包含一切可以提前估计的工作量，也包含一些不确定的工作量[321]。另一个例子是战术层泊位分配。在这个应用中，团队对应于一个港口的不同泊位，任务对应于到达港口的船舶，工作量对应于船舶占用的时间。根据船舶公司和港口经营者之间的服务合同，每艘船舶应分配一个时间段；并且可能需要不确定的时间来处理船上额外的工作量[322]。医院的手术室规划也与上述泊位分配问题相似。在这个应用中，团队对应于医院的手术室，任务对应于手术病例。每个手术病例都会计划确定一个时间段，并且可能需要一个不确定的时间段来处理在手术期间发生的意外事件[323]。

9.3　不确定条件下任务分配随机规划模型

针对不确定条件下的任务分配问题，建立了随机规划模型。不确定性是用一组有限的场景集合表示。每一个场景（用 ω 表示）是由任务不确定部分的随机工作量组成，用 $d_i(\omega)$ 表示。目标是最小化分配计划的总期望成本。

实际上，根据历史数据，不确定性由概率分布函数（连续或离散）进行校准。然后生成一组有限的场景来构造一个随机规划模型。因此，连续或离散概率分布函数对基于场景的随机规划模型没有影响。

9.3.1　符号

1. 下标

i：任务，任务集由 I 表示。

j：团队，团队的集合用 J 表示。

ω：场景，场景的集合用 Ω 表示。

2. 输入数据

$t_{i,j}$：当任务 i 分配给团队 j 时的确定性部分的工作量（人工）。

$d_i(\omega)$：在场景 ω 中任务 i 的不确定部分的工作量（人工）。

$p(\omega)$：场景 ω 的概率。

e_j：在规划期间，团队 j 在常规标准下的能力（人工）。

f_j：在规划期间，经营团队 j 在常规标准下的固定成本。

c_i：当实际工作量超过其分配能力时，追赶任务 i 的单位成本（每人工）。

3. 决策变量

$\theta_{i,j}$：二进制变量，如果任务 i 被分配给团队 j，则设置为 1，否则为零。

π_j：二进制变量，如果需要团队 j，则设置为 1，否则为 0。

φ_i：连续变量，为任务 i 的不确定部分分配的能力（人工）。

φ_i：是决策变量而不是输入参数。任务的所有不确定部分的可用容量的总体是确定性的，但是应该为每个任务分配多少容量是在决策过程中应该优化的变量。

9.3.2　数学模型

$$[\mathcal{MSP}]\min Z_{SP} = \sum_{j \in J} f_j \pi_j + \sum_{\omega \in \Omega} p(\omega) \sum_{i \in I} c_i (d_i(\omega) - \varphi_i)^+ \tag{9.1}$$

$$\text{s.t.} \quad \sum_{j \in J} \theta_{i,j} = 1, \quad \forall i \in I \tag{9.2}$$

$$\sum_{i \in I} (t_{i,j} + \varphi_i) \theta_{i,j} \leqslant \pi_j e_j, \quad \forall j \in J \tag{9.3}$$

$$\pi_j \geqslant \theta_{i,j}, \quad \forall i \in I; \forall j \in J \tag{9.4}$$

$$\theta_{i,j}, \pi_j \in \{0,1\}, \quad \forall i \in I; \forall j \in J \tag{9.5}$$

$$\varphi_i \geqslant 0, \quad \forall i \in I \tag{9.6}$$

在上述模型中，目标函数（9.1）是最小化分配团队的总固定成本（即 $d_i(\omega)$）与超过其分配能力（即 φ_i）时追赶某些任务的额外成本之和。$p(\omega)$ 是场景 ω 的概率。那么 $\sum_{\omega \in \Omega} p(\omega) \sum_{i \in I} c_i (d_i(\omega) - \varphi_i)^+$ 反映了在不确定环境中追赶任务的期望成本。约束条件（9.2）表示每个任务被分配给一个团队。约束条件（9.3）确保团队的能力应该满足分配给团队的任务的确定性工作量需求，并且包括一些分配的能力来处理分配给团队任务的不确定部分。约束条件（9.4）保证一旦存在一个或多个对于所有 i 等于 1 的 $\theta_{i,j}$，则变量 π_j 必须为 1。这意味着如果将一个以上的任务分配给一个团队，则团队的固定成本将被计入目标函数。约束条件（9.5）和约束条件（9.6）定义决策变量。

9.3.3　模型的线性化

在上述模型中，目标函数（9.1）和约束条件（9.3）中的一部分具有非线性形式。这里定义一些附加变量来对其进行线性化。

附加变量：

$\alpha_i(\omega), \beta_i(\omega)$：引入非负变量以线性化 $(d_i(\omega) - \varphi_i)^+$。

$\varphi'_{i,j}$：如果任务 i 被分配给团队 j，则等于 φ_i，否则为零。

附加参数：

M：一个足够大的正数。

$\mathcal{MSP}$ 的线性化模型：

$$[\mathcal{MSP}]\min Z_{SP} = \sum_{j \in J} f_j \pi_j + \sum_{\omega \in \Omega} p(\omega) \sum_{i \in I} c_i \alpha_i(\omega) \qquad (9.7)$$

$$\text{s.t.} \quad d_i(\omega) - \varphi_i = \alpha_i(\omega) - \beta_i(\omega), \quad \forall i \in I; \forall \omega \in \Omega \qquad (9.8)$$

$$\sum_{j \in J} \theta_{i,j} = 1, \quad \forall i \in I \qquad (9.9)$$

$$\sum_{i \in I} (t_{i,j} \theta_{i,j} + \varphi_{i,j}') \leqslant \pi_j e_j, \quad \forall j \in J \qquad (9.10)$$

$$\pi_j \geqslant \theta_{i,j}, \quad \forall i \in I, \forall j \in J \qquad (9.11)$$

$$\varphi_i = \sum_{j \in J} \varphi_{i,j}', \quad \forall i \in I \qquad (9.12)$$

$$\varphi_{i,j}' \leqslant \theta_{i,j} M, \quad \forall i \in I; \forall j \in J \qquad (9.13)$$

$$\theta_{i,j}, \pi_j \in \{0,1\}, \quad \forall i \in I; \forall j \in J \qquad (9.14)$$

$$\varphi_i, \varphi_{i,j}', \alpha_i(\omega), \beta_i(\omega) \geqslant 0, \quad \forall i \in I; \forall j \in J; \forall \omega \in \Omega \qquad (9.15)$$

对于 30 个任务和 10 个团队的问题，上述模型可以在合理的时间内由一些商业求解器（如 CPLEX）直接求解。因此，本章不涉及一些启发式算法来求解此模型。

所提出的 $\mathcal{MSP}$ 模型是建立在一组有限场景的基础之上的。如果已知输入数据是概率分布函数（连续），则可以通过概率分布函数生成一组随机场景。在相同的概率分布函数下，当多次运行场景生成过程次数时，所获得的场景集彼此不同。那么，基于不同场景集合求解模型的结果将不是唯一的。为了确保生成的场景是相关的，最好生成大量场景。模型中涉及的场景越多，基于不同场景集合下求解模型的结果的方差越小，则由随机规划模型的获得结果将更加准确。基于场景的随机规划模型在一定程度上具有局限性，因此 9.4 节提出了一个鲁棒模型。

9.4　不确定条件下任务分配鲁棒优化模型

决策者可能面临如上所述的用于校准随机规划模型的数据不足的问题。当任务不确定部分（即模型 $\mathcal{MSP}$ 中的 $d_i(\omega)$）的工作量有限或没有数据可用时，决策者就依靠对任务不确定部分最小工作量的估计。与 9.3 节的分析相似，任务 i 不确定部分的工作量（人工日）由随机变量 d_i 表示，d_i 随机的，具有未知概率分布，并且落在不确定性集中。目标是获得一个鲁棒分配，以最小化不确定性集合内，所有任务的不确定工作量实现的最差可能成本[324]。

9.4.1　数学模型

假设不确定性集合 d_i 的下限和上限是已知的，即 $d_i^L \leqslant d_i \leqslant d_i^U$；这里 d_i^L、d_i^U 是任务 i 的不确定部分工作量的下限和上限。

将所有任务的总实际偏差定义为 $\sum_{i \in N}[(d_i - d_i^L)/(d_i^U - d_i^L)] \leqslant V$。这里可以将 V 视为达到最坏情况上限 d_i^U 的任务数量的上限。从决策者的角度来看，V 是一种控制最坏情况的保守性的方法。在这项研究中，V 被称为"保守程度"。基于上述讨论，可以制定问题的鲁棒形式如下：

$$[\mathcal{M}\text{RO}]\min Z_{\text{RO}} = \sum_{j \in J}f_j\pi_j + C(\varphi) \tag{9.16}$$

s.t.　约束条件（9.9）～（9.15）

其中
$$C(\varphi) = \max \sum_{i \in I}c_i(d_i - \varphi_i)^+ \tag{9.17}$$

$$\text{s.t.} \quad d_i^L \leqslant d_i \leqslant d_i^U, \quad \forall i \in I \tag{9.18}$$

$$\sum_{i \in I}(d_i - d_i^L)/(d_i^U - d_i^L) \leqslant V \tag{9.19}$$

9.4.2　子模型 $C(\varphi)$ 的线性化

在上述模型中，目标（9.17）是非线性的，因为它包含 $(\cdot)^+$。如果最小化 $(\cdot)^+$，则可以通过添加不等式约束使其线性化。然而，$\max(\cdot)^+$ 为线性化带来了一些挑战。应添加另一个二进制变量，用于将 $\max(\cdot)^+$ 线性化。

更具体地，定义一个二进制变量 ζ_i，如果 $d_i - \varphi_i \leqslant 0$，则 $\zeta_i = 0$，如果 $d_i - \varphi_i > 0$，则 $\zeta_i = 1$。那么目标函数就是 $C(\varphi) = \max \sum_{i \in I}c_i(d_i - \varphi_i)\zeta_i$。此外，$(d_i - \varphi_i)\zeta_i$ 等价于 $d_i - \varphi_i\zeta_i$，s.t. $d_i^L\zeta_i \leqslant d_i \leqslant d_i^U\zeta_i$，因为：如果 $d_i - \varphi_i > 0$，$\zeta_i = 1$，则 $(d_i - \varphi_i)\zeta_i = d_i - \varphi_i\zeta_i = d_i - \varphi_i$；如果 $d_i - \varphi_i \leqslant 0$，$\zeta_i = 0$，则 $d_i = 0$（由于 $d_i^L\zeta_i \leqslant d_i \leqslant d_i^U\zeta_i$），$(d_i - \varphi_i)\zeta_i = d_i - \varphi_i\zeta_i = 0$。因此 $C(\varphi) = \max \sum_{i \in I}c_i(d_i - \varphi_i)\zeta_i$ 转化为 $C(\varphi) = \max \sum_{i \in I}c_i(d_i - \varphi_i\zeta_i)$。然后，子模型 $C(\varphi)$，即式（9.17）～式（9.19）可以重新写成如下的等效模型：

$$C(\varphi) = \max \sum_{i \in I}c_i(d_i - \varphi_i\zeta_i) \tag{9.20}$$

$$\text{s.t.} \quad \sum_{i \in I}[(d_i - d_i^L\zeta_i)/(d_i^U - d_i^L)] \leqslant V \tag{9.21}$$

$$d_i^L\zeta_i \leqslant d_i \leqslant d_i^U\zeta_i, \quad \forall i \in I \tag{9.22}$$

$$\zeta_i \in \{0,1\}, \quad \forall i \in I \tag{9.23}$$

在上述两个模型（即式（9.17）～式（9.19）和式（9.20）～式（9.23））中，d_i 是变量。这两个模型等价，但在某些情况下，变量 d_i 可能具有不同的值。对于 $d_i - \varphi_i \leq 0$ 的情况，约束条件（9.22）可能导致式（9.20）～式（9.23）的子模型中的 $d_i = 0$。对于式（9.17）～式（9.19）的子模型，如果 $d_i - \varphi_i \leq 0$，则将 d_i 设置为其下限值 d_i^L，使得可以将其他 d 个变量设置为使目标最大化的值。约束条件（9.19）表示 $(d_i - d_i^L)/(d_i^U - d_i^L)$ 的和不能超过 V。如果将 d_i 设置得较小，则可以将其他 d 个变量设置得更大一些。因此，对于 $d_i - \varphi_i \leq 0$ 的情况，在子模型的两个公式中，d_i 值在式（9.20）～式（9.23）的子模型中为 $d_i = 0$，而在式（9.17）～式（9.19）的子模型中 $d_i = d_i^L$。然而，它对目标（9.17）和目标（9.20）没有影响。因此，从原始模型 $\mathcal{MRO}$ 的角度来看，子模型 $C(\varphi)$ 的两个公式等价。

通过用新变量 d_i' 代替 $(d_i - d_i^L \zeta_i)/(d_i^U - d_i^L)$，将上述模型 $C(\varphi)$ 重新写为

$$C(\varphi) = \max \sum_{i \in I} c_i [(d_i^U - d_i^L) d_i' + d_i^L \zeta_i - \varphi_i \zeta_i] \tag{9.24}$$

$$\text{s.t.} \sum_{i \in I} d_i' \leq V \tag{9.25}$$

$$0 \leq d_i' \leq \zeta_i, \quad \forall i \in I \tag{9.26}$$

$$\zeta_i \in \{0,1\}, \quad \forall i \in I \tag{9.27}$$

9.4.3 带 LP 松弛的子模型 $C(\varphi)$ 的对偶

很容易看出，模型的 LP 松弛条件（9.9）～（9.15）具有整数解。现将 LP 对偶性应用于 $C(\varphi)$ 的 LP 松弛：

$$C(\varphi)^{\text{LR}} = \max \sum_{i \in I} c_i [(d_i^U - d_i^L) d_i' + (d_i^L - \varphi_i) \zeta_i] \tag{9.28}$$

$$\text{s.t.} \quad \sum_{i \in N} d_i' \leq V \tag{9.29}$$

$$d_i' - \zeta_i \leq 0, \quad \forall i \in I \tag{9.30}$$

$$\zeta_i \leq 1, \quad \forall i \in I \tag{9.31}$$

$$d_i' \geq 0, \quad \zeta_i \geq 0, \quad \forall i \in I \tag{9.32}$$

将 η、γ、δ 分别定义为约束条件（9.29）～（9.31）的对偶变量。对偶模型为

$$C(\varphi)^{\text{LR}} = \min V\eta + \sum_{i \in I} \delta_i \tag{9.33}$$

$$\text{s.t.} \quad \eta + \gamma_i \geq c_i (d_i^U - d_i^L), \quad \forall i \in I \tag{9.34}$$

$$-\gamma_i + \delta_i \geq c_i (d_i^L - \varphi_i), \quad \forall i \in I \tag{9.35}$$

$$\eta \geqslant 0, \quad \gamma_i \geqslant 0, \quad \delta_i \geqslant 0, \quad \forall i \in I \tag{9.36}$$

9.4.4　鲁棒优化公式

然后得到用于指派问题的鲁棒优化公式如下：

$$[\mathcal{MROLR}] \quad \min Z_{\mathrm{RO}} = \sum_{j \in J} f_j \pi_j + V\eta + \sum_{i \in I} \delta_i \tag{9.37}$$

$$\text{s.t.} \quad \sum_{j \in J} \theta_{i,j} = 1, \quad \forall i \in I \tag{9.38}$$

$$\sum_{i \in I} (t_{i,j}\theta_{i,j} + \varphi'_{i,j}) \leqslant \pi_j e_j, \quad \forall j \in J \tag{9.39}$$

$$\pi_j \geqslant \theta_{i,j}, \quad \forall i \in I, \forall j \in J \tag{9.40}$$

$$\varphi_i = \sum_{j \in J} \varphi'_{i,j}, \quad \forall i \in I \tag{9.41}$$

$$\varphi'_{i,j} \leqslant \theta_{i,j} M, \quad \forall i \in I; \forall j \in J \tag{9.42}$$

$$\theta_{i,j}, \pi_j \in \{0,1\}, \quad \forall i \in I; \forall j \in J \tag{9.43}$$

$$\varphi_i, \varphi'_{i,j} \geqslant 0, \quad \forall i \in I, \forall j \in J \tag{9.44}$$

$$\eta + \gamma_i \geqslant c_i(d_i^U - d_i^L), \quad \forall i \in I \tag{9.45}$$

$$-\gamma_i + \delta_i \geqslant c_i(d_i^L - \varphi_i), \quad \forall i \in I \tag{9.46}$$

$$\eta \geqslant 0, \quad \gamma_i \geqslant 0, \quad \delta_i \geqslant 0, \quad \forall i \in I \tag{9.47}$$

鲁棒优化模型 $\mathcal{MROLR}$ 可以解释为随机规划模型 $\mathcal{MSP}$ 的一个有趣的替代形式。它试图避免最坏的情况，同时限制最优解的保守性（通过控制参数 V）。

求解 $\mathcal{MROLR}$ 比 $\mathcal{MSP}$ 更容易和更快，这将在 9.5 节进行研究。此外，$\mathcal{MROLR}$ 的输入数据要求远小于 $\mathcal{MSP}$。对于 $\mathcal{MSP}$，决策者需要收集足够的历史数据来估计每个任务的 d_i 的概率分布，以获得大量的场景。然而，对于 $\mathcal{MROLR}$，决策者只需要估计 d_i 的范围。可以使用 $\mathcal{MROLR}$ 来为随机规划公式 $\mathcal{MSP}$ 获得一个很好的解。9.5 节的一些实验将研究提出的两个模型 $\mathcal{MSP}$ 和 $\mathcal{MROLR}$ 之间的潜在关系。关系的核心在于参数 V。通过为参数 V 设置适当的值，$\mathcal{MROLR}$ 可以用于为 $\mathcal{MSP}$ 获得一个很好的解。

9.5　关于随机规划模型和鲁棒优化模型的数值实验分析

为了说明模型对实践者的积极作用，本节利用软件项目管理作为问题背景，以展示所提模型的应用实例的有用性。

9.5.1 问题背景

对于一家软件公司，有 n 个项目需要分配给 m 个软件项目团队。每个项目都分配给一个团队。可以为每个团队分配 0 个或多个项目。按照本章的"任务分配"，这个"项目"对应于"任务"。软件项目通常包含以下步骤：需求分析、概念设计、详细设计、编码、测试、部署。前五个步骤属于软件开发，主要发生在软件公司的现场。这些步骤的工作量（按人工）通常是确定性的并且容易估计。而最后一步，即开发软件的部署主要发生在客户点。一些不可预测的问题，客户的新要求，以前设计步骤的误解可能在部署阶段出现。所以这个阶段的工作量通常是不确定的。

根据本章开头的问题定义，每个任务（如任务 i）有两个部分：第一部分是软件开发阶段，其工作量（$t_{i,j}$）是确定性的，取决于任务被分配给哪个团队（如团队 j）；第二部分是软件部署阶段，其工作量（d_i）不确定。本节采用两种方法来处理不确定的 d_i。一个是随机规划，其假设 d_i 的概率分布是已知的，并且可以获得一组场景集。另一个是鲁棒优化，其假定 d_i 的范围是已知的。在 9.3 节和 9.4 节分别提出了这两个模型。

9.5.2 实验设置

本节进行了一些数值实验，以评估所提出的模型的有效性以及随机规划模型与鲁棒优化模型之间的关系。所有模型都由 CPLEX 12.1 在配置为 1.6GHz 四核处理器和 4GB 内存的计算机上实现和求解。

在实验中，假设一家软件公司有 20 个任务需要分配给 6 个候选团队。对于每个任务，软件开发的工作量（即 $t_{i,j}$）随机生成，其均值位于[50, 150]范围内。

对于软件部署的不确定的工作量，即随机规划模型 $\mathcal{MSP}$ 中的 $d_i(\omega)$，它们根据均匀概率分布 $U(d_i^L, d_i^U)$ 生成；对于鲁棒优化模型 $\mathcal{MRO}$ 中的 d_i，其不确定集被假定为 d_i^L, d_i^U。在 $\mathcal{MSP}$ 中使用的参数 d_i^L 和 d_i^U $\mathcal{MRO}$ 中使用的参数相同。在这种情况下，两个模型 $\mathcal{MSP}$ 和 $\mathcal{MRO}$ 之间的对比实验可能是有意义的。在实验中，对于其平均值（即 $(d_i^L + d_i^U)/2$）位于[30, 100]范围的任务，也随机生成参数 d_i^L 和 d_i^U，并且它们的间隔（即 $d_i^U - d_i^L$）位于[30, 70]范围。

在规划期间（即 e_j）内，对于常规标准的团队能力，其被设为 600 人工。对于实际工作量超过其分配工作量（即 c_i）的追赶任务的单位成本设为 1200 元/人工。在规划期间（即 f_j）内，对于常规标准操作团队的固定成本，本实验中所有团队的价值的平均值约为 $5×105$（元）。以上都是基本设置。可以调整一些参数，以便在以下实验中进行一些灵敏度分析。

9.5.3　随机规划模型实验

1. 收敛分析

在实验中，考虑了任务和团队的数量被设为 20 和 6 的情况。对于给定数量的场景（即 5、7、10、20、50、70、100、200、500 或 700）随机生成了 10 种不同情况，并用所提出的随机规划模型求解。记录十种情况的最大值、最小值和平均值，如表 9-1 所示。从表 9-1 和图 9-1 可以看出，最大值和最小值之间的差距以及标准偏差随场景数量的增加而明显下降。这表明当场景数量足够大时，模型 $\mathcal{M}$SP 的解收敛。另外，表 9-1 中的结果显示，随着场景数量的增加，CPU 时间也明显增加。

表 9-1　不同场景下的测试案例结果（**20 个任务和 6 个团队**）

场景的数量	平均值	标准差	最小值	最大值	偏差（最大值−最小值）	平均 CPU 时间/s
5	2 052 004	5 801	2 041 694	2 061 518	19 824	3
7	2 058 957	6 233	2 049 327	2 066 733	17 406	4
10	2 061 221	4 438	2 052 441	2 068 344	15 903	5
20	2 063 001	3 574	2 055 347	2 067 240	11 893	6
50	2 063 855	2 516	2 059 903	2 067 418	7 515	11
70	2 065 736	2 642	2 060 765	2 068 283	7 518	16
100	2 064 974	2 169	2 061 666	2 067 453	5 787	25
200	2 065 815	1 000	2 064 155	2 067 598	3 443	68
500	2 065 867	570	2 065 149	2 067 090	1 941	524
700	2 065 859	393	2 065 192	2 066 704	1 512	1 345

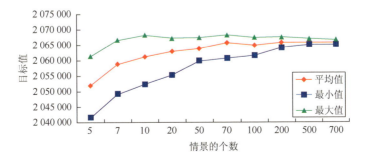

图 9-1　随着场景数量的增加结果的收敛性

2. 与其他方法的比较

为了验证提出的随机规划模型（$\mathcal{MSP}$）的有效性，现将其解与另一个模型进行比较，通过使用它们的期望值 $d_i^E = \sum_{\omega \in \Omega} p(\omega) d_i(\omega)$ 简化了随机参数 $d_i(\omega)$。这里的竞争模型称为 $\mathcal{MEV}$，具体如下：

$$[\mathcal{MEV}] \quad \min Z_{EV} = \sum_{j \in J} f_j \pi_j + \sum_{i \in I} c_i (d_i^E - \varphi_i)^+ \tag{9.48}$$

$$\text{s.t.} \quad \text{约束条件（9.2）} \sim \text{（9.6）}$$

在求解 $\mathcal{MEV}$ 后，将其最优解（θ_{EV}^*、π_{EV}^*、φ_{EV}^*）输入到 $\mathcal{MSP}$ 的目标函数，即 $Z_{SP}(\theta_{EV}^*, \pi_{EV}^*, \varphi_{EV}^*)$ 中，使其与 $\mathcal{MSP}$ 的最优目标值（即 $Z_{SP}(\theta_{SP}^*, \pi_{SP}^*, \varphi_{SP}^*)$）进行比较。竞争模型的意义可以解释为：决策者忽略 d_i 的不确定性，但使用其期望值作为决策；$Z_{SP}(\theta_{SP}^*, \pi_{SP}^*, \varphi_{SP}^*)$ 在具有不确定性的现实环境中评估决策的性能。显然，$Z_{SP}(\theta_{SP}^*, \pi_{SP}^*, \varphi_{SP}^*)$ 不小于 $Z_{SP}(\theta_{SP}^*, \pi_{SP}^*, \varphi_{SP}^*)$。他们之间的差距评估了随机解的值，随机解衡量了在作出决定时忽略不确定性的成本[312]。

$$\text{Val\_Stochas} = Z_{SP}(\theta_{EV}^*, \pi_{EV}^*, \varphi_{EV}^*) - Z_{SP}(\theta_{SP}^*, \pi_{SP}^*, \varphi_{SP}^*) \tag{9.49}$$

进行两个系列的实验，以研究不同不确定度下上述"随机解的值"，这反映在 d_i 不确定集的平均范围内，即 $d_i^U - d_i^L$。模型 $\mathcal{MSP}$ 中的随机参数 $d_i(\omega)$ 通过以下均匀分布 $U(d_i^L, d_i^U)$ 随机生成。结果如图 9-2 所示。

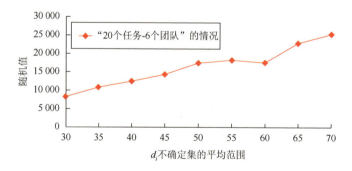

图9-2　不同不确定程度下随机解的值

此图为"$d_i^U - d_i^L$"的平均值；随机参数 $d_i(\omega)$ 根据均匀分布 $U[d_i^U - d_i^L]$ 随机产生

图 9-2 中的结果验证了所提出的模型 $\mathcal{MSP}$ 可以比基于随机 d_i 的期望值的决策方法获得更好的效果。随机解的值（即图 9-2 中的"随机值"）反映了 $\mathcal{MSP}$ 的性能，且其值随着不确定程度的增长而增加。图 9-2 显示，现实环境中包含的不确定度越高，使用所提出的模型可以体现越明显的优势。另一个发现是，提出的模型在小规模问题案例中的表现明显优于大规模案例。

9.5.4 鲁棒优化模型的实验

1. 分析参数 V 的影响

在鲁棒优化模型 $\mathcal{MRO}$ 中，V 是控制 $\mathcal{MRO}$ 中最坏情况的保守性的重要参数。V 值越高，$\mathcal{MRO}$ 获得的保守决策越好。图 9-3 说明了在不同不确定度下 V 对 $\mathcal{MRO}$ 目标值的影响，这是由 d_i 的不确定集的平均范围反映的。随着 V 的增加，目标值的增长趋势在图 9-3 中是显而易见的。对于不确定度较高的情况，趋势的增长率大于不确定度较低的情况下的增长率。另外，给定 V 值，较高不确定度下的目标值并不总是大于较低不确定度下的目标值。当 V 低于一定值时，与不确定度较低的情况相比，不确定度较高的情况的目标值可能会更小。结果表明，实际的不确定度和决策者的保守程度都对最优解的目标值有影响。

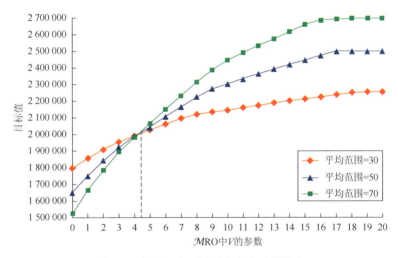

图 9-3 参数 V 在不同不确定度下的影响

2. 将计算时间与 $\mathcal{MSP}$ 进行比较

鲁棒优化模型 $\mathcal{MRO}$ 不需要与场景相关的参数和变量。$\mathcal{MRO}$ 的求解过程比 $\mathcal{MSP}$ 快得多。对于"20 个任务-6 个团队"的一些情况，进行实验来比较两个模型的 CPU 时间。对于 $\mathcal{MRO}$，在实验中将参数 V 设置为 6。对于 $\mathcal{MSP}$，场景数（表 9-2 中用 $|\Omega|$ 表示）被设置为 10、50、100 和 500。

表 9-2 两个模型（20 个任务和 6 个团队）的计算时间比较

不确定度 d_i 的不确定集的平均范围	$\mathcal{MRO}$ 的 CPU 时间	$\mathcal{MSP}$ 在不同场景数量下的 CPU 时间			
	$V = 6$	$\|\Omega\| = 10$	$\|\Omega\| = 50$	$\|\Omega\| = 100$	$\|\Omega\| = 500$
30	4s	6s	8s	22s	661s

不确定度 d_i 的不确定集的平均范围	$\mathcal{MRO}$ 的 CPU 时间	$\mathcal{MSP}$ 在不同场景数量下的 CPU 时间			
	$V = 6$	$|\Omega| = 10$	$|\Omega| = 50$	$|\Omega| = 100$	$|\Omega| = 500$
35	3s	4s	13s	31s	539s
40	3s	7s	12s	27s	410s
45	2s	4s	11s	19s	737s
50	4s	5s	12s	25s	502s
55	3s	6s	13s	18s	744s
60	4s	4s	18s	32s	438s
65	2s	4s	9s	28s	536s
70	3s	8s	10s	27s	427s
平均值	3s	5s	12s	25s	555s

表 9-2 中的结果验证了 $\mathcal{MRO}$ 的求解过程比 $\mathcal{MSP}$ 快得多，特别是对于在 $\mathcal{MSP}$ 中有大量场景的一些情况。另外，给定 V 值，$\mathcal{MRO}$ 的解是确定性的；而 $\mathcal{MSP}$ 的解即使在相同数量的场景下也会因不同的运行时间有差异。因为求解 $\mathcal{MRO}$ 比 $\mathcal{MSP}$ 更有效率，所以 9.5.5 节将研究如何通过设置参数 V 的适当值使 $\mathcal{MRO}$ 为 $\mathcal{MSP}$ 获得一个很好的解。

9.5.5　两种模型之间的关系分析

重要的是研究所提出的两个模型（即 $\mathcal{MSP}$ 和 $\mathcal{MRO}$）之间的关系，以便可以使用 $\mathcal{MRO}$ 来获得 $\mathcal{MSP}$ 近似最优的鲁棒解。获得的解在最坏的成本和期望成本下表现良好。

使用 $\mathcal{MRO}$ 中的参数 V 作为重要的操作参数，用于获得其目标值接近 $\mathcal{MSP}$ 的解的鲁棒解。这种比较只是基于实验方法的近似比较，而不是一些严格的分析方法。连接这两种模型的目的是找到一些调整参数 V 的提示，使得 $\mathcal{MRO}$ 可以获得一个鲁棒解，其目标值接近于 $\mathcal{MSP}$ 的解。

它们的关系的核心在于如何找到临界值 V（由 V^* 表示），在此 $\mathcal{MRO}$ 可以获得目标值接近 $\mathcal{MSP}$ 的最优目标值的最优解。一些实验在不同的成本参数设置下进行。结果见表 9-3。

成本设置包括平均固定成本 $\overline{f}$ 和额外工作量的平均单位成本 $\overline{c}$。更具体地说，$\overline{f} = \dfrac{1}{|J|} \sum_{\forall j \in J} f_j$，$\overline{c} = \dfrac{1}{|I|} \sum_{\forall i \in I} c_i$。对于每个成本的设定，可获得 $\mathcal{MSP}$ 的最优目标值，即 Z_{SP}，以及两个 V 值下的 $\mathcal{MRO}$ 的两个目标值（即 $V^{(1)}$、$V^{(2)}$）。$\mathcal{MRO}$ 的两个

目标值（即 $Z_{RO}^{(1)}$、$Z_{RO}^{(2)}$）非常接近 Z_{SP}，且 $Z_{RO}^{(1)} \leqslant Z_{SP} \leqslant Z_{RO}^{(2)}$。然后通过线性插值估计 V^*。

表 9-3 不同成本参数设置下的临界值 V^*（20 个任务和 6 个团队）

成本设置		$\mathcal{MSP}$		$\mathcal{MRO}$			
$\bar{f}$	$\bar{c}$	Z_{SP}	$V^{(1)}$	$Z_{RO}^{(1)}$	$V^{(2)}$	$Z_{RO}^{(2)}$	V^*
	600	1 812 335	7	1 798 557	8	1 816 606	7.76
	700	1 863 108	7	1 848 297	8	1 868 268	7.74
	800	1 916 323	7	1 898 078	8	1 920 904	7.80
	833	1 936 202	7	1 914 397	7	1 938 159	7.92
	900	1 969 516	7	1 947 836	8	1 973 515	7.84
	1 000	2 017 900	7	1 997 576	8	2 026 107	7.71
5.0×10^5	1 100	2 062 672	7	2 047 357	8	2 078 743	7.49
	1 200	2 064 974	6	2 062 349	7	2 097 115	6.08
	1 300	2 065 526	4	2 033 119	5	2 071 381	4.85
	1 400	2 075 268	4	2 071 700	5	2 089 448	4.20
	1 500	2 080 152	4	2 076 628	5	2 095 601	4.19
	1 600	2 083 013	4	2 081 716	5	2 101 860	4.06
	1 700	2 097 641	4	2 086 845	5	2 108 446	4.50
	1 800	2 100 769	4	2 091 954	5	2 114 596	4.39
2.5×10^5		1 066 263	4	1 061 365	5	1 076 397	4.33
3.0×10^5		1 264 960	4	1 261 302	5	1 276 397	4.24
3.5×10^5		1 463 776	4	1 461 302	5	1 477 207	4.16
4.0×10^5		1 666 655	4	1 661 302	5	1 676 397	4.35
4.5×10^5		1 866 691	4	1 842 112	5	1 876 397	4.72
5.0×10^5	1200	2 064 974	6	2 062 349	7	2 097 115	6.08
5.5×10^5		2 264 677	7	2 247 115	8	2 281 354	7.51
6.0×10^5		2 410 789	7	2 397 115	8	2 431 354	7.40
6.5×10^5		2 575 008	7	2 547 115	8	2 581 354	7.81
7.0×10^5		2 722 858	7	2 697 115	8	2 731 354	7.75
7.5×10^5		2 865 022	7	2 847 115	8	2 884 029	7.49

注：V^* 由 $\dfrac{Z_{SP} - Z_{RO}^{(1)}}{Z_{RO}^{(2)} - Z_{RO}^{(1)}}(V^{(2)} - V^{(1)}) + V^{(1)}$ 估计。

从表 9-3 可以看出，$\bar{c}$ 和 $\bar{f}$ 对 V^* 的影响是不同的。随着 $\bar{c}$ 增长，V^* 减小；而 V^* 随着 $\bar{f}$ 增长而增加。此外，存在 V^* 的上限和下限，如图 9-4 所示。对于"20 任务和 6 团队"的情况，下限位于 4～5；上限位于 7～8。

为了进一步研究 $\overline{c}$ 和 $\overline{f}$ 对 V^* 的影响，一些实验结果如表 9-4 所示。观察到 V^* 的值取决于 $\overline{f}$ 与 $\overline{c}\,\overline{e}$ 的比值。$\overline{e}$ 是规划期间内常规标准团队的平均能力，$\overline{e}=\dfrac{1}{|J|}\sum_{\forall j\in J}e_j$。在实验中，$\overline{e}$ 被设置为 600 人工。$\overline{f}/(\overline{c}\,\overline{e})$ 的比率应在 0～1；否则，将不符合现实。在现实环境中，团队标准工作量的固定成本 $\overline{f}$（单位为元）应小于额外工作量单位成本 $\overline{c}$（单位为元/人工）乘以标准工作量 $\overline{e}$（单位为人工）。

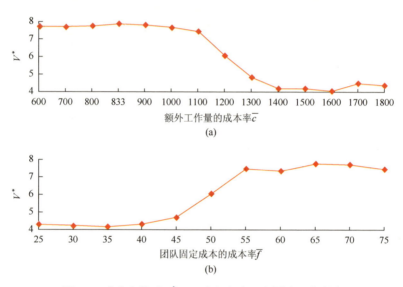

图 9-4   成本参数对 V^*（20 个任务和 6 个团队）的影响

表 9-4 V^* 与 $\overline{f}/(\overline{c}\,\overline{e})$（20 个任务和 6 个团队）之间的关系

成本设置			$\mathcal{MSP}$		$\mathcal{MRO}$			
$\overline{f}$	$\overline{c}$	$\overline{f}/(\overline{c}\,\overline{e})$	Z_{SP}	$V^{(1)}$	$Z_{\text{RO}}^{(1)}$	$V^{(2)}$	$Z_{\text{RO}}^{(2)}$	V^*
2×10^5	600	0.56	834 017	4	830 651	5	838 198	4.45
3×10^5	900	0.56	1 249 602	4	1 246 024	5	1 257 645	4.31
4×10^5	1 200	0.56	1 666 655	4	1 661 302	5	1 676 397	4.35
5×10^5	1 500	0.56	2 081 072	4	2 076 628	5	2 095 601	4.23
6×10^5	1 800	0.56	2 493 155	4	2 491 954	5	2 514 722	4.05
3×10^5	720	0.69	1 238 175	6	1 237 409	7	1 258 269	6.04
4×10^5	960	0.69	1 653 441	6	1 649 879	7	1 677 692	6.13
5×10^5	1 200	0.69	2 064 974	6	2 062 349	7	2 097 115	6.08
6×10^5	1 440	0.69	2 481 109	6	2 474 818	7	2 516 538	6.15
7×10^5	1 680	0.69	2 893 183	6	2 887 288	7	2 935 961	6.12

续表

成本设置			$\mathcal{MSP}$	$\mathcal{MRO}$				
$\overline{f}$	$\overline{c}$	$\overline{f}/(\overline{c}\,\overline{e})$	Z_{SP}	$V^{(1)}$	$Z_{RO}^{(1)}$	$V^{(2)}$	$Z_{RO}^{(2)}$	V^*
4×10^5	800	0.83	1 615 320	7	1 598 078	8	1 620 904	7.76
5×10^5	1 000	0.83	2 018 093	7	1 997 593	8	2 026 126	7.72
6×10^5	1 200	0.83	2 410 789	7	2 397 115	8	2 431 354	7.40
7×10^5	1 400	0.83	2 813 649	7	2 796 636	8	2 836 582	7.43
8×10^5	1 600	0.83	3 227 900	7	3 196 133	8	3 241 784	7.70

总之，$\mathcal{MRO}$ 可以通过设置一个适当的 V 值来获得 $\mathcal{MSP}$ 的一个满意解，该 V 受到一些成本参数比例的影响，即 $\overline{f}/(\overline{c}\,\overline{e})$。如果决策者没有足够的历史数据来校准 $\mathcal{MSP}$ 的大量场景，则决策者应该采用 $\mathcal{MRO}$ 作为获取鲁棒分配调度的替代方法。除了对输入数据的要求较少，$\mathcal{MRO}$ 在求解过程中也比 $\mathcal{MSP}$ 更快。上述实验的结果可以为决策者提供一些为 $\mathcal{MRO}$ 设置适当 V 值的提示。

应该提到的是，$\mathcal{MSP}$ 在某些情况下也有其用法，此用法对于 $\mathcal{MRO}$ 不合适。例如，有两组输入数据。第一组数据将所有 20 个任务的不确定范围 $[d_i^L, d_i^U]$ 设置为 [40，90]；第二组数据将 10 个任务的不确定范围 $[d_i^L, d_i^U]$ 设置为 [60, 70] 和 10 个其他任务的不确定范围 $[d_i^L, d_i^U]$ 设置为 [20, 110]。通过使用这两个数据集，求解模型 $\mathcal{MSP}$ 和 $\mathcal{MRO}$ 的结果如图 9-5 所示。从第二组数据的结果可以看出，模型 $\mathcal{MRO}$ 的目标值总是大于模型 $\mathcal{MSP}$ 的目标值。这意味着当任务中 d_i 的不确定度彼此显著不同时，$\mathcal{MRO}$ 只使用一个参数 V 来处理不确定性并控制决策的保守程度不是一个合适的方式。在这种情况下，$\mathcal{MSP}$ 则使用校准每个任务的概率分布的方法，这比 $\mathcal{MRO}$ 的方法更合理。应该提到的是，上述观察结果在 Bertsimas 和 Goyal[325] 的工作中得到了实际证明。

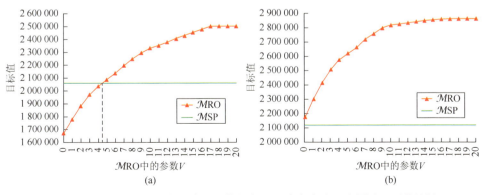

图 9-5　$\mathcal{MSP}$ 和 $\mathcal{MRO}$ 在两个不同数据集（20 个任务和 6 个团队）下的结果

9.5.6 覆盖泊位分配问题的模型扩展实验

如 9.2 节所述，提出的模型不仅可以用于将项目任务分配给项目团队，而且可以适用于港口泊位分配问题。

例如，有 50 艘船需要分配到港口的 15 个泊位。每艘船分配到一个泊位。每个泊位可以服务 0 艘船或几艘船只。船舶（如船舶 i）停留在港口的持续时间包含两部分。

（1）第一部分是为长期客户进行装/卸集装箱的运营时间，该时间 $t_{i,j}$ 是确定性的，且取决于船舶分配的泊位（如泊位 j）。在实验中，随机生成 $t_{i,j}$，且平均值位于 $[20, 60]$。

（2）第二部分是为其他客户装/卸载集装箱的运营时间，其服务请求通常不在预定的计划之内。第二部分（d_i）是不确定的。对于 $\mathcal{MSP}$，根据均匀概率分布 $U(d_i^L, d_i^U)$ 生成 $d_i(\omega)$。对于 $\mathcal{MRO}$，d_i 的不确定集合被假定为一个 $[d_i^L, d_i^U]$ 之间的范围。$\mathcal{MSP}$ 中使用的参数 d_i^L 和 d_i^U 与 $\mathcal{MRO}$ 中使用的参数相同；它们也随机产生，其平均值（即 $(d_i^L + d_i^U)/2$）在 $[10, 30]$ 小时的范围内，并且它们的间距（即 $d_i^U - d_i^L$）在 $[5, 15]$ 小时范围内。

规划期间（即 e_j）内，对于常规标准的泊位能力，它们设置为 168 小时。在实际工作量超过其分配工作量（即 c_i）时，装/卸载任务的单位成本为 6000 元/小时。规划期间（即 f_j）内，对于以常规标准运营一个泊位的固定成本，本实验中所有团队的价值平均值约为 5×10^4 元。

表 9-5 的结果表明，所提模型可以很好地适用于泊位分配问题；提出的求解方法可以有效地求解模型。与以前的实验类似，$\mathcal{MRO}$ 模型的求解过程比 $\mathcal{MSP}$ 模型快得多。另外，通过在 V^* 上设置适当的参数，模型 $\mathcal{MRO}$ 可以获得一个鲁棒解，其目标值接近于模型 $\mathcal{MSP}$ 的最优解。

表 9-5　泊位分配问题实验（50 艘船，15 个泊位）

场景	$\mathcal{MSP}$		$\mathcal{MRO}$						
	Z_{SP}	时间	$V^{(1)}$	$Z_{RO}^{(1)}$	时间	$V^{(2)}$	$Z_{RO}^{(2)}$	时间	V^*
50_15_1	3 343 570	3 120	7	3 256 281	89	8	3 396 312	90	7.62
50_15_2	3 647 325	3 375	8	3 623 012	101	9	3 745 869	98	8.20
50_15_3	3 281 038	3 542	7	3 247 770	93	8	3 317 264	95	7.48
50_15_4	3 549 723	3 363	7	3 456 753	96	8	3 598 336	93	7.66
50_15_5	3 346 261	3 207	8	3 327 852	87	9	3 489 031	90	8.11

9.6　本章小结

本章研究了不确定环境下任务分配问题。从随机的角度来看，本章提出了随机规划模型和鲁棒优化模型。通过使用软件项目管理作为问题背景，本章还展示了两种模型的应用。还进行一些数值实验来验证所提出模型的有效性和两个模型之间的关系。对具有任务随机工作量要求的已知概率分布情况，决策者可以使用随机规划模型；而对于几乎没有关于概率分布的信息的情况，鲁棒优化模型也可以通过设置关于保守程度的适当参数来获得一个接近随机规划模型最优决策的良好决策。与其他学者相关工作相比，主要贡献主要有以下两个方面。

（1）本章研究了典型任务分配问题的一个变体。这个问题的关键特征之一在于，每个任务可以分为两部分，其中一个是确定性的，另一个是有关工作量不确定的。该特点在任务分配的一些应用中甚至是一些资源分配问题中普遍存在，常见的如泊位分配、手术室分配。现有的分配模型很少有考虑到这种在不确定性条件下具有"两部分"特征的任务分配问题。关于这个新问题本章介绍了一个探索性研究。

（2）在不确定情况下的指派问题领域，很少有研究同时提出随机规划模型和鲁棒优化模型，并研究了不确定情况下两个指派问题模型之间的关系。因此，本章中提出的模型可以作为指派问题研究文献的补充。

然而，本章研究有一些不足。例如，没有考虑到每个任务的两个阶段包含不确定性的问题。这个问题可能更适用于现实情况。这也是未来的研究方向。

第 10 章 >>>

任务分配与排序优化问题

10.1 概述

本章研究了服务提供者分配和排序任务的综合决策问题。通过考虑服务提供者的不确定可用时间，在场景数量有限的基础上提出了随机规划模型。模型中也考虑了一些现实因素，并将其作为一些非线性成本函数（在本章中被线性化）。此外，在合理的计算时间内，本章将启发式算法用于一些规模极大的问题求解，同时进行数值实验来验证提出模型的有效性和求解效率。

10.2 服务时间不确定条件下的任务分配与排序问题背景

在服务行业中，服务提供者的任务分配是一个重要的决策问题。每个任务都有其最适合被服务的服务提供者，也就是说将任务分配给不同的服务提供者将产生不同的收益（或收入）。同时，服务提供者的工作时间是有限制的，如果一个服务提供者被分配到的任务过多，则其超时工作可能会产生惩罚成本。任务分配问题的决策目标通常为最大化利益减去可能的加班费用。

在将任务分配给服务提供者时，另一个重要的决策问题是如何对分配给每个服务提供者的任务进行排序。每个任务都有它最适宜的服务时间，而排序问题的决策目标为最大限度地减少任务的实际开始服务时间与最合适的开始时间的偏差。通常研究对上述两个问题分开进行决策，本章则探讨了如何同时优化任务分配和排序决策。

此外，实际中服务提供者的开始时间通常是随机的。例如，给外科医生分配备选患者时，外科医生需要先给情况紧急的患者提供服务才能为其他非紧急患者服务；又如，为律师分配客户时，律师需要处理完要务才能与客户会面。因此，服务提供者不确定的开始时间增加了任务分配和排序决策上的综合优化问题的复杂性。

10.3　任务分配与排序问题的确定性模型

本节提出了任务规划的两个确定性模型，这两个模型作为所提的不确定环境下任务分配的随机规划模型的基础。其中，第一个模型是将任务分配给服务提供者；而第二个模型则是为服务提供者分配和排序任务。

10.3.1　任务分配模型

任务分配模型（D_TA）是将任务分配给服务提供者，目标是最大限度地提高服务任务的收入与超时工作的成本（罚金）之间的差异。对每个任务来说，收入取决于任务分配给哪个服务提供者，它受到任务和服务提供者的偏好影响。该模型与经典分配模型之间的区别在于该模型考虑了服务提供者的开始可用时间。对每个服务提供者来说，其可能需要在开始可用时间之前处理一些紧急任务（或其他要务）。例如，向外科医生分配非紧急患者时，外科医生需要先为一些紧急患者提供服务才能为非紧急患者服务。在本节中，服务提供者的起始可用时间是已知参数；而在 10.4 节则为不确定性参数，并且在 10.4 节的随机规划模型中应用。

1. 下标和集合

i, i'：任务的下标。

D：所有任务的集合；$i, i' \in D$。

j：服务提供者的下标。

P：服务提供者的集合；$j \in P$。

2. 已知参数

$a_{i,j}$：服务提供者 j 为任务 i 服务的收入。

b_j：服务提供者 j 加班的单位成本。

t_i：任务 i 所需服务时间的范围。

w_j：服务提供者 j 可服务任务的开始时间，如上午 10 点。

e_j：服务提供者 j 下班的正常结束时间，如下午 4 点。

q_j：服务提供者 j 完成工作的最晚结束时间，如晚上 8 点。

3. 决策变量

$x_{i,j}$：0-1 变量；如果任务 i 被分配给服务提供者 j 则取值为 1；否则为 0。

4. 任务分配的确定性模型

$$[D\_TA] \quad \max \sum_{i \in D, j \in P} a_{i,j} x_{i,j} - \sum_{j \in P} b_j \left(w_j + \sum_{\forall i} t_i x_{i,j} - e_j \right)^+ \tag{10.1}$$

$$\text{s.t.} \quad \sum_{j \in P} x_{i,j} = 1, \quad \forall i \in D \tag{10.2}$$

$$w_j + \sum_{i \in D} t_i x_{i,j} \leqslant q_j, \quad \forall j \in P \tag{10.3}$$

$$x_{i,j} \in \{0,1\}, \quad \forall i \in D; \forall j \in P \tag{10.4}$$

目标函数（10.1）最大化了服务任务的收入和超时工作成本之差。约束条件（10.2）确保每个任务只分配给一个服务提供者。约束条件（10.3）保证服务提供者完成被分配任务的结束时间不超过其最晚工作时间。约束条件（10.4）定义变量。

10.3.2　任务分配和排序模型

除了考虑分配决策之外，任务分配和排序模型（D_TAS）也考虑到分配给每个服务提供者的排序任务。排序决策影响了任务的开始服务时间，而这可能偏离任务的最适宜的时间。D_TAS 模型的目标函数与之前定义的任务分配模型 D_TA 较相似，但 D_TAS 模型考虑了将任务的实际起始服务时间与任务最适宜的开始时间的偏差最小化。

考虑到分配给服务提供者 j 的连续任务中可能存在时隙，当服务提供者 j 完成任务时，目标函数（10.5）中的结束时间应该从 $w_j + \sum_{\forall i} t_i x_{i,j}$ 变为 $z_{l(j)}$，并且约束条件（10.3）应该由 $z_{l(j)} \leqslant q_j$ 代替。

对于 D_TAS 的确定性模型，下标、已知参数和决策变量定义如下。

1. 下标

$f(j)$：服务提供者 j 服务的第一个虚拟任务的下标。

$l(j)$：服务提供者 j 服务的最后一个虚拟任务的下标。

2. 已知参数

s_i：任务 i 被一个服务提供者服务的最适宜开始时间。

d_i：关于任务 i 的实际开始服务时间和最适宜开始时间偏差的单位惩罚成本。

M：一个足够大的正数。

3. 决策变量

$y_{i,i',j}$：0-1 变量；如果任务 i 和任务 i' 连续地被服务提供者 j 服务，则取值为 1（任务 i' 紧接着任务 i 被服务）；否则为 0。

z_i：连续变量；任务 i' 的实际开始服务时间。

4. 任务分配和排序的确定性模型

$$[\text{D\_TAS}] \quad \max \sum_{i \in D, j \in P} a_{i,j} x_{i,j} - \sum_{j \in P} b_j (z_{l(j)} - e_j)^+ - \sum_{i \in D} d_i |z_i - s_i| \qquad (10.5)$$

s.t. 约束条件（10.2）和（10.4）

$$\sum_{\forall i' \in D \cup \{l(j)\}} y_{i,i',j} = x_{i,j}, \quad \forall i \in D; \forall j \in P \qquad (10.6)$$

$$\sum_{i' \in D \cup \{l(j)\}} y_{i,i',j} = \sum_{i' \in D \cup \{f(j)\}} y_{i',i,j}, \quad \forall i \in D; \forall j \in P \qquad (10.7)$$

$$\sum_{i' \in D \cup \{l(j)\}} y_{f(j),i',j} = 1, \quad \forall j \in P \qquad (10.8)$$

$$\sum_{i \in D \cup \{f(j)\}} y_{i,l(j),j} = 1, \quad \forall j \in P \qquad (10.9)$$

$$z_i + t_i \leqslant z_{i'} + (1 - y_{i,i',j}) M, \quad \forall i, i' \in D; \forall j \in P \qquad (10.10)$$

$$z_{f(j)} \geqslant w_j, \quad \forall j \in P \qquad (10.11)$$

$$z_{l(j)} \leqslant q_j, \quad \forall j \in P \qquad (10.12)$$

$$y_{i,i',j} \in \{0,1\}, \quad \forall i, i' \in D \cup \{f(j), l(j)\}; \forall j \in P \qquad (10.13)$$

$$z_i \geqslant 0, \quad \forall i \in D \qquad (10.14)$$

目标函数（10.5）中的第一和第二部分与目标函数（10.1）相同；第三部分则表示任务的最适合开始时间与任务的实际开始服务时间偏差的惩罚成本。约束条件（10.6）～（10.9）是分配给每个服务提供者的任务顺序。约束条件（10.6）揭示了两个决策变量 $x_{i,j}$ 和 $y_{i,i',j}$ 之间的关系，并且确保了每个服务提供者的任务都是一个接一个完成的。约束条件（10.7）保证如果任务 i 被分配给服务提供者 j，则任务 i 在分配给服务提供者 j 的任务序列中前后各有一个任务存在。约束条件（10.8）和（10.9）分别在分配给每个服务提供者的任务序列的开始和结束处定义两个虚拟任务。约束条件（10.10）连接了每个序列中两个连续任务的开始时间。约束条件（10.11）表示服务提供者在起始可用时间后开始服务任务。约束条件（10.12）确保每个服务提供者完成最后一个任务的时间不能超过其最晚工作完成时间。约束条件（10.13）和（10.14）定义了决策变量。

上述两个确定性模型为提出更好的模型，即考虑现实因素的模型做了准备工作。在 10.4 节中，提出了在任务分配和排序决策过程中考虑一些不确定因素的随机规划模型。

10.4　任务分配与排序问题的随机规划模型

实际上，服务提供者的开始可用时间通常是随机的。例如，为外科医生分配非紧急患者时，外科医生需要先服务一些紧急患者（这是不可预见的），才能为非紧急患者服务。另外，向律师分配客户时，律师需要处理一些重要的事务（这也是不可预见的），然后才开始与客户会面。因此，服务提供者的开始可用时间（即 w_j）应该是不确定参数。

10.4.1 基于场景的模型规划

考虑到服务提供者不确定的开始可用时间，本节建立了任务分配和排序的随机规划模型，并用有限的场景数量来体现随机规划模型的不确定特征。每个场景（由 k 表示）由各个服务提供者的随机开始可用时间组成，即 $w_{j,k}$。这表示之前定义的参数 w_j 被重新定义为基于场景的参数 $w_{j,k}$。

在基于场景的条件下，当服务提供者的开始可用时间具有不确定性时，目标函数为最大化安排计划的预期收益。另外，根据上述基于场景的模型规划，之前定义的决策变量 z_i 应重新定义为 $z_{i,k}$，其表示场景 k 中任务 i 的实际开始服务时间。

10.4.2 加班产生的分段成本函数

此外，该模型考虑了更为现实的因素，成本系数 b_j 应该分段考虑而非为常数值。同时，加班时间越长，单位惩罚成本率就应越大。例如，服务提供者 j 下班的正常结束时间（即 e_j）是下午 4 点，而其完成工作的最后结束时间（即 q_j）是晚上 8 点。时间间隔[下午 4 点，下午 6 点）和[下午 6 点，晚上 8 点]内的成本系数就应该增加而不是常数。

具体来说，定义 $m_j + 1$ 是服务提供者 j 因加班产生惩罚成本的分段函数的间隔数。当服务提供者 j 的结束工作时间（即 $z_{l(j),k}$）位于范围 $[0, e_j^{(1)})$，$[e_j^{(1)}, e_j^{(2)})$，$[e_j^{(2)}, e_j^{(3)})$，$\cdots$，$[e_j^{(m_j)}, q_j]$ 内时，其单位惩罚成本率分别为 $b_j^{(0)}$，$b_j^{(1)}$，$b_j^{(2)}$，$\cdots$，$b_j^{(m_j)}$。这里 $b_j^{(0)} = 0$，$e_j^{(1)}$ 是服务提供者 j 下班的正常结束时间，即先前模型中定义的参数 e_j。根据上述定义，加班产生的惩罚成本从 $\sum_{j \in P} b_j (z_{l(j),k} - e_j)^+$ 变为 $\sum_{\forall j \in P} \sum_{g=1}^{m_j} (b_j^{(g)} - b_j^{(g-1)})$ $(z_{l(j),k} - e_j^{(g)})^+$。

10.4.3 数学模型

基于上述分析，在服务提供者的开始可用时间不确定条件下，任务分配和排序的随机规划模型定义如下。

1. 下标

k：场景的下标。

K：所有场景的集合；$k \in K$；$|K|$ 是所有场景的数量。

g：分段函数的分段下标；对于服务提供者 j；$g = 1, 2, \cdots, m_j$。

m_j：分段函数中服务提供者 j 的分段数量。

2. 已知参数

$w_{j,k}$：当服务提供者 j 可服务场景 k 中任务时的开始时间。

$e_j^{(g)}$：服务提供者 j 的惩罚成本分段函数的临界点。

$b_j^{(g)}$：如果服务提供者 j 加班超出的时间在 $[e_j^{(g)}, e_j^{(g+1)})$ 内，其产生的单位惩罚成本。

3. 决策变量

$z_{i,k}$：连续变量；场景 k 中的一个服务提供者服务于任务 i 的实际开始时间。

4. 任务分配和排序的随机规划模型

$$[\text{SP\_TAS}] \max \sum_{i \in D, j \in P} a_{i,j} x_{i \cdot j} - \frac{1}{|K|} \sum_{k \in K} \sum_{\forall j \in P} \sum_{g=1}^{m_j} (b_j^{(g)} - b_j^{(g-1)})(z_{l(j),k} - e_j^{(g)})^+$$

$$- \frac{1}{|K|} \sum_{k \in K} \sum_{i \in D} d_i |z_{i,k} - s_i| \tag{10.15}$$

在目标函数（10.15）中，$1/|K|$ 暗含每一个场景发生概率相同的假设。如果每个场景发生的概率不尽相同，只需要新定义一些代表场景发生概率的参数来代替目标函数（10.15）中的 $1/|K|$。

随机规划模型的目标函数与确定性模型的目标函数较相似，而其不同之处在于：

（1）服务提供者加班产生的惩罚成本变成了所有场景中成本的期望值，并且惩罚成本是基于分段函数的，表示为 $\dfrac{1}{|K|} \sum_{k \in K} \sum_{\forall j \in P} \sum_{g=1}^{m_j} (b_j^{(g)} - b_j^{(g-1)})(z_{l(j),k} - e_j^{(g)})^+$。

（2）关于任务实际开始服务时间和任务最适宜开始时间偏差的惩罚成本也变为了所有场景中成本的期望值，即 $\dfrac{1}{|K|} \sum_{k \in K} \sum_{\forall i \in D} d_i |z_{i,k} - s_i|$。因为，实际的开始服务时间虽然具有不确定性，但却依赖于场景产生。

除了对于任何场景 k，$k \in K$ 必须满足约束条件（10.10）～（10.12）和（10.14）外，随机规划模型 SP_TAS 的约束包含了确定性模型 D_TAS 的所有约束。因此，约束条件（10.10）～（10.12）、（10.14）所对应的是用 $w_{j,k}$，$j \in D, k \in K$ 替换参数 w_j，$j \in D$ 和用 $z_{i,k}$，$i \in D, k \in K$ 替换变量 z_i，$i \in D$。为了更好地理解模型，SP_TAS 的所有约束列举如下：

$$\sum_{j\in P} x_{i,j} = 1, \quad \forall i \in D \tag{10.16}$$

$$\sum_{\forall i'\in D\cup\{l(j)\}} y_{i,i',j} = x_{i,j}, \quad \forall i \in D; \forall j \in P \tag{10.17}$$

$$\sum_{i'\in D\cup\{l(j)\}} y_{i,i',j} = \sum_{i'\in D\cup\{f(j)\}} y_{i',i,j}, \quad \forall i \in D; \forall j \in P \tag{10.18}$$

$$\sum_{i'\in D\cup\{l(j)\}} y_{f(j),i',j} = 1, \quad \forall j \in P \tag{10.19}$$

$$\sum_{i\in D\cup\{f(j)\}} y_{i,l(j),j} = 1, \quad \forall j \in P \tag{10.20}$$

$$z_{i,k} + t_i \leqslant z_{i',k} + (1 - y_{i,i',j})M, \quad \forall i,i' \in D; \forall j \in P; \forall k \in K \tag{10.21}$$

$$z_{f(j),k} \geqslant w_{j,k}, \quad \forall j \in P; \forall k \in K \tag{10.22}$$

$$z_{l(j),k} \leqslant q_j, \quad \forall j \in P; \forall k \in K \tag{10.23}$$

$$x_{i,j} \in \{0,1\}, \quad \forall i \in D; \forall j \in P \tag{10.24}$$

$$y_{i,i',j} \in \{0,1\}, \quad \forall i,i' \in D \cup \{f(j),l(j)\}; \forall j \in P \tag{10.25}$$

$$z_{i,k} \geqslant 0, \quad \forall i \in D; \forall k \in K \tag{10.26}$$

约束条件（10.16）和（10.26）对应于约束条件（10.2）和（10.4）；约束条件（10.17）～（10.20）和约束条件（10.23）～（10.25）对应于约束条件（10.16）～（10.26）；约束条件（10.25）、（10.26）分别对应于约束条件（10.13）、（10.14）。

需要注意的是，上述模型中，任务分配模型（即 D_TA）和在不确定环境下的任务分配和排序模型（即SP_TAS）是NP-Hard问题。

证明：任务分配模型（即 D_TA）是NP-Hard问题，更不用说根据不确定性下任务分配和排序定义的上述模型（即SP_TAS）。任务分配问题的NP-Hard度可以使用已知难度极大的NP-Hard，即三分区决策问题来证明[311]。三分区问题是：有一组$3z$整数集合 $N = \{n_i\}_{i=1,2,\cdots,3z}$，$\sum_{i=1}^{3z} n_i = zB$，$n_i > B/4$，这里$z$和$B$是整数；问题是集合 N 是否可以划分为 z 个三元组（由 $N_1,\cdots,N_z$ 表示），使得对于 $j = 1,2,\cdots,z, \sum_{i\in N_j} n_i = B$。

充分性：通过上述三分区决策问题的多项式变换，任务分配问题的特殊情况如下：服务提供者的数量等于z，即$|P| = z$；任务数等于$|N|$，即$|D| = |N| = 3z$；任务i所需的服务时长等于n_i，即对于$\forall i \in D$，$t_i = n_i$；所有成本系数 $a_{i,j}$ 等于 0，系数b_j等于 1；所有服务提供者的正常可用时间间隔的长度相同并等于 B，即对于$\forall j \in P$，$e_j - w_j = B$。对于上述任务分配问题，如果当且仅当相关的三分区决策问题有解，则存在 D_TA 模型的目标值等于 0 的方案 x^*（即 $\mathrm{OBJ}_{D\_TA}(x^*) = 0$）。

必要性：如果有一个分配方案 x^* 存在，使得 $\mathrm{OBJ}_{D\_TA}(x^*)=0$。对于 $\forall j \in P$，设 N_j 为分配给服务提供者 j 的任务集合。因为对于所有的任务 $n_i > B/4$，$\forall i \in D$，每个集合 N_j 正好约束 3 个条件。当 $\mathrm{OBJ}_{D\_TA}(x^*)=0$ 时，则 $N = \bigcup_{j=1,\cdots,z} N_j$ 并且对于 $j=1,2,\cdots,z$，$\sum_{i \in N_j} n_i = B$，这表明三分区问题有解。

根据以上分析，不难发现本章所提模型（即使是简单模型，即任务分配的确定性模型）为 NP-Hard 问题。∎

10.5　基于任务优先级的启发式算法设计

为了在短时间内求得次优解，提出了启发式算法来求解模型 SP_TAS。该算法根据所有任务给定的优先顺序制订计划，且任务的一个优先顺序可以得到一个解。然后通过改变优先级顺序来找到更好的解。本章采用吱呀轮优化（SWO）来指导优先级顺序空间的搜索过程，由此会得到原始问题解空间的搜索过程。所提的启发式算法涉及两个重要问题：一个是如何由任务的优先顺序求得解；另一个是如何改变优先顺序，以便有效地提高解的质量。本节将会详细阐述这两个问题。

10.5.1　基于任务的优先顺序求解

本章提出的方法在某种程度上类似于"滚动时域"的概念。给定任务一个优先顺序，任务便会依次被求解，从而求解该规划模型 $\mathrm{SP\_TAS}_n$。在求解完一个任务的模型 $\mathrm{SP\_TAS}_n$ 之后，应该在求解下一个任务之前更新服务提供者的剩余可用时隙。对于服务提供者，上述"可用时隙"指可以安排尚未分配给服务提供者的任务的时间间隔。

任务的优先顺序为 $\{T_1, T_2, \cdots, T_n, \cdots, T_{|D|}\}$，这里 $|D|$ 是所有任务的数量。通过使用多次迭代来依次求解 $|D|$。在第 n 次迭代中，求解模型 $\mathrm{SP\_TAS}_n$ 以得到第 n 个任务的调度优先顺序。

定义一个参数 DS 表示搜索的深度，如 DS = 5。在求解第 n 个任务规划的第 n 次迭代中，任务 $T_1,\cdots,T_{n-1}$ 的变量是已知参数，任务 $T_n,\cdots,T_{n+DS}$ 的变量是决策变量。在求解模型 $\mathrm{SP\_TAS}_n$ 后，任务 T_n 的 0-1 决策变量（即 x 和 y 变量）被固定为下次迭代的已知参数，且该过程由 $|D|$–DS 迭代组成。最后一次迭代是为了求解任务 $T_{N-DS},\cdots,T_{|D|}$ 的变量。

在模型 $\mathrm{SP\_TAS}_n$ 的第 n 次迭代中，定义两组集合：$D_n^F = \{T_1,\cdots,T_{n-1}\}$ 和 $D_n^V = \{T_n,\cdots,T_{n+DS}\}$，$n \in \{1,2,\cdots,N-DS\}$。且在第一次迭代时，$V_1^F = \varnothing$。

第 n 次迭代的模型 $\mathrm{SP\_TAS}_n$ 具体如下。

已知参数：模型 SP_TAS 和 $x_{i,j}, y_{i,i',j} \; \forall i, i' \in V_n^F, \forall j \in P$ 的所有已知参数。

$$[SP\_TAS_n] \; \max \sum_{i \in D_n^V, j \in P} a_{i,j} x_{i,j} - \frac{1}{|K|} \sum_{k \in K} \left[\sum_{j \in P} \sum_{g=1}^{m_j} (b_j^{(g)} - b_j^{(g-1)})(z_{l(j),k} - e_j^{(g)})^+ + \sum_{i \in D_n^V} d_i \,|\, z_{i,k} - s_i \,| \right]$$

(10.27)

s.t. 约束条件（10.19）、（10.20）、（10.22）、（10.23）

$$\sum_{j \in P} x_{i,j} = 1, \quad \forall i \in D_n^V \tag{10.28}$$

$$\sum_{\forall i' \in D \cup \{l(j)\}} y_{i,i',j} = x_{i,j}, \quad \forall i \in D_n^V; \forall j \in P \tag{10.29}$$

$$\sum_{i' \in D \cup \{l(j)\}} y_{i,i',j} = \sum_{i' \in D \cup \{f(j)\}} y_{i',i,j}, \quad \forall i \in D_n^V; \forall j \in P \tag{10.30}$$

$$z_{i,k} + t_i \leqslant z_{i',k} + (1 - y_{i,i',j}) M, \quad \forall i, i' \in D_n^V; \forall j \in P; \forall k \in K \tag{10.31}$$

$$x_{i,j} \in \{0,1\}, \quad \forall i \in D_n^V; \forall j \in P \tag{10.32}$$

$$y_{i,i',j} \in \{0,1\}, \quad \forall i, i' \in D_n^V \cup \{f(j), l(j)\}; \forall j \in P \tag{10.33}$$

$$z_{i,k} \geqslant 0, \quad \forall i \in D_n^V; \forall k \in K \tag{10.34}$$

代表搜索深度的 DS 是一个重要参数，DS 较大时会使求解过程耗时。DS 的正确设置取决于实例的问题规模以及计算机的容量。如果 DS = 0，则该方法将退化为正常的贪婪搜索，即在服务提供者剩余可用时隙内，依次为每个任务选择最佳决策。这种方法虽然求解速度快，但是丧失了大部分最优性。此外，如果 DS 太大，可能会导致服务提供者的可行时隙无法分配给最后几个任务。因此，设置适当的 DS 值，可以有效地避免后续任务在优先顺序中的不可行性。

10.5.2　元启发式改变任务优先顺序

采用元启发式在优先级顺序的空间中来引导搜索过程，将得到原始问题解空间中的搜索过程。在现有文献研究中，元启发式被称为 SWO。对于一些组合优化问题，解通常由整体解的质量的个体贡献要素组成。Clements 等[326]介绍的 SWO 主要适用于组合优化问题。SWO 元启发式已经应用于一些资源分配和规划问题，如堆场空间分配问题[327]、二维装箱问题[328]、集装箱港口的泊位分配问题[329]和散货港口[330]、船舶路线和调度问题[331]、堆场模板规划[332]。在上述研究中，SWO 方法得到大量应用，这表示其应用于这些组合优化问题时具有良好的效果，特别是当复杂的决策问题可以分为几个步骤，每个步骤可以单独优化时，SWO 方法可以通过修改这些步骤的顺序来进一步提高求解质量。通过与遗传算法、禁忌搜索、粒子群优化、蚁群优化等常用的元启发式进行比较，SWO 搜索步骤可能顺序的解空间远小于上述元启发式。因此，SWO 方法的求解时间比其他方法快得多，而解质量通常也优于其他元启发式。SWO 方法特别适合求解一些非常复杂的决策问题，这类问题每个子问题的求解过程通常较为耗时。

　　SWO 方法的核心思想是首先分析其元素的求解质量；然后在求解过程中，通过将其移动到优先顺序的顶端，来把解质量较差的元素分配给较高的优先级，从而加强整体质量。

　　SWO 元启发式改变了优先级顺序（由 $\{T_1, T_2, \cdots, T_n, \cdots, T_{|D|}\}$ 表示），首先根据 $\mathrm{Obj}(T_n) = \sum_{j \in P} a_{n,j} x_{n,j} - \dfrac{1}{|K|} \sum_{k \in K} d_n |z_{n,k} - s_n|)$，计算每个任务 T_n 的目标函数。然后从优先顺序着手，根据任务的目标函数值将其从小到大排序。经过几次交换操作，可以得到一个新的优先顺序。为了避免 SWO 陷入循环，规定如果先前已经生成了优先级顺序，则通过交换两个随机选择的任务来修改优先顺序。当得到一定数量的解且解质量无改进时，SWO 程序终止。

　　基于 SWO 求解过程的伪代码如下。

基于 SWO 求解过程的伪代码：

初始化任务序列，即 $\{T_1, T_2, \cdots, T_n, \cdots, T_{|D|}\}$
设置 bool = true
While（bool）{
　For n 从 1 到 $|D|$－DS // $|D|$ 是所有任务的数量；DS 是搜索深度
　求解模型（SP_TAS$_n$）
　　If $n \neq |D|$－DS
　　　输出和固定第 n 个任务 T_n 的时间表
　　Else
　　　输出任务 $T_{|D|-DS}, \cdots, T_{|D|}$ 的时间表
　　End if
　End for
计算和记录通过排序得到的解的目标函数值
　If 在给定的迭代次数内，解的质量未得到提高
　Then 设置 bool = false
　计算关于每一个任务 T_n 的目标函数值
　For 序列中两个连续任务中的一对 // 从头至尾检查任务的目标函数值
　　　If 如果前一个任务的目标函数值优于后者
　　　Then 交换两个任务顺序
　End for
　得到一个新的任务序列
}End while

10.6　关于任务分配和排序模型的数值实验

　　进行实验以验证所提出模型的有效性以及启发式算法的求解效率。所提数学模型由 CPLEX 12.1（Visual Studio 2008，C#）执行求解过程。CPLEX 的安装平

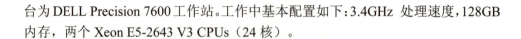

台为 DELL Precision 7600 工作站。工作中基本配置如下：3.4GHz 处理速度，128GB 内存，两个 Xeon E5-2643 V3 CPUs（24 核）。

10.6.1　实验设置

本节研究的实例如下。任务和服务提供者的数量为 10 和 3、14 和 4、20 和 6。对于任务 i（即 t_i）所需的服务时间长度，其根据均匀分布 U（120，180）而随机生成，其中单位为"分钟"。对于参数 $a_{i,j}$（即服务提供者 j 服务任务 i 的收入），主要根据 t_i 在 4×10^2 元/分钟和 6×10^2 元/分钟的范围内产生，而且考虑到一些随机变化。对于惩罚成本的分段函数，假设所有服务提供者的分段数（即 m_j）为 2；参数 $e_j^{(1)}$、$e_j^{(2)}$ 分别设定为下午 4 点、下午 6 点。根据 $b_j^{(2)} = 1.2b_j^{(1)}$ 设定上述两个范围（即 $b_j^{(1)}$、$b_j^{(2)}$）的成本系数。为了避免服务提供者的总占用时间超过 8 点（即所有服务提供者的 q_j 为 8 点），因此将 $b_j^{(2)}$ 设置为一个较大的值。服务提供者的基本系数（即 $b_j^{(1)}$）彼此不同；并且根据均匀分布 U（80，120）随机生成，其中单位为"元/分钟"。每个任务都有其最合适供服务提供者服务的开始时间（即 s_i），按照均匀分布 U（上午 8 点、下午 4 点）生成。并且相对于任务 i，任务最适宜的开始时间（即 d_i）和实际开始服务时间的偏差而言，单位惩罚成本在均匀分布 U（10，30）内产生；单位为"元/分钟"。

w_j（即服务提供者 j 可用于服务任务的开始时间）是本节中的随机参数。首先，通过均匀分布 U（上午 8 点、上午 10 点）生成每个服务提供者的平均值。对于每个服务提供者（如服务提供者 j），假设场景中的 w_j（即 $w_{j,k}$，$k = 1$，2，…，K）服从正态分布，平均值为上述所提，标准差为 60 分钟。

10.6.2　所提方法的求解结果

本节设计了一种启发式算法，用于求解所提出的任务分配和排序模型 SP_TAS。其结果与直接使用 CPLEX 求解的结果进行比较，见表 10-1。

表 10-1　所提方法的求解结果评估

实例	案例_编号	CPLEX		启发式算法		
		目标值 c	时间	目标值 H	时间	偏差
10 个任务 3 个服务提供者 350 个场景	10_3_350_1	293 935.8	428	293 149.3	168	0.27%
	10_3_350_2	271 876.4	442	271 089.8	147	0.29%
	10_3_350_3	271 911.1	435	271 700.1	152	0.08%
	10_3_350_4	276 677.1	437	276 529.9	230	0.05%

续表

实例	案例_编号	CPLEX		启发式算法		
		目标值 c	时间	目标值 H	时间	偏差
16 个任务 4 个服务提供者 40 个场景	16_4_40_1	432 558.0	1524	432 178.0	648	0.09%
	16_4_40_2	441 342.4	1732	439 035.3	639	0.52%
	16_4_40_3	431 758.6	1740	430 785.1	632	0.23%
	16_4_40_4	441 196.5	2010	438 200.0	796	0.68%
20 个任务 6 个服务提供者 5 个场景	20_6_5_1	602 139.7	3614	601 619.1	2415	0.09%
	20_6_5_2	622 871.1	5807	622 706.9	2679	0.03%
	20_6_5_3	606 139.7	4250	605 719.1	2075	0.07%
	20_6_5_4	598 139.7	3817	597 619.1	1865	0.09%
		平均值				0.21%

注：时间是指计算时间，单位是 s；偏差由（OBJ_C－OBJ_H）/OBJ_C 计算得到。

表 10-1 的结果表明，所提出的启发式算法（即基于 SWO 的元启发式）相对 CPLEX 求解器直接求解有优势，能在更短的时间内得到每个实例的近似最优解。启发式算法得到的结果与最优结果之间的平均偏差约为 0.21%。对于规模极大的实例，所提出的启发式算法更适用。

10.6.3　与场景数量有关的模型收敛情况

所提出的 MP_TAS 模型是一种基于场景数量有限的随机规划模型，场景数量是建立模型的重要参数。进行了一系列实验来研究结果关于场景数量的收敛情况。实验中，考虑具有 10 个任务和 3 个服务提供者的实例。对于给定数量的场景（即 50、100、150、200、250、350、450、550、650 或 800），10 种不同的情况是随机生成的，并且在所提出的 MP_TAS 模型中求解。记录下 10 个实例的最大值、最小值和平均值，如表 10-2 所示。

从表 10-2 和图 10-1 可以看出，当场景数量增加时，最大值和最小值之间的偏差以及标准差显著减小。这表明当场景数量大时，MP_TAS 模型的解足够收敛。另外，表 10-2 中的结果也表明，随着场景数量的增加，求解时间明显增加。

10.6.4　与确定性模型的比较

所提出的模型 SP_TAC 考虑了服务提供者开始可用时间的不确定性（即 w_j）。为了简化，决策者在现实中通常将 w_j 视为确定性参数，并假定其等于服务提供者可用时间的期望值。这样可以减少模型 SP_TAC 中与场景相关的下标和变量，从而降低问题规模。为了验证设计的随机规划模型 SP_TAC，将模型 SP_TAC 和确定性模型进行对比实验。

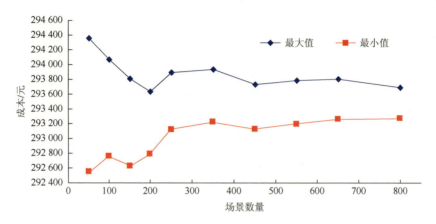

图 10-1　场景数量的增加 SP_TAC 模型的收敛情况

表 10-2　SP_TAC 模型（10 个任务和 3 个服务提供者）的求解结果

场景数	平均值	标准差	最小值	最大值	偏差（最大值-最小值）	计算时间/s
50	293 209.4	572.5	292 551.5	294 353.4	1 801.9	10
100	293 603.3	437.0	292 763.1	294 070.5	1 307.4	21
150	293 311.9	373.3	292 627.3	293 803.0	1 175.7	40
200	293 304.7	260.4	292 783.9	293 638.4	854.5	110
250	293 522.4	251.9	293 115.7	293 891.9	776.2	193
350	293 541.0	235.3	293 218.4	293 935.8	717.4	360
450	293 419.1	207.3	293 125.3	293 733.6	608.3	635
550	293 533.4	174.6	293 190.8	293 793.1	602.3	1 045
650	293 556.4	168.4	293 257.4	293 805.4	548.0	1 690
800	293 443.4	127.0	293 264.5	293 695.7	431.2	2231

　　具体来说，通过计算所有场景的 $w_{j,k}$ 的平均值，即 $w_j = \left(\sum_{\forall k} w_{j,k}\right) / K$ 来估计 w_j。然后，用 w_j 求解确定性模型，并获得由（X_D, Y_D）表示的解。通过与模型 SP_TAS 的目标函数相同的公式来评估该解，即式（10.17），并由 $Z_{SP}(\cdot)$ 表示。

　　确定性模型的解（X_D, Y_D）也是模型 SP_TAC 的可行解，其目标值 $Z_{SP}(X_{SP}, Y_{SP})$ 大于 $Z_{SP}(X_D, Y_D)$，两者之间的偏差评估了随机解的值，其在测量时忽略不确定性的成本[312]。

$$\text{Val\_Stoch} = Z_{SP}(X_{SP}, Y_{SP}) - Z_{SP}(X_D, Y_D) \tag{10.35}$$

　　实验中也进行了 12 个实例。任务和服务提供者的数量分别设置为 20 和 6、

23 和 7、26 和 8；并将场景数量设置为 5。模型 SP_TAC 与确定性模型之间的比较结果如表 10-3 所示。

表 10-3 表明，所提出模型 SP_TAC 的目标值比确定性模型较优约 0.162%。结果验证了提出的模型在考虑服务提供者开始可用时间的不确定时的有效性。利用两个模型的目标值之间的偏差，即 $Z_{SP}(X_{SP}, Y_{SP}) - Z_{SP}(X_D, Y_D)$ 来评估随机解的值，该值在决策时测量了忽略不确定性的成本。如果任务数量和服务提供者的数量增加，表 10-3 中的偏差也逐渐增加。该实验表明，问题规模越大，模型 SP_TAC 能够获得越多的随机解的值。

表 10-3　模型 SP_TAC 与确定性模型之间的比较

实例	场景数	所提模型 $Z_{SP}(X_{SP}, Y_{SP})$	确定型模型 $Z_{SP}(X_D, Y_D)$	随机解的值	偏差
20 个任务 6 个服务提供者 5 个场景	20_6_5_1	602 139.7	601 510.1	629.6	0.105%
	20_6_5_2	622 871.1	622 251.5	619.6	0.099%
	20_6_5_3	606 139.7	605 379.2	760.5	0.125%
	20_6_5_4	598 139.7	597 462.3	677.4	0.113%
23 个任务 7 个服务提供者 5 个场景	23_7_5_1	736 080.4	734 995.2	1 085.2	0.147%
	23_7_5_2	717 085.7	715 901.3	1184.4	0.165%
	23_7_5_3	734 493.4	733 505.3	988.1	0.135%
	23_7_5_4	742 531.4	741 161.1	1 370.3	0.185%
26 个任务 8 个服务提供者 5 个场景	26_8_5_1	816 117.1	814 417.1	1 700.0	0.208%
	26_8_5_2	824 995.3	823 412.4	1 582.9	0.192%
	26_8_5_3	826 998.3	825 352.7	1 645.6	0.199%
	26_8_5_4	838 196.7	836 398.7	1 798.0	0.215%
偏差总平均值					0.162%

注：随机解的值由 $Z_{SP}(X_{SP}, Y_{SP}) - Z_{SP}(X_D, Y_D)$ 计算得到；偏差由 Val_Stoch/$Z_{SP}(X_{SP}, Y_{SP})$ 计算得到；Val_Stoch 为随机解的值。

10.7　本章小结

本章提出了服务提供者不确定时间下任务分配和排序的决策模型。该模型可以应用于服务行业的大多数情况。例如，将患者分配给外科医生，将客户分配给律师，将知识需求者分配给知识密集型公司的专家，将模块开发任务分配给软件公司的程序员。同时，本章提出了求解模型的启发式算法。通过数值实验验证了所提出的模型和求解算法。与其他学者相关领域的研究相比，本章研究的主要贡献如下。

（1）与广义分配问题（GAP）不同，本章提出的模型在将任务分配给服务提供者时，考虑了任务排序决策，对任务分配和任务排序的决策进行了综合优化。综合决策模型也考虑了不确定因素，而随机规划模型则是基于场景数量有限的情况制定的。本章中模型目标函数中的一些非线性成本函数也进行了线性化处理。

（2）为使随机规划模型在大规模问题中求解，设计了基于 SWO 元启发式的算法。与 CPLEX 求解器相比，提出的启发式算法可以在更短的时间内，计算得到极大规模问题的近似最优结果。同时，进行数值实验以验证所提方法的有效性。

在未来的研究中，可以通过考虑更为现实的不确定因素。如服务提供者服务任务的不确定服务时间，由于一些不可预测的事件取消已经计划的行程的可能性，约束服务提供者在服务任务时需要的各种资源。以上因素将会加大本章提出模型的复杂性，也为未来的研究提供了有价值的研究方向。

第五篇

服务化、绿色化趋势与决策问题

第 11 章 >>>

制造业服务化——服务型制造决策优化问题

11.1 概述

服务型制造（SOM）策略是一种结合服务化与传统制造业的新型制造模式。如今，越来越多的企业逐渐认识到 SOM 策略的优势和重要性。然而，企业提供定制服务的具体成本结构和成本配置将会影响到企业以下问题的决策：是否该采用 SOM 策略；如何确定 SOM 的适用范围；以及如何设置合适的定价方案。本章对上述问题进行分析研究，提出了一种设计 SOM 策略的最优决策模型。本章对竞争环境下 SOM 策略的分析提供了一些见解：当企业应该执行 SOM 时，SOM 策略的合理覆盖范围是多大，以及如何设计 SOM 的定价策略。通过本章的分析研究，得出以下管理启示：在寡头垄断市场中的企业，如果服务单位成本中的固定成本低于均衡价格的 1/3，则企业应采用 SOM 策略；除此之外，企业的 SOM 策略应覆盖该企业一半的客户。

11.2 服务型制造业问题背景及模型构建

对于那些热衷于实施 SOM 策略的企业，他们首先应该考虑以下三个问题：①是否该采用 SOM 策略；②SOM 策略的合理覆盖范围是多大；③他们的产品适合哪种定价方案。

11.2.1 问题背景

假设存在企业 E_i 生产产品 i；企业 E_i 有两种可供选择的策略：

（1）唯产品策略：对于市场上的部分客户，企业 E_i 只出售产品不提供定制化服务。

（2）SOM 策略：对于部分客户，企业 E_i 销售产品，并提供定制服务，以满足他们的特殊要求。

本模型设立以下参数：

M：市场的整体规模，即客户总数。

θ_i：被企业 E_i 的唯产品策略覆盖的客户比例。

π_i：被企业 E_i 的 SOM 策略覆盖的客户比例。

p_i：由企业 E_i 生产的产品 i 的单位价格。

c_i：由企业 E_i 生产的产品 i 的单位成本。

对于市场中 θ_i 的消费者，企业 E_i 只销售产品而不提供定制服务。实施该策略的利润为：$\text{Profit}^{\text{OP}} = (p_i - c_i)\theta_i M$。

为了计算采用 SOM 策略所产生的利润，需要对客户的服务费用和服务成本进行调查。首先，有一些需要阐明的重要假设。

假设 1：客户偏好（需求）分布趋向均匀分布，这是经济学文献有关客户（市场）的一个标准假设。

假设 2：对服务收费采用差别定价。值得注意的是，针对不同的客户服务的单位价格是 kx，$x \in [0, \pi_i M]$。因此会出现两种极端情况，其一：对一些客户来说，服务费用很低，接近于零；其二，对另一些客户来说，服务费用可能达到峰值 $k\pi_i M$。这里的 k 代表服务费系数，这样，服务的总收入就可以计算为 $\int_0^{\pi_i M} kx\,\mathrm{d}x$。

对于服务的总成本，本章可以通过 $\pi_i M(a\pi_i M + b)$ 来计算，其中，$\pi_i M$ 表示企业提供服务的客户的数量；$a\pi_i M + b$ 表示单位服务成本。由于服务成本主要由人力资源成本构成，服务不同客户所带来的单位成本可以看成相同的。此外，该单位成本受到企业提供服务的客户的数量（规模）的影响，即 $\pi_i M$。客户规模越大，所需的单位服务成本就越高，以此维持庞大的服务团队和知识（专业技能）资源。其中，a 表示单位服务成本的系数；b 表示固定成本。

因此，按照市场中客户的 π_i 来计算，SOM 策略的利润为

$$\text{Profit}^{\text{SOM}} = (p_i - c_i)\pi_i M + \int_0^{\pi_i M} kx\,\mathrm{d}x - \pi_i M(a\pi_i M + b)$$

其中，第一部分是销售产品的利润；第二部分和第三部分分别是服务的收入与成本。

在此基础上，将企业 E_i 的总利润计算为

$$z_i = \text{Profit}^{\text{OP}} + \text{Profit}^{\text{SOM}} = (p_i - c_i)(\theta_i + \pi_i)M + \left(\frac{k}{2} - a\right)(\pi_i M)^2 - b\pi_i M$$

在上述公式中，$p_i - c_i$ 可简化为新变量 p_i。新变量 p_i 反映的是销售产品所得的利润；或者本章也可将生产成本归为零。然后，可将上述公式重写如下：

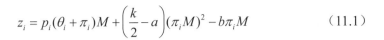

$$z_i = p_i(\theta_i + \pi_i)M + \left(\frac{k}{2} - a\right)(\pi_i M)^2 - b\pi_i M \qquad (11.1)$$

11.2.2　企业竞争

为了得出适宜企业实施的 SOM 策略，本章引入两个实力相当的企业 E_i 和 E_j。本章假设这两个企业占据整个市场，这意味着：

$$\pi_i + \theta_i + \pi_j + \theta_j = 1 \qquad (11.2)$$

由于客户都被提供了产品以及定制服务，在通常情况下市场的 π_i 和 π_j 分别被企业 E_i 和企业 E_j 牢牢占据着。然而，市场的 $\theta_i + \theta_j$ 通常是两个企业之间竞争的中间区域。

引理 1：在竞争的稳定状态下，θ_i 与 θ_j 间的关系如下：

$$p_i + k\theta_i M = p_j + k\theta_j M \qquad (11.3)$$

证明：上述公式实际上描述了位于上述市场中间区域的客户正处于临界状态；换句话说，若这位客户从产品 i 或产品 j 任选一个，他将收到相同的效用。

例如，若客户（在中间区域的临界状态）购买产品 i，那企业 E_i 可以向他提供定制服务（按照 $k\theta_i M$ 收费），以完全满足他的要求。换句话说，只要没有在卖出产品的情况下将服务卖给他，将产生 $k\theta_i M$ 的客户失配成本。在这种情况下，客户得到的效用为 $R - (p_i + k\theta_i M)$。其中，R 是指客户愿意支付的保留价格。同样，若客户购买了 j 产品，那他得到的效用为 $R - (p_j + k\theta_j M)$。因此，对于处于中间市场临界状态的客户，$p_i + k\theta_i M$ 等同于 $p_j + k\theta_j M$。∎

上述关于引理 1 的证明的解释如图 11-1 所示。

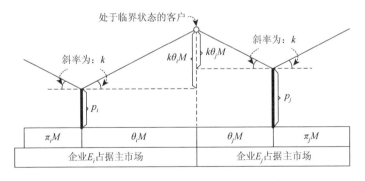

图 11-1　(θ_i, p_i) 与 (θ_j, p_j) 的关系

基于式（11.2）和式（11.3），可以得出式（11.4）：

$$\theta_i = (p_j - p_i)/(2kM) + (1 - \pi_i - \pi_j)/2 \qquad (11.4)$$

此外，θ_i 的取值应限制在以下范围内：

$$\theta_i \in [0, 1 - \pi_i - \pi_j]$$

引理 2：在竞争中的 SOM 定价策略：对企业 E_i 而言，关于设定正常价格、过高价格或过低价格的三种情况，具体如下。

（1）若 $|p_j - p_i| \leqslant kM(1 - \pi_i - \pi_j)$，则

$$\theta_i = \frac{p_j - p_i}{2kM} + \frac{1 - \pi_i - \pi_j}{2}, \quad \pi_i = 1 - \theta_j - \pi_j - \theta_i$$

这是企业 E_i 与企业 E_j 共享市场份额的情况。

（2）若 $p_i > p_j + kM(1 - \pi_i - \pi_j)$，则 $\theta_i = 0$；$\pi_i = 0$ 表示的是企业 E_i 失去所有市场份额的情况。$\theta_i + \pi_i = 0$。

（3）若 $p_i < p_j - kM(1 - \pi_i - \pi_j)$，则 $\theta_i = 1 - \pi_i$，这表示的是企业 E_i 占据所有市场份额的情况。$\theta_i + \pi_i = 1$。

证明：对于第一种情况，因为 $\theta_i \in [0, 1 - \pi_i - \pi_j]$，且由式（11.4）可知，条件 $|p_j - p_i| \leqslant kM(1 - \pi_i - \pi_j)$ 成立。

对于第二种情况，企业 E_i 定价较高，即 $p_i > p_i + kM(1 - \pi_i - \pi_j)$，因此企业 E_i 将失去市场。相反，对于第三种情况：若企业 E_i 产品定价较低，即 $p_i < p_j - kM(1 - \pi_i - \pi_j)$，其竞争对手企业 E_j 将失去市场。

这两种情况的核心对于两个对称企业而言是相同的。这里，本章使用第三个案例作为对象来给出更多的解释。

根据式（11.4）以及 $\theta_i \leqslant 1 - \pi_i - \pi_j$ 可知，若 $p_i < p_j - kM(1 - \pi_i - \pi_j)$，则 $\theta_i = 1 - \pi_i - \pi_j$。本章必须解释为什么在这个引理中 θ_i 由 $\theta_i = 1 - \pi_i$ 表示，而不是由 $\theta_i = 1 - \pi_i - \pi_j$ 表示。

对于一个处在企业 E_j 的 SOM 战略范围内的客户，换言之，这类客户占市场客户总数的 π_j。假设提供给客户的产品和服务价格为 $p_j + kx_jM$，其中，$x_j \in [0, \pi_j]$，则：

（1）如果购买产品 j，客户收到的效用为 $R - [0 + p_j + kx_jM]$。其中，0 表示此处无失配成本；R 表示客户愿意支付的保留价格。

（2）如果购买产品 i，客户收到的效用为 $R - [kM(1 - \pi_i - \pi_j + x_j) + p_i]$。$kM(1 - \pi_i - \pi_j + x_j)$ 表示产品的失配成本，该成本是由于企业 E_i 没有提供任何服务而产生的。

若 $p_i < p_j - kM(1 - \pi_i - \pi_j)$，则 $R - [kM(1 - \pi_i - \pi_j + x_j) + p_i] > R - [0 + p_j + kx_jM]$。这意味着所有在企业 E_j 的 SOM 战略范围内的客户将转移至企业 E_i 处，即 $\pi_j = 0$。事实上，企业 E_i 将占领整个市场。因此，$\theta_i = 1 - \pi_i$。■

引理 3：不同定价策略下的 SOM 利润。

（1）若 $|p_j - p_i| \leqslant kM(1 - \pi_i - \pi_j)$，则

$$z_i = p_i M \left(\frac{p_j - p_i}{2kM} + \frac{1 + \pi_i - \pi_j}{2} \right) + \left(\frac{k}{2} - a \right)(\pi_i M)^2 - b\pi_i M$$

（2）若 $p_i > p_j + kM(1 - \pi_i - \pi_j)$，则

$$z_i = -a(\pi_i M)^2 - b\pi_i M$$

（3）若 $p_i < p_j - kM(1 - \pi_i - \pi_j)$，则

$$z_i = p_i M + \left(\frac{k}{2} - a \right)(\pi_i M)^2 - b\pi_i M$$

证明：上述结果根据引理 2 以及图 11-1 中的利润定义可得。

对于第一种情况，$p_i M \left(\dfrac{p_j - p_i}{2kM} + \dfrac{1 - \pi_i - \pi_j}{2} \right)$ 和 $p_i M \pi_i$ 表示分别将商品卖给 θ_i

的客户和 π_i 的客户所得的销售收入。总销售收入为 $p_i M \left(\dfrac{p_j - p_i}{2kM} + \dfrac{1 + \pi_i - \pi_j}{2} \right)$。将商

品卖给 π_i 的客户所得的销售收入为 $\displaystyle\int_0^{\pi_i M} kx\mathrm{d}x = \frac{k}{2}(\pi_i M)^2$。成本为 $a(\pi_i M)^2 + b\pi_i M$。

对于第二种情况，企业 E_i 定价过高，失去整个市场，即 $\theta_i + \pi_i = 0$。因此，这里没有收入，只有成本。

对于第三种情况，企业 E_i 的定价很低，并占据了所有市场份额，即 $\theta_i + \pi_i = 1$。将商品出售给市场中所有客户所得的销售收入为 $p_i M$。将服务提供给 π_i 的客户所得的收入为 $\dfrac{k}{2}(\pi_i M)^2$。成本为 $a(\pi_i M)^2 + b\pi_i M$。

基于引理 3 中所提出的利润函数，本章可以得到 SOM 中的最优定价策略。更具体地说，通过给出 π_i、π_j 和 p_j，本章可以解得最优解 p_i^*，使 z_i 取得最大值。■

引理 4：市场竞争中 SOM 的最优定价策略：

（1）若 $|p_j - p_i| \leqslant kM(1 - \pi_i - \pi_j)$，则

$$p_i^* = \frac{p_j + kM(1 + \pi_i - \pi_j)}{2}$$

（2）若 $p_i > p_j + kM(1 - \pi_i - \pi_j)$，则 p_i^* 不存在。

（3）若 $p_i < p_j - kM(1 - \pi_i - \pi_j)$，则 $p_i^* = p_j - kM(1 - \pi_i - \pi_j) - \varepsilon$，$\varepsilon$ 为一个较小的正数。

证明：对于第一种情况，$z_i = \dfrac{-1}{2k} p_i^2 + \left(\dfrac{p_j}{2k} + M\dfrac{1 + \pi_i - \pi_j}{2} \right) p_i + \left(\dfrac{k}{2} - a \right)(\pi_i M)^2 -$

$b\pi_i M$ ，这是一个关于 p_i 的二次函数。然后可以得到 $p_i^* = \left(\dfrac{p_j}{2k} + M \dfrac{1+\pi_i-\pi_j}{2} \right) \Big/$

$\left(\dfrac{1}{k} \right) = \dfrac{p_j + kM(1+\pi_i-\pi_j)}{2}$ 。

对于第二种情况，因为企业 E_i 失去了全部的市场份额，所以 p_i^* 不存在。

对于第三种情况，已在引理 2 的第三种情况的证明中进行过解释：若 $p_i < p_j - kM(1-\pi_i-\pi_j)$ ，那么曾经处于企业 E_j 的 SOM 战略范围内的客户将转移至企业 E_i 处，因为他们可以通过购买产品 i 获取更高的效用。因此，企业 E_i 只需将价格（p_i）降至比 $p_j - kM(1-\pi_i-\pi_j)$ 稍低一些即可。■

基于引理 4，本章对在竞争均衡下的 SOM 的一些性质进行了分析。

引理 5：稳定均衡状态下的定价策略与企业利润：

（1）竞争中 SOM 的均衡定价策略为

$$p_i = \frac{kM}{3}(\pi_i - \pi_j + 3), \quad p_j = \frac{kM}{3}(\pi_j - \pi_i + 3)$$

（2）在均衡价格条件下，企业 E_i 的利润为

$$z_i^e = \frac{kM^2}{18}(\pi_i - \pi_j + 3)^2 + \left(\frac{k}{2} - a \right)(\pi_i M)^2 - b\pi_i M$$

（3）稳定均衡状态的保证为

$$12(\pi_i + 2\pi_j) \leqslant (\pi_i - \pi_j + 3)^2, \quad 12(\pi_j + 2\pi_i) \leqslant (\pi_j - \pi_i + 3)^2$$

证明：

（1）本章使用逆向归纳法。根据引理 4，即由 $p_i = \dfrac{p_j + kM(1+\pi_i-\pi_j)}{2}$ 和

$p_j = \dfrac{p_i + kM(1+\pi_j-\pi_i)}{2}$ ，可知 $p_i = \left[\dfrac{p_i + kM(1+\pi_j-\pi_i)}{2} + kM(1+\pi_i-\pi_j) \right] \Big/ 2$ 。

则均衡定价策略为

$$p_i = \frac{kM}{3}(\pi_i - \pi_j + 3)$$

由利益对称性，可知

$$p_j = \frac{kM}{3}(\pi_j - \pi_i + 3)$$

（2）因此，在价格均衡下，根据引理 3（1）进行计算，则利润为

$$z_i^e = p_i M \left(\frac{p_j - p_i}{2kM} + \frac{1+\pi_i-\pi_j}{2} \right) + \left(\frac{k}{2} - a \right)(\pi_i M)^2 - b\pi_i M$$

$$= \frac{kM^2}{18}(\pi_i - \pi_j + 3)^2 + \left(\frac{k}{2} - a \right)(\pi_i M)^2 - b\pi_i M$$

（3）为了研究稳定均衡状态，本章假设企业 E_j 的定价最优，即 $p_j = \dfrac{kM}{3}(\pi_j - \pi_i + 3)$。然后，根据引理 4（3）可知，当企业 E_i 意图通过设立较低的定价，以此占据企业 E_j 的市场份额时，$p_i = p_j - kM(1 - \pi_i - \pi_j) - \varepsilon = \dfrac{2kM}{3}(\pi_i + 2\pi_j) - \varepsilon$。在这种情况下，根据引理 3（3）可知，企业 E_i 的利润为

$$z_i^{\bar{e}} = p_i M + \left(\frac{k}{2} - a\right)(\pi_i M)^2 - b\pi_i M$$

$$= \frac{2kM^2}{3}(\pi_i + 2\pi_j) - \varepsilon M + \left(\frac{k}{2} - a\right)(\pi_i M)^2 - b\pi_i M$$

为了确保稳定均衡状态，令 $z_i^{\bar{e}} \leqslant z_i^e$，因此 $12(\pi_i + 2\pi_j) \leqslant (\pi_i - \pi_j + 3)^2$。

同理可知

$$12(\pi_j + 2\pi_i) \leqslant (\pi_j - \pi_i + 3)^2 \ \blacksquare$$

基于引理 5，本章可以制定一个优化问题，使企业利润最大化：

$$\text{Maximize } z_i^e = \frac{kM^2}{18}(\pi_i - \pi_j + 3)^2 + \left(\frac{k}{2} - a\right)(\pi_i M)^2 - b\pi_i M$$

$$\text{s.t.} (\pi_i - \pi_j + 3)^2 - 12(\pi_i + 2\pi_j) \geqslant 0$$

$$(\pi_j - \pi_i + 3)^2 - 12(\pi_j + 2\pi_i) \geqslant 0$$

$$\pi_i \geqslant 0$$

$$\pi_j \geqslant 0$$

为求解上述模型，在命题 1 中给出了最优解。

命题 1：（1）关于成本参数的最优均衡定价和 SOM 策略范围：

① $\pi_i = \pi_j = \dfrac{1}{4}$，$p_i = p_j = kM$，若 $3b \leqslant kM, 7kM - 6aM - 12b \geqslant 0$；

② $\pi_i = \pi_j = \dfrac{3b - kM}{3kM - 6aM}$，$p_i = p_j = kM$，若 $3b \leqslant kM, 7kM - 6aM - 12b < 0$；

③ $\pi_i = \pi_j = 0$，$p_i = p_j = kM$，若 $3b > kM$。

（2）企业 E_i 的最优均衡利润为

$$z_i = \begin{cases} \dfrac{17kM^2 - 2aM^2 - 8bM}{32}, & 3b \leqslant kM; 7kM - 6aM - 12b \geqslant 0 \\[3mm] \dfrac{10k^2M^2 - 9b^2 - 18kaM^2}{18k - 36a}, & 3b \leqslant kM; 7kM - 6aM - 12b < 0 \\[3mm] \dfrac{kM^2}{2}, & 3b > kM \end{cases}$$

证明：初始优化模型为

$$\text{Maximize} \quad z_i^e = \frac{kM^2}{18}(\pi_i - \pi_j + 3)^2 + \left(\frac{k}{2} - a\right)(\pi_i M)^2 - b\pi_i M$$

$$\text{s.t.} \quad (\pi_i - \pi_j + 3)^2 - 12(\pi_i + 2\pi_j) \geqslant 0$$

$$(\pi_j - \pi_i + 3)^2 - 12(\pi_j + 2\pi_i) \geqslant 0$$

$$\pi_i \geqslant 0$$

$$\pi_j \geqslant 0$$

利用拉格朗日松弛算法对上述模型进行处理：

$$\mathcal{L}_i = \frac{kM^2}{18}(\pi_i - \pi_j + 3)^2 + \left(\frac{k}{2} - a\right)(\pi_i M)^2 - b\pi_i M + \lambda_1[(\pi_i - \pi_j + 3)^2$$

$$- 12(\pi_i + 2\pi_j)] + \lambda_2[(\pi_j - \pi_i + 3)^2 - 12(\pi_j + 2\pi_i)] + \mu_1\pi_i + \mu_2\pi_j$$

同样按拉格朗日松弛算法对 $\mathcal{L}_j$ 进行设定。

库恩-塔克条件为

$$\frac{\partial \mathcal{L}_i}{\partial \pi_i} = \left(\frac{kM^2}{9} + 2\lambda_1 + 2\lambda_2\right)(\pi_i - \pi_j) + (k - 2a)M^2\pi_i - 6(\lambda_1 + 5\lambda_2) + \mu_1 + \frac{kM^2}{3} - bM = 0$$

$$\frac{\partial \mathcal{L}_j}{\partial \pi_j} = \left(\frac{kM^2}{9} + 2\lambda_1 + 2\lambda_2\right)(\pi_j - \pi_i) + (k - 2a)M^2\pi_j - 6(\lambda_2 + 5\lambda_1) + \mu_2 + \frac{kM^2}{3} - bM = 0$$

$$\lambda_1[(\pi_i - \pi_j + 3)^2 - 12(\pi_i + 2\pi_j)] = 0$$

$$\lambda_2[(\pi_j - \pi_i + 3)^2 - 12(\pi_j + 2\pi_i)] = 0$$

$$\mu_1\pi_i = 0$$

$$\mu_2\pi_j = 0$$

求解上述联立方程组，π_i 和 π_j 的解如下所示：

（1）当 $7kM - 6aM - 12b > 0$ 时，$\pi_i = \pi_j = \dfrac{1}{4}$，$\lambda_1 = \lambda_2 = \dfrac{7}{432}kM^2 - \dfrac{1}{72}aM^2 - \dfrac{1}{36}bM$，$\mu_1 = \mu_2 = 0$。

（2）当 $\dfrac{1}{4} > \dfrac{3b - kM}{3kM - 6aM} > 0$ 时，$\pi_i = \pi_j = \dfrac{3b - kM}{3kM - 6aM}$，$\lambda_1 = \lambda_2 = 0$，$\mu_1 = \mu_2 = 0$。

（3）当 $3b > kM$，$\pi_i = \pi_j = 0$ 时，$\lambda_1 = \lambda_2 = 0$，$\mu_1 = \mu_2 = bM - \dfrac{kM^2}{3}$。

对于上述情况（2），应当指出的是，条件 $\dfrac{1}{4} > \dfrac{3b - kM}{3kM - 6aM}$，则 $\pi_i, \pi_j \leqslant 1/4$，由此可知

$$(\pi_i - \pi_j + 3)^2 \geqslant 12(\pi_i + 2\pi_j)$$

且

$$(\pi_j - \pi_i + 3)^2 \geqslant 12(\pi_j + 2\pi_i)$$

然后，对定价策略进行推导，结果如下：

（1）$\pi_i = \pi_j = \dfrac{1}{4}$，$p_i = p_j = kM$，当 $7kM - 6aM - 12b > 0$ 时；

（2）$\pi_i = \pi_j = \dfrac{3b - kM}{3kM - 6aM}$，$p_i = p_j = kM$，当 $\dfrac{1}{4} > \dfrac{3b - kM}{3kM - 6aM} > 0$ 时；

（3）$\pi_i = \pi_j = 0$，$p_i = p_j = kM$，当 $3b > kM$ 时。

将 π 与 p 代入引理 3（1）进行计算，则利润为

$$z_i = p_i M \left(\frac{p_j - p_i}{2kM} + \frac{1 + \pi_i - \pi_j}{2} \right) + \left(\frac{k}{2} - a \right)(\pi_i M)^2 - b\pi_i M$$

$$= \frac{p_i M}{2} + \left(\frac{k}{2} - a \right)(\pi_i M)^2 - b\pi_i M$$

$$= \begin{cases} \dfrac{17kM^2 - 2aM^2 - 8bM}{32}, & 7kM - 6aM - 12b > 0 \\[3mm] \dfrac{10k^2 M^2 - 9b^2 - 18kaM^2}{18k - 36a}, & \dfrac{1}{4} > \dfrac{3b - kM}{3kM - 6aM} > 0 \\[3mm] \dfrac{kM^2}{2}, & 3b > kM \end{cases}$$

上述三种情况相互重叠。因此，这些条件需要调整。

在第二个情况下，即 $\dfrac{1}{4} > \dfrac{3b - kM}{3kM - 6aM} > 0$，等价于 $\{3b > kM > 2aM; 7kM - 6aM$ $-12b > 0\} \bigcup \{3b < kM < 2aM; 7kM - 6aM - 12b < 0\}$。但是，如果 $3b > kM > 2aM$，当 $\pi_i = 0$ 时收益取得最大值，该情况属于第三种情况。原因为利润函数是一个关于 π_i 的二次函数，即 $z_i = \left(\dfrac{k}{2} - a \right) M^2 \pi_i^2 - bM\pi_i + \dfrac{p_i M}{2}$。

若 $kM > 2aM$，即 $\dfrac{k}{2} - a > 0$，那么该二次函数为凹函数。抛物线的对称轴是 $\dfrac{b}{kM - 2aM}$。若 $3b > kM$，则 $\dfrac{b}{kM - 2aM} > \dfrac{4k}{12(k - 2a)} = \dfrac{3(k - 2a) + k + 6a}{12(k - 2a)} = \dfrac{1}{4} + \dfrac{k + 6a}{12(k - 2a)} > \dfrac{1}{4}$。这意味着函数的最小值大于 1/4。因此 $z_i \left(\pi_i = \dfrac{1}{4} \right) < z_i \left(0 < \pi_i < \dfrac{1}{4} \right) < z_i (\pi_i = 0)$。在这种情况下，$\pi_i = 0$ 使得利润取得最大值的情况，属于第二种情况。因此 $\{3b > kM > 2aM; 7kM - 6aM - 12b > 0\}$ 应该从第二种情况中删除。

以上分析是基于 $kM>2aM$。但是，如果 $kM<2aM$，此时该二次函数为凸函数。抛物线的对称轴是 $\dfrac{b}{kM-2aM}<0$，则 $z_i\left(\pi_i=\dfrac{1}{4}\right)<z_i\left(0<\pi_i<\dfrac{1}{4}\right)<z_i(\pi_i=0)$，这意味着当 $\pi_i=0$ 时利润仍可取得最大值。因此，k 和 a 之间的条件在这里是无用的。本章只需要把 $3b<kM$ 加到第一和第二种情况上即可。

调整条件后，最终结果表示为

$$z_i=\begin{cases}\dfrac{17kM^2-2aM^2-8bM}{32}, & 3b\leqslant kM;7kM-6aM-12b\geqslant 0\\[3mm]\dfrac{10k^2M^2-9b^2-18kaM^2}{18k-36a}, & 3b\leqslant kM;7kM-6aM-12b<0\\[3mm]\dfrac{kM^2}{2}, & 3b>kM\end{cases}$$

最优均衡定价和 SOM 策略范围如下：

（1）$\pi_i=\pi_j=\dfrac{1}{4}$，$p_i=p_j=kM$，$\quad 3b\leqslant kM,7kM-6aM-12b\geqslant 0$；

（2）$\pi_i=\pi_j=\dfrac{3b-kM}{3kM-6aM}$，$p_i=p_j=kM$，$\quad 3b\leqslant kM,7kM-6aM-12b<0$；

（3）$\pi_i=\pi_j=0$，$p_i=p_j=kM$，$\quad 3b>kM$。∎

命题 1 说明了企业采纳和实施 SOM 策略的三个情况和条件。

情况 1：SOM 的实施范围取得最大值，为 1/4。

该情况表示为 $\pi_i=\pi_j=\dfrac{1}{4}$，$\theta_i=\theta_j=\dfrac{1}{4}$。此处的 θ 可根据引理 2 进行计算，即 $\theta_i=\dfrac{p_j-p_i}{2kM}+\dfrac{1-\pi_i-\pi_j}{2}$。该情况下，两家企业各自占据一半的市场份额，而 SOM 策略的覆盖范围为两家企业各自市场份额的一半；另一半由唯产品策略占据。

情况 2：SOM 的实施范围为 0～1/4。

该情况表示为 $\pi_i=\pi_j\in(0,1/4)$。该情况下，两家企业各自占据一半的市场份额。对于两家企业中的任何一家，SOM 策略的覆盖范围都小于各自占有的市场份额的一半。SOM 策略的覆盖范围由成本参数确定，公式为 $\dfrac{3b-kM}{3kM-6aM}$。

情况 3：不实施 SOM 策略。

该情况表示为 $\pi_i=\pi_j=0$。每家企业都采取正常的策略，只向客户出售产品不提供服务。

11.3　管理启示

命题 1 过于理论化，无法应用于现实的商业环境中，因此基于命题 1，本章对以下管理启示进行讨论。

11.3.1　服务成本参数对于实施 SOM 策略的影响

如 11.2.1 节所述，服务总成本的计算公式为 $\pi_i M(a\pi_i M + b)$。此处的 $\pi_i M$ 为接受服务的客户人数；$a\pi_i M + b$ 为单位服务成本，随着接受服务的客户人数（规模）的变化而变化。客户规模越大，所需的单位服务成本就越高，以此维持庞大的服务团队和知识（专业技能）资源。此处的 a 和 b 可看做衡量服务单位成本的成本参数。

根据命题 1 可以得到，若参数 b 过大，即 $b > kM / 3$，企业不应执行 SOM 策略；当参数 $b \leqslant kM / 3$ 时，企业应考虑对部分客户采用 SOM 策略。这里的参数 b 实际上反映了单位服务成本中的固定成本。这部分成本不受接受企业服务的客户数量（规模）的影响。

具体来说，参数 b 可能与以下几方面有关。

（1）对 SOM 策略支持技术的起始开发投资。

（2）建立并运营一个服务中心的成本，该服务中心作为独立部门运营并向客户提供服务。

（3）开发和维持支持服务提供的 IT 系统的成本。

参数 k 表示为服务费用系数，在 11.2.1 节的假设 2 中进行过定义；参数 M 表示为市场整体规模。在日常实践中，这两个参数的精确值并不容易得到，在本章中它们主要描述了一些学术意义。现实的商业环境与本章的命题有些许不同。例如，命题 1 指出基于 k 和 m 可得出均衡价格，即 $p_i = p_j = kM$。但在现实中，企业极易根据自身的营销经验进行估算得出均衡价格。因此，在实践中，本章不需要校准 k 和 m 的值，本章只需考虑它们的乘积，即 kM，将它作为均衡价格 p，并假定企业知道（或估计出）均衡价格。在这种情况下，是否采用 SOM 策略命题中的 $b \leqslant kM / 3$ 可被视为 $b \leqslant p / 3$。这意味着，若单位服务成本中的固定成本（即 b）低于均衡价格的 1/3，该企业应该实施 SOM 策略。

11.3.2　服务成本参数对 SOM 策略范围的影响

11.3.1 节讨论了实施 SOM 的条件。下一个问题是：若用 SOM，SOM 策略的合理覆盖范围是多大？这里的 SOM 策略实施范围（即 π_i）指的是被企业的 SOM 战略所覆盖的客户的百分比。在现实的商业环境中，本章假设一个非常常见的情况：存在两个旗鼓相当竞争对手，几乎占据了整个市场（即双寡头市场），这两个企业都采用 SOM 策略。由命题 1 可知，从企业决策者（如企业 E_i）的角度来看，其中至多一半的客户应该被 SOM 覆盖。具体地说，若 $7kM - 6aM - 12b \geqslant 0$，则企业 E_i 一半的客户被 SOM 覆盖；反之，覆盖比例应小于一半。

由 11.2.1 节的假设 2 可知，参数 a 的定义与单位服务成本中的可变成本有关。这里，这两个参数的乘积，即 aM 表示 SOM 中单位成本中可变成本的系数。服务成本主要是人力资源成本，受企业提供服务的客户数量（规模）的影响。客户规模越大，所需的单位服务成本就越高，以此维持庞大的服务团队和知识（专业技能）资源。因此，系数 aM 主要与以下几点有关：

（1）为培训更多为客户提供定制服务的员工所需的边际成本；

（2）为更大范围的客户提供服务所需的更全面的知识或技能的边际投资。

同样，本章认为 kM 等同于均衡价格 p，并假定企业知道（或估计出）均衡价格。然后，在实际应用中，上述条件 $7kM - 6aM - 12b \geqslant 0$ 可以写为 $7p - 6aM - 12b \geqslant 0$。根据服务成本的现实因素，企业可以估算 aM 和 b。

前面提到，若 $7p - 6aM - 12b \geqslant 0$，则从企业决策者（如企业 E_i）的角度来看，被 SOM 覆盖的 E_i 客户的比例应为一半；否则，即 $7p - 6aM - 12b < 0$，SOM 的比例应该为 $\dfrac{6b - 2p}{3p - 6aM}$。

11.3.3 启示管理小结

本节对上述分析作了总结。在现实环境中，当初始投资使 SOM 太高时，那么采用 SOM 策略是不合适的。这种投资可能包括建立服务中心、开发和维护支持服务提供的 IT 系统的成本。此外，如果实施 SOM 策略，服务成本中的可变成本将对决定 SOM 策略覆盖范围的决策产生影响。当这种可变成本较高时，SOM 策略的覆盖范围应该较小。当可变成本降低时，SOM 策略的覆盖范围将增大。在可变成本降低到一定的阈值之后，SOM 覆盖范围将达到 1/2。这项研究意味着当一个企业使用 SOM 策略时，最多只能覆盖一半的客户。

当企业考虑采用 SOM 策略时，应首先估计产品价格 p 和服务成本参数，其中包括：b，即单位服务成本中的固定成本；AM，即 SOM 策略范围内单位成本中可变成本的系数。

如图 11-2 所示，如果服务成本中的固定成本低，即 $b \leqslant p/3$，则应当采用 SOM 策略，否则 SOM 策略不适用。若采用 SOM 策略，则应对可变成本 AM 进行分析。若 $aM < (7p - 12b)/6$，则该企业应为其一半客户提供 SOM；否则 SOM 的覆盖比例应小于一半，最佳比例为 $\dfrac{6b - 2p}{3p - 6aM}$。

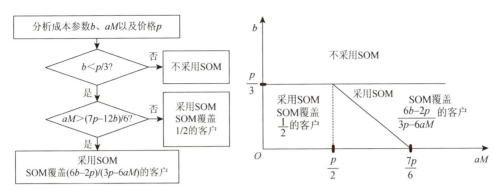

图 11-2 SOM 策略适用性分析流程图

11.4 本章小结

越来越多的企业逐渐认识到 SOM 策略的优势和重要性。但是，SOM 策略并不适用于所有企业。对企业来说，它们的市场地位不同，它们为提供定制服务而使用的成本结构和成本配置在现实商业环境中也有各自的特点。所有这些因素都会对以下问题产生影响：SOM 策略的采用与否，如何确定 SOM 合理的覆盖范围，以及如何确立其合适的定价方案。本章对上述问题进行了分析研究，并提出了一种设计 SOM 策略的最优决策模型。本章对市场竞争环境下的 SOM 策略进行了以下几方面的分析：企业应当何时实施 SOM，SOM 的适用范围是什么，以及如何设计 SOM 的定价策略。

本章可以得出以下管理启示：在寡头垄断市场中的企业，当在服务单位成本中的固定成本低于均衡价格的 1/3 时，企业应采用 SOM 策略；此外，SOM 策略最多只能覆盖一半的客户。

但本章的研究仍存在一定的局限性，这些局限性是直接由建模假设导致的。例如，双寡头市场、企业采用单一产品制、服务成本的二次函数、顾客偏好趋向均匀分布以及服务收费的差别定价方案等。在未来的研究中，所有这些假设都会被取消或被其他更现实的假设所取代。

第 12 章 >>>

制造业绿色化——绿色供应链设计优化问题

12.1 概述

供应链管理（SCM）决策者通常会考虑设施位置、能力、运输和库存成本（货物运输和设备储存期间的持有成本）等因素。传统意义上，它是 SCM 在客户现场根据已知需求优化设施位置的最重要的决策之一。然而，供应链中的运输产生空气污染和温室气体排放。除了最大限度地降低供应链建设和经营成本外，SCM决策者也逐渐重视如何减少供应链中的碳排放量。因此，开发双目标优化模型成为计划期间供应链总成本和碳排放量（或二氧化碳排放量）最小化的一个有趣的问题。另外，除了在一些供应链设计问题中考虑的设施位置外，在考虑 SCM 中碳排放因素时，还应考虑设施环境保护水平的决定。

此外，传统的供应链设计问题面向单期规划期，这意味着供应链设计的决定是根据一个时期的需求信息确定的。这个传统问题不考虑需求变化，以及运行模式在包含多个周期的相对长的规划期间连续两个时间段之间的变化。

本章考虑了需要管理和运营供应链网络的决策者面临的上述新挑战，特别是一些必须优化其设施网络设计和运营的大型物流公司。本章提出了一种多周期双目标混合整数规划模型，综合考虑了在多期计划期间对客户需求动态变化的市场定位和调整设施。模型还考虑了设施环境保护水平的决定以及库存成本的因素，提出了一种求解方案来求解该模型。并进行数值实验来验证求解方案的效率和提出的模型的有效性。

12.2 多产品绿色供应链设计问题背景

本章考虑构建一个三阶段的供应链网络，包括供应商（由 S 表示）、设施（或

DC，由 D 表示）和零售商（由 R 表示），如图 12-1 所示。本章考虑了供应链网络，其中建立了一套能力设施，以满足零售商对来自供应商的不同产品的需求。产品通过设施从供应商运输到零售商。在本章中，供应链网络设计中考虑了环境问题。为了方便起见，本章仅将二氧化碳排放量作为唯一的环境影响因素。另外，本章在设施的环境保护水平上引入了新的决策变量。设施的环境保护水平越高，建设设施的费用越高，但建设设施的二氧化碳排放量也越低。因此，应建立双目标模型：①尽量减少某些具有一定环境保护水平的场所设施建设成本，以及与设施位置相关的货运成本；②尽量减少在规划期内建设供应链产生的二氧化碳排放总量。

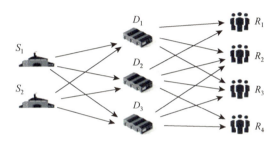

图 12-1 三阶段供应链网络

在本章中，环境保护水平被描述为设施在运行过程中的环境影响程度，特别是碳排放。设施的碳排放与设施投入（建立）电力设备的功率等因素有关。例如，电力设备使用 1 千瓦时的电力将产生 0.928 千克二氧化碳排放量。应该注意的是，这个值取决于位置，"0.928"是华东地区。对于一些汽油（柴油、天然气、煤炭）设施投入使用的设备，使用 1 千克汽油（柴油、天然气、煤炭）将产生 2.925（3.095、2.162、1.900）千克二氧化碳排放量。建立设施时，环境保护水平高，意味着要在设施中投入使用一些高科技（高能效）设备，以减少电、汽油、柴油、天然气和煤炭的使用。实际上，高科技（高能效）设备通常意味着很大的投资，它需要在数学模型中建立具有一定"环境保护水平"的高固定成本的设施。

环境保护水平可以用离散的方式设置。例如，环境保护水平可以设定为"高"、"中"和"低"。这三个级别对应于三个不同的碳排放范围。根据具有一定"环境保护水平"的设施对各类能源（电、汽油、柴油、天然气、煤炭等）的使用情况的历史数据，从而确定碳排放范围。那么本章可以确定不同环境保护水平的碳排放范围。这个设置取决于具体行业。对于不同行业，碳排放范围彼此不同。获取碳排放量数据的关键在于特定公司（或行业）设备的能耗数据。根据公司经营历史数据，收集公司使用能源的数据可能并不困难。

根据设施碳排放的历史数据，可以测量环境保护水平。公司环保要求越高，碳排放量就越少。另外，企业要多投资环保，如采购更多的绿色设备和技术来减少碳排放。然后增加设施建设的固定成本。

此外，如果设施的环境保护水平在连续两个时期之间发生变化，则会产生额外的调整成本。例如，在以后的运行过程中，环境保护等级升级时，公司需要增加环境投入，改善先前的设备或技术。另外，当环保水平下降时，也需要投资清理或重组以前的设备。

这个问题的另一个挑战在于，零售商在相对较长的规划范围内，需求是动态变化的。动态变化的需求的特征被用离散的方式建模。更具体地说，规划期限分为多个时期。在每个期间，假设每个零售商的需求被预先知道，这可以根据历史数据预测。不同的时期对产品的需求不同，因此应该有不同的供应链决策，主要包括设施的位置、设施的环境保护水平以及供应链产品的运输流量。对于每个设施连续两个时期，位置和环境保护水平相关决定的变化，可能会产生调整成本。双目标模型需要将每个时期的成本和上述周期之间的调整成本最小化。这里应该指出的是，多期供应链网络设计问题的文献通常假设设施的运行模式在多期规划期间不会改变。但是，在一些战略层面的决策问题中，一个时期大概是一年或更长的时间间隔，一个设施可能会将其运作模式从一个时期改变到另一个时期。从学术角度来看，考虑到期间设施模式变化的模型可以支配假设设施模式不变的模型。

为了更好地描述模型，本章还做出了以下假设：①预先给出每个点的位置，以及与货运单位和距离相关的产品的运输成本和卡车负载量；②各设施的能力有限，与环境保护水平相关；③替代设施应满足不同零售商的所有需求；④运输过程中的库存成本，涉及运输距离和运输时间。

12.3　考虑成本和碳排放因素的双目标模型构建

12.3.1　符号

1. 指标和集合

t：时间周期。

T：规划范围内所有的周期集合。

s：供应商。

S：所有供应商集合。

d：设施。

D：所有设施集合。

r：零售商。

R：所有零售商集合。

p：产品。

P_s：供应商提供的产品集合。

P：所有产品集合，$P = \cup_{\forall s} P_s$。

c：一个设施的环境保护水平选项。

C_d：设施 d 的环境保护水平选项集合。

2. 参数

$\dot{a}_{sd}$：从供应商 s 到设施 d 运送一卡车产品的成本。

$\ddot{a}_{dr}$：从设施 d 到零售商 r 运送一卡车产品的成本。

$\dot{w}_{sd}$：从供应商 s 到设施 d 运送一卡车产品所产生的二氧化碳排放量。

$\ddot{w}_{dr}$：从设施 d 到零售商 r 运送一卡车产品所产生的二氧化碳排放量。

e_p：一单位产品 p 需要的卡车容量（以一卡车载重计算）。

f_{dc}：建立具有环境保护水平 $c(c \in C_d)$ 的设施 d 的固定成本。

v_{dc}：具有环境保护水平 $c(c \in C_d)$ 的设施 d 产生的二氧化碳排放量。

$u_{dcc'}$：将设施 d 的环境保护水平从 c 调整到 c' 的成本。

g_p：将产品 p 的单位转换到设施容量的标准单位的影响因素。

k_{dc}：具有环境保护水平 $c(c \in C_d)$ 的设施 d 的容量。

m_{rpt}：在时期 t，零售商 r 对产品 p 的需求。

h_p：每单位时间，一单位产品 p 的库存持有成本。

$\dot{n}_{sd}$：从供应商 s 到设施 d 的运输时间。

$\ddot{n}_{dr}$：从设施 d 到零售商 r 的运输时间。

n_d：设施 d 从入境到出境花费的时间。

3. 决策变量

θ_{dct}：二进制变量。如果设施 d 具有环境保护水平 $c(c \in C_d)$，并在时期 t 开始阶段打开，则等于 1；否则，等于零。

$\delta_{dcc't}$：二进制变量。如果设施 d 被打开，并且在时期 t 开始阶段将其环境保护水平从 c 调整到 $c'(c、c' \in C_d)$，则等于 1；否则，等于零。其中 $t = \{2, \cdots, |T|\}$。

γ_{srdpt}：在时期 t，供应商 s 提供并通过设施 d 转运到零售商 r 的产品数量。

12.3.2　两个目标的分析

本章的一个贡献是考虑决策模型中的双重目标，从而实现成本经济与环境关系的平衡。更具体地说，本章主要考虑这个模型中的两个目标函数，即供应链运营成本和供应链中产生的二氧化碳排放量。现有的相关文献主要考虑了这些目标之一。本章旨在实现经济绩效，减少设施设计中绿色供应链网络的环境影响。经济绩效是通过最小化总成本来衡量的。另外，减少碳排放被认为是另一个目标。

目标 1 是最小化供应链网络的成本，其中包括运输产品的成本、建设和调整设施的成本以及库存成本。目标中包含的四个项目计算如下。

（1）通过设施将产品从供应商运输到零售商的成本：$\displaystyle\sum_{t\in T,s\in S,d\in D}\dot{a}_{sd}\sum_{r\in R,p\in P_s}e_p\gamma_{srdpt}$

$\displaystyle+\sum_{t\in T,d\in D,r\in R}\ddot{a}_{dr}\sum_{s\in S,p\in P_s}e_p\gamma_{srdpt}$。

（2）建设设施的固定成本：$\displaystyle\sum_{t\in T,d\in D,c\in C_d}f_{dc}\theta_{dct}$。

（3）调整设施环境保护水平的成本：$\displaystyle\sum_{t\in T/\{1\},d\in D,c\in C_d,c'\in C_d}u_{dcc'}\delta_{dcc't}$。

（4）库存成本由两部分组成：与运输流程相关的持有成本、存储在设施中的产品的持有成本。由于将产品从供应商 s 通过设施 d 运输到零售商 r 的运输时间是 $\dot{n}_{sd}+\ddot{n}_{dr}+n_d$，则库存成本是 $\displaystyle\sum_{t\in T,s\in S,d\in D,r\in R,p\in P_s}(\dot{n}_{sd}+\ddot{n}_{dr}+n_d)h_p\gamma_{srdpt}$。

目标 2 是尽量减少供应链网络中二氧化碳的排放量，其中包括以下两部分。

（1）通过设施将产品从供应商运输到零售商所产生的二氧化碳排放量，即

$$\sum_{t\in T,s\in S,d\in D}\dot{w}_{sd}\sum_{r\in R,p\in P_s}e_p\gamma_{srdpt}+\sum_{t\in T,d\in D,r\in R}\ddot{w}_{dr}\sum_{s\in S,p\in P_s}e_p\gamma_{srdpt}$$

（2）设施的二氧化碳的排放量是 $\displaystyle\sum_{t\in T,d\in D,c\in C_d}v_{dc}\theta_{dct}$。

那么两个目标总结如下。

目标 1：最小化：

$$\sum_{t\in T,s\in S,d\in D}\dot{a}_{sd}\sum_{r\in R,p\in P_s}e_p\gamma_{srdpt}+\sum_{t\in T,d\in D,r\in R}\ddot{a}_{dr}\sum_{s\in S,p\in P_s}e_p\gamma_{srdpt}+\sum_{t\in T,d\in D,c\in C_d}f_{dc}\theta_{dct}$$
$$+\sum_{t\in T/\{1\},d\in D,c\in C_d,c'\in C_d}u_{dcc'}\delta_{dcc't}+\sum_{t\in T,s\in S,d\in D,r\in R,p\in P_s}(\dot{n}_{sd}+\ddot{n}_{dr}+n_d)h_p\gamma_{srdpt}$$

目标 2：最小化：

$$\sum_{t\in T,s\in S,d\in D}\dot{w}_{sd}\sum_{r\in R,p\in P_s}e_p\gamma_{srdpt}+\sum_{t\in T,d\in D,r\in R}\ddot{w}_{dr}\sum_{s\in S,p\in P_s}e_p\gamma_{srdpt}+\sum_{t\in T,d\in D,c\in C_d}v_{dc}\theta_{dct}$$

应该指出的是，设施中的碳排放（以及成本）还应包含一个"可变"部分，这取决于通过设施的货物的数量。为了简单起见，本章假定设施中的碳排放仅取决于"长期"决策，即环境保护水平的选择，因为能源消耗的固定部分（以及固定成本）通常比用于处理一定数量的直通货物的可变部分大得多。另一个重要原因是，从整个供应链网络的角度来看，处理所有既定设施中的直通货物的总碳排

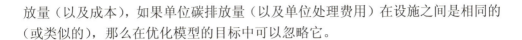

放量（以及成本），如果单位碳排放量（以及单位处理费用）在设施之间是相同的（或类似的），那么在优化模型的目标中可以忽略它。

12.3.3　数学模型

在建立模型之前，定义如下：$\mathcal{A}_{srdp}=(\dot{a}_{sd}+\ddot{a}_{dr})e_p-(\dot{n}_{sd}+\ddot{n}_{dr}+n_d)h_p$ 和 $\mathcal{W}_{srdp}=(\dot{w}_{sd}+\ddot{w}_{dr})e_p$。所以，上述目标简化如下。

目标 1：最小化：

$$\sum_{t\in T,d\in D,s\in S,r\in R,p\in P_s}\mathcal{A}_{srdp}\gamma_{srdpt}+\sum_{t\in T,d\in D,c\in C_d}f_{dc}\theta_{dct}+\sum_{t\in T/\{1\},d\in D,c\in C_d,c'\in C_d}u_{dcc'}\delta_{dcc't} \quad (12.1)$$

目标 2：最小化：

$$\sum_{t\in T,d\in D,s\in S,r\in R,p\in P_s}\mathcal{W}_{srdp}\gamma_{srdpt}+\sum_{t\in T,d\in D,c\in C_d}v_{dc}\theta_{dct} \quad (12.2)$$

$$\text{s.t.}\quad \sum_{c\in C_d}\theta_{dct}\leqslant 1,\quad \forall d\in D;\forall t\in T \quad (12.3)$$

$$\delta_{dcc't}\geqslant \theta_{dc't}+\theta_{dc(t-1)}-1,\quad \forall d\in D;\forall c,c'\in C_d;c\neq c';\forall t\in T/\{1\} \quad (12.4)$$

$$\sum_{s\in S,d\in D}\gamma_{srdpt}=m_{rpt},\quad \forall r\in R;\forall p\in P;\forall t\in T \quad (12.5)$$

$$\sum_{s\in S,r\in R,p\in P_s}g_p\gamma_{srdpt}\leqslant \sum_{c\in C_d}k_{dc}\theta_{dct},\quad \forall d\in D;\forall t\in T \quad (12.6)$$

$$\theta_{dct}\in\{0,1\},\quad \forall d\in D;\forall c\in C_d;\forall t\in T \quad (12.7)$$

$$\delta_{dcc't}\in\{0,1\},\quad \forall d\in D;\forall c,c'\in C_d;\forall t\in T \quad (12.8)$$

$$\gamma_{srdpt}\geqslant 0,\quad \forall s\in S;\forall r\in R;\forall p\in P_s;\forall d\in D;\forall t\in T \quad (12.9)$$

约束条件（12.3）规定每个候选设施可以打开或不打开。约束条件（12.4）是关于在两个连续时期 t 和 $t-1$ 中，反映设施的环境保护水平变化的二进制变量 $\delta_{dcc't}$ 的计算。而且约束条件（12.4）确保二进制变量 $\delta_{dcc't}$ 在二进制变量 $\theta_{dc't}$ 和 $\theta_{dc(t-1)}$ 同时相等时等于 1。约束条件（12.5）确保连接所有零售商在所有时期内的所有产品的需求和实际运输量的需求。约束条件（12.5）规定，在每个时期内通过设施运输的所有产品不得超过设施的规模。约束条件（12.7）～（12.9）定义变量。

12.4　基于拉格朗日算法的求解方法

拉格朗日松弛是求解复杂问题的有效工具[110,112]。它的优点是可以通过放松

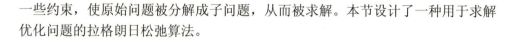

一些约束，使原始问题被分解成子问题，从而被求解。本节设计了一种用于求解优化问题的拉格朗日松弛算法。

12.4.1　目标函数转换

在求解多目标模型时，通常使用"加权和"将其转化为单一目标模型。然而，多目标优化具有帕累托曲线，包含一系列最佳求解方案。为了获得一组帕累托最优解，将两个目标函数组合成一个单一的聚集目标。

最小化：

$$OBJ = (1-M) \cdot Obj1 + M \cdot Obj2 \qquad (12.10)$$

将 M 设置为 0～1 的系数（权重）。在管理层面，M 表示为两个目标之间的相对重要性的权重。

在目标（12.10）中，系数 M 可以设为 0，0.1，0.2，…，0.9，1，其变化间隔可以是 0.1。根据问题规模和求解速度，可以手动调整步长"0.1"。通过更改值，可以获得不同的求解方案。然后，在上述获得的求解方案中找到非主导的求解方案。非主导的求解方案形成了帕累托曲线，即双目标模型的求解方案。在上述求解过程中，给定 M 值，本章使用拉格朗日松弛方法来求解以式（12.10）为目标的单目标模型。

本章将系数（权重）M 设置在 0～1 的范围内，以组合两个目标。这是一种用于处理双目标模型的常用方法，并在一些文献中广泛使用。在双目标模型中，两个目标通常具有不同的单位和规模。当权重为 0（或 1）时，这意味着只考虑一个目标（或另一个目标），这是两个极端情况。因此，当权重设置在范围（0, 1）的值时，可以同时考虑两个目标的影响。这两个目标可能有不同的单位，数字可能有不同的位数（如 1 000 000 元、200 克）。可以调整"单位"，使其在组合公式中使用的数字（如约束条件（12.10））具有相同（或相似）的位数（如 $100×10^4$"元"，200"克"），然后将权重设置为 0，0.1，0.2，…，1。对于双目标模型，可以在帕累托曲线上找到一些最优解。

12.4.2　拉格朗日松弛算法

通过引入乘数 $\alpha_{rpt}(\forall r \in R, \forall p \in P, \forall t \in T)$ 来放松约束（12.5）。拉格朗日松弛问题 $LR(\beta)$ 变成如下：

$$LR(\alpha): Min(1-M) \cdot Obj1 + M \cdot Obj2 + \sum_{r \in R}\sum_{p \in P}\sum_{t \in T}\alpha_{rpt}\left(m_{rpt}\sum_{s \in S, d \in D}\gamma_{srdpt}\right) \quad (12.11)$$

s.t.　约束条件（12.3）、（12.4）和（12.6）～（12.9）

拉格朗日松弛问题的目标函数值小于原始模型的目标函数[333]。为了获得原始模型的最佳拉格朗日下限，采用次级方法近似求解了以下拉格朗日双重问题：

$$\text{LD: max LR}(\alpha) \tag{12.12}$$

次级方法是一个迭代过程，它求解了拉格朗日的松弛问题，然后通过使用当前的子梯度信息来更新下一次迭代的拉格朗日乘数。如果在给定次数的连续迭代中达到最大迭代次数或下限没有得到改善，则该过程终止。

令 $(\theta^l, \delta^l, \gamma^l)$ 是 $\text{LR}(\alpha_{rpt}^l)$ 在迭代 $l(l \geqslant 0)$ 下的最优解。表示为

$$\rho_{rpt}^l = m_{rpt} - \sum_{s \in S, d \in D} \gamma_{srdpt}^l, \quad \forall r \in R; \forall p \in P; \forall t \in T \tag{12.13}$$

下一次迭代 $l+1$ 的乘数更新为

$$\alpha_{rpt}^{l+1} = \alpha_{rpt}^l + \theta^l \rho_{rpt}^l \tag{12.14}$$

其中

$$\theta^l = \frac{\lambda(\text{UB} - \text{LR}(\alpha_{rpt}^l))}{\sum_{r \in R, p \in P, t \in T} (\rho_{rpt}^l)^2} \tag{12.15}$$

UB 是原始问题的最优值的估计下限。当使用 CPLEX 首先求解模型时，UB 被设置为"差距"的"目标"值等于（或小于）2%。L 是最大迭代次数。间隔（0，1.5）中的 λ 是一个参数，如果给定数量的连续迭代没有改善最佳下限，则 λ 值为一半。ε 为算法涉及的一个较小的正数（这里设为 0.0001）。提出的算法程序描述如下。

参数设置：$\text{UB} = \text{UB}_0$，$\text{LB} = -\infty$，$l = 0$，$\lambda = 1.5$，$N = 20$，$\alpha_{rpt}^0 = 0$，$\forall r \in R, \forall p \in P$，$\forall t \in T$。

步骤 1：求解拉格朗日松弛问题 $\text{LR}(\alpha_{rpt}^l)$ 为最优，得到总目标值 Obj(LR)，同时获得变量 θ^l、δ^l、γ^l 的值。

步骤 2：如果 $\text{Obj(LR)} > \text{LB}$，则设 $\text{LB} = \text{Obj(LR)}$。如果在 N 次连续迭代中不能检测出 LB 的改善，则设 $\lambda = \lambda / 2$。

步骤 3：根据式（12.13）～式（12.15），设置 $l = l+1$，更新 α_{rpt}^l（$\forall r \in R, \forall p \in P$，$\forall t \in T$），并返回步骤 1。

步骤 4：算法停止条件：①l 达到最大迭代次数 L；②λ 变得非常小（$\lambda < \varepsilon$）。

12.5 算法性能比较与模型数值实验

为了验证提出的模型和拉格朗日松弛方法，本节使用两个例子：八节点问题和大型网络。在第一个例子中，本章要设计具有最佳设施位置的网络，并评估考虑多周期和环境影响的价值。在第二个例子中，本章着重于通过提出的方法和管理分析来求解双目标模型。数学模型由运行在 Windows 7 系统下的计算机工作站上的 CPLEX12.5（Visual Studio 2008，C＃）实现。

12.5.1 八节点问题实例

这里考虑图 12-2 所示的八节点网络，由 Wang 等[284]开发。三个供应商、八个潜在的设施和八个零售商可以位于任何一个节点。这个网络有两个产品和三个时期。每个弧都与运输成本和二氧化碳排放量相关联。参数如图 12-2 所示。此外，图 12-1 中已知每个零售商在期间 1 的需求，并从一个时期到下一个时期的增长。决策者需要确定：①在每个时期设置所需的设施；②设施应采用哪种环境保护水平选项；③产品如何在供应商、设施和零售商之间运输。在这个小规模实例中，模型是由 CPLEX 求解的。

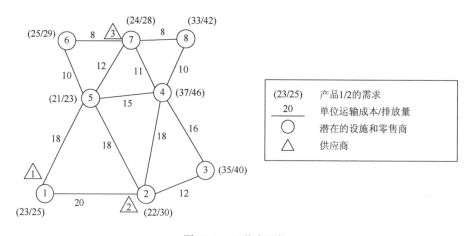

图 12-2　八节点网络

为了研究是否考虑"多期"和"碳排放"的因素，本章进行了图 12-3～图 12-5 所示的三个系列实验。

情景 1：在不考虑环境因素的情况下求解多周期决策模型（因为 M 为 0）。三个时期三种最佳网络组合如图 12-3 所示。

情景 2：分别考虑了三个周期的环境因子（因为 M 为 0），求解了单周期决策模型。在三个时期，这三个单一时期决策问题的三个最优网络如图 12-4 所示。

情景 3：考虑到环境因素（因为 M 是 0.3 而不是 0）。本章求解了多周期决策模型。三个时期的三个网络的最佳组合如图 12-5 所示。此外，M 设置为 0.3 的原因将在后面通过图 12-10 进行说明。

那么情景 1 和情景 2 的比较可以验证是否应考虑多期因素。而情景 1 和情景 3 的比较可以验证是否应考虑碳排放（环境因素）。此外，与每种情景相关的结果如表 12-1 所示。

表 12-1　3 个情景的结果

情景	运输成本/元	固定成本/元	调整成本/元	库存成本/元	总成本/元	流量排放/克	设施的排放/克	总排放/克
1	13 842	17 000	400	2 621	33 863	13 842	28 400	42 242
2	15 847	16 500	800	2 656	35 803	15 847	24 600	40 447
3	14 795	15 000	800	2 669	33 264	14 795	21 600	36 395

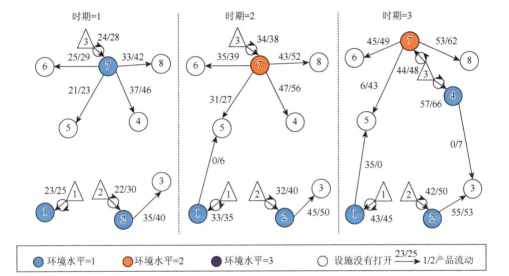

图 12-3　不考虑碳排放的三期决策问题（$M = 0$）的最优网络集（情景 1）

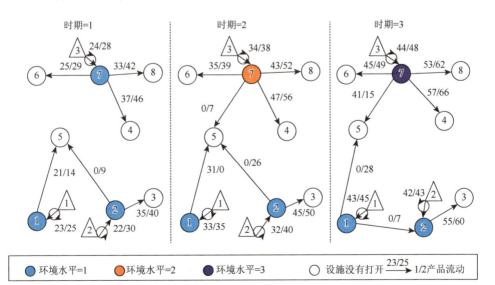

图 12-4　三个独立的单期问题（$M = 0$）的个体最优网络，不考虑碳排放（情景 2）

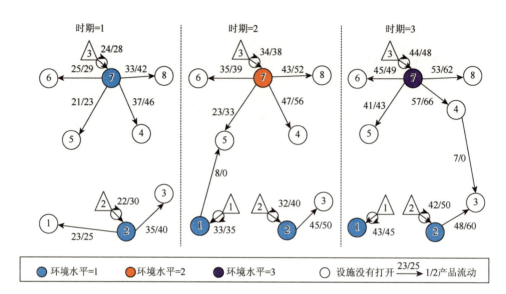

图 12-5　考虑碳排放的三期决策问题（$M=0.3$）的最优网络集（情景 3）

　　首先，应考虑多期因素。将情景 1 与情景 2 进行比较，明确发现运输路线和产品数量的决定因素是不同的。例如，虽然在时期 1 设置了与环境水平 1 相同的三个设施，零售商 5 对图 12-3（情景 1）中的设施 7 满意。在图 12-4（情景 2）中，设施 1 和设施 2 共同负责运送到零售商 5。在这三个时期中，最大的区别在于第 3 时期，情景 1 和情景 2 之间的设施数量和位置不尽相同。方案 1 中的总成本为 33 863 元，二氧化碳排放量为 42 242 克，见表 12-1。情景 2 总成本为 35 803 元，总排放量为 40 447 克。与情景 1 相比，成本高了 1940 元，排放量少了 1795 克。也就是说，单个单周期确定的网络设计问题成本较高，但与整个规划期间的多个周期相比，减少了少量的排放。因此，具有多期计划的模型是首选。

　　其次，环境问题是提出的模式中考虑的另一重要因素。通过比较情景 1 和情景 3，对于设施的位置和数量以及环境水平选项有一些显著的差异。例如，在时期 1 中，图 12-3（情景 1）中有 3 个设施建设，图 12-5 中应考虑两个设施（情景 3）。此外，运输产品的路线和数量在这两种情况之间也不同。另外，情景 3 的总成本为 33 264 元，二氧化碳排放量为 36 395 克，成本较高。但情景 1 中相应价值的排放量要少得多。因此，有必要在供应链网络设计中考虑环境因素进行决策，因为本章可以获得更好的环境绩效（或更少的负面环境影响），而且在情景 3 中没有花费太多的投资减少排放。

　　每个零售商在不同时期都有不同的产品需求，从而导致不同的设施布局。随着零售商对产品的需求越来越多，需要设定更高的环境保护水平，建立更多的设施。然而，在这个小规模的例子中，本章只考虑两个特殊情况（$M=0.3$ 和 $M=0$），所以不清楚总成本和二氧化碳排放量之间的关系如何随着 M 的不同而变化。在 12.5.2 节中，使用一个真实的例子进行说明。

12.5.2　案例说明

该模型应用在中国的汽车物流公司，为国内外主要 OEM 和备件制造商提供物流服务。目前，该公司希望设计其分销网络，并根据不同时期的环境水平做出决策，以实现最低总成本和最低碳排放。

本节的实验主要集中在从供应商（即汽车工厂）向零售商（即 4S 店销售汽车）的汽车运输过程中，通过一些设施或仓库负责分销网络的仓库维护处理。在本节中，确定了潜在供应商、区域市场和零售商的坐标。图 12-6 中有五家供应商、八家配送中心和十家零售商。为了简单起见，两个节点之间的距离可以通过欧氏距离来计算。

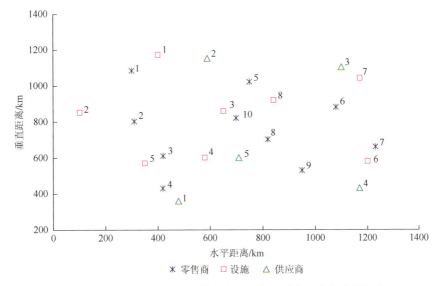

图 12-6　供应链网络为五家供应商、八家配送中心和十家零售商

此外，本章考虑实验中五个时期的规划范围，每期约为一年。每个配送中心改变一个环境水平的调整成本是 6 万元。例如，从 1 级到 3 级的调整成本是 12 万元。

此外，本章假设零售商需要三种产品，由 P_1、P_2 和 P_3 表示。在时期 1 内，不同零售商对不同产品的需求均由均匀分布 U（1000，1500）产生，后期需求服从正态分布：$N(m_{rpt}^{\omega}(1+\rho),100)$。这里 ρ 是需求预测比率（等于 20%）。

不同设施和产品的其他输入参数如表 12-2 所示。此外，运输产品的速度为每天 500 公里。可以从供应商到配送中心，或从配送中心到零售商，使用已知距离除以运送速度来得到运输时间。每个配送中心，从入境到出境的时间是五天。

表 12-2　输入参数不同的配送中心和不同的产品

参数	设置
建设配送中心的固定成本	$f_{dc} = 300$，480，700，分别对应水平 $c = 1$，2，3
不同环境水平下的二氧化碳排放量	$v_{dc} = 600$，380，200，分别对应水平 $c = 1$，2，3
不同配送中心的容量	$k_{dc} = 60$，120，180，分别对应水平 $c = 1$，2，3
单位产品的卡车容量	$e_p = 0.6$，0.7，0.8，分别对应 $p = 1$，2，3
不同产品的单位容量	$g_p = 7$，8，9，分别对应 $p = 1$，2，3
不同产品的库存持有成本	$h_p = 4$，6，8，分别对应 $p = 1$，2，3
一卡车运输产品的运费	$\dot{a}_{sd}$ 或 $\ddot{a}_{dr} = \tilde{a} \times$ 距离，此时，$\tilde{a} = 0.5$ 元/(吨·千米)
运输一卡车产品产生的二氧化碳排放量	$\dot{w}_{sd}$ 或 $\ddot{w}_{dr} = \tilde{w} \times$ 距离，此时，$\tilde{w} = 0.3$ 克/(吨·千米)

在案例研究中考虑库存成本。它反映了汽车在供应链网络运输过程中的库存成本。库存成本取决于运输的汽车数量、运输时间以及在设施中的停留时间。

以下实验将使用上述示例（5 个供应商、8 个配送中心、10 个零售商、3 个产品、3 个环境保护水平和 5 个时间段）作为基准设置。在这个问题中，有 120 个 θ_{dct} 变量，360 个 $\delta_{dcc't}$ 变量，6000 个 γ_{srdpt} 变量，因此使用了 6480 个决策变量。

12.5.3　数值实验和结果

在实验之前，需要确定该模型中提出的方法的适当迭代次数。然后，修改算法的停止条件如下：当 λ 变得非常小（$\lambda < 0.0001$）时，程序停止。接下来，将一个场景设置为 0.3，并且由所提出的方法获得的目标值随着迭代次数的变化而变化，如图 12-7 所示。可以清楚地发现，当迭代次数达到 300 时，总目标值可以收敛到稳定状态。因此，将迭代的最大迭代次数 L 设置为 300。

要使用的列标题和符号如下所示。

OB：CPLEX 获得的目标值。

LB：拉格朗日松弛算法获得的目标值。

差距：拉格朗日数值与 CPLEX 值之间的差距，$(OB - LB) / LB \times 100$。

T_{cplex}：CPLEX 的计算时间。

T_{lag}：拉格朗日松弛算法使用的计算时间。

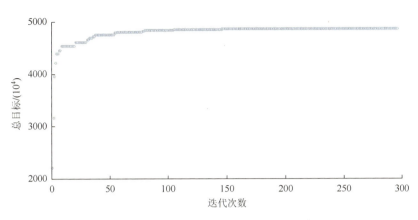

图 12-7 聚合目标值随 $M = 0.3$ 的迭代而变化

所提出的拉格朗日松弛算法的计算结果与 CPLEX 获得的计算结果的比较如表 12-3 所示。注意，当 M 从 0.1 变为 0.5 时，提出的模型在 CPLEX 中难以求解。从表 12-3 可以看出，拉格朗日与 CPLEX 之间的差距范围为 0.54%～0.94%，平均差距为 0.80%。很明显，提出的拉格朗日松弛算法可以为提出的问题提供一个好的求解方案。在计算时间方面，提出的拉格朗日松弛算法比 CPLEX 花费的时间少得多。拉格朗日松弛算法平均需要 170.6s，而 CPLEX 则需要 991.6s。

表 12-3 不同 M 值下，计算结果的比较

M	OB	LB	Gap	T_{cplex}/s	T_{lag}/s
0.1	53 997 649	53 707 188	0.54%	475	156
0.2	51 577 116	51 172 080	0.79%	491	159
0.3	49 000 308	48 578 545	0.87%	826	216
0.4	46 266 000	45 870 635	0.86%	1 512	185
0.5	43 364 100	42 958 715	0.94%	1 654	137
	平均值		0.80%	992	171

为了进一步验证提出的方法的有效性，进行了一些扩大原有规模的比较试验。在这里，设计了两组不同参数的数值实验，其中一组是不同数量的时间规划 (T)，另一种是不同种类的产品 (P)，如表 12-4 和表 12-5 所示。

表 12-4 显示了由 5 个供应商、10 个配送中心、15 个零售商和 3 个产品组成的 5 个或 8 个时期的比较结果。显然，拉格朗日松弛算法表现良好，因为这些目标值的平均差距为 0.94%。拉格朗日松弛算法的运行时间为 317s，但 CPLEX 需要 2565s。也就是说，拉格朗日松弛算法对所提出的模型的质量表现和运行时间没有影响。

表 12-4　计算结果在不同阶段的比较（5 个供应商、10 个配送中心、15 个零售商、3 个产品）

T	M	OB	LB	Gap	T_{cplex}/s	T_{lag}/s
5	0.2	71 849 164	71 268 426	0.81%	1 836	247
	0.3	67 632 027	67 030 287	0.90%	2 137	218
	0.4	63 428 854	62 826 401	0.96%	1 092	268
	0.5	59 100 908	58 487 484	1.05%	894	221
8	0.2	168 678 343	167 264 465	0.85%	3 287	412
	0.3	159 567 034	158 180 801	0.88%	4 219	451
	0.4	150 566 383	149 087 345	0.99%	3 873	405
	0.5	139 822 671	138 343 597	1.07%	3 184	316
平均值				0.94%	2 565	317

表 12-5 基于供应链网络供应商、15 个配送中心、20 个零售商和 5 个时期，其中考虑了 3 或 5 个产品，平均差距为 0.93%。与 CPLEX 相比，提出的方法能够花费更少的时间来获得更好的模型界限。因此，所提出方法的运行性能不受产品大小的影响。总而言之，拉格朗日松弛算法能有效地为更复杂的网络提供优选的求解方案。

表 12-5　不同产品的计算结果比较（5 个供应商、15 个配送中心、20 个零售商、5 个时期）

P	M	OB	LB	Gap	T_{cplex}/s	T_{lag}/s
3	0.2	96 452 499	95 652 367	0.76%	3 654	367
	0.3	90 890 950	90 056 754	0.87%	3 837	382
	0.4	86 766 278	85 919 396	0.93%	3 236	323
	0.5	79 102 677	78 252 541	1.03%	3 029	305
5	0.2	198 538 756	197 034 789	0.84%	4 737	429
	0.3	182 975 188	181 392 178	0.93%	5 894	458
	0.4	171 264 032	169 678 387	0.99%	5 452	436
	0.5	157 955 964	156 342 045	1.09%	4 861	461
平均值				0.93%	4 338	395

这项研究更重视帕累托最优曲线，该计划可以通过提出的方法提供替代的最佳求解方案组合。帕累托最优曲线如图 12-8 所示。在某种情况下，每个点代表"最佳求解方案"。曲线显示出减少的趋势是因为二氧化碳排放量减少，总成本增加。它清楚地表明了总成本和二氧化碳排放量之间的权衡。这一观察结果提供了管理层的认识，即应该投资更多使二氧化碳排放量降低。

然后，对不同的 M 值进行 8 组实验测试，以获得图 12-9 中总成本和二氧化碳排放量的变化结果（注：百分比是两个相邻点的相应值之间的差距）。从图中可

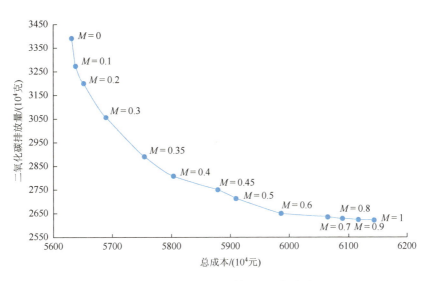

图 12-8　双目标模型的帕累托最优曲线

以发现，随着 M 的增加，总成本增加，而二氧化碳排放量下降，这与图 12-8 的结果一致。从两个相邻点之间的差距百分比来看，应该发现总成本的差距值保持在 1% 左右，而二氧化碳排放量的差距从 7.09% 降低到 0.43%。这表明二氧化碳排放量在投入相同比例的投资时逐渐缩小差距。当 M 在 [0.6, 1] 时，总成本的差距值远远大于二氧化碳排放量。投入更多的成本，但未能在环境中取得更好的表现。因此，决策者会更多地考虑 M 从 0.1～0.6 的情况，并将成本目标权重增加。

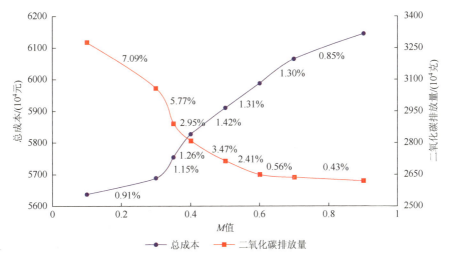

图 12-9　具有不同 M 值的总成本和二氧化碳排放量

如上所述，不同的 M 值对总成本和总碳排放都有影响，但效果不尽相同。在这里，试图找到适当的 M 值来实现环境效率。这里的效率被定义为：碳排放减少量除以两点之间的额外投资成本的比率。

图 12-10 显示了具有不同 M 值的排放减少效率和排放波动情况（效率 ＝ 碳排放减少量除以两点之间额外成本的比率）。排放减少效率由"两个相邻例子之间的排放量减少值"与"两个相邻例子之间的相加成本"的比率计算。根据图 12-10 的曲线"效率"，排放减少效率首先增加，然后降低。当 M 等于 0.3 时，它到达峰顶。因此，在一些先前提到的实验中，M 值设置为 0.3。

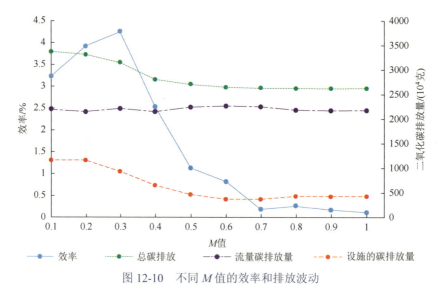

图 12-10　不同 M 值的效率和排放波动

碳排放量的减少主要归功于配送中心，但航运流程的碳排放量变化不大。它表明，在考虑二氧化碳排放量时，决策者应更加重视配送中心的碳排放。在管理层面，重新设计和改进具有适当环境保护水平的配送中心是有用的。

最后，本章对提出的模型是否具有鲁棒性感兴趣。本章用两组实验进行灵敏度分析。首先，关于配送中心的能力如何影响决策。定义一个比率来影响配送中心的能力。把这个比例从 1 改为 1.2，得到一系列的曲线，如图 12-11 所示。清楚地表明，帕累托曲线从右向左移动，比例从 1 增加到 1.2。这意味着，在相同的二氧化碳排放水平下，总成本可能会随着容量比的增加而降低，导致总成本降低。尽管相同的总成本，较大的容量比导致较少的二氧化碳排放。换句话说，具有较大容量的配送中心可以降低总成本和降低二氧化碳排放。这主要是因为具有多余能力的配送中心能够更灵活地完成物流运输，从而可以同时减少运输流量的总成本和二氧化碳排放量。因此，决策者应该以一定的成本建立更多容量的配送中心，这对环境影响也是有好处的。

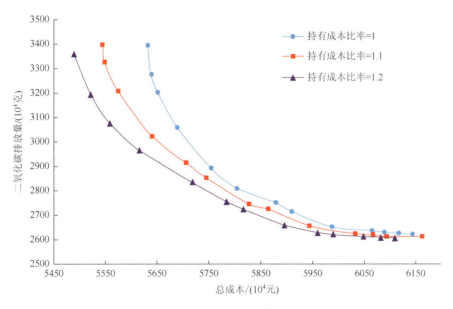

图 12-11　具有不同容量比的帕累托最优曲线

其次，本章通过改变库存成本进行另一个实验。在基准情况下，根据持有成本设定成本比例，结果如图 12-12 所示。从图中可以看出，帕累托曲线从左向右移动，持有成本比率从 1 增加到 1.2，这表明库存成本上涨将带来更高的总成本和

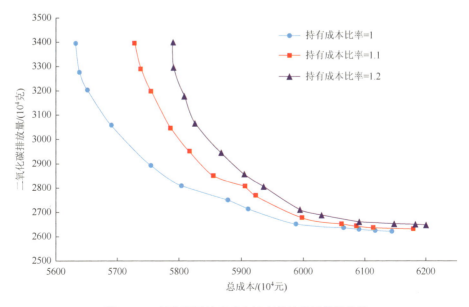

图 12-12　具有不同持有成本比率的帕累托最优曲线

更多的二氧化碳排放量。因此，为了更好地保护环境，决策者应该改进库存策略，减少产品库存。

12.5.4　管理意义总结

总结上述数值实验的管理发现：

（1）很明显，碳排放的大幅度减少需要巨大的成本投入。这项研究显示，M 值的适当设定有利于达到高的"减排"效率。对于不同行业，M 的设置可能不同。本章提供了一种找到适合设定 M 值的方法，对于上述情况，M 的合适值约为 0.3。

（2）案例研究也意味着配送中心设立的正确决策可能对产品运输过程中减少碳排放的决策有更大的影响。在考虑二氧化碳排放量时，决策者应更加重视设施的碳排放。需要重新设计和改进具有适当环境保护水平的设施。

（3）在这种情况下，结果表明，产能容量相对较大的配送中心会导致较低的总成本和较低的二氧化碳排放。原因可能是具有过剩容量的设施可以更灵活地完成物流运输，从而可以减少运输总成本和二氧化碳排放量。决策者应该以一定的成本制定更多容量的设施，这对保护环境也是有好处的。

（4）最后，案例研究的结果也表明，更高的库存成本会带来更高的总成本以及更多的二氧化碳排放量。为了更好地保护环境，决策者应该改进库存策略，减少产品库存。

12.6　本章小结

本章介绍了基于 SCM 领域传统设备定位问题的绿色供应链网络设计模型。本章的模型有两个显著的特征：一方面是考虑环境因素，其中包括设施的环境保护水平和运输过程中的环境影响；另一方面，这个模型在相对长的规划范围内包含多个时期，随着零售商地点的需求不断变化。提出的模型可能对于多期决策层面的绿色供应链网络设计具有潜在作用。该模型是一个双目标模型，其中包括最小化总成本和总二氧化碳排放量。对该模型进行了一系列数值实验，并提出了一种基于拉格朗日松弛算法的求解方案。有如下一些结论。

（1）使用绿色供应链设计的双目标决策模型是一种可行（适用的）方法。本章案例验证了所提出的拉格朗日松弛算法，可以在更少的运行时间内获得优化问题的高质量解。它可以为一些大规模的实例提供令人满意的结果。

（2）帕累托最优曲线显示了总成本和二氧化碳排放量之间的权衡，计算结果验证了本章提出的模型在多期绿色供应链网络中的有效性。

（3）对三种不同情景的调查，验证了考虑多个时期和环境因素的必要性。另

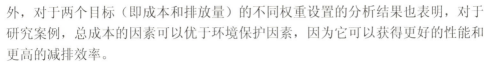

外，对于两个目标（即成本和排放量）的不同权重设置的分析结果也表明，对于研究案例，总成本的因素可以优于环境保护因素，因为它可以获得更好的性能和更高的减排效率。

（4）碳排放量减少主要来自于设施排放量的减少。因此，在较高的环境保护水平下，设施应被更多地关注和保持（建立）。

（5）本章对案例研究进行了一系列敏感性分析，发现提高设施的容量和库存策略可以减少供应链网络中的二氧化碳排放量和总成本。

本章研究也有一定的局限性。未来的研究方向是考虑供应链中的更多因素，以提高其在现实生活中的适用性，如多种运输方式、库存补货政策。实际上，有些货物可能会直接运送而不经过配送中心。那么这个研究中的"三梯"供应链结构可能不成立。为了实现目标，除碳排放量和成本外，还可以考虑更多的目标，如 CSR（企业社会责任）[142, 143]、危险废物[132]、时间价值[152]和客户服务水平[153]。应该指出的是，当考虑模型中的两个以上目标时，"目标规划"是处理多目标绿色供应链设计问题的替代（和实用）方法。此外，"逆向物流"也可以在模型[294, 295]中考虑。所有上述问题可能是未来研究的一些有趣的研究方向。

第六篇

总结与展望

第13章 >>>

研究总结与研究展望

13.1　全书研究内容总结

本书沿着运营系统概念-典型决策方法-领域研究现状-长期战略决策-中期战术决策-短期操作决策-前沿趋势决策这一逻辑主线，综合运用物流工程、国际贸易、服务科学、绿色供应链、运筹优化等理论与方法，对制造业运营管理活动中的设施选址、采购管理、任务分配等管理决策问题的进行了建模与优化研究。全书在以下几个方面进行了探索性研究。

（1）长期战略方面：构建设计了复杂供应链网络，优化大型企业的多生产阶段工作分配；探讨了制造型企业配送中心选址及其容量规模选择的决策优化问题，在满足零售商随机需求的情况下，降低配送中心的建设成本、商品的运输成本及库存持有成本；同时，还研究了多周期条件下的配送中心与规模决策优化问题。

（2）中期战术方面：分析了企业在多产品多时期条件下采购与自制决策优化问题；研究了单周期条件下的零部件采购渠道选择优化问题；另外，还探讨了在全球供应链和中国出口导向型税收政策环境下外包和生产决策的综合优化问题。

（3）短期操作方面：研究了不确定环境下的任务分配问题，提出了随机规划模型和鲁棒优化模型，并分析了在不确定情况下指派问题下两个模型之间关系；同时，还讨论了服务提供者时间不确定条件下任务分配和排序的决策问题。

（4）前沿趋势方面：分析了市场竞争环境下的服务型制造业决策问题，提出了一种设计制造服务化策略的最优决策模型；另外，还探讨了环境成本和设施成本双目标条件下的绿色供应链网络设计问题。

13.2　研究不足与扩展研究机会

本书虽然对提出的各类研究问题进行了建模分析，并且得出了一些结论，但仍存在以下不足。

（1）受限于模型假设，本书研究的问题与现实情况还存在一定的差异。例如，三级以上的供应链网络设计、大型公司多产品的生产销售、服务提供者任务的不确定等因素还未被充分考虑。

（2）企业的管理层在运用决策优化模型决策时可能会面临数据不足的问题。例如，需要管理层对市场需求量、供应商供货水平、外部环境变化等因素进行估计，利用有限的信息构建合适的概率分布函数。另外，部分决策模型在求解过程中会耗费较长的时间，需要进一步改进优化算法，提高效率。

以上限制与不足都是未来扩展研究的机会与方向，需要在今后的研究中进一步完善和深入，提高研究在现实环境中的适用性。

13.3　制造业运营管理未来趋势展望

本书是关于制造业运营管理决策的原创性研究，总结了当前管理决策相关研究的一些阶段性成果。关于制造业运营管理，作者认为有以下几个融合趋势值得广大学者探索研究。

（1）制造业与绿色供应链融合。工业的快速发展，导致生态压力与资源短缺问题日益严峻。人类已逐渐将目光放到了制造业绿色化改造和绿色供应链设计上，兼顾经济效益和环境承载的绿色制造、绿色供应链成为制造业领域所关注的关键性问题。绿色供应链、循环经济理念融入制造业运营管理是实现企业经济、社会及环境效益最大化平衡的关键途径和主要研究趋势[334,335]。在研究过程中，需要统筹考虑资源和环境的双重因素影响，使产品从原材料采购、生产、仓储等全过程中，对环境的负面影响最小，系统资源的利用率最高。近年来，供应链领域的新概念——逆向物流（reverse logistics，RL）逐渐得到学术界的关注。对于部分具有回收价值的产品，如何再处理增值，如何设计构建正逆向互补的循环经济体系，值得深入探讨。

（2）制造业与服务业融合。围绕产品的相关制造服务业务已开始成为企业获取竞争优势的重要因素，发展服务型制造成为企业创新商业模式的新趋势[336]。2016 年 7 月 26 日，国家工业和信息化部牵头，联合国家发展和改革委员会与中国工程院等部门，共同发布了《发展服务型制造专项行动指南》（以下简称《指南》）。该《指南》提出，到 2018 年我国要基本实现服务型制造发展格局，与制造强国战略进程同步展开。新形势下，学术界应与企业界进一步加强合作，优化和创新企业的生产组织形式、提升运营管理方式、创新商业发展模式，增加制造型服务的相关业务要素在运营管理过程中的比重，延伸产业链条，提升产业价值，助力中国企业实现从代工组装为主的低端制造业向"制造＋服务"的高附加值行业变革转型[337,338]。

（3）制造业与互联网融合。在 21 世纪，互联网、信息技术和物联网技术将会高速发展。部分发达国家的高端制造企业已经可以通过嵌入智能传感器的产品，利用互联网技术实时采集、传输和分析顾客在产品使用期间的数据，对客户行为进行分类画像，提出个性化的精准服务方案，更好地为用户提供有价值的服务。互联网技术的快速发展已经对传统制造业造成颠覆性、革命性冲击，射频识别、物联网、传感器、图像语音识别、云计算、3D 打印等先进制造技术改变了现代制造业的生产方式。互联网背景下，制造型企业的生产、管理要素被重新组织，进一步促成了组织管理模式的大变革。在运营管理过程中，如何做好"互联网"和"制造业"的深度融合，把人、先进制造技术、互联网信息技术和数学规划有机地结合起来，辅助决策者迅速作出新的决策，值得学者探索思考。

参考文献 >>>

[1] 雅各布斯，蔡斯. 运营管理[M]. 14 版. 任建标，译. 北京：机械工业出版社，2007.

[2] Matthews R L，Marzec P E. Social capital，a theory for operations management：A systematic review of the evidence[J]. International Journal of Production Research，2012，50（24）：7081-7099.

[3] Closs D J，Nyaga G N，Voss M D. The differential impact of product complexity，inventory level，and configuration capacity on unit and order fill rate performance[J]. Journal of Operations Management，2010，28（1）：47-57.

[4] Lang M，Deflorin P，Dietl H，et al. The impact of complexity on knowledge transfer in manufacturing networks[J]. Production & Operations Management，2015，23（11）：1886-1898.

[5] Fahimnia B，Sarkis J，Davarzani H. Green supply chain management：A review and bibliometric analysis[J]. International Journal of Production Economics，2015，162：101-114.

[6] Kleindorfer P R，Singhal K，Wassenhove L N V. Sustainable operations management[J]. Production & Operations Management，2005，14（4）：482-492.

[7] 史蒂文森. 运营管理[M]. 9 版. 张群，张杰，译. 北京：机械工业出版社，2011.

[8] Wallace D P，Fleet C V，Downs L J. The Research Core of the Knowledge Management Literature[M]. Amsterdam：Elsevier Science Publishers，2011.

[9] 王小华，徐宁，谌志群. 基于共词分析的文本主题词聚类与主题发现[J]. 情报科学，2011，（11）：1621-1624.

[10] 吴燕. 泛在知识环境下的数字图书馆发展研究[D]. 北京：中国科学院研究生院文献情报中心，2007.

[11] Anderson D R，Sweeney D J，Williams T A，et al. An Introduction to Management Science：Quantitative Approaches to Decision Making[M]. 北京：机械工业出版社，2010.

[12] Beamon B M. Supply chain design and analysis：Models and methods[J]. International Journal of Production Economics，1998，55（3）：281-294.

[13] Khalil T M. Facilities relative allocation technique（FRAT）[J]. International Journal of Production Research，1973，11（2）：183-194.

[14] Snyder L V. Facility location under uncertainty：A review[J]. Iie Transactions，2006，38（7）：547-564.

[15] Ellram L M，Zsidisin G. Factors that drive purchasing and supply management's use of information technology[J]. IEEE Transactions on Engineering Management，2002，49（3）：269-281.

[16] Ellram L M，Carr A. Strategic purchasing：A history and review of the literature[J]. Journal of Supply Chain Management，1994，30（1）：9-19.

[17] Kuhn H W. The Hungarian method for the assignment problem[C]. Naval Research Logistic Quart，1955：83-97.

[18] Campbell H G，Dudek R A，Smith M L. A Heuristic Algorithm for the n Job，m Machine Sequencing Problem[M]. Catonsville：INFORMS，1970.

[19] Campbell H G，Dudek R A，Smith M L. A heuristic algorithm for the n Job，m machine sequencing problem[J]. Management Science，1970，16（10）：630.

[20] Mula J，Poler R，Garcia-Sabater J P，et al. Models for production planning under uncertainty：A review[J]. International Journal of Production Economics，2006，103（1）：271-285.

[21] Rodammer F A，White K P J. A recent survey of production scheduling[J]. IEEE Transactions on Systems Man & Cybernetics，1988，18（6）：841-851.

[22] Sridharan V，Berry W L. Master production scheduling make-to-stock products：A framework for analysis[J]. International Journal of Production Research，1990，28（3）：541-558.

[23] Wagner H M. Research portfolio for inventory management and production planning systems[J]. Operations Research，1980，28（3）：445-475.

[24] Mitsumori S. Optimum production scheduling of multicommodity in flow line[J]. IEEE Transactions on Systems Man & Cybernetics，1972，SMC-2（4）：486-493.

[25] Zanjani M K，Nourelfath M，Ait-Kadi D. A multi-stage stochastic programming approach for production planning with uncertainty in the quality of raw materials and demand[J]. International Journal of Production Research，2010，48（16）：4701-4723.

[26] Zanjani M K，Ait-Kadi D，Nourelfath M. Robust production planning in a manufacturing environment with random yield：A case in sawmill production planning[J]. European Journal of Operational Research，2010，201（3）：882-891.

[27] Christou I T，Lagodimos A G，Lycopoulou D. Hierarchical production planning for multi-product lines in the beverage industry[J]. Production Planning & Control，2007，18（5）：367-376.

[28] Wang R C，Liang T F. Applying possibilistic linear programming to aggregate production planning[J]. International Journal of Production Economics，2005，98（3）：328-341.

[29] Wang R C，Liang T F. Application of fuzzy multi-objective linear programming to aggregate production planning[J]. Computers & Industrial Engineering，2004，46（1）：17-41.

[30] Fung R Y K，Tang J，Wang D. Multiproduct aggregate production planning with fuzzy demands and fuzzy capacities[J]. IEEE Transactions on Systems Man & Cybernetics Part A Systems & Humans，2003，33（3）：302-313.

[31] Pechoucek M，Rehak M，Charvat P，et al. Agent-based approach to mass-oriented production

planning: Case study[J]. IEEE Transactions on Systems Man & Cybernetics Part C, 2007, 37 (3): 386-395.

[32] Omar M K, Teo S C. Hierarchical production planning and scheduling in a multi-product, batch process environment[J]. International Journal of Production Research, 2007, 45(5): 1029-1047.

[33] 高学鸿, 杨玉中, 张晓娜. 基于粗集复合模糊物元的多产品组合生产目标贴近度研究[J]. 运筹与管理, 2017, 26 (5): 194-199.

[34] Abdel-Malek L L, Montanari R. An analysis of the multi-product newsboy problem with a budget constraint[J]. International Journal of Production Economics, 2005, 97 (3): 296-307.

[35] Khouja M. The single-period (news-vendor) problem: Literature review and suggestions for future research[J]. Omega, 1999, 27 (5): 537-553.

[36] Lau H S, Lau H L. The newsstand problem: A capacitated multiple-product single-period inventory problem[J]. European Journal of Operational Research, 1996, 94 (1): 29-42.

[37] Zhang B, Xu X, Hua Z. A binary solution method for the multi-product newsboy problem with budget constraint[J]. International Journal of Production Economics, 2009, 117 (1): 136-141.

[38] 胡劲松, 闫伟. 资金约束模糊报童问题 Stackelberg 均衡策略[J]. 系统工程学报, 2008, 23 (6): 696-701.

[39] 陈杰, 唐萍, 高腾. 带有多元马氏需求的多产品报童模型[J]. 中国管理科学, 2017, 25 (2): 57-67.

[40] Bakir M A, Byrne M D. Stochastic linear optimisation of an MPMP production planning model[J]. International Journal of Production Economics, 1998, 55 (1): 87-96.

[41] Noori S, Bagherpour M, Zorriassatine F, et al. A new project scheduling approach for improving multi-product multi-period production planning problems[J]. Proceedings of the Institution of Mechanical Engineers Part B Journal of Engineering Manufacture, 2008, 222 (11): 1517-1527.

[42] Byrne M D, Hossain M M. Production planning: An improved hybrid approach[J]. International Journal of Production Economics, 2005, 93-94 (1): 225-229.

[43] Kim B, Kim S. Extended model for a hybrid production planning approach[J]. International Journal of Production Economics, 2001, 73 (2): 165-173.

[44] Wang H F, Wu K Y. Modeling and analysis for multi-period, multi-product and multi-resource production scheduling[J]. Journal of Intelligent Manufacturing, 2003, 14 (3/4): 297-309.

[45] Abdul-Kader W, Gharbi A. Capacity estimation of a multi-product unreliable production line[J]. International Journal of Production Research, 2002, 40 (18): 4815-4834.

[46] Arruda E F, Val J B R D. Stability and optimality of a multi-product production and storage system under demand uncertainty[J]. European Journal of Operational Research, 2008, 188(2): 406-427.

[47] Liu X, Tu Y L, Zhang J, et al. A genetic algorithm heuristic approach to general outsourcing capacitated production planning problems[J]. International Journal of Production Research, 2008, 46 (18): 5059-5074.

[48] Liu X, Tu Y L. Capacitated production planning with outsourcing in an OKP company[J]. International Journal of Production Research, 2008, 46 (20): 5781-5795.

[49] Coman A，Ronen B. Production outsourcing：A linear programming model for the theory-of-constraints[J]. International Journal of Production Research，2000，38（7）：1631-1639.

[50] Qi X. Coordinated logistics scheduling for in-house production and outsourcing[J]. IEEE Transactions on Automation Science & Engineering，2008，5（1）：188-192.

[51] Gharbi A，Kenne J P. Optimal production control problem in stochastic multiple-product multiple-machine manufacturing systems[J]. IIE Transactions，2003，35（10）：941-952.

[52] Khmelnitsky E，Gerchak Y. Optimal control approach to production systems with inventory-level-dependent demand[J]. IEEE Transactions on Automatic Control，2002，47（2）：289-292.

[53] Kogan K，Khmelnitsky E. An optimal control model for continuous time production and setup scheduling[J]. International Journal of Production Research，1996，34（3）：715-725.

[54] Kogan K，Lou S X C. Optimal production control: analytical solution for the limit cycles[J]. IIE Transactions，2002，34（4）：363-374.

[55] Wu O Q，Chen H. Optimal control and equilibrium behavior of production-inventory systems[J]. Management Science，2010，56（8）：1362-1379.

[56] Benjaafar S，Gayon J P，Tepe S. Optimal Control of a Production-inventory System with Customer Impatience[M]. Amsterdam：Elsevier Science Publishers，2010.

[57] Benjaafar S，El Hafsi M，Huang T. Optimal control of a production-inventory system with both backorders and lost sales[J]. Naval Research Logistics，2010，57（3）：252-265.

[58] Feng Y，Ou J，Pang Z. Optimal control of price and production in an assemble-to-order system[J]. Operations Research Letters，2008，36（4）：506-512.

[59] Song J S，Zipkin P. Supply chain operations：Assemble-to-order systems[J]. Handbooks in Operations Research & Management Science，2003，11（3）：561-596.

[60] Fu K，Hsu V N，Lee C Y. Inventory and production decisions for an assemble-to-order system with uncertain demand and limited assembly capacity[J]. Operations Research，2006，54（6）：1137-1150.

[61] Hsu V N，Lee C Y，So K C. Optimal component stocking policy for assemble-to-order systems with lead-time-dependent component and product pricing[J]. Management Science，2006，52（3）：337-351.

[62] Hsu V N，Lee C Y，So K C. Managing components for assemble-to-order products with lead-time-dependent pricing：The full-shipment model[J]. Naval Research Logistics，2007，54（5）：510-523.

[63] Fu K，Hsu V N，Lee C Y. Note-optimal component acquisition for a single-product，single-demand assemble-to-order problem with expediting[J]. Manufacturing & Service Operations Management，2009，11（2）：229-236.

[64] Xiao Y，Chen J，Lee C Y. Optimal decisions for assemble-to-order systems with uncertain assembly capacity[J]. International Journal of Production Economics，2010，123（1）：155-165.

[65] Yao Z，Lee L H，Chew E P，et al. Dual-channel component replenishment problem in an assemble-to-order system[J]. IIE Transactions，2013，45（3）：229-243.

[66] Karaarslan A G，Kiesmüller G P，Kok A G D. Analysis of an assemble-to-order system with

different review periods[J]. International Journal of Production Economics，2013，143（2）：335-341.

[67] 李宇雨,但斌,黄波. 顾客驱动需求替代下 ATO 制造商定价和补货策略[J]. 系统工程学报，2011，26（6）：817-824.

[68] 李宇雨，黄波. 基于供应商联盟的混合补货方式下 ATO 供应链补货策略[J]. 管理工程学报，2016，30（2）：124-132.

[69] Fang X，So K C，Wang Y. Component procurement strategies in decentralized assemble-to-order systems with time-dependent pricing[J]. Management Science，2008，54（12）：1997-2011.

[70] Shao X F，Ji J H. Effects of sourcing structure on performance in a multiple-product assemble-to-order supply chain [J]. European Journal of Operational Research，2009，192（3）：981-1000.

[71] El Hafsi M，Camus H，Craye E. Optimal control of a nested-multiple-product assemble-to-order system[J]. International Journal of Production Research，2008，46（19）：5367-5392.

[72] El Hafsi M. Optimal integrated production and inventory control of an assemble-to-order system with multiple non-unitary demand classes[J]. European Journal of Operational Research，2009，194（1）：127-142.

[73] Ko S S，Choi J Y，Seo D W. Approximations of lead-time distributions in an assemble-to-order system under a base-stock policy[J]. Computers & Operations Research，2011，38（2）：582-590.

[74] Hnaien F，Delorme X，Dolgui A. Multi-objective optimization for inventory control in two-level assembly systems under uncertainty of lead times[J]. Computers & Operations Research，2010，37（11）：1835-1843.

[75] Krarup J，Pruzan P M. The simple plant location problem：Survey and synthesis[J]. European Journal of Operational Research，1983，12（1）：36-81.

[76] Sridharan R. The capacitated plant location problem[J]. European Journal of Operational Research，1995，87（2）：203-213.

[77] Zaferanieh M，Kakhki H T，Brimberg J，et al. A BSSS algorithm for the single facility location problem in two regions with different norms[J]. European Journal of Operational Research，2008，190（1）：79-89.

[78] Guastaroba G，Speranza M G. A heuristic for BILP problems：The single source capacitated facility location problem[J]. European Journal of Operational Research，2014，238（2）：438-450.

[79] Yang Z，Chu F，Chen H. A cut-and-solve based algorithm for the single-source capacitated facility location problem[J]. European Journal of Operational Research，2012，221（3）：521-532.

[80] Levin Y，Ben-Israel A. A heuristic method for large-scale multi-facility location problems[J]. Computers & Operations Research，2004，31（2）：257-272.

[81] Qu X，Wang S，Zhang J. On the fundamental diagram for freeway traffic：A novel calibration approach for single-regime models[J]. Transportation Research Part B，2015，73：91-102.

[82] Lim S，Ho V H，Lee S Y，et al. Determination of optimal location and capacity of detention facilities[J]. 12th International Conference on Computing and Control for the Water Industry，2014，70：1037-1045.

[83] Mizuno H，Okamoto T，Koakutsu S. A growing complex network design method with an

adaptive multi-objective genetic algorithm and an inner link restructuring method[C]. SICE Annual Conference，2012，282（5）：1525-1531.

[84] Harris I，Mumford C L，Naim M M. A hybrid multi-objective approach to capacitated facility location with flexible store allocation for green logistics modeling[J]. Transportation Research Part E Logistics & Transportation Review，2014，66（1）：1-22.

[85] Afshari H，Sharafi M，Elmekkawy T，et al. Optimizing multi-objective dynamic facility location decisions within green distribution network design[J]. Procedia Cirp，2014，17（17）：675-679.

[86] Özkır V，Başlıgıl H. Modelling product-recovery processes in closed-loop supply-chain network design[J]. International Journal of Production Research，2012，50（8）：2218-2233.

[87] Zhen L，Wang K，Liu H C. Disaster relief facility network design in metropolises[J]. IEEE Transactions on Systems Man & Cybernetics Systems，2015，45（5）：751-761.

[88] 王道平，徐展，杨岑. 基于两阶段启发式算法的物流配送选址-路径问题研究[J]. 运筹与管理，2017，26（4）：70-75.

[89] Zhen L. Tactical berth allocation under uncertainty[J]. European Journal of Operational Research，2015，247（3）：928-944.

[90] Wu Y，Dong M，Tang W，et al. Performance analysis of serial supply chain network considering system disruption[J]. Production Planning & Control，2010，21（8）：774-793.

[91] Zhen L，Xu Z，Wang K，et al. Multi-period yard template planning in container terminals[J]. Transportation Research Part B Methodological，2016，93：700-719.

[92] Zhen L，Wang K. A stochastic programming model for multi-product oriented multi-channel component replenishment[J]. Computers & Operations Research，2015，60：79-90.

[93] Nakayama Y. Dynamic access network reorganization for the depopulation age[J]. IEEE Transactions on Systems，Man，and Cybernetics：Systems，2015，45（5）：743-750.

[94] Wang S，Meng Q. Liner shipping network design with deadlines[J]. Computers & Operations Research，2014，41（1）：140-149.

[95] Wang S，Meng Q. Robust bunker management for liner shipping networks[J]. European Journal of Operational Research，2015，243（3）：789-797.

[96] Hui Q，Zhang H. Optimal balanced coordinated network resource allocation using swarm optimization[J]. IEEE Transactions on Systems，Man，and Cybernetics：Systems，2015，45（5）：770-787.

[97] Yang D，Jiao J，Ji Y，et al. Joint optimization for coordinated configuration of product families and supply chains by a leader-follower Stackelberg game[J]. European Journal of Operational Research，2015，246（1）：263-280.

[98] Wu Y，Dong M，Fan T，et al. Performance evaluation of supply chain networks with assembly structure under system disruptions[J]. Computers & Operations Research，2012，39（12）：3229-3243.

[99] Huang S，Wang Q，Batta R，et al. An integrated model for site selection and space determination of warehouses[J]. Computers & Operations Research，2015，62：169-176.

[100] 郭海湘，石咏，李冰毅，等. 模糊需求下的单货源多设施 Weber 问题[J]. 系统管理学报，2017，26（3）：428-437.

[101] Wang S，Watada J. A hybrid modified PSO approach to VaR-based facility location problems with variable capacity in fuzzy random uncertainty[J]. Information Sciences，2012，192（6）：3-18.

[102] Awasthi A，Chauhan S S，Goyal S K. A multi-criteria decision making approach for location planning for urban distribution centers under uncertainty[J]. Mathematical & Computer Modelling，2011，53（1/2）：98-109.

[103] Liu X. The site selection of distribution center based on linear programming transportation method[C]. Intelligent Control and Automation，IEEE，2012：3538-3542.

[104] Lee K，Kim B S，Joo C M. Genetic algorithms for door-assigning and sequencing of trucks at distribution centers for the improvement of operational performance[J]. Pergamon Press，Inc.，2012，39（17）：12975-12983.

[105] Soleimani H，Kannan G. A hybrid particle swarm optimization and genetic algorithm for closed-loop supply chain network design in large-scale networks[J]. Applied Mathematical Modelling，2015，39（14）：3990-4012.

[106] Dai Z，Zheng X. Design of close-loop supply chain network under uncertainty using hybrid genetic algorithm：A fuzzy and chance-constrained programming model[J]. Computers & Industrial Engineering，2015，88：444-457.

[107] Zhang L，Rushton G. Optimizing the size and locations of facilities in competitive multi-site service systems[J]. Computers & Operations Research，2008，35（2）：327-338.

[108] Bellettini G，Kempf H. Why not in your backyard? On the location and size of a public facility [J]. Regional Science & Urban Economics，2013，43（1）：22-30.

[109] Ashfari H，Sharifi M，Elmekkawy T Y，et al. Facility location decisions within integrated forward/reverse logistics under uncertainty [J]. Procedia Cirp，2014，17（1/2）：606-610.

[110] Holmberg K，Ling J. A Lagrangean heuristic for the facility location problem with staircase costs[J]. European Journal of Operational Research，1997，97（1）：63-74.

[111] Mazzola J B，Neebe A W. Lagrangian-relaxation-based solution procedures for a multiproduct capacitated facility location problem with choice of facility type[J]. European Journal of Operational Research，1999，115（2）：285-299.

[112] Wu T，Yang Z，Chu F，et al. A Lagrangean relaxation approach for a two-stage capacitated facility location problem with choice of depot size[C]. IEEE 12th International Conference on Networking，Sensing and Control（ICNSC），2015：39-44.

[113] 杨珺，卢巍. 低碳政策下多容量等级选址与配送问题研究[J]. 中国管理科学，2014，22（5）：51-60.

[114] 周愉峰，马祖军，王恪铭. 有容量限制的可靠性固定费用选址问题[J]. 运筹与管理，2015，（3）：6-13.

[115] 胡丹丹，杨珺，杨超. 拥塞型中转站选址设计和容量决策问题[J]. 系统管理学报，2015，24（2）：215-223.

[116] Klibi W，Martel A，Guitouni A. The design of robust value-creating supply chain networks：A critical review[J]. European Journal of Operational Research，2010，203（2）：283-293.

[117] Santoso T，Ahmed S，Goetschalckx M，et al. A stochastic programming approach for supply

chain network design under uncertainty[J]. European Journal of Operational Research，2003，167（1）：96-115.

[118] Georgiadis M C，Tsiakis P，Longinidis P，et al. Optimal design of supply chain networks under uncertain transient demand variations[J]. Omega，2011，39（3）：254-272.

[119] Sadjady H，Davoudpour H. Two-echelon，multi-commodity supply chain network design with mode selection，lead-times and inventory costs[J]. Computers & Operations Research，2012，39（7）：1345-1354.

[120] Özceylan E，Paksoy T，Bektaş T. Modeling and optimizing the integrated problem of closed-loop supply chain network design and disassembly line balancing[J]. Transportation Research Part E Logistics & Transportation Review，2014，61（61）：142-164.

[121] Longinidis P，Georgiadis M C. Integration of sale and leaseback in the optimal design of supply chain networks[J]. Omega，2014，47（9）：73-89.

[122] Longinidis P，Georgiadis M C，Kozanidis G. Integrating operational hedging of exchange rate risk in the optimal design of global supply chain networks[J]. Industrial & Engineering Chemistry Research，2015，54：6311-6325.

[123] Dong L，Kouvelis P，Su P. Operational hedging strategies and competitive exposure to exchange rates [J]. International Journal of Production Economics，2014，153（4）：215-229.

[124] Sarrafha K，Rahmati S H A，Niaki S T A，et al. A bi-objective integrated procurement，production，and distribution problem of a multi-echelon supply chain network design[J]. Computers & Operations Research，2015，54：35-51.

[125] He J，Huang Y，Chang D. Simulation-based heuristic method for container supply chain network optimization[J]. Elsevier Science Publishers B. V.，2015，29（3）：339-354.

[126] Manzini R，Gamberi M，Gebennini E，et al. An integrated approach to the design and management of a supply chain system[J]. International Journal of Advanced Manufacturing Technology，2008，37（5/6）：625-640.

[127] Manzini R，Bindi F. Strategic design and operational management optimization of a multi stage physical distribution system[J]. Transportation Research Part E Logistics & Transportation Review，2009，45（6）：915-936.

[128] Faccio M，Persona A，Sgarbossa F，et al. Multi-stage supply network design in case of reverse flows: A closed-loop approach[J]. International Journal of Operational Research，2011，12（2）：157-191.

[129] Shen B，Choi T M，Wang Y，et al. The coordination of fashion supply chains with a risk-averse supplier under the markdown money policy[J]. IEEE Transactions on Systems Man & Cybernetics Part B，2013，43（2）：266-276.

[130] Choi T M. Supply chain systems coordination with multiple risk sensitive retail buyers[J]. IEEE Transactions on Systems，Man，and Cybernetics：Systems，2017，46（5）：636-645.

[131] Mahnam M，Yadollahpour M R，Famil-Dardashti V，et al. Supply chain modeling in uncertain environment with bi-objective approach[J]. Computers & Industrial Engineering，2009，56（4）：1535-1544.

[132] Klibi W，Martel A. Scenario-based supply chain network risk modeling[J]. European Journal of Operational Research，2012，223（3）：644-658.

[133] Asian S，Nie X. Coordination in supply chains with uncertain demand and disruption risks: Existence，analysis，and insights[J]. IEEE Transactions on Systems，Man，and Cybernetics: Systems，2014，44（9）：1139-1154.

[134] Hasani A，Zegordi S H，Nikbakhsh E. Robust closed-loop global supply chain network design under uncertainty: The case of the medical device industry[J]. International Journal of Production Research，2015，53（5）：1596-1624.

[135] Yolmeh A，Salehi N. An outer approximation method for an integration of supply chain network designing and assembly line balancing under uncertainty [J]. Computers & Industrial Engineering，2015，83：297-306.

[136] Lu D，Gzara F，Elhedhli S. Facility location with economies and diseconomies of scale: Models and column generation heuristics[J]. IIE Transactions，2014，46（6）：585-600.

[137] 李晓超，林国龙，李姗姗. 考虑组件质量的供应链网络优化设计[J]. 运筹与管理，2016，25（5）：110-114.

[138] 陈芳，单而芳，郭传好. 匹配理论下乳制品供应链网络设计与成本优化研究[J]. 中国管理科学，2015，(s1)：610-616.

[139] Hishamuddin H，Sarker R A，Essam D. A recovery model for a two-echelon serial supply chain with consideration of transportation disruption[J]. Computers & Industrial Engineering，2013，64（2）：552-561.

[140] Gong J，Mitchell J E，Krishnamurthy A，et al. An interdependent layered network model for a resilient supply chain[J]. Omega，2014，46（9）：104-116.

[141] 吴忠和，陈宏，赵千. 不对称信息供应链应对突发事件协调模型[J]. 系统管理学报，2015，24（1）：91-97.

[142] Cruz J M，Wakolbinger T. Multiperiod effects of corporate social responsibility on supply chain networks，transaction costs，emissions，and risk[J]. International Journal of Production Economics，2008，116（1）：61-74.

[143] Cruz J M，Liu Z. Modeling and analysis of the multiperiod effects of social relationship on supply chain networks[J]. European Journal of Operational Research，2011，214（1）：39-52.

[144] Devika K，Jafarian A，Nourbakhsh V. Designing a sustainable closed-loop supply chain network based on triple bottom line approach: A comparison of metaheuristics hybridization techniques[J]. European Journal of Operational Research，2014，235（3）：594-615.

[145] Zhen L. A three-stage optimization model for production and outsourcing under China's export-oriented tax policies[J]. Transportation Research Part E: Logistics and Transportation Review，2014，69：1-20.

[146] Jabbarzadeh A，Fahimnia B，Seuring S. Dynamic supply chain network design for the supply of blood in disasters: A robust model with real world application[J]. Transportation Research Part E: Logistics and Transportation Review，2014，70：225-244.

[147] 胡本勇，陈旭. 供需不确定情形下基于期权的血液供应链优化[J]. 系统工程理论与实践，2016，36（12）：3133-3141.

[148] Wang S，Liu Z，Bell M G H. Profit-based maritime container assignment models for liner shipping networks[J]. Transportation Research Part B: Methodological，2015，72：59-76.

[149] Wang S，Liu Z，Meng Q. Segment-based alteration for container liner shipping network design[J]. Transportation Research Part B：Methodological，2015，72：128-145.

[150] 吴义生，吴顺祥，白少布，等. 面向网购的低碳供应链超网络优化模型及其应用[J]. 中国管理科学，2017，（6）：111-120.

[151] 徐琪，刘峥，汤兵勇. 合同订购与现货市场混合交易下的双渠道供应链优化决策[J]. 中国管理科学，2015，23（4）：105-116.

[152] Liang T F. Fuzzy multi-objective production/distribution planning decisions with multi-product and multi-time period in a supply chain[J]. Computers & Industrial Engineering，2008，55（3）：676-694.

[153] Liu S，Papageorgiou L G. Multiobjective optimisation of production，distribution and capacity planning of global supply chains in the process industry[J]. Omega，2013，41（2）：369-382.

[154] Nagurney A，Yu M，Floden J，et al. Supply chain network competition in time-sensitive markets[J]. Transportation Research Part E：Logistics and Transportation Review，2014，70：112-127.

[155] Farahani R Z，Rezapour S，Drezner T，et al. Competitive supply chain network design：An overview of classifications，models，solution techniques and applications[J]. Omega，2014，45：92-118.

[156] Meixell M J，Gargeya V B. Global supply chain design：A literature review and critique[J]. Transportation Research Part E: Logistics and Transportation Review，2005，41（6）：531-550.

[157] van der Vaart T，van Donk D P. A critical review of survey-based research in supply chain integration[J]. International Journal of Production Economics，2008，111（1）：42-55.

[158] Lu L X，van Mieghem J A. Multimarket facility network design with offshoring applications[J]. Social Science Electronic Publishing，2009，11（1）：90-108.

[159] Melo M T，Nickel S，Saldanha-Da-Gama F. Facility location and supply chain management-A review[J]. European Journal of Operational Research，2009，196（2）：401-412.

[160] Pan F，Nagi R. Multi-echelon supply chain network design in agile manufacturing[J]. Omega，2013，41（6）：969-983.

[161] Li H，Womer K. Optimizing the supply chain configuration for make-to-order manufacturing[J]. European Journal of Operational Research，2012，221（1）：118-128.

[162] Ben-Daya M，As'ad R，Seliaman M. An integrated production inventory model with raw material replenishment considerations in a three layer supply chain[J]. International Journal of Production Economics，2013，143（1）：53-61.

[163] Qi X. Outsourcing and production scheduling for a two-stage flow shop[J]. International Journal of Production Economics，2011，129（1）：43-50.

[164] Zhang A，Luo H，Huang G Q. A bi-objective model for supply chain design of dispersed manufacturing in China[J]. International Journal of Production Economics，2013，146（1）：48-58.

[165] Lee K，Choi B C. Two-stage production scheduling with an outsourcing option[J]. European Journal of Operational Research，2011，213（3）：489-497.

[166] 李琳. 带有外包考虑的两阶段流水车间生产调度优化问题[J]. 运筹与管理，2016，25（5）：75-81.

[167] 张汉江，张媛，李俊萍，等. 一体化下游企业的零部件自制与外包决策的供应链短期均衡研究[J]. 中国管理科学，2011，19（1）：42-47.

[168] Zhen L. A decision model on production planning with outsourcing[J]. IEEE Transactions on Systems，Man，and Cybernetics-Part A：Systems and Humans，2012，42（2）：497-502.

[169] Zhen L. Analytical study on multi-product production planning with outsourcing[J]. Elsevier Science Ltd.，2012，39（9）：2100-2110.

[170] Feng B，Fan Z P，Li Y. A decision method for supplier selection in multi-service outsourcing[J]. International Journal of Production Economics，2011，132（2）：240-250.

[171] Balachandran K R，Wang H W，Li S H，et al. In-house capability and supply chain decisions[J]. Omega，2013，41（2）：473-484.

[172] Liu Z，Nagurney A. Supply chain outsourcing under exchange rate risk and competition[J]. Omega，2011，39（5）：539-549.

[173] Nickel S，Saldanha-da-Gama F，Ziegler H P. A multi-stage stochastic supply network design problem with financial decisions and risk management[J]. Omega，2012，40（5）：511-524.

[174] Qiang Q，Ke K，Anderson T，et al. The closed-loop supply chain network with competition，distribution channel investment，and uncertainties[J]. Omega，2013，41（2）：186-194.

[175] Su Y，Geunes J. Price promotions，operations cost，and profit in a two-stage supply chain[J]. Omega，2012，40（6）：891-905.

[176] Palsule-Desai O D. Supply chain coordination using revenue-dependent revenue sharing contracts[J]. Omega，2013，41（4）：780-796.

[177] Zhang A，Huang G Q. Impacts of business environment changes on global manufacturing outsourcing in China[J]. Supply Chain Management：An International Journal，2012，17（2）：138-151.

[178] Zhang A，Huang G Q，Liu X. Impacts of business environment changes on global manufacturing in the Chinese Greater Pearl River Delta: A supply chain perspective[J]. Applied Economics，2011，44（34）：4505-4514.

[179] Huang G Q，Zhang A，Liu X. A supply chain configuration model for reassessing global manufacturing in China[J]. Journal of Manufacturing Technology Management，2013，24（5）：669-687.

[180] Nepal B，Monplaisir L，Famuyiwa O. Matching product architecture with supply chain design[J]. European Journal of Operational Research，2012，216（2）：312-325.

[181] Marsillac E，Roh J J. Connecting product design，process and supply chain decisions to strengthen global supply chain capabilities[J]. International Journal of Production Economics，2014，147：317-329.

[182] Munson C L，Rosenblatt M J. The impact of local content rules on global sourcing decisions[J]. Production and Operations Management，1997，6（3）：277-290.

[183] Wilhelm W，Liang D，Rao B，et al. Design of international assembly systems and their supply chains under NAFTA[J]. Transportation Research Part E：Logistics and Transportation Review，2005，41（6）：467-493.

[184] Li Y，Lim A，Rodrigues B. Global sourcing using local content tariff rules[J]. IIE Transactions，2007，39（5）：425-437.

[185] Feng C M，Wu P J. A tax savings model for the emerging global manufacturing network[J]. International Journal of Production Economics，2009，122（2）：534-546.

[186] Hsu V N，Zhu K. Tax-effective supply chain decisions under China's export-oriented tax policies[J]. Manufacturing & Service Operations Management，2011，13（2）：163-179.

[187] Chung S H，Weaver R D，Friesz T L. Strategic response to pollution taxes in supply chain networks: Dynamic，spatial，and organizational dimensions[J]. European Journal of Operational Research，2013，231（2）：314-327.

[188] 岳万勇，赵正佳. 不确定需求下跨国供应链数量折扣模型[J]. 管理评论，2012，24（9）：164-169.

[189] 赵正佳，张会会，王锡琴. 全球供应链数量折扣与退货组合契约研究[J]. 运筹与管理，2014，（6）：50-56.

[190] Votaw D F，Orden A. The personnel assignment problem[J]. Symposium on Linear Inequalities and Programming SCOOP，US Air Force，1952，10：155-163.

[191] Yaw HWKB. The Hungarian method for the assignment problem[J]. Naval Research Logistics Quart，1955，2（1/2）：83-97.

[192] Cattrysse D G，van Wassenhove L N. A survey of algorithms for the generalized assignment problem[J]. European Journal of Operational Research，1992，60（3）：260-272.

[193] Narciso M G，Lorena L A N. Lagrangean/surrogate relaxation for generalized assignment problems[J]. European Journal of Operational Research，1999，114（1）：165-177.

[194] Haddadi S，Ouzia H. Effective algorithm and heuristic for the generalized assignment problem[J]. European Journal of Operational Research，2007，153（1）：184-190.

[195] Woodcock A J，Wilson J M. A hybrid tabu search/branch & bound approach to solving the generalized assignment problem[J]. European Journal of Operational Research，2010，207（2）：566-578.

[196] Lequy Q，Desaulniers G，Solomon M M. A two-stage heuristic for multi-activity and task assignment to work shifts[J]. Computers & Industrial Engineering，2012，63（4）：831-841.

[197] Tuncel G，Topaloglu S. Assembly line balancing with positional constraints，task assignment restrictions and station paralleling: A case in an electronics company[J]. Pergamon Press，Inc.，2013，64（2）：602-609.

[198] Güler M G，Keskin M E，Döyen A，et al. On teaching assistant-task assignment problem: A case study[J]. Computers & Industrial Engineering，2015，79：18-26.

[199] Xie Y，Chien C F，Tang R Z. A dynamic task assignment approach based on individual worklists for minimizing the cycle time of business processes[J]. Computers & Industrial Engineering，2016，99：401-414.

[200] 崔春生. Vague 指派问题的求解方法研究[J]. 运筹与管理，2015，（2）：58-63.

[201] 张源凯，孙丽君，胡祥培. 成品油配送多车舱车辆指派及路径优化问题研究[J]. 运筹与管理，2017，26（7）：1-9.

[202] 程德通，李登峰，余高锋. 大规模定制模式下基于三角直觉模糊信息的生产指派问题研究[J]. 运筹与管理，2016，25（1）：59-69.

[203] Krokhmal P A, Pardalos P M. Random assignment problems[J]. European Journal of Operational Research, 2009, 194 (1): 1-17.

[204] Zhang Z, Daigle J. Analysis of job assignment with batch arrivals among heterogeneous servers[J]. European Journal of Operational Research, 2012, 217 (1): 149-161.

[205] Albareda-Sambola M, van der Vlerk M H, Fernández E. Exact solutions to a class of stochastic generalized assignment problems[J]. European journal of operational research, 2006, 173 (2): 465-487.

[206] Cheung R K, Hang D D, Shi N. A labeling method for dynamic driver-task assignment with uncertain task durations[J]. Elsevier Science Publishers B. V., 2005, 33 (4): 411-420.

[207] Lin Y K, Yeh C T. Determining the optimal double-component assignment for a stochastic computer network[J]. Omega, 2012, 40 (1): 120-130.

[208] Yan S, Tang C H. A heuristic approach for airport gate assignments for stochastic flight delays[J]. European Journal of Operational Research, 2007, 180 (2): 547-567.

[209] Zhen L. Task assignment under uncertainty: Stochastic programming and robust optimisation approaches[J]. International Journal of Production Research, 2015, 53 (5): 1487-1502.

[210] Gabrel V, Murat C, Thiele A. Recent advances in robust optimization: An overview[J]. European Journal of Operational Research, 2014, 235 (3): 471-483.

[211] Ben-Tal A, Nemirovski A. Selected topics in robust convex optimization[J]. Mathematical Programming, 2008, 112 (1): 125-158.

[212] Bertsimas D, Brown D B, Caramanis C. Theory and applications of robust optimization[J]. SIAM Review, 2010, 53 (3): 464-501.

[213] Bertsimas D, Sim M. The price of robustness[J]. Operations Research, 2004, 52 (1): 35-53.

[214] Hertog D D, Gorissen B L, Ben-Tal A, et al. A New Method for Deriving Robust and Globalized Robust Solutions of Uncertain Linear Conic Optimization Problems Having General Convex Uncertainty Sets. Tilburg: Social Science Electronic Publishing, 2012.

[215] Beck A, Ben-Tal A. Duality in robust optimization: primal worst equals dual best[J]. Operations Research Letters, 2009, 37 (1): 1-6.

[216] Gabrel V, Murat C. Robustness and duality in linear programming[J]. Journal of the Operational Research Society, 2010, 61 (8): 1288-1296.

[217] Assavapokee T, Realff M J, Ammons J C. Min-max regret robust optimization approach on interval data uncertainty[J]. Journal of Optimization Theory and Applications, 2008, 137 (2): 297-316.

[218] Minoux M. On 2-stage robust LP with RHS uncertainty: Complexity results and applications[J]. Kluwer Academic Publishers, 2011, 49 (3): 521-537.

[219] Chen X, Sim M, Sun P. A robust optimization perspective on stochastic programming[J]. Operations Research, 2007, 55 (6): 1058-1071.

[220] Shapiro A. A dynamic programming approach to adjustable robust optimization[J]. Operations Research Letters, 2011, 39 (2): 83-87.

[221] Carello G, Lanzarone E. A cardinality-constrained robust model for the assignment problem in home care services[J]. European Journal of Operational Research, 2014, 236 (2): 748-762.

[222] Ben-Tal A，Do Chung B，Mandala S R，et al. Robust optimization for emergency logistics planning：Risk mitigation in humanitarian relief supply chains[J]. Transportation Research Part B：Methodological，2011，45（8）：1177-1189.

[223] Ouorou A. Tractable approximations to a robust capacity assignment model in telecommunications under demand uncertainty[J]. Elsevier Science Ltd.，2013，40（1）：318-327.

[224] Ng T S，Sun Y，Fowler J. Semiconductor lot allocation using robust optimization[J]. European Journal of Operational Research，2010，205（3）：557-570.

[225] Kanyalkar A P，Adil G K. A robust optimisation model for aggregate and detailed planning of a multi-site procurement-production-distribution system[J]. International Journal of Production Research，2010，48（3）：635-656.

[226] Wu Y. Robust optimization applied to uncertain production loading problems with import quota limits under the global supply chain management environment[J]. International Journal of Production Research，2006，44（5）：849-882.

[227] Ang M，Lim Y F，Sim M. Robust storage assignment in unit-load warehouses[J]. Management Science，2012，58（11）：2114-2130.

[228] Kirkizlar E，Andradottir S，Ayhan H. Robustness of efficient server assignment policies to service time distributions in finite-buffered lines[J]. Naval Research Logistics，2010，57（6）：563-582.

[229] Shams H，Salmasi N. Parallel machine scheduling problem with preemptive jobs and transportation delay[J]. Computers & Operations Research，2014，50：14-23.

[230] Lee J Y，Kim Y D. A branch and bound algorithm to minimize total tardiness of jobs in a two identical-parallel-machine scheduling problem with a machine availability constraint[J]. Journal of the Operational Research Society，2015，66（9）：1542-1554.

[231] Lalla-Ruiz E，Voß S. Modeling the parallel machine scheduling problem with step deteriorating jobs[J]. European Journal of Operational Research，2016，255（1）：21-33.

[232] Sels V，Coelho J，Dias A M，et al. Hybrid tabu search and a truncated branch-and-bound for the unrelated parallel machine scheduling problem[J]. Computers & Operations Research，2015，53：107-117.

[233] Gara-Ali A，Finke G，Espinouse M L. Parallel-machine scheduling with maintenance：Praising the assignment problem[J]. European Journal of Operational Research，2016，252（1）：90-97.

[234] Gedik R，Rainwater C，Nachtmann H，et al. Analysis of a parallel machine scheduling problem with sequence dependent setup times and job availability intervals[J]. European Journal of Operational Research，2016，251（2）：640-650.

[235] Fanjul-Peyro L，Perea F，Ruiz R. Models and matheuristics for the unrelated parallel machine scheduling problem with additional resources[J]. European Journal of Operational Research，2017，260（2）：482-493.

[236] Liu C H，Tsai W N. Multi-objective parallel machine scheduling problems by considering controllable processing times[J]. Journal of the Operational Research Society，2016，67（4）：654-663.

[237] 史烨, 李凯. 并行机问题的模拟退火调度算法研究[J]. 运筹与管理, 2011, 20（4）: 104-107.

[238] 王建军，刘晓盼，刘锋，等. 随机机器故障下加工时间可控的并行机鲁棒调度[J]. 中国管理科学，2017，25（3）：111-120.

[239] Shah R，Ward P T. Lean manufacturing: Context, practice bundles, and performance[J]. Journal of Operations Management，2004，21（2）：129-149.

[240] Konak A，Kulturel-Konak S，Azizoğlu M. Minimizing the number of tool switching instants in flexible manufacturing systems[J]. International Journal of Production Economics，2008，116（2）：298-307.

[241] Altuntas B，Wysk R A，Rothrock L. Formal approach to include a human material handler in a computer-integrated manufacturing（CIM）system[J]. International Journal of Production Research，2007，45（9）：1953-1971.

[242] Kojima M，Nakashima K，Ohno K. Performance evaluation of SCM in JIT environment[J]. International Journal of Production Economics，2008，115（2）：439-443.

[243] Zhang D Z. Towards theory building in agile manufacturing strategies—Case studies of an agility taxonomy[J]. International Journal of Production Economics，2011，131（1）：303-312.

[244] Ahiska S S，King R E. Inventory optimization in a one product recoverable manufacturing system[J]. International Journal of Production Economics，2010，124（1）：11-19.

[245] Anzanello M J，Fogliatto F S. Selecting the best clustering variables for grouping mass-customized products involving workers' learning[J]. International Journal of Production Economics，2011，130（2）：268-276.

[246] Monroy C R，Arto J R V. Analysis of global manufacturing virtual networks in the aeronautical industry[J]. International Journal of Production Economics，2010，126（2）：314-323.

[247] Paiva E L. Manufacturing and marketing integration from a cumulative capabilities perspective[J]. International Journal of Production Economics，2011，126（2）：379-386.

[248] Kenne J P，Dejax P，Gharbi A. Production planning of a hybrid manufacturing–remanufacturing system under uncertainty within a closed-loop supply chain[J]. International Journal of Production Economics，2012，135（1）：81-93.

[249] Greenfield H I. Manpower and the Growth of Producer Services[M]. New York: Columbia University Press，1996.

[250] Francois J F. Producer services, scale, and the division of labor[J]. Oxford Economic Papers，1990，42（4）：715-729.

[251] MacPherson A. The role of producer service outsourcing in the innovation performance of New York State manufacturing firms[J]. Annals of the association of American Geographers，1997，87（1）：52-71.

[252] Markusen J R. Trade in producer services and in other specialized intermediate inputs[J]. The American Economic Review，1989：85-95.

[253] Gunasekaran A，Spalanzani A. Sustainability of manufacturing and services: Investigations for research and applications[J]. International Journal of Production Economics，2012，140（1）：35-47.

[254] Berger S，Lester R. Made by Hong Kong[M]. Oxford: Oxford University Press，1997.

[255] Pappas N，Sheehan P. The New Manufacturing: Linkages Between Production and Service Activities[M]. Melbourne: Victoria University Press，1998.

[256] Carson I. The world as a single machine[J]. The Economist，1998，11：12-23.

[257] Garcia-Milá T，McGuire T J. A note on the shift to a service-based economy and the consequences for regional growth[J]. Journal of Regional Science，1998，38（2）：353-363.

[258] 吴贵生，蔺雷. 我国制造企业"服务增强"的实证研究及政策建议[J]. 管理工程学报，2011，28（4）：47-56.

[259] Grönroos C. Service Management and Marketing：A Customer Relationship Management Approach[M]. New Jersey：John Wiley & Sons，2000.

[260] Schmenner R W. Looking ahead by looking back：Swift，even flow in the history of manufacturing[J]. Production and Operations Management，2001，10（1）：87-96.

[261] Gebauer H，Fischer T. Exploring service needs in the Chinese manufacturing industry[J]. Chinese Management Studies，2009，3（2）：143-154.

[262] 梁琦，陆剑宝. 传统制造业集群的生产性服务需求——广东、山西两地 4 个制造业集群样本的考察[J]. 管理评论，2014，26（11）：169-181.

[263] Reed R，Storrud-Barnes S F. Systematic performance differences across the manufacturing-service continuum[J]. Service Business，2009，3（4）：319-339.

[264] Frohlich M T，Westbrook R. Demand chain management in manufacturing and services：Web-based integration，drivers and performance[J]. Journal of Operations Management，2002，20（6）：729-745.

[265] 汪应洛. 创新服务型制造业，优化产业结构[J]. 管理工程学报，2010，（s1）：2-5.

[266] Crosby L A，Evans K R，Cowles D. Relationship quality in services selling：An interpersonal influence perspective[J]. The Journal of Marketing，1990：68-81.

[267] Cowell D W. New service development[J]. Journal of Marketing Management，1988，3（3）：296-312.

[268] Gao J，Yao Y，Zhu V C Y，et al. Service-oriented manufacturing：A new product pattern and manufacturing paradigm[J]. Journal of Intelligent Manufacturing，2011，22（3）：435-446.

[269] Nylund H，Andersson P H. Simulation of service-oriented and distributed manufacturing systems[J]. Robotics and Computer-Integrated Manufacturing，2010，26（6）：622-628.

[270] Popescu C，Lastra J L M. An incremental Petri net-derived approach to modeling of flow and resources in service-oriented manufacturing systems[C]. 8th IEEE International Conference on Industrial Informatics，Indin，2010：253-259.

[271] 罗建强，赵艳萍，彭永涛. 基于 TRIZ 的制造企业服务衍生研究[J]. 管理评论，2016，28（5）：35-46.

[272] 彭本红，谷晓芬，周倩倩，等. 基于 SNA 的服务型制造项目治理风险分析[J]. 管理评论，2016，28（2）：25-34.

[273] Zhang F Q，Jiang P Y. A framework for configuring service-oriented manufacturing executive system[J]. Applied Mechanics and Materials，2009，16：665-669.

[274] Franco R D，Bas Á O，Esteban F L. Modeling extended manufacturing processes with service-oriented entities[J]. Service Business，2009，3（1）：31-50.

[275] Zhao L，Wan J，Jiang P，et al. Service design for product lifecycle in service oriented manufacturing[J]. Intelligent Robotics and Applications，2008：733-742.

[276] Ahi P，Searcy C. A comparative literature analysis of definitions for green and sustainable supply chain management[J]. Journal of Cleaner Production，2013，52：329-341.

[277] Sarkis J，Zhu Q，Lai K. An organizational theoretic review of green supply chain management literature[J]. International Journal of Production Economics，2011，130（1）：1-15.

[278] Govindan K，Sarkis J，Jabbour C J C，et al. Eco-efficiency based green supply chain management：Current status and opportunities[J]. European Journal of Operational Research，2014，233（2）：293-298.

[279] Singh A，Trivedi A，et al. Sustainable green supply chain management：Trends and current practices[J]. Competitiveness Review，2016，（3）：265-288.

[280] Azevedo S G，Carvalho H，Machado V C. The influence of green practices on supply chain performance：A case study approach[J]. Transportation Research Part E：Logistics and Transportation Review，2011，47（6）：850-871.

[281] Tsoulfas G T，Pappis C P. Environmental principles applicable to supply chains design and operation[J]. Journal of Cleaner Production，2006，14（18）：1593-1602.

[282] Handfield R B，Walton S V，Seegers L K，et al. "Green" value chain practices in the furniture industry[J]. Journal of Operations Management，1997，15（4）：293-315.

[283] Lam J S L. Designing a sustainable maritime supply chain：A hybrid QFD–ANP approach[J]. Transportation Research Part E：Logistics and Transportation Review，2015，78：70-81.

[284] Wang F，Lai X，Shi N. A multi-objective optimization for green supply chain network design[J]. Decision Support Systems，2011，51（2）：262-269.

[285] Zhu W，He Y. Green product design in supply chains under competition[J]. European Journal of Operational Research，2016，258（1）：165-180.

[286] 周永圣，刘巧荣，李健，等. 基于绿色信贷的政府促进银行实施代理监督权的博弈研究[J]. 系统工程理论与实践，2015，35（7）：1744-1751.

[287] Srivastava S K. Green supply-chain management：A state-of-the-art literature review[J]. International Journal of Management Reviews，2007，9（1）：53-80.

[288] Chen W，Kucukyazici B，Verter V，et al. Supply chain design for unlocking the value of remanufacturing under uncertainty[J]. European Journal of Operational Research，2015，247（3）：804-819.

[289] Mallidis I，Vlachos D，Iakovou E，et al. Design and planning for green global supply chains under periodic review replenishment policies[J]. Transportation Research Part E：Logistics and Transportation Review，2014，72：210-235.

[290] Sazvar Z，Mirzapour Al-e-Hashem S M J，Baboli A，et al. A bi-objective stochastic programming model for a centralized green supply chain with deteriorating products[J]. International Journal of Production Economics，2014，150：140-154.

[291] 吴坚，曹清玮. 不确定决策环境下绿色供应商选择方法研究[J]. 运筹与管理，2012，21（1）：220-225.

[292] 楼高翔，周可，周虹，等. 面向随机需求的绿色再制造综合生产计划[J]. 系统管理学报，2016，25（1）：156-164.

[293] Samanlioglu F. A multi-objective mathematical model for the industrial hazardous waste

location-routing problem[J]. European Journal of Operational Research，2013，226（2）：332-340.

[294] Hatefi S M，Jolai F. Robust and reliable forward—reverse logistics network design under demand uncertainty and facility disruptions[J]. Applied Mathematical Modelling，2014，38（9）：2630-2647.

[295] Alumur S A，Nickel S，Saldanha-da-Gama F，et al. Multi-period reverse logistics network design[J]. European Journal of Operational Research，2012，220（1）：67-78.

[296] Salema M I G，Barbosa-Povoa A P，Novais A Q. Simultaneous design and planning of supply chains with reverse flows：A generic modelling framework[J]. European Journal of Operational Research，2010，203（2）：336-349.

[297] 吴忠和，陈宏，赵千. 非对称信息下闭环供应链回购契约应对突发事件策略研究[J]. 中国管理科学，2013，21（6）：97-106.

[298] Paksoy T，Bektaş T，Özceylan E. Operational and environmental performance measures in a multi-product closed-loop supply chain[J]. Transportation Research Part E：Logistics and Transportation Review，2011，47（4）：532-546.

[299] Zhalechian M，Tavakkoli-Moghaddam R，Zahiri B，et al. Sustainable design of a closed-loop location-routing-inventory supply chain network under mixed uncertainty[J]. Transportation Research Part E：Logistics and Transportation Review，2016，89：182-214.

[300] Ameknassi L，Aït-Kadi D，Rezg N. Integration of logistics outsourcing decisions in a green supply chain design：A stochastic multi-objective multi-period multi-product programming model[J]. International Journal of Production Economics，2016，182：165-184.

[301] Elhedhli S，Merrick R. Green supply chain network design to reduce carbon emissions[J]. Transportation Research Part D：Transport and Environment，2012，17（5）：370-379.

[302] Dekker R，Bloemhof J，Mallidis I. Operations research for green logistics–an overview of aspects，issues，contributions and challenges[J]. European Journal of Operational Research，2012，219（3）：671-679.

[303] Faccio M，Persona A，Sgarbossa F，et al. Sustainable SC through the complete reprocessing of end-of-life products by manufacturers：A traditional versus social responsibility company perspective[J]. European Journal of Operational Research，2014，233（2）：359-373.

[304] 李美苓，张强，邹正兴. 食品供应链企业社会责任的演化博弈分析[J]. 运筹与管理，2017，（8）：34-44.

[305] Bojarski A D，Laínez J M，Espuña A，et al. Incorporating environmental impacts and regulations in a holistic supply chains modeling：An LCA approach[J]. Computers & Chemical Engineering，2009，33（10）：1747-1759.

[306] Tognetti A，Grosse-Ruyken P T，Wagner S M. Green supply chain network optimization and the trade-off between environmental and economic objectives[J]. International Journal of Production Economics，2015，170：385-392.

[307] Benjaafar S，Li Y，Daskin M. Carbon footprint and the management of supply chains：Insights from simple models[J]. IEEE Transactions on Automation Science and Engineering，2012，10（1）：99-116.

[308] Chaabane A，Ramudhin A，Paquet M. Designing supply chains with sustainability considerations[J]. Production Planning & Control，2011，22（8）：727-741.

[309] 许建，田宇. 基于可持续供应链管理的企业社会责任风险评价[J]. 中国管理科学，2014，22（S1）：396-403.

[310] Peng Y，Ablanedo-Rosas J H，Fu P. A multiperiod supply chain network design considering carbon emissions[J]. Mathematical Problems in Engineering，2016，（1）：1-11.

[311] Garey M R，Johnson D S. Computers and Intractability：A Guide to the Theory of NP-Completeness[M]. San Francisco：W.H. Freeman and Company，1986.

[312] Avriel M，Williams A C. The value of information and stochastic programming[J]. Operations Research，1970，18（5）：947-954.

[313] Kennedy J，Eberhart R. Particle swarm optimization[C]. IEEE International Conference on Neural Networks，2011，4：1942-1948.

[314] Tang L，Zhao J，Liu J. Modeling and solution of the joint quay crane and truck scheduling problem[J]. European Journal of Operational Research，2014，236（3）：978-990.

[315] Kleywegt A J，Shapiro A，Homem-de-Mello T. The sample average approximation method for stochastic discrete optimization[J]. Siam Journal on Optimization，2001，12（2）：479-502.

[316] Fischetti M，Lodi A. Local branching[J]. Mathematical Programming，2003，98（1/2/3）：23-47.

[317] Caserta M，Rico E Q，Uribe A M. A cross entropy algorithm for the Knapsack problem with setups[J]. Computers & Operations Research，2008，35（1）：241-252.

[318] Caserta M，Rico E Q. A cross entropy-Lagrangean hybrid algorithm for the multi-item capacitated lot-sizing problem with setup times[J]. Computers & Operations Research，2009，36（2）：530-548.

[319] Rubinstein R Y. Optimization of computer simulation models with rare events[J]. European Journal of Operational Research，1997，99（1）：89-112.

[320] Rubinstein R Y. Combinatorial Optimization，Cross-Entropy，Ants and Rare Events. Stochastic Optimization：Algorithms and Applications[M]. Boston：Springer，2001：303-363.

[321] Herroelen W，Leus R. Project scheduling under uncertainty：Survey and research potentials[J]. European Journal of Operational Research，2005，165（2）：289-306.

[322] Zhen L，Lee L H，Chew E P. A decision model for berth allocation under uncertainty[J]. European Journal of Operational Research，2011，212（1）：54-68.

[323] Lamiri M，Xie X，Dolgui A，et al. A stochastic model for operating room planning with elective and emergency demand for surgery[J]. European Journal of Operational Research，2008，185（3）：1026-1037.

[324] Gregory C，Darby-Dowman K，Mitra G. Robust optimization and portfolio selection：The cost of robustness[J]. European Journal of Operational Research，2011，212（2）：417-428.

[325] Bertsimas D，Goyal V. On the power of robust solutions in two-stage stochastic and adaptive optimization problems[J]. INFORMS，2010，35（2）：284-305.

[326] Clements D，Crawford J，Joslin D，et al. Heuristic optimization：A hybrid AI/OR approach[C]. Proceedings of the Workshop on Industrial Constraint-Directed Scheduling，Linz，1997.

[327] Zhen L，Chew E P，Lee L H. An integrated model for berth template and yard template planning

in transshipment hubs[J]. Transportation Science，2011，45（4）：483-504.

[328] Burke E K，Hyde M R，Kendall G. A squeaky wheel optimisation methodology for two-dimensional strip packing[J]. Computers & Operations Research，2011，38（7）：1035-1044.

[329] Meisel F，Bierwirth C. Heuristics for the integration of crane productivity in the berth allocation problem[J]. Transportation Research Part E：Logistics and Transportation Review，1998，45（1）：196-209.

[330] Umang N，Bierlaire M，Vacca I. Exact and heuristic methods to solve the berth allocation problem in bulk ports[J]. Transportation Research Part E: Logistics and Transportation Review，2013，54：14-31.

[331] Øvstebø B O，Hvattum L M，Fagerholt K. Routing and scheduling of RoRo ships with stowage constraints[J]. Transportation Research Part C: Emerging Technologies，2011，19（6）：1225-1242.

[332] Zhen L. Modeling of yard congestion and optimization of yard template in container ports[J]. Transportation Research Part B：Methodological，2016，90：83-104.

[333] Zhen L，Wang W，Dan Z. Optimizing locations and scales of distribution centers under uncertainty[J]. IEEE Transactions on Systems Man & Cybernetics Systems，2017，47（11）：2908-2919.

[334] 肖序，曾辉祥. 可持续供应链管理与循环经济能力：基于制度压力视角[J]. 系统工程理论与实践，2017，37（7）：1793-1804.

[335] Dubey R，Gunasekaran A，Chakrabarty A. World-class sustainable manufacturing：Framework and a performance measurement system[J]. International Journal of Production Research，2015，53（17）：5207-5223.

[336] Cao J，Jiang Z，Wang K. Customer demand prediction of service-oriented manufacturing incorporating customer satisfaction[J]. International Journal of Production Research，2016，54（5）：1303-1321.

[337] 杨慧，宋华明，俞安平. 服务型制造模式的竞争优势分析与实证研究——基于江苏 200 家制造企业数据[J]. 管理评论，2014，26（3）：89-99.

[338] 程东全，顾锋，耿勇. 服务型制造中的价值链体系构造及运行机制研究[J]. 管理世界，2011，（12）：180-181.